ユーキャンの

2024年版

ケアマネジャー 過去問完全解説

おことわり

■法令などの基準について

本書の記載内容は、2023年11月末までに発表された法令（2024年度中の施行分を含む）および厚生労働省資料に基づき編集されたものです。本書の記載内容について、執筆時点以降の法改正情報などで、2024年度試験の対象となるものについては、下記「ユーキャンの本」ウェブサイト内「追補（法改正・正誤）」にて、適宜お知らせいたします。

https://www.u-can.co.jp/book/information

U-CANがよくわかる！その理由

過去５年分の試験問題を徹底解説！

■すべての選択肢に詳細な解説を掲載

2023年（第26回）～2019年（第22回）の全問題を掲載。すべての選択肢について、出題意図をおさえた詳細な解説を掲載しています（第22回再試験問題を除く）。どこが間違っているのか、関連する重要事項は何か、よくわかる充実の解説です。

■改題済みの問題で2024年試験対策に最適

介護保険法改正などの法律・制度の改正や最新統計の公表にあわせ、必要に応じて改題しています（問題番号のあとに「改」と表示）。2024年試験に向けて安心して本書をご活用ください。

充実の解説でとにかくわかりやすい

■出題の意図、ポイントがよくわかる

その問題で何が問われ、どこをおさえておけば解くことができるのか、また、解答に迷いやすい選択肢をどのように見極めていくかなどをまとめた「解答のコツ＆ポイント」を全問に掲載しています。

■関連する重要事項がよくわかる

巻末には、特におさえておきたい内容を、イラストや図表を用いてまとめた資料編「合格エッセンス」を収録。選択肢に関連ページへのリンク表示がついているので、理解を深めるのに役立ちます。

合格エッセンス

学習しやすいくふうが満載

■関連問題表示

同じテーマで問われた問題の出題回と問題番号を表示しています。同じテーマの問題をまとめて解きたいとき、苦手なテーマを別の問題で確認したいときなどに便利です。

■赤シートを使ってチェック

解答・解説は重要な部分が赤字になっているので、付録の赤シートを使って穴埋め形式でチェックすることもできます。

本書の使い方

ユーキャンの<ケアマネジャー>シリーズは、**はじめてレッスン**（入門書）、**過去問完全解説**、**一問一答**、**速習レッスン**（基本書）、**2024徹底予想模試**、**ワークノート**（書き込み式テキスト）、**要点まとめ**のラインアップで、段階に応じた効率的な学習をサポートします。本書「過去問完全解説」では、過去５年分の問題を出題順に掲載。出題傾向や実力を把握し、今後の学習の参考としてください。

合格エッセンスへのリンク

補足解説「合格エッセンス」へのリンクを表示しています。設問や選択肢に関連する重要項目をチェックしましょう。

p.349

基本書に対応

速習 保 L9
↓ 分野名　↘ レッスンNo.

姉妹書「速習レッスン」の該当レッスン番号を記載しています。

介…介護支援分野
保…保健医療サービス分野
福…福祉サービス分野

解答のコツ&ポイント

すべての問題に出題の意図を踏まえ、解答する際のコツやおさえておきたいポイントを掲載。あわせて確認しておきたい内容は、「用語」「プラスワン」で解説しています。

用語

プラスワン

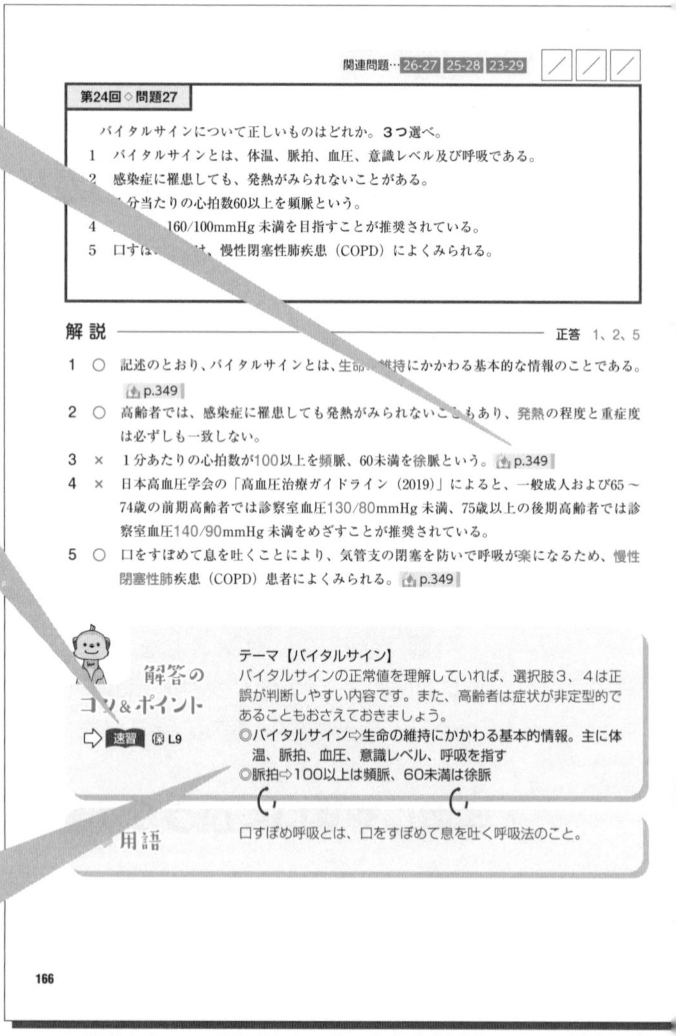
関連問題…26-27 25-28 23-29

第24回◇問題27

バイタルサインについて正しいものはどれか。**3つ**選べ。

1 バイタルサインとは、体温、脈拍、血圧、意識レベル及び呼吸である。
2 感染症に罹患しても、発熱がみられないことがある。
3 1分当たりの心拍数60以上を頻脈という。
4 … 160/100mmHg 未満を目指すことが推奨されている。
5 口すぼめ呼吸は、慢性閉塞性肺疾患（COPD）によくみられる。

解説　　正答 1、2、5

1 ○ 記述のとおり、バイタルサインとは、生命の維持にかかわる基本的な情報のことである。 p.349
2 ○ 高齢者では、感染症に罹患しても発熱がみられないこともあり、発熱の程度と重症度は必ずしも一致しない。
3 × 1分あたりの心拍数が100以上を頻脈、60未満を徐脈という。 p.349
4 × 日本高血圧学会の「高血圧治療ガイドライン（2019）」によると、一般成人および65～74歳の前期高齢者では診察室血圧130/80mmHg未満、75歳以上の後期高齢者では診察室血圧140/90mmHg未満をめざすことが推奨されている。
5 ○ 口をすぼめて息を吐くことにより、気管支の閉塞を防いで呼吸が楽になるため、慢性閉塞性肺疾患（COPD）患者によくみられる。 p.349

解答のコツ&ポイント
⇨ 速習 保 L9

テーマ【バイタルサイン】
バイタルサインの正常値を理解していれば、選択肢３、４は正誤が判断しやすい内容です。また、高齢者は症状が非定型的であることもおさえておきましょう。
◎バイタルサイン⇨生命の維持にかかわる基本的情報。主に体温、脈拍、血圧、意識レベル、呼吸を指す
◎脈拍⇨100以上は頻脈、60未満は徐脈

用語
口すぼめ呼吸とは、口をすぼめて息を吐く呼吸法のこと。

166

※ここに掲載したページは「本書の使い方」を説明するための見本です。

関連問題を表示

過去５年の試験において、関連する問題の出題実績を表示しています。

25-29
⬇
第25回試験　問題29

学習スケジュールをチェック

／　／　／

効果的な学習法として、繰り返し学習をおすすめします。１回目、２回目、３回目それぞれ学習した日を記入しておきましょう。

赤シートを使ってチェック

解説の重要な部分は赤字になっているので、付録の赤シートで隠してチェックしてみましょう。

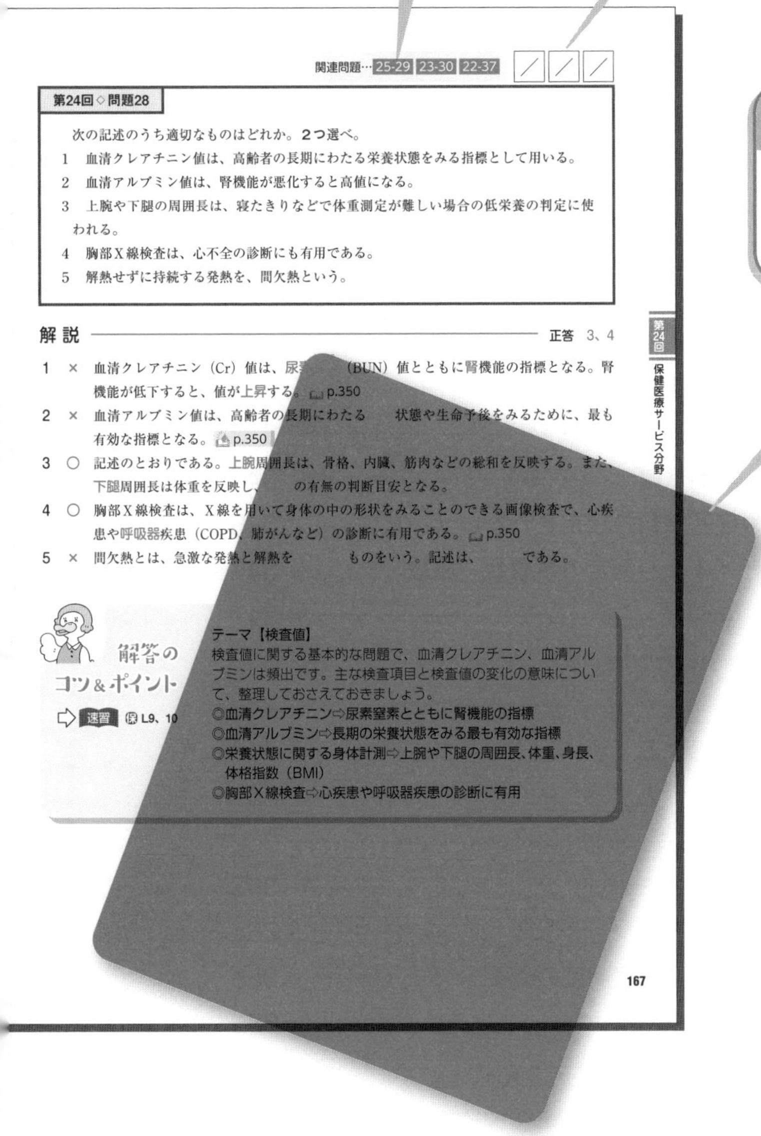

関連問題…25-29 23-30 22-37　／　／　／

第24回◇問題28

次の記述のうち適切なものはどれか。**２つ**選べ。
1　血清クレアチニン値は、高齢者の長期にわたる栄養状態をみる指標として用いる。
2　血清アルブミン値は、腎機能が悪化すると高値になる。
3　上腕や下腿の周囲長は、寝たきりなどで体重測定が難しい場合の低栄養の判定に使われる。
4　胸部Ｘ線検査は、心不全の診断にも有用である。
5　解熱せずに持続する発熱を、間欠熱という。

解説　正答　3、4

1　×　血清クレアチニン（Cr）値は、尿　（BUN）値とともに腎機能の指標となる。腎機能が低下すると、値が上昇する。p.350
2　×　血清アルブミン値は、高齢者の長期にわたる　状態や生命予後をみるために、最も有効な指標となる。p.350
3　○　記述のとおりである。上腕周囲長は、骨格、内臓、筋肉などの総和を反映する。また、下腿周囲長は体重を反映し、　の有無の判断目安となる。
4　○　胸部Ｘ線検査は、Ｘ線を用いて身体の中の形状をみることのできる画像検査で、心疾患や呼吸器疾患（COPD、肺がんなど）の診断に有用である。p.350
5　×　間欠熱とは、急激な発熱と解熱を　ものをいう。記述は、　である。

解答のコツ＆ポイント
速習　保 L9、10

テーマ【検査値】
検査値に関する基本的な問題で、血清クレアチニン、血清アルブミンは頻出です。主な検査項目と検査値の変化の意味について、整理しておさえておきましょう。
◎血清クレアチニン⇨尿素窒素とともに腎機能の指標
◎血清アルブミン⇨長期の栄養状態をみる最も有効な指標
◎栄養状態に関する身体計測⇨上腕や下腿の周囲長、体重、身長、体格指数（BMI）
◎胸部Ｘ線検査⇨心疾患や呼吸器疾患の診断に有用

第24回　保健医療サービス分野

167

一緒に学習しよう

合格に向けて
学習をサポートします！

ダック先輩　ミーア君

CONTENTS

資格について

❶ 受験資格

次の①～⑤の業務に従事した期間が通算して５年以上、かつ900日以上ある人が受験することができます。

①法定資格保有者

保健・医療・福祉に関する以下の法定資格に基づく業務に通算で５年以上、かつ 900 日以上従事した人

医師、歯科医師、薬剤師、保健師、助産師、看護師、准看護師、理学療法士、作業療法士、社会福祉士、介護福祉士、視能訓練士、義肢装具士、歯科衛生士、言語聴覚士、あん摩マッサージ指圧師、はり師、きゅう師、柔道整復師、栄養士（管理栄養士含む）、精神保健福祉士

②生活相談員

生活相談員として、介護保険法に規定する特定施設入居者生活介護、介護老人福祉施設等において、相談援助業務に通算で５年以上、かつ 900 日以上従事した人

③支援相談員

支援相談員として、介護保険法に規定する介護老人保健施設において、相談援助業務に通算で５年以上、かつ 900 日以上従事した人

④相談支援専門員

相談支援専門員として、障害者総合支援法の計画相談支援、または児童福祉法に基づく障害児相談支援事業に通算で５年以上、かつ 900 日以上従事した人

⑤主任相談支援員

主任相談支援員として、生活困窮者自立支援法に規定する生活困窮者自立相談支援事業に通算で５年以上、かつ 900 日以上従事した人

➡ 介護支援専門員実務研修受講試験 **合格** ➡ 実務研修87時間以上受講 **修了** ➡ 資格登録、介護支援専門員証交付

※2018（平成30）年度試験からは、上記の法定資格所有者または相談援助業務従事者で、その資格に基づく実務経験が5年以上、かつ900日以上あることが受験要件となっています。
※2017（平成29）年度試験までは、経過措置として介護等の実務経験により受験が可能でしたが、現在は受験資格はありませんので注意しましょう。
※自分が受験資格に該当するかどうかの詳細は、必ず受験地の都道府県の受験要項にてご確認ください。

❷受験の手続き

試験は全国共通の問題と日時で行われますが、実施するのは各都道府県ですので、受験の手続きや申込み期間などについては都道府県によって異なります。詳細については受験要項で確認してください。

受験要項は、受験資格に該当する業務に従事しているかたは勤務先の都道府県、受験資格に該当する業務に現在従事していないかたは住所地の都道府県に問い合わせて取り寄せます。

■試験の流れ（例年）

受験申込み受付期間	5～7月頃
試験日	10月上旬～中旬の日曜日
受験地	受験申込みを受け付けた都道府県が指定
合格発表	12月上旬頃

❸試験について

（1）試験の内容

試験の内容は下記の３つにわけられます。

- **介護支援分野**……………………介護保険制度とケアマネジメントなどについて
- **保健医療サービス分野**…………高齢者の疾患、介護技術、検査などの医学知識、
  （保健医療サービスの知識等）　保健医療サービス各論などについて
- **福祉サービス分野**………………相談援助、福祉サービス各論、他制度などについて
  （福祉サービスの知識等）

（2）出題方式

５肢複択方式……５つの選択肢から正解を２つまたは３つ選択して解答する

（3）試験の問題数と解答時間

2015年度の試験から法定資格による解答免除がなくなり、出題数は、一律で60問となりました。解答時間は２時間です。１問あたりでは、２分の解答時間となります。

■問題数と解答時間

分野	介護支援分野	保健医療サービス分野	福祉サービス分野
出題数	25問	20問	15問
解答時間	２時間		

（4）合格ライン

「介護支援分野」と「保健医療福祉サービス分野（保健医療サービスの知識等と福祉サービスの知識等の合計）」の区分ごとに、合格点が示されます。

合格点は、それぞれ７割程度の正解率を基準として、問題の難易度によって毎年補正されます。合格するには、両方の区分が合格点に達していることが必要で、どちらかが合格点に達していないと、合格にはなりません。

(5) 合格率

合格率は、第21回試験では過去最低となりましたが、第24回試験では23.3%と上昇しました。受験者数は、受験要件の厳格化などにより、第21回から減少していましたが、徐々に回復傾向にあります。

■受験者数・合格者数・合格率（厚生労働省発表）

	受験者数	合格者数	合格率
第１回（1998年度）	207,080人	91,269人	44.1%
第２回（1999年度）	165,117人	68,090人	41.2%
第３回（2000年度）	128,153人	43,854人	34.2%
第４回（2001年度）	92,735人	32,560人	35.1%
第５回（2002年度）	96,207人	29,508人	30.7%
第６回（2003年度）	112,961人	34,634人	30.7%
第７回（2004年度）	124,791人	37,781人	30.3%
第８回（2005年度）	136,030人	34,813人	25.6%
第９回（2006年度）	138,262人	28,391人	20.5%
第10回（2007年度）	139,006人	31,758人	22.8%
第11回（2008年度）	133,072人	28,992人	21.8%
第12回（2009年度）	140,277人	33,119人	23.6%
第13回（2010年度）	139,959人	28,703人	20.5%
第14回（2011年度）	145,529人	22,332人	15.3%
第15回（2012年度）	146,586人	27,905人	19.0%
第16回（2013年度）	144,397人	22,331人	15.5%
第17回（2014年度）	174,974人	33,539人	19.2%
第18回（2015年度）	134,539人	20,924人	15.6%
第19回（2016年度）	124,585人	16,281人	13.1%
第20回（2017年度）	131,560人	28,233人	21.5%
第21回（2018年度）	49,332人	4,990人	10.1%
第22回（2019年度）	41,049人	8,018人	19.5%
第23回（2020年度）	46,415人	8,200人	17.7%
第24回（2021年度）	54,290人	12,662人	23.3%
第25回（2022年度）	54,406人	10,328人	19.0%
第26回（2023年度）	56,532人	—	—
合　計	3,057,844人	739,215人	—

※第26回（2023年度） 試験：10月8日 合格発表：12月4日

（注）2019（令和元）年10月13日実施の第22回試験は、台風19号の影響により1都12県で中止され、2020（令和2）年３月８日に再試験が実施されました。第22回試験の合格者数等は、再試験分を合算したものとなります。

過去5年の出題状況

過去5年（2019年～2023年）の試験問題（第22回は2019年10月実施分のみ）を選択肢ごとにわけ、姉妹書「速習レッスン」の内容ごとに、出題状況を示しています。

※事例問題については含めていませんが、介護支援分野で毎年平均2問出題されています。

★★★=10選択肢以上　★★= 5～9選択肢　★= 4選択肢以下

介護支援分野	第22回	第23回	第24回	第25回	第26回	出題回－問題番号
高齢化と高齢者介護を取り巻く状況		★★			★★	23-3,26-1
介護保険制度の創設				★		25-1
介護支援専門員	★★★		★★	★★	★	24-10,25-1,25-6,26-2
介護保険制度の実施状況と制度改正	★★	★★★	★★	★★★	★	23-5,24-1,25-4
社会保障と社会保険制度			★★		★★	24-3,26-3
介護保険制度の目的等	★★	★★	★★		★★	22-2,23-6,24-5,25-1,26-4
保険者・国・都道府県の責務等	★★	★★	★★	★★	★★	23-4,24-6,25-3,26-12
被保険者	★★		★	★★	★★★	24-4,25-5,26-5,26-6
要介護認定等の概要と申請手続き	★★★	★★	★★	★★★	★★	24-16,25-8,25-17,26-18
審査・判定と市町村の認定	★★	★★★	★★	★★	★	23-18,24-18,25-18,26-19
保険給付の種類		★★	★★			23-2,24-9
利用者負担		★★★			★★	23-7,26-8
介護報酬					★	26-17
支給限度基準額			★★			24-7
他法との給付調整・その他通則		★			★★	23-16,26-7
事業者・施設の指定	★★		★★	★	★★	22-5,24-8,24-9,25-7,26-9
事業者・施設の基準				★		25-15
介護サービス情報の公表	★★	★	★★	★★	★★	23-16,24-15,25-14,26-15
地域支援事業	★★★	★★	★★	★★★	★★	23-14,24-14,25-12,26-13
地域包括支援センター					★★	26-14
介護保険事業計画	★★	★★	★★		★★★	22-8,23-13,24-13,26-10
保険財政	★★★	★★★	★★★	★★★	★	23-12,24-11,24-12,25-10
国保連の業務				★★		25-13,25-15
介護保険審査会	★★	★★			★★	22-14,23-15,26-16
居宅介護支援事業の基準	★★	★★	★★	★★	★	23-21,24-19,25-20,26-20
居宅介護支援	★★★	★★★	★★★	★★★	★★	23-22,24-21,25-21,26-21
介護予防支援事業の基準	★★					22-20
介護予防ケアマネジメント	★★	★★		★★		23-23,25-22
介護保険施設の基準				★		25-7
施設介護支援	★★		★★		★★	22-18,24-22,26-22

保健医療サービス分野	第22回	第23回	第24回	第25回	第26回	出題回－問題番号
老年症候群	★	★★	★	★	★★	23-26,24-26,25-30,26-26
高齢者の疾患の特徴・代謝異常による疾患とがん	★★		★	★		22-40,24-39,25-26
脳・神経の疾患		★	★	★		23-28,24-39,25-39
循環器の疾患	★	★		★		22-31,25-26
呼吸器の疾患						24-38
消化器・腎臓・尿路の疾患				★		25-26
骨・関節の疾患	★	★	★	★		22-31,23-28,24-34,25-39
目・皮膚の疾患			★	★		24-39,25-26
バイタルサイン	★★★	★	★★	★	★★	23-29,24-27,25-28,26-27
検査値	★★	★★	★★	★★	★★	23-30,24-28,25-29,26-28
褥瘡への対応		★★	★		★★	23-32,24-34,26-29
食事の介護と口腔ケア	★★★	★★★	★	★		22-29,23-31,24-30,25-31
排泄の介護			★★			24-29
睡眠の介護	★★		★			22-28,24-30
入浴・清潔の介護			★	★		24-30,25-30
リハビリテーション		★		★★	★★	23-28,25-33,26-30
認知症	★★	★★	★★	★★	★★	23-34,24-31,25-32,26-31
高齢者の精神障害	★★	★★	★★	★★	★	23-35,24-32,25-27,26-32
医学的診断と現状の医学的問題	★★	★★	★★	★★	★★★	23-36,24-33,25-35,26-33
栄養と食生活の支援		★	★★	★★	★★	23-38,24-35,25-36,26-35
薬の作用と服薬管理			★	★★		24-34,24-39,25-34
在宅医療管理	★★	★★	★★	★★	★	23-40,24-37,25-37,26-36
感染症の予防	★★	★★	★★		★★	22-39,23-39,24-36,26-37
急変時の対応	★★★	★★	★★	★	★★	22-33,23-27,24-38,26-38
健康増進と疾病障害の予防				★	★★	25-39
ターミナルケア	★★	★★	★★	★★	★★	23-41,24-40,25-40,26-40
訪問看護		★★	★★	★★		23-42,24-41,25-41
訪問リハビリテーション			★★			24-42
居宅療養管理指導	★★					22-44
通所リハビリテーション		★★		★★	★★	23-37,25-42,26-41
短期入所療養介護	★★	★		★★	★★	22-42,23-38,25-43,26-42
定期巡回・随時対応型訪問介護看護				★★		25-44
看護小規模多機能型居宅介護	★★	★★	★★		★★	22-43,23-43,24-43,26-43
介護老人保健施設		★★	★★	★★	★★	23-44,24-44,25-45,26-44
介護医療院	★★	★★	★★		★★	22-45,23-45,24-45,26-45

福祉サービス分野	第22回	第23回	第24回	第25回	第26回	出題回－問題番号
ソーシャルワークの概要	★★★	★★	★★	★★	★★	23-49,24-49,25-49,26-49
相談面接技術	★★★	★★★	★★★	★★★	★★★	23-46,24-46,25-46,26-46
支援困難事例		★★	★★	★★		23-47,24-47,25-48
訪問介護	★★	★★	★★	★★	★★	23-52,24-50,25-50,26-50
訪問入浴介護	★★	★★	★★	★★	★★	23-54,24-52,25-52,26-51
通所介護	★★	★★	★★	★★	★★	23-53,24-51,25-51,26-52
短期入所生活介護	★★	★★	★★	★★	★★	23-50,24-53,25-53,26-53
特定施設入居者生活介護						
福祉用具		★★		★★		23-51,25-54
住宅改修	★★		★★		★★	22-54,24-54,26-54
夜間対応型訪問介護	★★		★★			22-56,24-55
地域密着型通所介護						
認知症対応型通所介護	★★		★★		★★	22-55,24-56,26-56
小規模多機能型居宅介護		★★		★★	★★	23-55,25-55,26-55
認知症対応型共同生活介護		★★		★★		23-56,25-56
その他の地域密着型サービス						
介護老人福祉施設	★★	★★	★★	★★	★★	23-57,24-57,25-57,26-57
社会資源の導入・調整						
障害者福祉制度				★★		25-60
生活保護制度	★★	★★	★★	★★	★★	23-58,24-58,25-58,26-60
生活困窮者自立支援制度	★★		★★			22-58,24-59
後期高齢者医療制度						
高齢者住まい法						
老人福祉法						
個人情報保護法						
育児・介護休業法						
高齢者虐待の防止		★★			★★	23-60,26-59
成年後見制度	★★	★★	★★	★★	★★	23-59,24-60,25-59,26-58
日常生活自立支援事業						

出題傾向の分析と対策

❶ 介護支援分野

（1）試験傾向

介護支援分野では、「介護保険制度」と「ケアマネジメント」に関する基礎的知識や技能が問われます。特に介護保険制度については試験での比重も高く、難易度も高いため、しっかりと理解しておく必要があります。ケアマネジメントでは、利用者への基本姿勢や援助の考え方、アセスメント（課題分析）からケアプラン作成までの実務における知識や技能が問われます。

主治医意見書の細項目もよく出題されていますので、これらの様式に目を通しておくなどの対策も必要です。

（2）試験対策

①介護支援専門員の義務や基本姿勢

法律に規定されている介護支援専門員の義務規定や、利用者本位の姿勢、中立性・公平性の確保、守秘義務などをよくおさえておきましょう。

②被保険者

被保険者についての出題では、被保険者資格の資格要件、強制適用、住所地特例など、オーソドックスなものが多いので、原則的なことを徹底して覚えることが重要になります。

③地域支援事業、地域包括支援センター

地域支援事業の概要や対象者、介護予防・日常生活支援総合事業（総合事業）、包括的支援事業などの内容についてしっかりと把握しておきましょう。地域包括支援センターは、設置者、業務内容、役割についての理解が必要です。

④事業者・施設の指定基準

指定居宅介護支援事業者の運営基準が重要です。居宅介護支援にかかわる基準のほか、指定居宅サービス事業者に共通する運営基準についても確認しておきましょう。

⑤要介護認定

例年複数問出題されている重要項目です。申請から認定までの流れを把握しておきましょう。

⑥利用者負担・支給限度基準額

利用者負担や支給限度基準額は、介護支援専門員が業務を行ううえでも重要な知識になるため、試験でも頻出です。特に利用者が別途負担する費用についてよく理解しましょう。

⑦事例問題

問題文に出てくる支援対象者の年齢、おかれている環境、身体状況などの情報を読み、介護支援専門員の適切な対応を問うものです。難解ではありませんが、分野全般にわたる幅広い知識が問われています。過去問題などを解いて、切り口に慣れておきましょう。

❷保健医療サービス分野

(1) 試験傾向

保健医療サービス分野は範囲が広く、内容的には①医療的な知識、②介護の方法やリハビリテーション、③保健医療サービス各論、にわかれます。保健医療サービス各論では、介護報酬についての出題が多く、算定要件などが細かく問われていますので、今後も注意が必要です。

(2) 試験対策

①高齢者に起こりやすい症状・疾患・検査

各疾患の特徴を踏まえ、どのように支援していくかという視点が重要です。検査では、血清アルブミンや白血球数などの指標がポイントとなります。

②口腔ケア、栄養管理

介護予防においても重視されている項目で、今後出題の可能性が非常に高いといえます。口腔ケアの意義、低栄養、検査値など関連する項目を横断的に確認しておくと安心です。

③在宅医療管理

悪性腫瘍疼痛管理、在宅酸素療法、在宅経管栄養法、在宅人工呼吸療法などの内容、実施上の留意点についてひととおり整理して覚えましょう。

④保健医療サービス各論

サービスの具体的な内容や方針を理解し、そのサービスをケアマネジメントにどのように位置づけるかといった視点が重要になります。訪問看護では介護保険と医療保険の区分け、介護報酬の加算・減算項目がよく出題されていますので、チェックしておきましょう。

❸福祉サービス分野

(1) 試験傾向

福祉サービス分野の出題の中心は、高齢者福祉の知識と福祉サービス各論です。常識的に考えれば解ける設問もありますので、基本的な考え方をしっかりと理解することが大切です。

(2) 試験対策

①相談面接技術

利用者との面接における基本姿勢、コミュニケーションの技術は、介護支援専門員にとって、大変重要なものです。実務を想定しながら理解しましょう。

②福祉サービス各論

各サービスについて、まんべんなく出題されています。それぞれのサービスの特徴や具体的な方針などを確認しておきましょう。

③福祉用具・住宅改修

需要の高いサービスですので、サービスとして給付される具体的な品目・種類や、支給限度基準額についておさえておきましょう。

④成年後見制度、その他の関連制度

生活保護制度、成年後見制度は毎年出題される重要項目です。しっかりと理解しておきましょう。また、第24回試験で出題された生活困窮者自立支援法、第25回の障害者総合支援法、第26回の高齢者虐待防止法をはじめ、高齢者住まい法、個人情報保護法、育児・介護休業法などからも出題が予想されます。基本事項をおさえておきましょう。

◎ 介護支援専門員実務研修受講試験 ◎

第26回
（令和５年度）
試験問題

（注）

1　文中の「市町村」は、「市町村及び特別区」の意味となります。

2　本問題の選択肢のうち以下の厚生労働省令で定める事項に関するものは、当該省令の定める内容によります。

- 指定居宅サービス等の事業の人員、設備及び運営に関する基準（平成11年厚生省令第37号）
- 指定介護予防サービス等の事業の人員、設備及び運営並びに指定介護予防サービス等に係る介護予防のための効果的な支援の方法に関する基準（平成18年厚生労働省令第35号）
- 指定地域密着型サービスの事業の人員、設備及び運営に関する基準（平成18年厚生労働省令第34号）
- 指定地域密着型介護予防サービスの事業の人員、設備及び運営並びに指定地域密着型介護予防サービスに係る介護予防のための効果的な支援の方法に関する基準（平成18年厚生労働省令第36号）
- 指定居宅介護支援等の事業の人員及び運営に関する基準（平成11年厚生省令第38号）
- 指定介護予防支援等の事業の人員及び運営並びに指定介護予防支援等に係る介護予防のための効果的な支援の方法に関する基準（平成18年厚生労働省令第37号）
- 指定介護老人福祉施設の人員、設備及び運営に関する基準（平成11年厚生省令第39号）
- 介護老人保健施設の人員、施設及び設備並びに運営に関する基準（平成11年厚生省令第40号）
- 介護医療院の人員、施設及び設備並びに運営に関する基準（平成30年厚生労働省令第５号）

3「障害者総合支援法」は、「障害者の日常生活及び社会生活を総合的に支援するための法律（平成17年法律第123号）」のことをいいます。

4「高齢者虐待防止法」は、「高齢者虐待の防止、高齢者の養護者に対する支援等に関する法律（平成17年法律第124号）」のことをいいます。

目　次

●介護支援分野●

／　／　／

第26回◇問題１

高齢化について正しいものはどれか。**２つ**選べ。

1　2025（令和７）年には、いわゆる団塊の世代が85歳に到達する。

2　2021（令和３）年国民生活基礎調査によると、65歳以上の者のいる世帯では「三世代世帯」の割合が一番多い。

3　国立社会保障・人口問題研究所の「日本の世帯数の将来推計（全国推計）」（平成30年推計）によると、世帯主が65歳以上の世帯数は2040（令和22）年まで増加し続ける。

4　国立社会保障・人口問題研究所の「日本の将来推計人口」（平成29年推計）によると、前期高齢者の人口は、2015（平成27）年と比べて2045（令和27）年では倍増する。

5　2019（令和元）年度末における85歳以上の介護保険の被保険者に占める要介護又は要支援と認定された者の割合は、50％を超えている。

解説

正答　3、5

1　×　2025（令和７）年には、いわゆる団塊の世代が**75**歳以上の後期高齢者となる。

2　×　65歳以上の者のいる世帯の世帯構造をみると、「**夫婦のみの世帯**」が最も多く（32.0％）、次いで「**単独世帯**」、「親と未婚の子のみの世帯」である。一方、「三世代世帯」は9.3％である。2022（令和４）年の国民生活基礎調査でも同様の傾向となっている。

3　○　また、世帯主が65歳以上である世帯のうち、2040（令和22）年までの間に最も増加率が高いのは、「**単独世帯**」、次いで「ひとり親と子から成る世帯」と予測される。

4　×　65～74歳の**前期高齢者**は、「団塊の世代」が高齢期に入った2016（平成28）年にピークを迎え、その後は増減しつつ2041（令和23）年のあとは**減少**に転じる。2045（令和27）年では2015（平成27）年の約93.6％となる。なお、令和５年推計でも同様の傾向だが、人口の減少スピードが若干**緩やか**になっている。

5　○　2019（令和元）年度介護保険事業状況報告によると、2019（令和元）年度末における85歳以上の介護保険の被保険者数に占める要介護・要支援認定者の割合は**59.4％**（2021〔令和３〕年度末は58.8％）で、**50％を超え**、６割近い。

解答のコツ＆ポイント

⇨ 速習 介 L1

テーマ【高齢化】
統計は更新されているものもありますが、傾向は変わりません。ポイントを整理しておきましょう。
◎65歳以上の者のいる世帯→「夫婦のみの世帯」が３割以上
◎65歳以上世帯主は今後増加、増加率が高いのは「単独世帯」
◎前期高齢者の人口は減少傾向
◎85歳以上の要介護・要支援認定者の割合は６割近い

第26回◇問題２

地域福祉や地域共生社会について正しいものはどれか。**３つ**選べ。

1　市町村は、包括的な支援体制を整備するため重層的支援体制整備事業を実施しなければならない。

2　市町村は、市町村地域福祉計画を策定するよう努めるものとする。

3　地域共生社会とは、子供・高齢者・障害者などすべての人々が地域、暮らし、生きがいをともに創り、高め合うことができる社会のことである。

4　介護保険法に基づく地域支援事業等を提供する事業者が解決が困難な地域生活課題を把握したときは、その事業者が自ら課題を解決しなければならない。

5　高齢者と障害児・者が同一の事業所でサービスを受けやすくするための共生型サービスは、介護保険制度と障害福祉制度の両方に位置付けられている。

解説

正答 2、3、5

1 ×　**重層的支援体制整備事業**は、地域生活課題の解決に資する**包括的支援体制**を整備するため、2020（令和２）年の社会福祉法の改正により創設された。市町村が**任意**で実施する事業である。

2 ○　社会福祉法に基づく**市町村地域福祉計画**は、高齢者や障害者などの福祉分野における上位計画として位置づけられ、市町村に策定の**努力義務**がある。

3 ○　**地域共生社会**とは、制度・分野ごとの「縦割り」や「支え手」「受け手」という関係を超えて、地域住民や地域の多様な主体が参画し、世代や分野を超えてつながることで、住民一人ひとりの暮らしと生きがい、地域をともに創り、高め合うことができる社会である。

4 ×　社会福祉法に、地域支援事業などを行う者の責務として、自ら解決が困難な場合は、地域生活課題を抱える地域住民の心身の状況や環境などの事情を勘案しつつ、必要に応じて**支援関係機関**に支援を求めるよう努めなければならないと規定されている。

5 ○　共生型サービスは、**地域共生社会**の実現を趣旨とする2017（平成29）年の介護保険法等の改正により位置付けられた。

解答のコツ&ポイント

⇨ 速習 介 L3、4

テーマ【地域福祉・地域共生社会・重層的支援体制整備事業】

重層的支援体制整備事業は、25回試験でも出題されました。市町村の任意事業であること、地域共生社会の理念を理解していれば正答できるでしょう。地域生活課題の対象は地域包括ケアよりも幅広いものであることも理解しておきましょう。

◎地域生活課題の対象⇨福祉、介護、介護予防、保健医療、住まい、就労、教育など

関連問題… 24-3 ／ ／ ／

第26回◇問題３

社会保険について正しいものはどれか。**２つ**選べ。

1　雇用保険は、含まれない。

2　自営業者は、介護保険の被保険者にならない。

3　医療保険は、労働者災害補償保険法の業務災害以外の疾病、負傷等を保険事故とする。

4　年金保険は、基本的に任意加入である。

5　財源は、加入者や事業主が払う保険料が中心であるが、国・地方公共団体や利用者も負担している。

解説

正答 3、5

1　×　雇用保険は、社会保険に**含まれる**。社会保険にはこのほか医療保険、介護保険、年金保険、労働者災害補償保険がある。

2　×　介護保険は、地域住民を被保険者とする地域保険であり、自営業者も被保険者と**なる**。

3　○　一方、労働者災害補償保険は、**業務上**の事由または通勤による疾病、負傷、障害、死亡などを保険事故とし、医療の現物給付や所得保障のための年金の支給を行う。

4　×　年金保険などの社会保険は、一定の対象者に加入が強制される**強制適用**である。

5　○　社会保険の財源は主に保険料だが、**利用者負担や公費負担**もある。なお、介護保険の財源は、利用者負担を除く分は公費（国、都道府県、市町村）50％と保険料50％で賄われている。

解答のコツ＆ポイント

⇨ 速習 介 L5

テーマ【社会保険】

社会保険に関する基本的な問題です。社会保険の種類や内容、社会保険の分類、社会保険の強制適用、財源などをひととおり復習しておきましょう。

◎社会保険の種類⇨医療保険、介護保険、年金保険、雇用保険、労働者災害補償保険

◎地域保険⇨地域住民を対象。介護保険、国民健康保険、国民年金保険など

◎職域保険⇨会社や組織に雇用されている人を対象。健康保険、厚生年金保険など

／ ／ ／

第26回◇問題4

介護保険法第２条に示されている保険給付の基本的考え方として正しいものはどれか。**３つ**選べ。

1　要介護状態等の軽減又は悪化の防止に資するよう行われなければならない。
2　被保険者の置かれている環境に配慮せず提供されなければならない。
3　可能な限り、被保険者の有する能力に応じ自立した日常生活を営むことができるように配慮されなければならない。
4　医療との連携に十分配慮して行われなければならない。
5　介護支援専門員の選択に基づき、サービス提供が行われなければならない。

解説

正答　1、3、4

1 ○ 介護保険の保険給付は、要介護状態等の軽減または悪化の防止に資するよう行われる。また、医療との連携に十分配慮して行われなければならない。
2 × 介護保険の保険給付は、被保険者の心身の状況、その置かれている環境などに応じて提供されるものである。
3 ○ 保険給付の内容や水準は、被保険者が要介護状態となっても、可能な限り、その居宅において、被保険者の有する能力に応じ自立した日常生活を営むことができるように配慮される必要がある。
4 ○ 選択肢１の解説のとおり、医療との連携に十分配慮し保険給付が行われる。
5 × 被保険者の選択に基づき、適切なサービスが多様な事業者・施設から、総合的・効率的に提供されるよう配慮して行われなければならない。

解答のコツ＆ポイント

⇨ 速習 介 L6

テーマ【保険給付の基本的な考え方】

選択肢２の「配慮せず」、選択肢５の「介護支援専門員の選択に基づき」は、介護保険制度の理念を考えれば×と判断できるでしょう。このほか、介護保険法の目的、国民の努力および義務も定期的に出題されていますので、キーワードを把握しておきましょう。

◎**目的⇨要介護者等の尊厳の保持、自立支援、共同連帯の理念、国民の保健医療の向上・福祉の増進**
◎**国民の努力および義務⇨要介護状態の予防・健康の保持増進・能力の維持向上の努力義務、介護保険事業の費用を公平に負担する義務**

／ ／ ／

第26回◇問題５

介護保険制度における住所地特例の適用があるものはどれか。**３つ**選べ。

1　介護老人福祉施設
2　地域密着型介護老人福祉施設
3　有料老人ホーム
4　介護老人保健施設
5　認知症対応型共同生活介護

解説

正答 1、3、4

1　○　住所地特例とは、被保険者が**住所地特例対象施設**に入所（入居）をするために、その施設のある市町村に住所を変更した場合には、**変更前**の住所地の市町村が**保険者**となるもので、介護保険施設などが多い市町村の保険給付の負担を軽くするために設けられた特例措置である。介護老人福祉施設は、住所地特例が適用される施設（**住所地特例対象施設**）である。

2　×　地域密着型介護老人福祉施設は、住所地特例対象施設では**ない**。

3　○　**有料老人ホーム**は、住所地特例対象施設である。

4　○　**介護老人保健施設**は、住所地特例対象施設である。

5　×　認知症対応型共同生活介護は、住所地特例対象施設で**ない**。

p.342

解答のコツ&ポイント

⇨ 速習 介 L8

テーマ【住所地特例】
この設問は、住所地特例対象施設を把握していれば正答できます。地域密着型サービスは含まれないことに注意しましょう。
◎住所地特例対象施設⇨介護保険施設（介護老人福祉施設、介護老人保健施設、介護医療院）、特定施設（地域密着型特定施設を除く有料老人ホーム、軽費老人ホーム、養護老人ホーム）、養護老人ホーム（老人福祉法上の入所措置）
◎住所地特例の対象者⇨サービスを受けるのは住所地の市町村、保険給付と保険料の支払いは保険者である住所移転前の市町村

第26回◇問題6

65歳以上の者であって、介護保険の被保険者とならないものはどれか。**2つ**選べ。

1　老人福祉法に規定する養護老人ホームの入所者
2　児童福祉法に規定する医療型障害児入所施設の入所者
3　生活保護法に規定する更生施設の入所者
4　生活保護法に規定する救護施設の入所者
5　児童福祉法に規定する母子生活支援施設の入所者

解説

正答　2、4

1　×　**老人福祉法**に規定する**養護老人ホーム**は、**65**歳以上で、環境上の理由や経済的理由により、居宅において養護を受けることが困難な者を市町村長の措置により入所させる施設である。介護保険法上の「特定施設」の一つであり、入所者は介護保険の被保険者と**なる**。

2　○　**児童福祉法**に規定する**医療型障害児入所施設**は介護保険の適用除外施設であり、入所者は、介護保険の被保険者とならない。

3　×　生活保護法に規定する**更生施設**は、心身上の理由で養護や生活指導を必要とする要保護者が生活扶助を受ける入所施設で、社会復帰に必要な職業訓練や生活全般の指導を行う。65歳以上の入所者で、住民票があれば、介護保険の被保険者と**なる**。

4　○　**生活保護法**に規定する**救護施設**は、身体上または精神上著しい障害があるために日常生活を営むことが困難な要保護者が入所する施設で、介護保険の適用除外施設となり、入所者は被保険者とならない。

5　×　児童福祉法に規定する**母子生活支援施設**は、配偶者のない女子等やその者が監護する児童を入所させて保護する施設で、自立の促進のための生活支援などを行う。適用除外施設にはあたらず、入所者は介護保険の資格要件を満たせば被保険者と**なる**。

解答のコツ＆ポイント

⇨ 速習 介 L8

テーマ【適用除外】

この設問は、適用除外施設とは何であるか、またなぜ介護保険の適用除外となるのかを把握していれば正答できます。

◎適用除外施設⇨指定障害者支援施設（障害者総合支援法上の生活介護および施設入所支援を行う）、医療型障害児入所施設（児童福祉法）、指定障害福祉サービス事業者である療養介護を行う病院（障害者総合支援法）、救護施設（生活保護法）　など

◎適用除外となる理由⇨その施設において介護保険に相当するサービスをすでに提供していること、長期間にわたる入所者が多く、今後も介護保険のサービスを受ける可能性が低いこと

第26回◇問題7

介護保険と他制度との関係について正しいものはどれか。**3つ**選べ。

1　労働者災害補償保険法の療養給付は、介護保険給付に優先する。

2　労働者災害補償保険法の介護補償給付は、介護保険の給付に相当する給付が受けられる限りにおいて、介護保険に優先する。

3　介護保険の訪問看護は、原則として、医療保険の訪問看護に優先する。

4　生活保護の被保護者は、介護保険給付を受給できない。

5　障害者総合支援法の給付を受けている障害者は、要介護認定を受けることができない。

解説

正答　1、2、3

1　○　労働者災害補償保険法その他の災害補償関係各法により、介護保険に相当する給付を受けられるときは、各法の給付が介護保険の給付よりも優先する。労働者災害補償保険法において、介護保険に優先する給付には療養給付のほか、療養補償給付、介護補償給付などがある。

2　○　前述のとおり、介護補償給付は介護保険の給付に優先する。

3　○　訪問看護は、医療保険と介護保険で同様のサービスがあるが、原則として介護保険の給付が優先する。ただし、急性増悪時や末期悪性腫瘍などの医療ニーズが高い場合は、医療保険の訪問看護が行われ、その間は介護保険の訪問看護からは給付されない。

4　×　生活保護の被保護者でも、介護保険の資格要件を満たせば被保険者となる。なお、生活保護には、他法優先の原則があり、生活保護法以外の法律や施策による給付やサービスは、すべて生活保護法よりも優先して適用される。

5　×　障害者総合支援法の給付よりも介護保険の給付が優先する。障害者総合支援法の給付を受けていても、要介護認定等を受けることで、介護保険給付を受給できる。また、障害者施策固有のサービスは、障害者総合支援法など障害者福祉制度から給付が行われる。

解答のコツ&ポイント

⇨ 速習 介 L15

テーマ【介護保険と他制度との関係】

介護保険法の給付に優先するのは、労働災害や公務災害に対する補償給付、国家補償的な給付を行う災害補償関係各法のみです。このポイントを理解していれば、選択肢1、2、3を○と判断できます。

◎介護保険に優先する災害補償関係各法⇨労働者災害補償保険法、船員保険法、労働基準法、国家公務員災害補償法、地方公務員災害補償法、戦傷病者特別援護法、原子爆弾被爆者に対する援護に関する法律など

□／□／□／

第26回◇問題８

介護保険法において現物給付化されている保険給付として正しいものはどれか。**２つ**選べ。

1　居宅介護サービス計画費の支給
2　特定入所者介護サービス費の支給
3　居宅介護福祉用具購入費の支給
4　高額介護サービス費の支給
5　高額医療合算介護サービス費の支給

解説

正答　1、2

1　○　**居宅介護サービス計画費**は、被保険者があらかじめ居宅介護支援を受ける旨を市町村に届け出ていれば**現物給付**化がされる。

2　○　**特定入所者介護サービス費**では、利用者が負担するのは、所得と資産の状況に応じて定められた負担限度額までであり、**現物給付**化がされる。

3　×　**居宅介護福祉用具購入費**の支給は**償還払い**である。居宅の要介護者が、特定福祉用具販売を行う指定居宅サービス事業者から、厚生労働大臣が定める種類の特定福祉用具を購入した場合に支給される。

4　×　**高額介護サービス費**の支給は**償還払い**である。要介護者が１か月に支払った介護サービスの利用者負担額について、所得区分ごとの負担上限額を超えた額が支給される。

5　×　**高額医療合算介護サービス費**の支給は**償還払い**である。要介護者が１年間に支払った介護サービスの利用者負担額と、各医療保険における利用者負担額の合計額について、所得区分ごとの負担上限額を超えた額が、それぞれの保険者から支給される。

解答のコツ＆ポイント

⇨ 速習 介 L12

テーマ【現物給付と償還払い】
介護保険制度では、ほとんどのサービスで現物給付化が図られていますので、償還払いとなる給付等をおさえておきましょう。これにより、選択肢３～５は×と判断できます。
◎償還払いとなる給付⇨福祉用具購入費（特定福祉用具販売）、住宅改修費、高額介護サービス費、高額医療合算介護サービス費
◎償還払いとなる場合⇨認定申請前のサービス利用、被保険者証の未提示、居宅サービス計画にないサービス利用、保険料の滞納

第26回◇問題９

介護保険法に定める指定居宅サービス事業者の責務として正しいものはどれか。**３つ**選べ。

1　医師の診断書に基づき居宅サービス計画を作成しなければならない。

2　要介護者のため忠実に職務を遂行しなければならない。

3　自らサービスの質の評価を行うこと等により常に利用者の立場に立ってサービスを提供するように努めなければならない。

4　利用者が居宅において心身ともに健やかに養護されるよう、利用者の保護者を支援しなければならない。

5　法令遵守に係る義務の履行が確保されるよう、業務管理体制を整備しなければならない。

解説

正答　2、3、5

1　×　居宅サービス計画は、医師の診断書ではなく、利用者の希望と**アセスメント**の結果に基づき、指定**居宅介護支援**事業者の**介護支援専門員**が作成するものである。事業者・施設の責務ではない。

2　○　要介護者の人格を**尊重**するとともに、**介護保険法**やこれに基づく**命令**を**遵守**し、要介護者のため**忠実**に職務を遂行しなければならない。

3　○　設備・運営基準に従い、要介護者の**心身**の状況等に応じて適切なサービスを提供するとともに、自ら**サービスの質**の**評価**を行い、常に利用者の**立場**に立ったサービスを提供するよう努めなければならない。

4　×　介護保険法では、利用者の自立支援を理念としており、利用者の養護や保護者支援といった事業者・施設の責務規定はない。

5　○　記述のとおり。**業務管理体制の整備**は、すべての事業者・施設に義務づけられている。

解答のコツ＆ポイント

⇨ 速習 介 L16

テーマ【指定居宅サービス事業者の責務】

選択肢１の「医師の診断書に基づき」、選択肢４の「健やかに養護」「利用者の保護者を支援」といった文言に着目です。介護保険制度の目的や理念を考えれば直感的に×と判断できるでしょう。

◎事業者・施設の責務の共通のポイント⇨サービスの質を自ら評価、利用者の立場に立ったサービス提供、廃止や休止などの際に利用者にサービスが継続できるよう連絡調整その他便宜の提供、利用者の人格尊重、法令遵守、忠実な職務遂行

第26回◇問題10

介護保険法に規定する介護保険等関連情報の調査及び分析について正しいものはどれか。**3つ**選べ。

1　市町村は、介護保険等関連情報を分析した上で、その分析の結果を勘案して、市町村介護保険事業計画を作成するよう努めるものとする。

2　都道府県は、都道府県介護保険事業支援計画を作成するに当たって、介護保険等関連情報を分析する必要はない。

3　都道府県は、介護サービス事業者に対し、介護給付等に要する費用の額に関する地域別、年齢別又は要介護認定及び要支援認定別の状況に関する情報を提供しなければならない。

4　厚生労働大臣は、被保険者の要介護認定及び要支援認定における調査に関する状況について調査及び分析を行い、その結果を公表するものとする。

5　厚生労働大臣は、特定介護予防・日常生活支援総合事業を行う者に対し、介護保険等関連情報を提供するよう求めることができる。

解説

正答 1、4、5

1　○　厚生労働大臣は、①介護費用に関する地域別、年齢別、要介護認定等別の状況、②被保険者の要介護認定等における調査に関する状況などの介護保険等関連情報を調査・分析のうえ公表する義務または努力義務がある。市町村は、①と②の情報を厚生労働大臣に提供することが義務づけられている。また、公表された介護保険等関連情報の結果を分析・勘案して、市町村介護保険事業計画を作成するよう努める。

2　×　都道府県も、市町村と同様に、公表された介護保険等関連情報を分析・勘案して都道府県介護保険事業支援計画を作成するよう努める。

3　×　選択肢1の解説のとおり、市町村が厚生労働大臣に対し、提供が義務づけられている介護保険等関連情報である。都道府県には提供義務はない。

4　○　このほか、厚生労働大臣が調査・分析・公表するよう努める介護保険等関連情報として、介護サービスを利用する要介護者等の心身の状況やそのサービス内容などの事項、地域支援事業の実施状況などの事項がある。

5　○　厚生労働大臣は、必要に応じ、都道府県、市町村、介護サービス事業者、特定介護予防・日常生活支援総合事業を行う者に対し、介護保険等関連情報を提供するよう求めることができる。

解答のコツ&ポイント

⇨ 速習 介 L21

テーマ【介護保険等関連情報】

介護保険等関連情報にかかる国・都道府県・市町村の役割を整理しておきましょう。また、介護保険等関連情報にどのようなものが含まれているのか、調査・分析等の義務があるものと努力義務でよいものとの見分けも大切です。

第26回◇問題11

地域における医療及び介護の総合的な確保の促進に関する法律に規定する基金（地域医療介護総合確保基金）について正しいものはどれか。**3つ**選べ。

1　医療及び介護の総合的な確保に関する目標を達成するために必要な事業に要する費用を支弁するため、都道府県が設ける。
2　公的介護施設等の整備に関する事業は、支弁の対象とならない。
3　医療従事者の確保に関する事業は、支弁の対象となる。
4　介護従事者の確保に関する事業は、支弁の対象となる。
5　国が負担する費用の財源は、所得税及び法人税である。

解説

正答　1、3、4

1　○　**地域医療介護総合確保基金**は、医療介護総合確保法に基づき**都道府県**が設けることのできる財政支援制度で、都道府県が作成する**都道府県計画**により実施される事業の経費に充てられる。

2　×　地域医療介護総合確保基金の支弁の対象となる事業の範囲は、総合確保方針に即して作成された**都道府県計画**において定められたものとなっている。介護分野では、**公的介護施設等の整備**に関する事業、**介護従事者**の**確保**に関する事業がある。

3　○　地域医療介護総合確保基金の支弁の対象となる事業には、医療分野では**医療従事者**の**確保**に関する事業、居宅等における**医療**の提供に関する事業などがある。

4　○　選択肢２の解説のとおり、介護従事者の確保に関する事業は、支弁の対象となる。

5　×　地域医療介護総合確保基金に充てるため、国は必要な資金の３分の２を、都道府県は３分の１を負担する。国の資金には、**消費税**が活用される。

解答のコツ&ポイント

⇨ 速習 介 L21

テーマ【地域医療介護総合確保基金】
法律名に含まれる「医療及び介護の総合的な確保の促進」という言葉から、選択肢２～４の正誤は判断できるのではないでしょうか。また、地域の広域にわたるものは都道府県とイメージできれば、選択肢１は○と判断できます。
◎地域医療介護総合確保基金⇨都道府県が運営
◎支弁対象⇨医療・介護従事者の確保に関する事業、公的介護施設等の整備に関する事業、居宅等における医療の提供に関する事業、地域医療構想の達成に向けた施設・設備の整備に関する事業など

第26回◇問題12

社会保険診療報酬支払基金の介護保険関係業務として正しいものはどれか。**2つ選べ。**

1　医療保険者から介護給付費・地域支援事業支援納付金を徴収する。
2　第1号被保険者の保険料に係る特別徴収を行う。
3　都道府県に対し介護給付費交付金を交付する。
4　市町村に対し地域支援事業支援交付金を交付する。
5　介護保険サービスに関する苦情への対応を行う。

解説

正答　1、4

1　○　医療保険者が医療保険料と一緒に徴収した第2号被保険者の介護保険料は、**介護給付費・地域支援事業支援納付金**として社会保険診療報酬支払基金（支払基金）が年度ごとに算定し、徴収する。
2　×　第1号被保険者の保険料にかかる特別徴収は、**年金保険者**が行う。
3　×　保険者である**市町村**に対して、**介護給付費交付金**を交付する。
4　○　支払基金は、医療保険者から徴収した介護給付費・地域支援事業支援納付金を介護給付費交付金および**地域支援事業支援交付金**として、各市町村に定率交付する。
5　×　介護保険の制度上の苦情処理機関として位置づけられているのは、**国民健康保険団体連合会**（**国保連**）である。支払基金が行う業務ではない。

解答のコツ&ポイント

⇨ 速習 介 L7、22、23

テーマ【社会保険診療報酬支払基金の介護保険関係業務】
第2号被保険者の保険料徴収の流れと支払基金の関係をおさえていれば、正答できる問題です。国保連の業務と混同しないようにしましょう。
◎支払基金の業務⇨医療保険者からの介護給付費・地域支援事業支援納付金の徴収、市町村に対する介護給付費交付金および地域支援事業支援交付金の交付、上記の業務に付帯する業務

関連問題… 24-14 23-14 22-12

第26回◇問題13

地域支援事業の包括的支援事業として正しいものはどれか。**2つ**選べ。

1　家族介護支援事業
2　一般介護予防事業
3　在宅医療・介護連携推進事業
4　保健福祉事業
5　生活支援体制整備事業

解説

正答 3、5

1　×　家族介護支援事業は、任意事業のひとつである。
2　×　一般介護予防事業は、介護予防・日常生活支援総合事業のひとつである。
3　○　在宅医療・介護連携推進事業は、包括的支援事業のひとつである。
4　×　保健福祉事業は、地域支援事業とは別に市町村が行うことのできる事業である。行う場合は、第１号被保険者の保険料を財源とする。
5　○　生活支援体制整備事業は、包括的支援事業のひとつである。

解答のコツ&ポイント

⇨ 速習 介 L19

テーマ【地域支援事業の包括的支援事業】
「家族介護支援」は任意事業、「介護予防」がつくものは介護予防・日常生活支援総合事業とイメージで考えましょう（第１号介護予防支援事業のみは包括的支援事業）。保健福祉事業は地域支援事業ではないこともポイントとなります。
◎地域支援事業の３つの事業⇨介護予防・日常生活支援総合事業（介護予防・生活支援サービス事業、一般介護予防事業）、包括的支援事業、任意事業

第26回◇問題14

地域ケア会議の機能として正しいものはどれか。**3つ**選べ。

1　個別課題の解決
2　地域づくり・資源開発
3　政策の形成
4　地域包括支援センターから提出された事業計画書の評価
5　日常生活自立支援事業の生活支援員の指名

解説

正答　1、2、3

1　○　地域ケア会議は、包括的・継続的ケアマネジメント支援業務の効果的な実施のために、市町村に設置努力義務がある。**個別課題の解決**は地域ケア会議の機能のひとつである。

2　○　**地域づくり・資源開発**は、地域ケア会議の機能のひとつである。

3　○　**政策の形成**は、地域ケア会議の機能のひとつである。

4　×　地域包括支援センターから提出された事業計画書の評価は、**市町村**が行う。介護保険法において、地域包括支援センターの設置者は、自ら事業の質の評価を行うことなどにより、事業の質の向上を図ること、市町村は、定期的に地域包括支援センターの事業の実施状況について評価を行うことが義務づけられている。

5　×　日常生活自立支援事業は、**都道府県・指定都市社会福祉協議会**が実施主体となるもので、生活支援員の指名は地域ケア会議とはかかわりがない。

解答のコツ&ポイント

⇨ 速習　介 L20
　　　　福 L29

テーマ【地域ケア会議の機能】

選択肢3の「政策の形成」は正誤に迷うかもしれませんが、地域ケア会議で把握した地域課題は、地域の社会資源の開発や必要な政策形成にも反映していくものです。確実におさえておきましょう。

◎地域ケア会議の５つの機能⇨①個別課題の解決、②地域包括支援ネットワークの構築、③地域課題の発見、④地域づくり・資源開発、⑤政策の形成

関連問題…25-14 24-15 22-13

第26回◇問題15

介護サービス情報の公表制度において、介護サービスの提供開始時に事業者が都道府県知事へ報告すべき情報として規定されているものはどれか。**3つ**選べ。

1　従業者の個人情報保護等のために講じる措置
2　従業者の教育訓練の実施状況
3　年代別の従業者の数
4　従業者の労働時間
5　従業者の健康診断の実施状況

解説

正答　2、4、5

1　×　介護サービス事業者は、介護サービスの提供を開始するときに**基本情報**を、都道府県知事が毎年定める報告計画に基づき定期的に年1回程度、基本情報と運営情報を都道府県知事に報告する。「従業者の**個人情報保護等**のために講じる措置」は**運営情報**に含まれるため、介護サービスの提供開始時に報告する必要は**ない**。

2　○　「従業者の教育訓練の実施状況」や研修その他の従業者の資質向上に向けた取り組みの実施状況は**基本情報**に含まれ、介護サービスの提供開始時に報告する必要がある。

3　×　**職種**別の従業者の数は報告する必要があるが、年代別の従業者の数を報告する必要はない。

4　○　「従業者の労働時間」や従業者の勤務形態などは**基本情報**に含まれ、介護サービスの提供開始時に報告する必要がある。

5　○　「従業者の健康診断の実施状況」は**基本情報**に含まれ、介護サービスの提供開始時に報告する必要がある。その他従業者の経験年数等も報告する必要がある。

解答のコツ&ポイント

⇨ 速習 介 L18

テーマ【介護サービス情報の公表】

まず、介護サービスの提供開始時に報告するのは「基本情報」だと理解しているかがポイントです。さらに基本情報と運営情報の内容の違いを判断できれば選択肢1を×とし、選択肢2～5でどれが不適切かを類推できれば正答にたどりつけるはずです。

◎基本情報（基本的な事実情報）⇨事業者、従業者、運営に関する方針など介護サービスの内容、利用料に関する事項など

◎運営情報（具体的な取り組み状況）⇨利用者等の権利擁護等、利用者本位の介護サービスの質の確保、相談・苦情等の対応、介護サービスの内容の評価・改善等、介護サービスの質の確保・透明性の確保等のために実施している外部の者等との連携、安全管理・衛生管理、情報管理・個人情報保護等のために講じている措置など

第26回◇問題16

介護保険審査会への審査請求が認められるものとして正しいものはどれか。**2つ**選べ。

1　介護支援専門員の資格に関する処分
2　指定居宅サービス事業者の指定の取消しに関する処分
3　財政安定化基金拠出金への拠出額に関する処分
4　要介護認定に関する処分
5　被保険者証の交付の請求に関する処分

解説

正答　4、5

1　×　介護保険審査会は、**市町村が被保険者**に対して行う要介護認定等や保険料の徴収などの処分について被保険者の不服申し立てを受け付け、審査する機関である。介護支援専門員の資格に関する処分は都道府県知事が行うもので、これに対する審査請求は**認められない**。

2　×　指定居宅サービス事業者の指定の取り消しは都道府県知事が行う。これに対する審査請求は**認められない**。

3　×　財政安定化基金拠出金への拠出額に関する処分への審査請求は**認められない**。

4　○　**要介護認定**に関する処分は、市町村が被保険者に対して行う保険給付に関する処分であり、審査請求が認められる。

5　○　**被保険者証の交付の請求**に関する処分は、市町村が被保険者に対して行う保険給付に関する処分であり、審査請求が認められる。

解答のコツ&ポイント

⇨ 速習 介 L24

テーマ【介護保険審査会への審査請求が認められるもの】

この設問でのポイントは、審査請求は、「被保険者」が「被保険者に対する市町村の処分」に対して行うという点です。この点を理解していれば、すぐに選択肢1～3は×と判断できるでしょう。審査請求が認められるのは、大きく分けて保険給付と保険料・徴収金に関するものです。確実に覚えましょう。

◎保険給付に関する処分⇨被保険者証の交付の請求に関する処分、要介護認定等に関する処分など

◎保険料その他介護保険法の規定による徴収金に関する処分（財政安定化基金拠出金、介護給付費・地域支援事業支援納付金およびその納付金を滞納した場合の延滞金に関する処分を除く）

／　／　／

第26回◇問題17

介護保険法における消滅時効について正しいものはどれか。**3つ選べ。**

1　償還払い方式による介護給付費の請求権の時効は、10年である。

2　法定代理受領方式による介護給付費の請求権の時効は、２年である。

3　滞納した介護保険料の徴収権が時効によって消滅した場合には、保険給付の減額対象とならない。

4　介護保険料の督促は、時効の更新の効力を生ずる。

5　介護保険審査会への審査請求は、時効の更新に関しては、裁判上の請求とみなされる。

解説

正答 2、4、5

1　×　償還払い方式による介護給付費の請求権の時効は２年である。保険給付を受ける権利は、２年を経過したときに時効により消滅する（消滅時効）。

2　○　償還払い、法定代理受領方式のいずれの方法であっても、介護給付費の請求権の時効は２年である。

3　×　介護保険料を滞納し、徴収権が時効により消滅した期間のある被保険者が要介護認定を受けた場合、保険給付は減額される。具体的には、消滅した期間に応じ、給付率は７割（３割負担の対象者は６割）に引き下げられる。

4　○　介護保険法では、保険料や徴収金を徴収する権利は、２年を経過したときに時効により消滅する。しかし徴収金の督促がなされた場合には時効は更新される。これにより、それまで進行していた時効期間は効力を失い、新たに２年間の時効の効力が生じる。

5　○　審査請求は、時効の完成猶予および更新に関しては、裁判上の請求とみなされる。裁判の提起をすると時効の完成が猶予され、判決が確定すればその日に時効が更新されるが、審査請求でも同様の扱いになるというものである。

解答のコツ＆ポイント

⇨ 速習 介 L13、22

テーマ【介護保険における消滅時効】

選択肢５は少しわかりにくいかもしれません。その他の選択肢は、保険給付の請求権の消滅時効は２年という点、滞納保険料に時効による消滅期間がある場合の扱いを理解していれば正答できる問題です。

◎保険給付（償還払い・法令代理受領）を受ける権利、納付金その他介護保険法の規定による徴収金の徴収権、徴収金の還付を受ける権利の消滅時効⇨２年

◎完成猶予⇨時効の完成を中断・猶予

◎更新⇨時効期間をリセット

第26回◇問題18

要介護認定の申請について正しいものはどれか。**2つ**選べ。

1 被保険者は、介護認定審査会に申請しなければならない。
2 地域包括支援センターは、申請に関する手続を代行することができる。
3 介護保険施設は、入所者の更新認定の申請に限って代行することができる。
4 要介護状態区分の変更申請には、医師の診断書を添付しなければならない。
5 更新認定の申請は、有効期間満了の日の60日前から行うことができる。

解 説

正答 2、5

1 × 被保険者が介護保険の給付を受けるためには、保険者である**市町村**に要介護認定・要支援認定を**申請**する。p.340

2 ○ 認定の申請に関する手続きは、本人が行うほか、本人の家族等が代理できる。**地域包括支援センター**、**指定居宅介護支援事業者**、**地域密着型介護老人福祉施設**、**介護保険施設**、社会保険労務士法に基づく社会保険労務士も代行することができる。

3 × 申請代行は、更新認定の申請に限らず行うことができる。

4 × 医師の診断書を添付する必要はない。変更申請でも手続きは基本的に初回申請と同様で、申請を受けた市町村が、被保険者の主治医に**主治医意見書**の記載を求める。

5 ○ 引き続き要介護状態等にある被保険者は、認定の効力が途切れないように、有効期間満了日の**60**日前から**満了日**までの間に更新認定の申請を行うことができる。更新認定された場合の有効期間は原則12か月で、市町村が必要と認める場合は短縮や延長が認められる。

解答のコツ&ポイント

⇨ 速習 介 L9、10

テーマ【要介護認定の申請】

選択肢３は、認定調査の委託と混同しないように注意しましょう。認定調査では、新規認定は原則として市町村が行い、指定市町村事務受託法人にのみ委託が可能です。

◎申請代行（または代理）⇨地域包括支援センター、指定居宅介護支援事業者、地域密着型介護老人福祉施設、介護保険施設、社会保険労務士、民生委員、成年後見人、家族、親族等

◎すべての認定調査委託⇨指定市町村事務受託法人

◎更新・変更認定時の調査の委託⇨地域包括支援センター、指定居宅介護支援事業者、地域密着型介護老人福祉施設、介護保険施設、介護支援専門員

関連問題… 25-8 25-18 24-18

第26回◇問題19

要介護認定について正しいものはどれか。**2つ**選べ。

1　認定調査は申請者と面接して行わなければならないと、介護保険法に規定されている。

2　申請者が遠隔地に居住する場合には、認定調査を他の市町村に嘱託することができる。

3　新規認定の調査は、指定市町村事務受託法人に委託することができない。

4　一次判定は、認定調査票の基本調査の結果及び特記事項と主治医意見書に基づいて行う。

5　審査及び判定の基準は、市町村が定める。

解説

正答　1、2

1　○　認定調査は、被保険者の心身の状況などを調査するためのものであり、本人との面接により行う。被保険者への面接は、介護保険法第27条に規定されている。

2　○　認定調査は、被保険者の保険者である市町村が行うが、被保険者が遠隔地に住んでいる場合は、その被保険者が居住する市町村に嘱託することができる。

3　×　新規認定の調査は、原則として市町村が行うが、例外的に指定市町村事務受託法人には更新認定・変更認定の調査も含め委託することができる。

4　×　一次判定は、基本調査の結果をコンピュータに入力して要介護認定等基準時間を推計して行う。主治医意見書の記載も必要に応じ用いられることがあるが、特記事項は二次判定で用いられる。

5　×　認定調査や審査および判定の基準は、公平性・客観性の観点から、国が定め、全国一律のものが用いられる。

解答のコツ＆ポイント

⇨ 速習 介 L9、10

テーマ【要介護認定】

選択肢1は、介護保険法の条文を思い出さなくても、面接が必要だと直感的にわかるはずです。全体的に基本的な問題なので確実におさえるようにしておきましょう。

◎一次判定（コンピュータによる判定）⇨認定調査票の基本調査、必要に応じ主治医意見書を用いる

◎二次判定（介護認定審査会による判定）⇨一次判定結果、認定調査票の特記事項、主治医意見書を踏まえて判定

関連問題…24-21 22-15

第26回◇問題20

指定居宅介護支援について正しいものはどれか。**3つ**選べ。

1　介護支援専門員は、居宅サービス計画書の作成に当たっては、地域の住民による自発的な活動によるサービス等の利用も含めて居宅サービス計画上に位置付けるよう努めなければならない。

2　事業者は、利用者の人権の擁護、虐待の防止等のため必要な体制の整備を行わなければならない。

3　指定居宅介護支援の提供に当たっては、公正中立に行われなければならない。

4　介護支援専門員の連絡調整の対象は、指定居宅サービス事業者に限定される。

5　事業者の連携の対象には、障害者総合支援法の指定特定相談支援事業者は含まれない。

解説

正答　1、2、3

1　○　利用者の日常生活全般を支える観点から、介護給付等対象サービス以外のサービスや、地域の住民による自発的な活動によるサービスなどの利用も含めて居宅サービス計画に位置づけ、総合的な計画となるよう努めなければならない。

2　○　2020（令和２）年の改正により、利用者の人権の擁護、虐待の防止等のため必要な体制を整備するとともに、従業者に対し研修を実施するなどの措置を講じるほか、虐待の発生・再発を防止するため、虐待防止の対策を検討する委員会の開催、指針の整備、研修の実施、担当者を定めることが運営基準で義務づけられた。

3　○　利用者の意思・人格を尊重し、常に利用者の立場に立って、サービスが特定の種類や事業者に不当に偏することがないよう公正中立に行う。

4　×　介護支援専門員が連絡・調整する対象は、指定居宅サービス事業者に限らず、その他のサービス事業者・施設、市町村、地域住民、医療機関、特定介護予防・日常生活支援総合事業を行う者、他制度の担当者、地域包括支援センターなど多岐にわたる。

5　×　基本方針において、市町村、地域包括支援センター、老人介護支援センター、ほかの指定居宅介護支援事業者、指定介護予防支援事業者、介護保険施設、障害者総合支援法に規定する指定特定相談支援事業者等との連携に努めることが規定されている。

解答のコツ&ポイント

⇨ 速習 介 L25、26

テーマ【指定居宅介護支援】

介護支援専門員の職務で一番重要なのは、介護保険制度の基本理念である利用者の自立支援、自己決定の支援、生活の継続性を実現するために、さまざまな人や機関と連絡調整をすることです。また、利用者には障害者も含まれます。このことを理解していれば、選択肢４の「限定される」、選択肢５の「含まれない」は誤りと判断できます。

第26回◇問題21

居宅サービス計画の作成について適切なものはどれか。**3つ**選べ。

1　課題分析の結果は、居宅サービス計画書に記載しない。

2　総合的な援助の方針は、利用者及び家族を含むケアチームが確認、検討の上、居宅サービス計画書に記載する。

3　居宅サービス計画の長期目標は、基本的に個々の解決すべき課題に対応して設定するものである。

4　週間サービス計画表には、提供されるサービス以外に主な日常生活上の活動も記載する。

5　サービス担当者会議の要点には、出席できないサービス担当者に対して行った照会の内容について記載しなくてよい。

解説

正答 2、3、4

1 × 利用者およびその家族が、どのような内容の介護サービスをどの程度の頻度で利用しながら、どのような生活をしたいと考えているのか、その意向を踏まえた課題分析の結果を記載する。

2 ○ 総合的な援助の方針は、課題分析により抽出された、「生活全般の解決すべき課題（ニーズ）」に対応して、どのようなチームケアを行おうとするのか、利用者および家族を含むケアチームが確認、検討のうえ記載する。

3 ○ 長期目標は、基本的には個々の解決すべき課題に対応する。一方、短期目標は、解決すべき課題および長期目標に段階的に対応し、解決に結びつけるものである。

4 ○ 週間サービス計画表には、時間帯ごとのサービス内容のほか、主な日常生活上の活動として、利用者の起床や就寝、食事、排泄などの平均的な一日の過ごし方を記載する。

5 × サービス担当者が会議に出席できない場合、またはサービス担当者会議を開催しない場合には、サービス担当者に対して行った照会の内容等について記載する。

解答のコツ&ポイント

⇨ 速習 介 L26

テーマ【居宅サービス計画の記載事項】

選択肢2～4は、積極的に×とする根拠がなく、これを○と判断できれば正答できます。

◎居宅サービス計画書（1）⇨支援目標、計画の大きな方向性を設定。「利用者及び家族の生活に対する意向を踏まえた課題分析の結果」「総合的な援助の方針」など

◎居宅サービス計画書（2）⇨具体的な居宅サービス計画の作成。「生活全般の解決すべき課題（ニーズ）」「目標」「援助内容」

◎週間サービス計画表⇨サービス内容、主な日常生活上の活動、週単位以外のサービスも記載

第26回◇問題22

指定介護老人福祉施設の施設サービス計画について正しいものはどれか。**2つ**選べ。

1　モニタリングは、少なくとも月に１回行わなければならない。

2　アセスメントは、入所者及びその家族に面接して行わなければならない。

3　計画の交付は、家族に行えばよい。

4　地域の住民による自発的な活動によるサービス等の利用も含めて位置付けるよう努めなければならない。

5　介護支援専門員以外の者も作成できる。

解説

正答　2、4

1　×　施設サービス計画では、「少なくとも月に１回」という回数や頻度の規定はない。モニタリングは、定期的に入所者に面接を行い、定期的にモニタリング結果を記録することにより行う。

2　○　計画担当介護支援専門員は、アセスメント（課題分析）を実施するにあたっては、入所者および家族と面接して行わなければならない。入所者が生活の質を向上させるうえで生じている問題点を明らかにし、入所者が自立した生活を営むうえで解決すべき課題を把握する。

3　×　施設サービス計画原案の内容は、入所者または家族に説明し、入所者からあらかじめ文書による同意を得る。そして、完成した施設サービス計画は入所者に交付する。

4　○　入所者の日常生活全般を支援する観点から、介護給付等対象サービス以外の、地域の住民による入所者の話し相手、会食といった自発的な活動によるサービスなどの利用も含めて施設サービス計画上に位置づけ、総合的な計画となるよう努める。

5　×　施設サービス計画は、介護支援専門員以外の者が作成することはできない。

解答のコツ&ポイント

⇨ 速習 介 L30

テーマ【施設サービス計画】

選択肢１と４は間違えやすいポイントです。施設サービス計画にはサービス担当者会議やモニタリングの回数や頻度の規定はなく、また施設の入所者であっても総合的なサービス計画の作成が求められています。この点を理解していれば、正答できる問題です。

◎サービス担当者会議または照会⇨会議の開催または担当者に対する照会を行う（原則開催、回数や頻度の規定なし）

◎モニタリング⇨定期的に行う

第26回◇問題23

Aさん（72歳、男性、要介護２、認知症高齢者の日常生活自立度Ⅱa）は、妻（63歳）と二人暮らしで、小規模多機能型居宅介護事業所に登録し、週２回の通いサービスと週３回の訪問サービスを利用している。Aさんは、若い頃より散歩が趣味であったが、最近、散歩に出かけると自宅に戻れなくなることが増え、警察に保護されることがあった。妻は日中就労（週５日）のため、見守ることができずに困っている。この時点における計画作成担当者である介護支援専門員の対応として、より適切なものはどれか。**３つ**選べ。

1　徘徊感知機器の情報を収集し、Aさんと妻に情報提供を行う。
2　Aさんや妻の同意を得ないで、Aさんの立ち寄りそうな店舗などに、Aさんの写真と妻の携帯電話番号を掲示してもらう。
3　Aさんの心身の状況や自宅周辺の環境をアセスメントし、自宅に戻れなかった理由を探る。
4　通いサービスの利用日以外は外出をしないように、Aさんを説得する。
5　近隣住民等による見守り体制が取れるかどうか民生委員に相談する。

解説

正答　1、3、5

1　○　認知症老人徘徊感知機器は、福祉用具貸与の給付対象で、認知症高齢者が屋外へ出ようとしたときや屋内のある地点を通過したときに、センサーで感知し、家族、隣人などに通報するものである。Aさんと妻への情報提供として適切である。

2　×　個人情報保護の観点から適切ではない。本人の同意なく、Aさんの写真や妻の携帯番号などの個人情報を店舗などに掲示するようなことをしてはならない。

3　○　Aさんが自宅に戻れなくなったのは最近である。新たな課題が生じているため、心身・環境の両面からアセスメントすることは適切である。

4　×　介護支援専門員は、利用者が尊厳を保持しつつ、主体的に、自分らしく、身体的・精神的に自立した日常生活を送れるよう支援する必要がある。若い頃より散歩が趣味のAさんに、外出をしないよう説得することは、不適切な対応である。

5　○　SOSネットワークなど、地域の見守り体制を活用することも考えられる。民生委員に相談するのは適切な対応である。

解答のコツ&ポイント

⇨ 速習　介 L3
　　　　福 L9

テーマ【認知症高齢者の徘徊への対応】

この設問では、福祉用具給付の活用、適切なアセスメント、地域の多様な社会資源の活用などが問われています。選択肢２の介護支援専門員の秘密保持義務に反した行為、選択肢４の本人の自立支援に反する支援は、すぐに×と判断できるはずです。

第26回◇問題24

Aさん（80歳、女性）は、最近、閉じこもりがちになり、体力が低下してきた。同居する娘は心配になって市役所に相談し、要支援１の認定を受けた。地域包括支援センターから委託を受けて、介護支援専門員が訪問したところ、娘は「母にはいつまでも元気でいてもらいたいが特に希望するサービスはない」と言う。介護支援専門員の対応として、より適切なものはどれか。**2つ**選べ。

1　特に希望するサービスがないので、今のところ支援の必要がないと考え、しばらく様子を見るよう娘に伝える。
2　指定訪問介護の生活援助を紹介する。
3　指定認知症対応型共同生活介護を紹介する。
4　Aさんの社会参加の状況や対人関係を把握する。
5　地域ケア会議などにおいて生活機能の改善のために必要な支援を検討する。

解説

正答　4、5

1　×　娘に必要なサービスの情報が不足していることも考えられるので、利用できる多様な社会資源を紹介するなど**介護予防**の観点からの働きかけが必要である。

2　×　Aさんは**要支援**であるため、指定訪問介護は**利用できない**。また、閉じこもりがちなAさんの状態像を考えると、地域支援事業の通所型サービスなど通いの場についての情報を紹介することが適切と考えられる。

3　×　指定認知症対応型共同生活介護は、**認知症**（急性の状態にある者を除く）のある**要介護者**を対象とし、入居の際には、**主治医の診断書**などにより認知症であることを確認する必要がある。Aさんは要支援で、認知症でもないため、サービスを利用できない。

4　○　Aさんの社会参加の状況や対人関係をアセスメントし、閉じこもりや体力低下を防ぐために解決すべき課題を抽出する必要がある。

5　○　地域ケア会議では、地域の個別ケースの支援内容の検討も行っている。リハビリテーション専門職の助言を受けるなど、生活機能の改善のために必要な支援を検討するのは適切な対応である。

解答のコツ＆ポイント

テーマ【閉じこもりがちなAさんへの支援】
選択肢１の「今のところ支援の必要がない」や選択肢３の認知症でないAさんへの対応はすぐに×と判断できるでしょう。また、選択肢２では制度の知識も求められていますが、Aさんに生活援助が必要かどうかも判断する根拠となります。

⇨ 速習 介 L3、11、20

第26回◇問題25

特別養護老人ホームに入所しているＡさん（80歳、女性、要介護４）は、がんの末期で余命１か月程度と医師から告げられている。Ａさんは自宅で最期を迎えたいと希望している。自宅で一人暮らしをしている夫は、Ａさんの希望に沿いたいと考えているが、自宅での介護や看取りに不安を抱いている。Ａさんの居宅介護支援の依頼を受けた介護支援専門員がＡさんや夫との面談を進めるに当たっての対応として、より適切なものはどれか。**３つ**選べ。

1　夫が何を不安に感じているのかを聴き取る。
2　施設の嘱託医に居宅療養管理指導を依頼する。
3　夫の負担を考慮し、施設での看取りを依頼する。
4　Ａさんが自宅でどのように過ごしたいのかを聴き取る。
5　Ａさんの自宅がある地域で看取りに対応している診療所の情報を収集する。

解説

正答　1、4、5

1　○　家族の不安に寄り添った対応が必要である。また、今後の方針や課題を抽出するうえでも、夫の要望や介護力などをていねいにアセスメントする必要がある。

2　×　Ａさんは自宅での看取りを希望しており、急変時などにも**24時間体制**で対応する地域の**在宅療養支援診療所**などとの連携が必要となる。特別養護老人ホームの嘱託医に居宅療養管理指導を依頼するのは適切ではない。

3　×　Ａさんは自宅で最期を迎えたいと希望しており、夫もＡさんの希望に沿いたいと考えている。これを実現するうえで必要な課題を整理し、支援方法を考える必要がある。

4　○　Ａさんが自宅でどのような最期を迎えたいか、その意思の確認は重要である。

5　○　利用者のターミナル期の生活を支えるためには、医療と介護が連携し、**多職種協働**で支援を行っていくことが重要になる。急変時に備えた対応、死亡診断など医師との連携は欠かせないため、自宅地域での診療所の情報を収集するのは適切な対応である。

解答のコツ&ポイント

⇨ 速習　介 L3
　　　　保 L26

テーマ【自宅におけるターミナルケアの支援】
選択肢３のＡさん本人の希望を無視しての「施設での看取りを依頼する」といった選択肢は、×と考えましょう。アセスメントや医療との連携などを理解していれば、選択肢１、４、５は容易に○と判断できるはずです。

●保健医療サービス分野●

関連問題…22-31　／　／　／

第26回◇問題26

次の記述のうち適切なものはどれか。**3つ選べ。**

1　「指輪っかテスト」は、サルコペニア（筋肉減弱症）の簡便な評価法である。

2　フレイルとは、健康な状態と介護を要する状態の中間的な状態である。

3　ロコモティブシンドロームとは、認知機能の低下によって起こるフレイルである。

4　要支援と認定された者では、介護が必要となった原因の第1位は認知症である。

5　配偶者との死別による心理的苦痛を和らげるには、ソーシャルサポートが有効である。

解説

正答　1、2、5

1　○　**指輪っかテスト**は、本人が両手の親指と人差し指でふくらはぎの最も太い部分を囲んで隙間ができるかどうかを見る方法で、サルコペニア（筋肉減弱症）の簡便な評価法である。

2　○　**フレイル**（虚弱）は、加齢とともに心身の活力が低下している状態を表し、**健康な状態**と**要介護状態**の中間に位置づけられている。①体重減少（6か月で2kg以上減少）、②歩行速度の低下、③筋力（握力）低下、④疲労感、⑤身体活動の減少のうち3項目以上に該当すればフレイルとみなされる。

3　×　**ロコモティブシンドローム**は、骨、筋肉、関節、神経など**運動器**の障害により、移動機能が低下した状態で、運動器症候群ともいう。

4　×　「令和4（2022）年国民生活基礎調査」によると、要支援となった原因で最も多いのは、**関節疾患**（19.3%）である。一方、**要介護**となった原因で最も多いのが認知症（23.6%）である。

5　○　配偶者との死別は**抑うつ**となりやすい。その心理的苦痛を和らげるには、グリーフケア（悲嘆へのケア）などのソーシャルサポートが有効である。

解答のコツ&ポイント

⇨ 速習　保 L1

テーマ【支援や介護が必要となる疾患への予防的理解】

選択肢1、2、5は直感的に正答と判断できるのではないでしょうか。フレイル予防は介護予防のうえでも重要です。フレイルの多面的な側面を理解しておきましょう。

◎身体的フレイル⇨サルコペニア、ロコモティブシンドロームなど

◎心理的・認知的フレイル⇨うつ、認知機能の低下など

◎社会的フレイル⇨閉じこもり、困窮、孤食など

関連問題…25-28 24-27 23-29

第26回◇問題27

次の記述のうち正しいものはどれか。**3つ選べ。**

1 脈拍数と心拍数は、常に一致する。
2 高体温とは、体温が36.5度以上である場合をいう。
3 一般的に動脈壁にかかる圧力を血圧という。
4 血圧には日内変動がある。
5 ジャパン・コーマ・スケール（JCS）は、意識レベルの評価に用いられる。

解説

正答 3、4、5

1 × 心拍数とは、心臓が収縮して血液を送り出すときの拍動の回数で、脈拍数は動脈に圧力がかかる拍動数である。正常な状態では心拍数と脈拍数は一致する。しかし拍動のリズムや速さが不規則になる不整脈があるとこれらは一致しない。

2 × 高体温とは、体温が37.0度以上である場合をいう。高齢者の場合、基礎代謝が低下するため、一般成人よりも体温は低くなる傾向にある。

3 ○ 記述のとおりである。また、高齢者は加齢により動脈の血管が硬くなるため、高血圧となりやすい。また、収縮期血圧（最高血圧）が高く、拡張期血圧（最低血圧）が低くなる傾向がある。

4 ○ 血圧には日内変動があり、食事や運動、ストレス、気温でも変動する。受診時の緊張で一時的に血圧の上がる白衣高血圧もよくみられる。

5 ○ 意識障害の程度とレベルを評価する方法として、日本ではジャパン・コーマ・スケール（JCS = Japan Coma Scale）が多く用いられている。数値が大きいほど、意識レベルが低いことを示す。

解答のコツ&ポイント

⇨ 速習 保L4、9

テーマ【バイタルサイン】
選択肢1は、不整脈を念頭に置けば×と判断できます。選択肢2も、医学的知識がなくても36.5度は平熱と解答できるでしょう。
◎徐脈性不整脈⇨脈が遅くなる
◎頻脈性不整脈⇨脈が速くなる
◎期外収縮⇨脈が不規則になる

第26回◇問題28

検査について適切なものはどれか。**3つ**選べ。

1　腹囲が男性85cm 以上、女性90cm 以上の場合は、メタボリックシンドロームの診断において腹部型の肥満とされる。

2　AST（GOT）は、肝臓以外の臓器の疾患でも上昇する。

3　ヘモグロビン A1c は、採血時の血糖レベルを評価するのに適している。

4　尿検査は、尿路感染症の診断に有効である。

5　CRP（C 反応性たんぱく質）は、体内で炎症が起きているときに低下する。

解説

正答　1、2、4

1　○　腹囲が男性で85cm 以上、女性で90cm 以上の腹部型の肥満で、かつ高血糖・高血圧・脂質異常症のうち２つ以上該当するとメタボリックシンドロームと診断される。

2　○　AST（GOT）と ALT（GPT）はいずれも肝臓に含まれる酵素で、何らかの障害により肝細胞が破壊されると血液中に放出されて血中数値が上昇するため、肝・胆道疾患などをみる指標となる。ALT（GPT）の多くは肝臓に含まれるが、AST（GOT）は心筋、骨格筋、血液などにも含まれるため、心臓や筋肉の疾患、溶血性疾患でも数値が上昇する。p.350

3　×　ヘモグロビン A1c（HbA1c）は糖がヘモグロビンと結合している割合を示し、検査日から過去１～２か月の平均的な血糖状態を反映している。

4　○　尿検査（検尿）は、尿糖や尿たんぱくなどの成分を検査するもので、腎臓病や糖尿病のスクリーニング、尿路感染症の診断に有効である。p.350

5　×　CRP（C 反応性たんぱく質）は、感染症などの炎症がある場合に血液中に増加する。p.350

解答のコツ&ポイント

⇨ 速習 保 L10

テーマ【検査】

選択肢１の体格に関する項目は特に出題頻度が高く確実におさえたいポイントです。選択肢３・ヘモグロビン A1c の「過去１～２か月」、選択肢5・CRP の「炎症で増加」は繰り返し問われており、ここを理解していれば解答は容易です。

◎ BMI（Body Mass Index）⇨25以上は肥満、18.5未満は低体重

◎メタボリックシンドローム⇨腹部型肥満＋高血糖・高血圧・脂質異常症のうち２つ以上該当

◎上腕周囲長・下腿周囲長⇨寝たきりなどでは低栄養判定に有効

◎高齢者の BMI ⇨脊椎の変形などにより、本来の値より大きくなる

関連問題…24-34 23-32

第26回◇問題29

褥瘡について適切なものはどれか。**3つ**選べ。

1 しびれや麻痺は、原因となる。
2 細菌感染の原因となる。
3 寝たきりになると腹部にできやすい。
4 予防方法の一つに、栄養管理がある。
5 寝返りができない人に、体位変換は不要である。

解説

正答 1、2、4

1 ○ しびれや麻痺などがあると感覚が鈍くなり、褥瘡の発生リスクが高くなる。 p.351

2 ○ 褥瘡には細菌が繁殖しやすく、進行した段階では敗血症のような重い疾患の原因となることがある。

3 × 褥瘡は骨が突出しており、かつ持続的に圧がかかりやすい部位にできやすい。寝たきりの仰臥位の状態では、特に仙骨部（お尻の中央の骨が突出した部分）にできやすく、踵部（かかと）、肩甲骨部、後頭部などにもできやすい。 p.351

4 ○ 栄養状態の悪化は褥瘡の発生要因となる。特に血清アルブミンが3.6g/dL 以下ではリスクが高まるため、栄養管理が褥瘡予防に重要である。 p.351

5 × 褥瘡の予防や介護では、定期的な体位変換により同一部位への圧迫を除去することが重要になる。体圧分散効果のある褥瘡予防用具も併用するとよい。 p.351

解答のコツ&ポイント

⇨ 速習 保 L11

テーマ【褥瘡】
寝たきりの状況で圧迫される身体箇所をイメージしてみましょう。選択肢３の「腹部」は×と判断できるはずです。選択肢５の「不要である」も常識的に×と解答できるでしょう。褥瘡予防では、発生にかかわる局所・全身・社会的要因を理解しておくことが大切です。

◎局所的要因⇨皮膚の脆弱化、摩擦、ずれ、皮膚の湿潤
◎全身的要因⇨低栄養、やせ、加齢・基礎疾患、浮腫・易感染性、薬剤投与、日常活動性の低下
◎社会的要因⇨介護力不足、情報不足、経済力不足

第26回◇問題30

リハビリテーションについて適切なものはどれか。**3つ**選べ。

1　多職種が連携して行う。
2　高齢者のケアは、リハビリテーション後置主義にのっとっている。
3　運動に伴って低血糖発作が起こることがある。
4　急性期病床は、急性期リハビリテーションの提供の場である。
5　回復が見込めない要介護高齢者に対しては、実施しない。

解説

正答　1、3、4

1　○　医師、理学療法士、作業療法士、言語聴覚士、介護支援専門員、介護・看護職員などで利用者の状況や目標を共有し、**多職種連携**でリハビリテーションを行うことが重要である。

2　×　高齢者のケアにおいては、常に**リハビリテーション前置主義**の考え方にのっとり、要介護状態の予防、軽減を積極的に図ることが大切になる。リハビリテーション前置主義とは、①医療保険のリハビリテーション医療サービスを十分に実施し、要介護状態を軽減したうえで介護保険に移行すべきである、②介護保険の利用に際し、要介護度を改善もしくは維持するために必要なリハビリテーション医療サービスは、他のサービスに優先して利用できるしくみを構築すべきである、という考え方である。

3　○　運動時には、**低血糖**発作、呼吸困難、痛みの増悪、転倒などのリスクに注意を要する。

4　○　**急性期病床**は、疾病や外傷の発症直後に入院し、急性期治療と全身の管理を受けながら、急性期リハビリテーションを行う場であり、医療保険から給付される。

5　×　回復が見込めない場合や終末期にも、身体機能の維持や介護負担の軽減、QOL の向上をめざしてリハビリテーションが**行われる**。

解答のコツ&ポイント

⇨ 速習 保 L16

テーマ【リハビリテーション】
選択肢５の「実施しない」のような文言は×と考えましょう。多職種連携によるリハビリテーション、リハビリテーション中に起こりやすいリスク（下記）を理解していれば正答できる問題です。
◎運動時⇨低血糖発作、呼吸困難、痛みの増悪、転倒
◎食事介助⇨窒息、誤嚥
◎医療機器装着⇨人工呼吸器、酸素吸入時の事故
◎治療機器取扱中の事故⇨温熱療法、電気刺激療法、平行棒など
◎感染⇨飛沫、密な接触、器具を介した感染など

関連問題… 25-32 24-31 23-34

第26回◇問題31

認知症について適切なものはどれか。**3つ**選べ。

1 認知症施策推進大綱においては、発症を遅らせることを目指している。
2 運動不足の改善は、認知症の予防につながらない。
3 自分の意思で決定できるように支援することが大切である。
4 MCI（軽度認知障害）は、すべて認知症に移行する。
5 前頭側頭型認知症の症状の一つとして、物品の名前が出てこない意味性認知症の症状がある。

解説

正答 1、3、5

1 ○ 2019（令和元）年6月に公表された「認知症施策推進大綱」では、認知症の発症を遅らせ、発症後も希望を持って日常生活を過ごせる社会をめざして「共生」と「予防」を車の両輪として据え、5つの柱に沿った取り組みが実施されている。

2 × 運動不足の改善、糖尿病や高血圧症等の生活習慣病の予防、社会参加による社会的孤立の解消や役割の保持などは、認知症の予防につながる。

3 ○ 記述のとおりである。認知症の人の意思決定を支援するすべての人を対象に、厚生労働省による「認知症の人の日常生活・社会生活における意思決定支援ガイドライン」（2018〔平成30〕年）が作成されている。

4 × MCI（軽度認知障害）は、健常者と比べて、なんらかの認知機能が以前よりも低下しているが、認知症とはいえない状態をいう。MCIがすべて認知症に移行するわけではなく、生活習慣を改善し、早期に対策を行うことが重要である。

5 ○ 前頭側頭型認知症のうち、側頭葉が萎縮するタイプでは、物品の名前が出てこないなどの意味性認知症の症状がみられる。

解答のコツ&ポイント

⇨ 速習 保 L17

テーマ【認知症】

選択肢2は「つながらない」、選択肢4は「すべて移行する」という記述から×と判断できます。認知症施策推進大綱の概要や代表的な認知症の特徴について理解を深めておきましょう。

◎認知症施策推進大綱の5つの柱⇨①普及啓発・本人発信支援、②予防、③医療・ケア・介護サービス・介護者への支援、④認知症バリアフリーの推進・若年性認知症の人への支援・社会参加支援、⑤研究開発・産業促進・国際展開

◎前頭側頭型認知症のうち、側頭葉が萎縮するタイプでみられる症状⇨意味性認知症

関連問題… 26-38 25-27 24-32

第26回◇問題32

次の記述のうち、より適切なものはどれか。**3つ**選べ。

1　高齢者は、急激な環境の変化があっても、環境への適応力は高い。
2　せん妄の有病率は、年齢とともに上昇する。
3　せん妄については、その発症に至ったきっかけで除去可能な要因がないか検討する。
4　身体疾患の治療薬の中には、うつなどの精神症状を引き起こすものがある。
5　統合失調症の陰性症状とは、妄想や幻覚をいう。

解説

正答　2、3、4

1　×　加齢とともに環境への適応力は低下していき、高齢者では、急激な環境の変化が精神疾患などの発症要因となることがある。

2　○　せん妄は、加齢や薬剤、環境の変化などが原因で起こる。高齢者では、加齢による脳の予備能力の低下などを背景に、せん妄の有病率が年齢とともに上昇する。

3　○　せん妄の発症要因には、加齢や薬剤、環境の変化のほか、アルコール、発熱、疼痛、脱水などがある。除去可能な要因を取り除いたり、薬物療法を行ったりすることで、通常は数週間でおさまる。

4　○　うつなどの精神症状は、高齢者では身体的な衰え、家族との死別、社会的な役割の喪失などが要因となることが多いが、脳血管障害やパーキンソン病などの疾患、薬剤の副作用などが原因となることもある。

5　×　統合失調症でみられる陰性症状は、感情鈍麻や無気力、自発性の低下、自閉などである。記述は、陽性症状でみられる。

解答のコツ&ポイント

⇨ 速習 保 L1、18

テーマ【せん妄、抑うつ、統合失調症】
選択肢1は高齢者の特徴、選択肢5は統合失調症の特徴を理解していれば正誤を判断できます。せん妄は、要因と対応をおさえておきましょう。

◎せん妄の発症要因と対応⇨加齢、薬剤、環境の変化、アルコール、発熱、疼痛、脱水など。要因の除去や薬物療法により改善・消失

◎統合失調症⇨陰性症状は感情鈍麻や無気力、自発性の低下、自閉など。陽性症状は幻覚や妄想、滅裂思考、緊張病症状（興奮と無動）など

関連問題…24-33 23-36

第26回◇問題33

傷病に関する次の記述のうち、より適切なものはどれか。**3つ**選べ。

1　診察や検査は、医師の負担が少ないものから行う。
2　診断は、医師又は歯科医師が行う。
3　患者は、自分の傷病の内容を知り、どのような治療を受けるか、自己決定する権利を有している。
4　予後に関する説明では、患者の理解力なども考慮し、必要に応じて家族の立ちあいを求める。
5　介護サービスの選択を助言するに当たり、予後は考慮しなくてよい。

解説

正答　2、3、4

1　×　診察や検査は、患者の身体的負担が少ないものから行うことが原則である。

2　○　記述のとおりである。医師法または歯科医師法に定められている。

3　○　検査や治療方針の決定においては、患者本人が検査や治療について医師の説明を聞き、その説明に納得し、同意する、というインフォームドコンセントが重視されている。患者は、いくつかの選択肢のなかから自己決定する権利があり、十分な情報提供を受けて治療内容をしっかりと理解することが大切になる。

4　○　予後の説明は患者本人に対して行われるが、予後が悪い場合や理解力が低下している場合などは、状況によって家族に同席してもらうなど配慮が必要である。

5　×　介護支援専門員は適切なケアプランを作成するために、疾患の予後を踏まえたうえで生活機能を把握しておくことが求められる。

解答のコツ&ポイント

⇨ 速習 保 L19

テーマ【医学的診断、インフォームドコンセント、予後】

選択肢1は基本的な内容です。選択肢5は「考慮しなくてよい」という記述から正誤を判断できます。医学的診断の過程は理解しておきましょう。

◎診察や検査⇨患者の身体的負担が少ないものから行うのが原則

◎診断⇨医師または歯科医師のみ行える

◎予後の説明⇨通常は患者本人。予後が悪い場合や理解力が低下している場合などは、状況によって家族も同席

用語

予後とは、病気の経過についての見通しのこと。

第26回◇問題34

次の記述のうち適切なものはどれか。**3つ**選べ。

1　介護支援専門員は、利用者の入院時に、退院後の利用者・家族の生活について医療機関に伝えることが重要である。

2　退院後の居宅サービス計画の立案に役立つ情報には、入院期間中に介護支援専門員に共有される情報が含まれる。

3　退院前カンファレンスに家族が参加する場合もある。

4　退院後の訪問看護は、介護支援専門員が指示する。

5　退院当日は、介護保険サービスを利用できない。

解説

正答　1、2、3

1　○　記述のとおりである。利用者・家族の思いや希望のほか、利用者の**能力**や家族の**介護力**などを医療機関に伝えることで、医療機関にとっても治療の方針を**再考**するきっかけとなる。

2　○　記述のとおりである。**退院前カンファレンス**で打ち合わせた内容（利用者・家族の意向など）を的確に**記録**しておくことで、退院後の居宅サービス計画を立案するうえでの情報として役立てることができる。

3　○　医療機関が主催する退院前カンファレンスには、**利用者**や**家族**、病院チーム、在宅チームが参加する。

4　×　退院後の訪問看護の指示は、**医師**が行う。訪問看護など**医療**サービスの利用には、主治医の**指示**が必要である。

5　×　退院**当日**から介護保険サービスを利用できることが重要である。退院日に利用者の自宅で**サービス担当者会議**を開催することで、介護保険サービスを**切れ目なく**利用できる。

解答のコツ&ポイント

⇨ 速習 保 L19

テーマ【退院前カンファレンス】
選択肢４は介護支援専門員の業務ではないので、容易に正誤を判断できます。退院当日でもサービス担当者会議を開催することで介護保険サービスを利用できることをおさえておきましょう。
◎退院前カンファレンス⇨情報を共有することで、退院後の居宅サービス計画の立案に役立つ
◎退院前カンファレンスのメンバー⇨利用者や家族、病院チーム、在宅チーム
◎退院当日⇨サービス担当者会議を開催することで、介護保険サービスを切れ目なく利用可能

関連問題… 25-34 25-36 24-35

第26回◇問題35

高齢者の栄養・食生活について適切なものはどれか。**3つ**選べ。

1　低栄養状態では、筋力の低下により転倒しやすい。
2　男性では、加齢とともに低栄養傾向の者の割合は減少する。
3　骨粗鬆症予防には、アルコールを摂取することが大切である。
4　使用している薬剤によっては、摂取してはならない食品がある。
5　一方的な指導ではなく、双方向的なコミュニケーションを重視した相談の場を設ける。

解説

正答　1、4、5

1　○　低栄養状態になると筋肉量が**減少**し、転倒しやすくなる。

2　×　「令和元年国民健康・栄養調査結果」によると、高齢者のうち低栄養傾向の者の割合は男性12.4％、女性20.7％である。年齢階級別にみると、男女ともに**85歳以上**でその割合は**高くなる**。

3　×　骨粗鬆症（こつそしょうしょう）の予防では、**カルシウム**のほか、カルシウムの吸収を助ける**ビタミンD**、**ビタミンK**などをバランスよく摂取することが大切である。

4　○　グレープフルーツ（カルシウム拮抗薬などと相互作用）や納豆、緑色野菜、牛乳などの食品は特定の薬の作用に影響を与えるため、必ず**併用**してもよいかどうかの確認が必要である。

5　○　介護予防の観点からも、生活習慣病対策としての「栄養指導」から高齢者一人ひとりの状況に応じた指導に重点を移し、利用者との**双方向**コミュニケーションを重視した相談が行われる。

解答のコツ&ポイント

⇨ 速習 保 L7、20、21

テーマ【高齢者の栄養・食生活】

選択肢３のアルコールは、骨粗鬆症予防では除去できる危険因子のひとつです。薬の作用に関する知識はおさえておきましょう。

◎低栄養の指標⇨体重減少、BMI の低下、血清アルブミン値の低下など

◎骨粗鬆症の予防⇨カルシウムのほか、カルシウムの吸収を助けるビタミンD、ビタミンKなどをバランスよく摂取

関連問題…24-38 22-34

第26回◇問題36

次の記述のうち適切なものはどれか。**2つ**選べ。

1　重症の糖尿病性ケトアシドーシスの患者では、異常な呼吸がみられることがある。

2　起座呼吸は、気管支喘息の患者にもみられる。

3　高齢者の肺活量の低下の一因として、肺の残気量の低下がある。

4　在宅酸素療法において、携帯用酸素ボンベの使用に慣れれば、介護支援専門員の判断で酸素流量を設定してよい。

5　簡易酸素マスクで酸素流量が不足する場合は、鼻カニューレに交換する。

解説

正答　1、2

1　○　重症の糖尿病性ケトアシドーシスでは、異常に深大な呼吸が規則正しく続く**クスマウル呼吸**がみられる。p.349

2　○　起座呼吸は、呼吸困難が臥位で**増強**、起座位または半座位で**軽減**する。**左心不全**の主要徴候で、**気管支喘息**や肺炎、気管支炎の患者にもみられる。

3　×　高齢者の場合、1回換気量（吸入または呼出される空気量）は一般成人と変わらないが、肺活量は**低下**傾向で、残気量は**増加**する。

4　×　携帯用酸素ボンベの使用に慣れていても、酸素流量の設定は**医師**の指示に基づいて行う。介護支援専門員の判断で行うのは適切でない。

5　×　簡易酸素マスクは、鼻カニューレで効果が**不十分**な場合や**酸素流量**を多く投与する場合に使用する。

解答のコツ&ポイント

⇨ 速習 保 L9、22

テーマ【在宅酸素療法】

選択肢4の「介護支援専門員の判断」という記述から×であると判断できます。バイタルサインや在宅酸素療法について理解を深めておきましょう。

◎起座呼吸⇨左心不全の主要徴候。気管支喘息や肺炎、気管支炎でもみられる

◎高齢者の呼吸⇨肺活量は低下傾向、残気量は増加

◎酸素流量の設定⇨医師の指示に基づいて行う

◎簡易酸素マスク⇨鼻カニューレで効果が不十分な場合や酸素流量を多く投与する場合

第26回◇問題37

感染症と主な感染経路の組合せについて、より適切なものはどれか。**3つ**選べ。

1　季節性インフルエンザ —— 飛沫感染
2　腸管出血性大腸菌感染症 —— 接触感染
3　結核 —— 空気感染
4　疥癬 —— 飛沫感染
5　MRSA（メチシリン耐性黄色ブドウ球菌）感染症 —— 空気感染

解説

正答　1、2、3

1　○　季節性インフルエンザの感染経路は、咳、くしゃみ、会話などでの飛沫(ひまつ)粒子で感染する**飛沫**感染である。感染した利用者の2m以内でケアを行う場合は、**使い捨てマスク**を着用する。

2　○　腸管出血性大腸菌感染症、疥癬(かいせん)、多剤耐性菌感染症の感染経路は、排泄(はいせつ)物、創部(そうぶ)、物品などとの接触で、手指を介し感染する**接触**感染である。**手指衛生**を励行し、嘔吐(おうと)物などの処理時には**個人防護具**を着用する。

3　○　結核の感染経路は、空中を浮遊する飛沫核で感染する**空気**感染である。**個室管理**とし、ケアを行う場合は**高性能マスク**を着用する。

4　×　選択肢2の解説のとおりである。

5　×　選択肢2の解説のとおりである。MRSA（メチシリン耐性黄色ブドウ球菌）は**多剤耐性菌**のひとつである。

解答のコツ&ポイント

⇨ 速習 保 L23

テーマ【感染症と主な感染経路】
感染症に関する基本的な知識が問われています。よく出題されますので、感染経路ごとに主な感染症と対策をおさえておきましょう。
◎飛沫感染⇨新型コロナウイルス感染症、流行性耳下腺炎(じかせんえん)、インフルエンザ、風疹(ふうしん)など。使い捨てマスクを着用
◎接触感染⇨ノロウイルス感染症、腸管出血性大腸菌感染症、疥癬、多剤耐性菌感染症など。手指衛生を励行し、個人防護具を使用
◎空気感染⇨結核、麻疹(ましん)（はしか）、水痘(すいとう)（帯状疱疹(たいじょうほうしん)）など。個室管理

関連問題…24-38 23-27 22-33

第26回◇問題38

高齢者に起こりやすい急変や急変時の対応について適切なものはどれか。**3つ**選べ。

1　衣類の下の皮膚をやけどしたときは、衣類を脱がしてから冷やすようにする。

2　異物をのどに詰まらせたときは、前かがみにさせて背中を強く叩くと排出することがある。

3　心肺蘇生時の胸骨圧迫は、１分間に60回を目安に行う。

4　寝たきりの高齢者が嘔吐した場合には、側臥位にする方がよい。

5　せん妄の原因の一つに薬剤の投与がある。

解説

正答　2、4、5

1　×　衣類の下の皮膚をやけどした場合は、脱がさず衣類の上から流水をあてて冷やす。

2　○　異物をのどに詰まらせた場合は、高齢者を前かがみにさせて背中を強く叩く背部叩打法のほか、背後から高齢者の腹部に両腕を回し、片手で拳(こぶし)をつくり、もう一方の手を重ねて、高齢者の心窩(しんか)部（みぞおち）を強く圧迫する腹部突き上げ法（ハイムリック法）などで異物を除去する。

3　×　心肺蘇生時の胸骨圧迫は、１分間に100 ～ 120回を目安に行う。

4　○　寝たきりの高齢者の場合は、吐物による誤嚥性肺炎や窒息を起こさないように、吐き気がある場合は側臥位にし、上の脚を曲げて腹部の緊張をゆるめる。

5　○　せん妄の原因には、薬剤のほか、加齢、環境の変化、アルコール、発熱、疼痛、脱水などがある。

解答のコツ&ポイント

⇨ 速習 保 L1、24

テーマ【高齢者に起こりやすい急変や急変時の対応】

選択肢１～４は急変時の対応に関する基本的な知識が問われています。初期対応が予後に影響するため、病態ごとに適切な対応をおさえておきましょう。

◎誤嚥による窒息⇨背部叩打法、腹部突き上げ法（ハイムリック法）など

◎心肺蘇生時の胸骨圧迫⇨１分間に100 ～ 120回を目安

◎嘔吐⇨側臥位にし、上の脚を曲げて腹部の緊張をゆるめる

□／ □／ □／

第26回◇問題39

次の記述のうち適切なものはどれか。**3つ**選べ。

1　筋力トレーニングは、糖尿病の予防につながる。

2　大きな負荷で行う筋力トレーニングは、息を止めて行うと安全である。

3　冬の寒い時期の運動中は、汗をかかなくても水分補給が必要である。

4　疾病によるたんぱく質摂取に制限のない高齢者では、その摂取の目標量は1日30gである。

5　喫煙は、脳卒中のリスク因子である。

解説

正答　1、3、5

1　○　筋肉が減少すると、筋肉のブドウ糖消費量が減り、血糖値が**上昇**しやすくなる。筋力トレーニングを行うことで筋肉量が**増加**し、糖尿病の予防につながる。

2　×　大きな負荷で行う筋力トレーニングでは、息を止めると身体に過剰な**負担**がかかり、血圧が急激に**上昇**するため、**呼吸をしながら**行うことが重要である。

3　○　冬の寒い時期は空気が乾燥しやすく、運動中は、汗をかかなくても身体から水分が失われる（**不感蒸泄**）ため、**こまめな**水分補給が大切である。

4　×　日本人の食事摂取基準（2020年版）によると、身体活動レベルがふつう（Ⅱ）の高齢者が摂取するたんぱく質の1日あたりの目標量は、男性で65～74歳は**90～120g**、75歳以上は79～105g、女性で65～74歳は**69～93g**、75歳以上は62～83gとされている。

5　○　喫煙のほか、**運動不足**、**飲酒**、**肥満**なども脳卒中のリスク因子となる。

解答のコツ&ポイント

⇨ 速習 保 L25

テーマ【筋力トレーニング、たんぱく質の摂取目標量、脳卒中】
選択肢1、3、5は容易に正誤を判断できる設問です。喫煙は、血管性認知症のリスク因子であることもおさえておきましょう。

◎筋力トレーニング⇨糖尿病の予防に効果的。大きな負荷をかける場合は、息を止めずに行う

◎たんぱく質の1日あたりの目標摂取量⇨身体活動レベルがふつう（Ⅱ）の場合、男性で65～74歳は90～120g、75歳以上は79～105g、女性で65～74歳は69～93g、75歳以上は62～83g

◎脳卒中のリスク因子⇨喫煙、運動不足、飲酒、肥満など

第26回◇問題40

ターミナルケアについて、より適切なものはどれか。**3つ**選べ。

1　人生の最終段階を穏やかに過ごすことができる環境の整備は、法律に基づく政府の努力義務とされている。
2　介護保険の特定施設は、看取りの場となり得る。
3　看護師は、死亡診断書を作成することができる。
4　痛みの訴えは、身体的な要因によるものであるため、医療処置で対応できる。
5　グリーフケアとは、遺族の悲嘆への配慮や対応を行うことである。

解説

正答　1、2、5

1　○　2013（平成25）年12月に施行された持続可能な社会保障制度の確立を図るための改革の推進に関する法律（**社会保障プログラム法**）第4条第5項に、選択肢の内容が明記されている。

2　○　記述のとおりである。このほか、自宅、サービス付き高齢者向け住宅、認知症対応型共同生活介護、**介護保険施設**などさまざまな場所が「看取りの場」となり、ターミナルケアを提供することができる。

3　×　死亡診断書は、**医師**または**歯科医師**のみ作成することができる。

4　×　痛みの訴えは、身体的な要因だけでなく、**精神的**な要因などからも生じることがある。身体的な痛みへの対応は医師による適切な医療処置（薬の投与）が中心となるが、精神的な痛みへの対応は、介護支援専門員も含むケアチームが主体となり、**体位**の工夫や手による**マッサージ**など医療処置以外の手段も有効である。

5　○　記述のとおりである。

解答のコツ&ポイント

⇨ 速習 保 L26

テーマ【ターミナルケア】

選択肢3の死亡診断書の作成は看護師には認められていないこと、選択肢4の痛みの訴えはさまざまな要因が関係していることが理解できていると、正誤を判断できます。死後に行うエンゼルケアについても確認しておきましょう。

◎看取りの場⇨特定施設、自宅、認知症対応型共同生活介護、介護保険施設など
◎死亡診断書の作成⇨医師または歯科医師のみ
◎痛みの緩和⇨身体的な痛みは医療処置（薬の投与）が中心。精神的な痛みは体位の工夫や手によるマッサージなどが有効

第26回◇問題41

指定通所リハビリテーションについて正しいものはどれか。**3つ**選べ。

1　要介護認定を受けた若年性認知症患者は、利用できる。
2　通所リハビリテーション計画は、介護支援専門員が作成しなければならない。
3　介護職員は、リハビリテーション会議の構成員になれない。
4　介護老人保健施設は、提供することができる。
5　心身機能の維持回復を図り、日常生活の自立を助けるために行われる。

解説

正答　1、4、5

1　○　記述のとおりである。若年性認知症利用者ごとに個別の担当者を定めてサービスを提供している場合、若年性認知症利用者受入加算が算定できる。

2　×　診療（医師の診察内容）または運動機能検査、作業能力検査などに基づき、医師および理学療法士、または作業療法士等の従業者が共同して通所リハビリテーション計画を作成する。

3　×　リハビリテーション会議とは、利用者と家族の参加を基本としつつ、医師、理学療法士、作業療法士、言語聴覚士、介護支援専門員、居宅サービス計画の原案に位置付けた指定居宅サービス等の担当者などにより構成される会議をいう。介護職員も会議の構成員に含まれる。

4　○　記述のとおりである。介護老人保健施設のほか、介護医療院、病院・診療所も都道府県知事の指定を得ることで通所リハビリテーションを提供できる。

5　○　記述のとおりである。通所リハビリテーションの目的にはこのほか、認知症高齢者の症状の軽減、落ち着きのある日常生活の回復、ADL・IADLやコミュニケーション能力、社会関係能力の維持・回復、社会交流の機会の増加がある。

解答のコツ&ポイント

⇨ 速習 保 L30

テーマ【通所リハビリテーションの人員・運営基準】
通所リハビリテーション計画の作成者、リハビリテーション会議の構成員は頻出です。事業の目的や事業者についてもおさえておきましょう。
◎若年性認知症利用者受入加算⇨若年性認知症利用者ごとに個別の担当者を定めてサービスを提供している場合
◎事業者⇨介護老人保健施設、介護医療院、病院・診療所

関連問題…25-43 22-42改

第26回◇問題42

指定短期入所療養介護について正しいものはどれか。**2つ**選べ。

1　検査、投薬、注射、処置等は、利用者の病状に照らして妥当適切に行うものとされている。

2　おむつ代は、利用者が負担するものとされている。

3　胃ろうがある場合には、利用できない。

4　日帰りの利用はできない。

5　短期入所療養介護計画は、既に居宅サービス計画が作成されている場合は、当該計画の内容に沿って作成しなければならない。

解説

正答　1、5

1　○　運営基準の診療の方針において、「検査、投薬、注射、処置等は、利用者の病状に照らして妥当適切に行う」と明記されている。

2　×　短期入所系サービスでは、おむつ代は保険給付の対象とされている。p.344

3　×　短期入所療養介護は、①喀痰吸引や経管栄養（胃ろう、腸ろうなど）など医療的な対応を必要とする人、②リハビリテーションを必要とする人、③介護者の介護負担軽減に対するニーズの高い人、④緊急対応が必要な人などの利用が想定されている。

4　×　難病などのある中重度の要介護者やがん末期の要介護者で、常時看護師による観察を必要とする者を対象に、日中のみの日帰りのサービス（3時間以上8時間未満で算定）を提供する特定短期入所療養介護が実施されている。

5　○　記述のとおりである。居宅サービス計画での介護の留意点などが短期入所療養介護計画の立案に反映され、短期入所療養介護で評価されたことが居宅サービス計画を作成した介護支援専門員にフィードバックされるよう連携が必要となる。

解答のコツ&ポイント

⇨速習　介 L12　保 L31

テーマ【短期入所療養介護の運営基準】

短期入所系サービスでは、おむつ代は保険給付の対象とされていることに注意しましょう。サービスの対象、計画の作成について確認しておきましょう。

◎おむつ代⇨短期入所系サービス、施設サービス、地域密着型介護老人福祉施設入所者生活介護では保険給付の対象

◎日帰りのサービス⇨難病などのある中重度の要介護者やがん末期の要介護者で、常時看護師による観察を必要とする者が対象

◎短期入所療養介護計画⇨居宅サービス計画に沿って事業所の管理者が作成

関連問題…24-43 23-43 22-43

第26回◇問題43

指定看護小規模多機能型居宅介護について正しいものはどれか。**3つ**選べ。

1　居宅で生活している要支援者も利用できる。

2　看護小規模多機能型居宅介護計画の作成に当たっては、利用者の多様な活動が確保されるものとなるように努めなければならない。

3　看護サービスの提供開始時は、主治の医師による指示を口頭で受けなければならない。

4　サテライト型指定看護小規模多機能型居宅介護事業所の登録定員は、18人以下である。

5　看護小規模多機能型居宅介護費は、月単位で設定されている。

解説

正答　2、4、5

1　×　看護小規模多機能型居宅介護は、居宅の**要介護者**が対象である。要支援者は利用できない。

2　○　事業所の介護支援専門員は、看護小規模多機能型居宅介護計画の作成にあたり、地域における活動への**参加の機会**が提供されることなどにより、利用者の多様な活動が確保されるものとなるよう努めなければならないことが運営基準で定められている。

3　×　看護サービスの提供開始時には、主治医の指示を**文書**で受けなければならない。

4　○　記述のとおりである。また、通いサービスは登録定員の２分の１から12人まで、宿泊サービスは通いサービスの利用定員の３分の１から６人までとされている。

5　○　看護小規模多機能型居宅介護の介護報酬は、同一建物の居住者か否か、要介護度別に**月単位**の**定額報酬**で、短期利用の単位も設定されている。

解答のコツ&ポイント

⇨ 速習 保 L33

テーマ【看護小規模多機能型居宅介護の人員・運営基準など】

サービスの対象は要介護者のみであること、主治医の指示は文書で受けなければならないことを理解できていると、正答を導き出せます。管理者の要件も重要なので、あわせて確認しておきましょう。

◎サービスの対象⇨居宅の要介護者が対象。要介護度が高く、医療ニーズの高い者への対応も可

◎看護サービスの提供開始時⇨主治医の指示を文書で受ける

◎サテライト型事業所の登録定員⇨18人以下

◎介護報酬⇨同一建物の居住者か否か、要介護度別に月単位の定額報酬。短期利用の単位も設定あり

第26回◇問題44

介護老人保健施設について正しいものはどれか。**3つ**選べ。

1　入所者は、病状が安定し入院治療の必要がない要介護３以上の認定を受けた者である。

2　保健医療サービス又は福祉サービスを提供する者との密接な連携に努めなければならない。

3　口腔衛生の管理体制を整備し、各入所者の状態に応じた口腔衛生の管理を計画的に行わなければならない。

4　理学療法士、作業療法士又は言語聴覚士を置かなければならない。

5　看取り等を行う際のターミナルケア加算は、算定できない。

解説

正答　2、3、4

1　×　介護老人保健施設の入所者は、病状が**安定**し入院治療の必要がない**要介護者**である。要介護３以上は、**介護老人福祉施設**の入所要件である。

2　○　基本方針において、介護老人保健施設は、市町村、**居宅介護支援**事業者、**居宅サービス**事業者、他の介護保険施設その他の**保健医療**サービスまたは**福祉**サービスを提供する者との密接な**連携**に努めなければならないと規定されている。

3　○　運営基準において、介護老人保健施設は「入所者の**口腔の健康の保持**を図り、自立した日常生活を営むことができるよう、口腔衛生の**管理体制を整備**し、各入所者の状態に応じた口腔衛生の管理を**計画的**に行わなければならない」と規定されている。

4　○　人員基準において、理学療法士、作業療法士または言語聴覚士を常勤換算で入所者数を100で除した数以上配置しなければならないと規定されている。

5　×　計画に基づきターミナルケアを行っている場合に、入所者の死亡日を含め**死亡日以前45日**を上限として死亡月にターミナルケア加算を**算定できる**。

解答のコツ&ポイント

⇨ 速習 保 L34

テーマ【介護老人保健施設の人員・運営基準、介護報酬】

介護老人保健施設の対象者や介護報酬を理解していれば、選択肢１と５は×と判断できます。人員・運営基準についても確認しておきましょう。

◎介護老人保健施設の対象者⇨病状が安定し入院治療の必要がない要介護者

◎理学療法士、作業療法士または言語聴覚士⇨常勤換算で入所者数を100で除した数以上配置

◎ターミナルケア加算⇨入所者の死亡日を含め死亡日以前45日を上限とし、死亡月に算定

関連問題… 24-45 23-45 22-45

第26回◇問題45

介護医療院について適切なものはどれか。**2つ**選べ。

1　住まいと生活を医療が支える新たなモデルとして創設された。
2　開設者は、医療法人でなければならない。
3　療養床には、Ⅰ型療養床とⅡ型療養床がある。
4　併設型小規模介護医療院の入所定員は、25人以下である。
5　療養室入所者1人当たりの床面積は、5.0㎡以上とされている。

解説

正答　1、3

1　○　記述のとおりである。介護医療院は、介護療養型医療施設（2024〔令和6〕年3月末をもって廃止）のもつ「日常的な**医学管理**」や「**看取りやターミナルケア**」などの機能を引き継ぐとともに、日常生活上の世話を一体的に行い、**生活施設**としての機能も備えている。

2　×　介護医療院は、医療法人のほか、**地方公共団体**、**社会福祉法人**などの非営利法人その他厚生労働大臣が定める者も、都道府県知事の**許可**を受けることで開設できる。
p.346

3　○　記述のとおりである。Ⅰ型療養床は、療養床のうち、主として長期にわたり**療養**が必要である者で、重篤な**身体疾患**を有する者、**身体合併症**を有する認知症高齢者等を入所させるもの、Ⅱ型療養床は、療養床のうちⅠ型療養床以外のものとされている。

4　×　併設型小規模介護医療院の入所定員は**19人以下**とされている。

5　×　療養室は、入所者1人あたりの床面積が**8㎡以上**で、定員は**4人以下**とされている。

解答のコツ&ポイント

⇨ 速習 保 L35

テーマ【介護医療院の開設者、人員・設備基準】
介護医療院の創設背景、療養床の種類について理解していれば、正答を導き出せます。開設者、人員・設備基準について確認しておきましょう。
◎介護医療院の対象者⇨長期にわたり療養が必要な要介護者
◎療養床の種類⇨主に長期療養が必要で、重篤な身体疾患を有する者等を入所させるⅠ型と、それ以外の者を入所させるⅡ型
◎療養室⇨入所者1人あたりの床面積は8㎡以上、定員は4人以下

●福祉サービス分野●

関連問題…25-46 24-46 23-46

第26回◇問題46

面接場面におけるコミュニケーション技術について、より適切なものはどれか。**3つ**選べ。

1　面接を行う部屋の雰囲気や相談援助者の服装などの外的条件は、円滑なコミュニケーションのために重要である。
2　相談援助者とクライエントの双方が事態を明確にしていくことが必要である。
3　クライエントが長く沈黙している場合には、話し始めるまで待たなければならない。
4　面接の焦点を的確に定めることは、面接を効果的に実施する上で重要である。
5　傾聴とは、クライエントの支援計画を立てることである。

解説

正答 1、2、4

1 ○ 記述のとおりである。物理的雑音がある場合に面接場所を変えることや、相談援助者が適切な服装を選択するなどの外的条件に配慮することは、クライエントから親近感や信頼感の獲得につながる。

2 ○ 事態を明確にするためには、相手の話す内容を受けとめて要約し、それを相手に戻し、相手が話した内容を選び取り、気づいていくプロセスを促す**焦点化**と、クライエントの否認により生じる矛盾点などについて問いかけ、クライエント自身の感情・体験・行動を見直すきっかけをつくる**肯定的な直面化**の２つの技術が必要となる。

3 × クライエントが長く沈黙している場合には、相談援助者は、長い沈黙からクライエントの内面や想いを**洞察**し、クライエントに代わって言葉にしていくことも大切である。

4 ○ 面接の焦点を的確に定めるには、「**励まし**、**明確化**、**要約**」と「**情緒**の意味を考察し、そのことを相手に返していく」という２つの技術が必要である。これらの活用により、クライエントのニーズを絞り込むことができ、面接を効果的に実施することが可能になる。

5 × **傾聴**とは、相手の話す内容とその思いに積極的に耳と心を傾ける態度やありようをいう。

解答のコツ&ポイント

⇨ 速習 福 L2

テーマ【面接場面におけるコミュニケーション技術】
相談面接におけるコミュニケーション技術の基本的な内容が問われています。コミュニケーションを阻害する要素、傾聴や共感などコミュニケーションの基本技術をおさえておきましょう。
◎雑音の種類⇨物理的雑音、身体的雑音、心理的雑音、社会的雑音
◎傾聴⇨相手の話す内容とその思いに積極的に耳と心を傾ける態度やありよう

関連問題… 25-48 24-48 23-48

第26回◇問題47

ソーシャルワークに関する次の記述のうち、より適切なものはどれか。**2つ**選べ。

1　個人の問題解決力や対処能力を強化する役割がある。

2　支援の終結と事後評価の後のアフターケアが含まれる。

3　ラポールとは、特定領域の専門家から助言・指導を受けることである。

4　アドボカシーとは、クライエントが相談した機関では必要な援助ができないとき、他機関へ紹介することである。

5　送致とは、自己の権利を表明することが困難なクライエントに代わり、援助者が代理としてその権利獲得を行うことである。

解説

正答 1、2

1 ○ 記述のとおりである。個人の問題解決力や対処能力等の強化は、ソーシャルワーク実践の目標のひとつとして掲げられている。

2 ○ 相談面接のプロセスは、①ケースの発見、②開始（インテーク・契約・合意）、③アセスメント、④プランニング、⑤支援の実施、⑥モニタリング、⑦支援の終結と事後評価、⑧アフターケアからなる。

3 × ラポールとは、援助者とクライエントとの信頼関係をいう。記述は、コンサルテーションの内容である。

4 × アドボカシーは権利擁護ともいい、自己の権利を表明することが困難なクライエントに代わり、援助者が代理としてその権利獲得を行うことをいう。記述は、送致の内容である。

5 × 選択肢4の解説のとおり。

解答のコツ＆ポイント

⇨ 速習 福 L2

テーマ【ソーシャルワーク】

ラポールやアドボカシーといった用語の意味を理解していれば、選択肢3～5の正誤を判断できます。相談面接の過程についても理解を深めておきましょう。

◎ソーシャルワーク実践の目標⇨①個人の問題解決力や対処能力等を強化する、②人々と資源、サービス、制度等を結びつける、③制度の効果的・かつ人道的な運営を促進する、④社会政策を発展させ改善する

◎アドボカシー⇨自己の権利を表明することが困難なクライエントに代わり、援助者が代理としてその権利獲得を行う

◎ラポール⇨援助者とクライエントとの信頼関係

第26回◇問題48

ソーシャルワークにおける相談援助者の基本姿勢として、より適切なものはどれか。**3つ**選べ。

1　統制された情緒的関与とは、個々の人間の状況は独自なものであり、一つとして同じ問題はないと捉え、支援することである。

2　サービスについて様々な情報提供を行い、利用するサービスや事業者をクライエントが決定できるようにする。

3　非審判的態度で関わる必要がある。

4　クライエントを画一的に分類して、援助計画を立てることが必要である。

5　意図的な感情表出とは、クライエントが感情を自由に表現できるように、意識してクライエントに接することである。

解説

正答　2、3、5

1　×　統制された情緒的関与とは、情緒的に対応する一方で、クライエントの感情に巻き込まれず、自分の感情や態度を**意識的**にコントロールし、常に**冷静**に対応することをいう。

2　○　人はだれでも自らの意思で**選択**し、**決定**する権利をもっている。相談援助者は、サービスについてさまざまな情報提供を行い、利用するサービスや事業者をクライエントが適切に自己決定できるよう促し（**自己決定の支援**）、その決定を**尊重**する必要がある。

3　○　相談援助者は、クライエントの**理解者**である。クライエントの考え方や行動などを、相談援助者の価値観や社会通念によって、一方的に評価したり判断したりしてはならない。

4　×　人はそれぞれ独自の社会的･文化的背景があり、異なる生活習慣と価値観を有している。相談援助者は、クライエントを**個人**としてとらえ（**個別化**）、その人に合った援助計画を立てることが必要である。

5　○　記述のとおりである。「感情」もその人の語る事実であり、面接において客観的な事実や経過などをたずねるだけではなく、クライエントが自分の**感情**や**要求**、不満などを含め、自分を**自由**に表現できるよう援助する必要がある。

p.353

解答のコツ＆ポイント

⇨ 速習 福 L2

テーマ【ソーシャルワーク】

バイステックの７原則からの出題です。どれも介護支援専門員が業務を行ううえで大切な原則ですので、しっかりおさえておきましょう。

◎バイステックの７原則⇨①個別化、②意図的な感情表出、③非審判的態度、④受容と共感、⑤統制された情緒的関与、⑥自己決定の支援、⑦秘密の保持

関連問題…25-49 24-49 23-49

第26回◇問題49

ソーシャルワークにおける集団援助について、より適切なものはどれか。**2つ**選べ。

1　グループで生じるメンバーの相互作用を意図的に活用する。

2　プログラム活動は、ソーシャルワーカーの興味や関心事から開始して、そのリーダーシップの下で展開する。

3　メンバーの個別課題と結びつけて支援するよりも、メンバーに共通する課題の解決を優先する。

4　他のメンバーの行動を観察することは、自分の問題について新たな見方を獲得する機会にはならない。

5　生きがいを喪失しているような心理的ニーズの高い高齢者に対しては、セルフヘルプグループのミーティングを活用することも効果的である。

解説

正答　1、5

1　○　メゾ・レベルのソーシャルワーク（集団援助）は、グループや人と身近な組織との力動を活用し、**個人の成長**や抱えている**問題の解決**をめざすものである。

2　×　プログラム活動では、**参加メンバー**のリーダーシップや主体性を最大限重視した支援を行う。

3　×　選択肢１の解説のとおり、メゾ・レベルのソーシャルワークは、集団での活動を通じて、個人の成長や抱えている問題の解決を図るものである。メンバーに共通する課題の解決よりも、メンバーの**個別課題**と結びつけた支援を優先する。

4　×　他のメンバーの行動を観察することは、自分の問題について新たな見方を獲得する機会となり、メンバーの**成長**を促す効果も期待できる。

5　○　心理的なニーズの高い高齢者に対しては、メンバー間の相互支援機能をもつ**セルフヘルプ・グループ**の活用のほか、グループの力動を活用して行う**治療的**なアプローチを活用すると効果的である。

解答のコツ&ポイント

⇨ 速習 福 L1

テーマ【メゾ・レベルのソーシャルワーク（集団援助）】

選択肢2は「ソーシャルワーカー」、選択肢3は「メンバーに共通する課題の解決を優先」、選択肢4は「機会にはならない」という記述から×と判断できます。メゾ･レベルのソーシャルワーク（集団援助）の特徴について確認しておきましょう。

◎メゾ・レベル⇨グループや人と身近な組織との力動を活用し、個人の成長や抱えている問題の解決をめざす

◎心理的なニーズの高い高齢者への対応⇨セルフヘルプ・グループや治療的なアプローチを活用

第26回◇問題50

介護保険における訪問介護について正しいものはどれか。**3つ**選べ。

1　掃除の際に特別な手間をかけて行う床のワックスがけは、生活援助として算定できる。

2　手助けや声かけ及び見守りしながら、利用者と一緒に行うシーツ交換は、身体介護として算定できる。

3　夏服と冬服を入れ替えるなどの衣類の整理は、生活援助として算定できる。

4　訪問介護員が車いす等での移動介助を行って店に行き、利用者本人が自ら品物を選べるようにする援助は、身体介護として算定できる。

5　安否確認を主たる目的とする訪問は、生活援助として算定できる。

解説

正答 2、3、4

1 × 床のワックスがけなど「日常生活の援助」に該当しない行為は、生活援助として算定できない。p.354

2 ○ 利用者と一緒に行うシーツ交換は、自立生活支援・重度化防止のための見守り的援助にあたり、身体介護として算定できる。p.354

3 ○ 記述のとおりである。p.354

4 ○ 移動介助を伴う買い物は、自立生活支援・重度化防止のための見守り的援助にあたり、身体介護として算定できる。p.354

5 × 安否確認を主たる目的とする訪問は、訪問介護費の算定対象とならない。

解答のコツ&ポイント

⇨ 速習 福 L4

テーマ【訪問介護の介護報酬】

訪問介護における身体介護と生活援助の区分に関する問題は頻出ですので、しっかり理解しておきましょう。利用者を手助けしながら一緒に行う掃除などは、自立生活支援・重度化防止のための見守り的援助として身体介護となるので注意が必要です。

◎「日常生活の援助」に該当しない行為⇨訪問介護員が行わなくても日常生活を営むのに支障のない行為（草むしり、花木の水やり、ペットの世話など）、日常的に行われる家事の範囲を超える行為（床のワックスがけ、模様替え、大掃除、正月料理など特別な手間をかけて行う調理など）

◎自立生活支援・重度化防止のための見守り的援助⇨自立支援、ADL・IADL・QOL向上の観点から安全を確保しつつ常時介助できる状態で行う見守り等は身体介護で算定する

関連問題… 25-52 24-52 23-54

第26回◇問題51

介護保険における訪問入浴介護について正しいものはどれか。**2つ**選べ。

1　訪問入浴介護従業者として、看護職員又は介護職員のうち１人以上は、常勤でなければならない。

2　指定訪問入浴介護事業者は、機能訓練指導員を配置しなければならない。

3　サービスの提供の責任者は、看護職員でなければならない。

4　サービスの提供方法等の説明には、入浴方法等の内容、作業手順、入浴後の留意点などが含まれる。

5　指定訪問入浴介護事業者は、協力医療機関を事業の通常の実施地域内と実施地域外に、それぞれ定めなければならない。

解説

正答 1、4

1 ○ 人員基準において、看護職員（１人以上）または介護職員（２人以上）のうち１人以上は常勤でなければならないと規定されている。

2 × 人員基準には、設問のような規定はない。

3 × サービス提供は、原則として看護職員（１人）、介護職員（２人）の計３人で実施するが、そのうち１人がサービス提供の責任者を務める。看護職員に限定されていない。

4 ○ 解釈通知において、サービスの提供方法等とは、入浴方法等の内容、作業手順、入浴後の留意点などを含むものであることが明記されている。

5 × 指定訪問入浴介護事業者は、利用者に病状の急変が生じた場合などにはすみやかに主治医やあらかじめ定めた協力医療機関（事業の通常の実施地域内にあることが望ましい）へ連絡するなど、必要な措置をとらなければならない。

解答のコツ&ポイント

⇨ 速習 福 L5

テーマ【訪問入浴介護の人員・運営基準】

訪問入浴介護は頻出ですので、人員・運営基準や介護報酬についておさえておきましょう。

◎人員基準⇨看護職員（１人以上）または介護職員（２人以上）のうち１人以上は常勤。管理者は常勤専従（支障がなければ兼務可）

◎サービス提供の責任者⇨原則として看護職員、介護職員の３人のうち１人がサービス提供の責任者を務める

第26回◇問題52

介護保険における通所介護について正しいものはどれか。**2つ**選べ。

1　管理者は、社会福祉主事任用資格を有するものでなければならない。

2　看護職員は、看護職員としての業務に従事していない時間帯において、機能訓練指導員として勤務することができる。

3　外部のリハビリテーション専門職が事業所を訪問せず、テレビ電話を用いて利用者の状態を把握することは認められていない。

4　生活相談員の確保すべき勤務延時間数には、利用者の地域生活を支える取組のために必要な時間を含めることはできない。

5　指定通所介護事業者は、非常災害に関し定期的に避難、救出その他必要な訓練を行わなければならない。

解説

正答　2、5

1　×　管理者は、特段の専門資格は不要とされている。

2　○　看護職員は、単位ごとに専従で1人以上とされているが、業務に従事していない時間帯は機能訓練指導員として勤務することができる。

3　×　外部のリハビリテーション専門職が事業所を訪問せずに、テレビ電話などICT等の活用により利用者の状態を把握したうえで助言を行い、事業所の機能訓練指導員等と共同して、利用者の身体状況等の評価および個別機能訓練計画を作成して機能訓練を提供した場合などに、生活機能向上連携加算が算定できる。

4　×　解釈通知において、生活相談員の確保すべき勤務延時間数には、サービス担当者会議や地域ケア会議に出席するための時間など、利用者の地域生活を支える取り組みのために必要な時間も含めることができると規定されている。

5　○　通所介護事業者は、非常災害に関する具体的な計画を立て、非常災害時の関係機関への通報・連絡体制を整備して、それらを定期的に従業者に周知するとともに、定期的に避難、救出などの訓練を行わなければならない。

解答のコツ&ポイント

⇨ 速習 福 L6

テーマ【通所介護の人員・運営基準】

選択肢5は施設を利用するサービスに共通する内容です。運営基準はひととおり目を通しておきましょう。

◎管理者⇨常勤専従（支障がなければ兼務可）、専門資格の規定なし

◎機能訓練指導員⇨理学療法士、作業療法士、言語聴覚士、看護職員、柔道整復師、あん摩マッサージ指圧師などのいずれか1人以上

関連問題…25-53 24-53 23-50

第26回◇問題53

介護保険における短期入所生活介護について正しいものはどれか。**3つ**選べ。

1　指定短期入所生活介護は、利用者の家族の身体的及び精神的負担の軽減を図るものでなければならない。

2　指定短期入所生活介護事業所に介護支援専門員の資格を有する者がいる場合、その者が短期入所生活介護計画のとりまとめを行うことが望ましい。

3　夕食時間は、午後５時以前が望ましい。

4　食事の提供に関する業務は、指定短期入所生活介護事業者自らが行うことが望ましい。

5　いかなる場合も、利用定員を超えてサービスを行うことは認められない。

解説

正答　1、2、4

1　○　短期入所生活介護は、要介護状態となった場合においても、その利用者が可能な限り**居宅**において、その有する能力に応じ自立した日常生活を営むことができるよう、入浴、排泄、食事等の介護、機能訓練などを行うことにより、利用者の**心身機能の維持**、利用者の家族の**身体的**および**精神的**負担の軽減を図ることを目的としている。

2　○　短期入所生活介護計画は、利用者が相当期間以上（おおむね**4日以上**）継続して入所するときに、事業所の**管理者**が居宅サービス計画に沿って作成するが、事業所に介護支援専門員がいる場合は、設問のとおりである。

3　×　解釈通知において、食事時間は適切なものとし、夕食時間は午後６時以降とすることが望ましいが、早くても**午後５時以降**とすることとされている。

4　○　解釈通知において、設問の内容が明記されている。なお、一定の要件を満たしたうえで食事サービスの質が確保される場合には、事業者の最終的責任の下で第三者に**委託**することができる。

5　×　**災害**や**虐待**などのやむを得ない事情がある場合は、利用定員を超えて受け入れることが**できる**。

解答のコツ&ポイント

⇨ 速習 福 L7

テーマ【短期入所生活介護の目的、運営基準】

選択肢３は「夕食が午後５時以前」、選択肢５は「いかなる場合も」という記述から×と判断できます。事業の目的や運営基準についてはしっかりおさえておきましょう。

◎目的⇨利用者の心身機能の維持、利用者の家族の身体的・精神的負担の軽減

◎夕食時間⇨午後６時以降が望ましいが、早くても午後５時以降

◎利用定員を超えてのサービス提供⇨やむを得ない事情がある場合は受け入れ可能

関連問題… 24-54 22-54

第26回◇問題54

介護保険における住宅改修について正しいものはどれか。**3つ**選べ。

1　同一の住宅に複数の被保険者が居住する場合においては、住宅改修費の支給限度額の管理は被保険者ごとに行われる。

2　リフト等動力により段差を解消する機器を設置する工事は、住宅改修費の支給対象となる。

3　洋式便器等への便器の取替えには、既存の便器の位置や向きを変更する場合も含まれる。

4　浴室内すのこを置くことによる段差の解消は、住宅改修費の支給対象となる。

5　手すりの取付けのための壁の下地補強は、住宅改修費の支給対象となる。

解説

正答　1、3、5

1　○　記述のとおりである。ただし、同一の住宅で同時に複数の被保険者が住宅改修を行った場合、当該住宅改修のうち、各被保険者の有意な範囲を特定し、その範囲が重複しないように申請を行う。

2　×　動力により段差を解消する機器（段差解消機、昇降機、リフトなど）を設置する工事は、住宅改修費の支給対象外である。

3　○　洋式便器などへの便器の取り替えには、和式便器から洋式便器（暖房便座、洗浄機能付きを含む）への取り替えだけでなく、既存の便器の位置・向きの変更も含まれる。また、改修に伴う給排水設備工事、床材の変更も支給対象となる。

4　×　住宅改修では、小規模な改修工事が給付対象になっている。このため、設置に工事を必要としない浴室内すのこは特定福祉用具販売に該当し、住宅改修費の支給対象外である。

5　○　記述のとおりである。

解答のコツ&ポイント

⇨ 速習 福 L10

テーマ【住宅改修】

住宅改修費については、支給の要件と対象となる工事の種類についておさえましょう。浴室内すのこなど工事を伴わないもの、動力を必要とするものは対象とならないので注意が必要です。

◎段差解消⇨スロープの設置、浴室床のかさ上げなど。改修に伴う給排水設備工事、転落防止柵の設置も対象

◎洋式便器などへの便器の取り替え⇨既存の便器の位置・向きの変更も含まれる。改修に伴う給排水設備工事、床材の変更も対象

◎手すり⇨取りつけのための壁の下地補強も対象

関連問題… 25-55 23-55

第26回◇問題55

介護保険における小規模多機能型居宅介護について正しいものはどれか。**3つ**選べ。

1　サテライト型ではない指定小規模多機能型居宅介護事業所の管理者は、介護支援専門員に小規模多機能型居宅介護計画の作成を担当させるものとする。

2　養護老人ホームの入所者が、指定小規模多機能型居宅介護を利用することは想定されていない。

3　登録定員は、12人以下としなければならない。

4　おおむね６月に１回以上、運営推進会議に活動状況を報告し、評価を受けなければならない。

5　指定小規模多機能型居宅介護事業所は、住宅地又は住宅地と同程度に利用者の家族や地域住民との交流の機会が確保される地域にあるようにしなければならない。

解説

正答　1、2、5

1　○　記述のとおりである。介護支援専門員を配置していないサテライト事業所は、本体事業所の介護支援専門員が居宅サービス計画を作成する場合、研修修了者に小規模多機能型居宅介護計画の作成業務を担当させる。

2　○　養護老人ホームの入所者は措置入所により、施設サービスとして基礎的な生活支援を受けており、小規模多機能型居宅介護を利用することは想定されていない。

3　×　登録定員は29人以下とされている。

4　×　おおむね２か月に１回以上、運営推進会議に活動状況を報告し、評価を受けるとともに、必要な要望、助言などを聞く機会を設けなければならない。

5　○　小規模多機能型居宅介護事業所の立地については、利用者の家族との交流機会の確保や地域住民との交流を図る観点から、住宅地または住宅地と同程度に利用者の家族や地域住民との交流の機会が確保される地域にあるようにしなければならない。

解答のコツ&ポイント

⇨ 速習 福 L14

テーマ【小規模多機能型居宅介護の設備・運営基準】

小規模多機能型居宅介護の設備・運営基準の理解が必要な問題です。選択肢５はサービスに関する基本的事項ですので、確実におさえておきましょう。

◎登録定員⇨29人以下。サテライト事業所は18人以下

◎運営推進会議⇨おおむね２か月に１回以上開催。活動状況を報告して評価を受ける

第26回◇問題56

介護保険における認知症対応型通所介護について正しいものはどれか。**3つ選べ。**

1　共用型指定認知症対応型通所介護の利用定員は、１施設１日当たり12人以下としなければならない。

2　サービスの提供方法等の説明には、利用日の行事及び日課等も含まれる。

3　認知症の原因となる疾患が急性の状態にある者は、対象とはならない。

4　単独型・併設型指定認知症対応型通所介護の場合、生活相談員、看護職員又は介護職員のうち２人以上は、常勤でなければならない。

5　あん摩マッサージ指圧師は、単独型・併設型指定認知症対応型通所介護事業所の機能訓練指導員になることができる。

解説

正答　2、3、5

1　×　共用型認知症対応型通所介護の１日あたりの利用定員は、認知症対応型共同生活介護事業所では１ユニットあたり３人以下、地域密着型特定施設および地域密着型介護老人福祉施設では１施設あたり３人以下、ユニット型地域密着型介護老人福祉施設では１ユニットあたりユニットの入居者と合わせて12人以下とされている。

2　○　解釈通知において、サービス提供方法等とは、認知症対応型通所介護計画の目標および内容、利用日の行事および日課等も含むものであることが明記されている。

3　○　認知症対応型通所介護では、認知症の原因となる疾患が急性の状態にある者はサービスの利用対象外とされている。

4　×　単独型・併設型の場合、生活相談員、看護職員または介護職員のうち１人以上は常勤とされている。

5　○　理学療法士、作業療法士、言語聴覚士、看護職員、柔道整復師、あん摩マッサージ指圧師のほか、一定の実務経験を有するはり師・きゅう師も機能訓練指導員になることができる。

解答のコツ&ポイント

⇨ 速習 福 L13

テーマ【認知症対応型通所活介護の人員基準など】

認知症対応型通所介護の利用対象者や人員基準についての理解が必要な問題です。特に選択肢３の利用対象者は基本的事項ですので、確実におさえておきましょう。

◎利用対象者⇨認知症（原因となる疾患が急性の状態にある者を除く）の要介護者

◎単独型・併設型の職員⇨生活相談員、看護職員または介護職員のうち１人以上は常勤。機能訓練指導員は1人以上

関連問題…25-57 24-57 23-57 ／ ／ ／

第26回◇問題57

指定介護老人福祉施設について正しいものはどれか。**3つ**選べ。

1　可能な限り、居宅での生活への復帰を念頭に置いて、入所者がその有する能力に応じ自立した日常生活を営むことができるようにすることを目指さなければならない。

2　家庭的な雰囲気を保つため、廊下幅は1.6m 以下としなければならない。

3　入所者が可能な限り離床して、食堂で食事を摂るよう支援しなければならない。

4　常勤の生活相談員を配置しなければならない。

5　食事の提供又は機能訓練に支障がない広さがあっても、食堂と機能訓練室を同一の場所とすることはできない。

解説

正答 1、3、4

1 ○ 基本方針において、指定介護老人福祉施設は、**施設サービス**計画に基づき、可能な限り、居宅における生活への**復帰**を念頭において、入浴、排泄、食事等の**介護**、相談および援助、**機能訓練**、健康管理、療養上の世話などを行うことにより、入所者がその有する能力に応じ**自立した日常生活**を営むことができるようにすることをめざすものでなければならないと規定されている。

2 × 運営基準において、廊下幅は**1.8m 以上**（中廊下の幅は2.7m 以上）と定められている。

3 ○ 運営基準において、指定介護老人福祉施設は、入所者が可能な限り**離床**して、**食堂**で食事を摂ることを支援しなければならないと規定されている。

4 ○ 生活相談員は、入所者100人またはその端数を増すごとに**常勤**で**1人以上**とされている。

5 × 食堂・機能訓練室は、それぞれ必要な広さを有し、合計面積は３㎡×入所定員以上が必要とされているが、食事の提供または機能訓練に支障がない広さを確保できるときは、**同一**の場所とすることができる。

解答のコツ＆ポイント

⇨ 速習 福 L17

テーマ【指定介護老人福祉施設の人員・設備・運営基準など】
すべて介護老人福祉施設の人員･設備･運営基準からの出題です。よく出題される事項なので、ひととおりおさえておきましょう。
◎基本方針⇨入所者がその有する能力に応じ自立した日常生活を営むことができるようにすることをめざす
◎廊下幅⇨1.8m 以上（中廊下の幅は2.7m 以上）
◎生活相談員⇨入所者100人またはその端数を増すごとに常勤で１人以上
◎食堂・機能訓練室⇨合計面積は３㎡×入所定員以上。支障なければ同一の場所でも可

関連問題…25-59 24-60 23-59

第26回◇問題58

成年後見制度について正しいものはどれか。**3つ**選べ。

1　成年後見人の職務には、身上保護（身上監護）と財産管理が含まれる。

2　後見開始の申立は、本人の所在地を管轄する地方裁判所に対し行わなければならない。

3　成年後見制度の利用の促進に関する法律では、国の責務が定められている。

4　法定後見制度は、本人の判断能力の程度に応じて、後見と補助の２類型に分かれている。

5　成年後見制度利用促進基本計画では、権利擁護支援の地域連携ネットワークづくりが必要とされている。

解説

正答 1、3、5

1 ○ 記述のとおりである。**身上監護**は生活や介護に関する各種契約、施設入所、入院手続きなどの行為を本人に代わって行うことをいい、**財産管理**は預貯金、不動産、相続、贈与、遺贈などの財産を本人に代わって管理することをいう。

2 × 後見開始の申し立ては、本人の住民票上の住所地を管轄する**家庭裁判所**に対して行う。 p.358

3 ○ 成年後見制度の利用の促進に関する法律では、国は、「基本理念にのっとり、成年後見制度の利用の促進に関する施策を総合的に**策定**し、及び**実施**する責務を有する」と定められている。

4 × 法定後見制度は、本人の判断能力の程度に応じて、**後見**、**保佐**、**補助**の３類型に分かれている。 p.358

5 ○ 記述のとおりである。設問の内容は、成年後見制度の利用の促進に関する法律第12条第２項に基づくものである。

解答のコツ&ポイント

⇨ 速習 福 L28

テーマ【成年後見制度】

選択肢２の後見開始の申し立て先、選択肢４の法定後見制度の類型を理解していれば、容易に正答を導き出せます。近年、成年後見制度の利用の促進に関する法律からの出題も増えていますので、あわせておさえておきましょう。

◎成年後見人等の職務⇨身上監護、財産管理など

◎後見開始の申し立て先⇨本人の住所地を管轄する家庭裁判所

◎法定後見制度の類型⇨後見、保佐、補助

関連問題… 23-60

第26回◇問題59

高齢者虐待防止法について正しいものはどれか。**3つ**選べ。

1　「高齢者」とは、75歳以上の者をいう。

2　養護者が高齢者本人の財産を不当に処分することは、経済的虐待に該当する。

3　養護者が高齢者に対して著しく拒絶的な対応をすることは、心理的虐待に該当しない。

4　養介護施設には、介護老人保健施設も含まれる。

5　都道府県知事は、毎年度、養介護施設従事者等による高齢者虐待の状況等について公表するものとする。

解説

正答 2、4、5

1　×　高齢者虐待の防止、高齢者の養護者に対する支援等に関する法律（高齢者虐待防止法）では、高齢者とは65歳以上の者と定義されている。

2　○　同法では、経済的虐待とは、養護者または高齢者の親族が当該高齢者の財産を不当に処分するなど、高齢者から不当に財産上の利益を得ることと定義している。

3　×　養護者が高齢者に対して、著しく拒絶的な対応や著しい暴言その他高齢者に著しい心理的外傷を与える言動を行うことは、心理的虐待に該当する。

4　○　養介護施設には、介護保険法に規定する介護保険施設（介護老人保健施設、介護老人福祉施設、介護医療院）、地域密着型介護老人福祉施設、地域包括支援センター、老人福祉法に規定する老人福祉施設、有料老人ホームが該当する。

5　○　高齢者虐待防止法に基づき、都道府県知事は、毎年度、養介護施設従事者等による高齢者虐待の状況、養介護施設従事者等による高齢者虐待があった場合にとった措置などを公表すると定められている。

解答のコツ＆ポイント

⇨ 速習 福 L27

テーマ【高齢者虐待防止法】

高齢者虐待の種類や養介護施設の定義など、基本的な事項が問われています。あわせて高齢者虐待への対応についても確認しておきましょう。

◎高齢者⇨65歳以上の者

◎高齢者虐待の種類⇨身体的虐待、ネグレクト（介護・世話の放棄・放任）、心理的虐待、性的虐待、経済的虐待

◎養介護施設⇨介護保険法に規定する介護保険施設、地域密着型介護老人福祉施設、地域包括支援センター、老人福祉法に規定する老人福祉施設、有料老人ホーム

第26回◇問題60

生活保護制度について正しいものはどれか。**3つ**選べ。

1　保護は、要保護者の年齢別、性別、健康状態等を考慮して行うものとする。

2　実施機関は、都道府県知事、市長及び福祉事務所を管理する町村長である。

3　生活保護費は、最低生活費に被保護者の収入額を加算して支給される。

4　福祉用具の利用は、生活扶助の対象である。

5　生活保護の申請は、要保護者、その扶養義務者又はその他の同居の親族が行うことができる。

解説

正答　1、2、5

1　○　保護は、要保護者の年齢別、性別、健康状態など個人または世帯の実際の必要の相違を考慮し、有効かつ適切に行われる（必要即応の原則）。

2　○　記述のとおりである。

3　×　生活保護費は、厚生労働大臣が定める基準で計算される最低生活費と世帯の収入を比較し、収入が最低生活費に満たない場合に、最低生活費から収入額を減算して支給される。

4　×　福祉用具など、介護保険法に規定する要介護者等を対象とする扶助は、介護扶助から支給される。p.355

5　○　記述の内容を申請保護の原則という。なお、要保護者が急迫した状況にあるときは、保護の申請がなくても、必要な保護を行うことができる。

解答のコツ&ポイント

⇨ 速習 福 L20

テーマ【生活保護制度】

生活保護制度は毎年出題されています。基本原理や保護の原則、扶助の種類と内容は頻出で、確実な理解が必要です。あわせて介護扶助と介護保険制度との関係についてもおさえておきましょう。

◎保護の原則⇨申請保護の原則、基準および程度の原則、必要即応の原則、世帯単位の原則

◎実施機関⇨都道府県知事、市長および福祉事務所を管理する町村長

◎扶助の種類⇨生活扶助、教育扶助、住宅扶助、医療扶助、介護扶助、出産扶助、生業扶助、葬祭扶助の８つ。このうち、医療扶助と介護扶助は原則現物給付、それ以外は原則金銭給付

◎ 介護支援専門員実務研修受講試験 ◎

第25回
(令和４年度)
試験問題

(注)

1　文中の「市町村」は、「市町村及び特別区」の意味となります。
2　本問題の選択肢のうち以下の厚生労働省令で定める事項に関するものは、当該省令の定める内容によります。
・指定居宅サービス等の事業の人員、設備及び運営に関する基準（平成11年厚生省令第37号）
・指定介護予防サービス等の事業の人員、設備及び運営並びに指定介護予防サービス等に係る介護予防のための効果的な支援の方法に関する基準（平成18年厚生労働省令第35号）
・指定地域密着型サービスの事業の人員、設備及び運営に関する基準（平成18年厚生労働省令第34号）
・指定地域密着型介護予防サービスの事業の人員、設備及び運営並びに指定地域密着型介護予防サービスに係る介護予防のための効果的な支援の方法に関する基準（平成18年厚生労働省令第36号）
・指定居宅介護支援等の事業の人員及び運営に関する基準（平成11年厚生省令第38号）
・指定介護予防支援等の事業の人員及び運営並びに指定介護予防支援等に係る介護予防のための効果的な支援の方法に関する基準（平成18年厚生労働省令第37号）
・指定介護老人福祉施設の人員、設備及び運営に関する基準（平成11年厚生省令第39号）
・介護老人保健施設の人員、施設及び設備並びに運営に関する基準（平成11年厚生省令第40号）
・介護医療院の人員、施設及び設備並びに運営に関する基準（平成30年厚生労働省令第５号）
3　「障害者総合支援法」は、「障害者の日常生活及び社会生活を総合的に支援するための法律（平成17年法律第123号）」のことをいいます。

目　次

関連問題… 22-7 22-16

第25回◇問題 1

介護保険制度の考え方として適切なものはどれか。**3つ**選べ。

1　要介護者の尊厳を保持し、自立した日常生活を営むことを目指す。
2　高齢者の介護を社会全体で支える。
3　認知症高齢者の施設入所を促進する。
4　要介護者へのサービスを画一的な内容にする。
5　保険給付は、多様な事業者又は施設から、総合的かつ効率的にサービスが提供されるよう配慮する。

解説

正答 1、2、5

1 ○ 介護保険法の目的（第１条）には、要介護者等が尊厳を保持し、その有する能力に応じ自立した日常生活を送れるよう支援することが規定されている。

2 ○ 介護保険制度は、それまで高齢者介護を主に担ってきた、従来の老人福祉制度、老人保健（老人医療）制度の問題点を整理して再編成し、高齢者介護を社会全体で支えるしくみ（介護の社会化）として、2000（平成12）年に創設された。

3 × 介護保険制度では、居宅における自立支援を重視する。認知症高齢者や一人暮らしの高齢者でも、住み慣れた地域で安心した生活を継続できるよう、多様な社会資源を活用し、包括的・継続的な支援をする地域包括ケアシステムの構築も進められている。

4 × 利用者の心身の状況や置かれている環境等に応じて、利用者自らの選択と契約に基づき、民間企業や非営利組織も含めた多様な事業者等によるサービスを提供する利用者本位の制度である。

5 ○ 介護保険法第２条に規定されているとおり、適切な保健医療サービスおよび福祉サービスが、多様な事業者または施設から、総合的かつ効率的にサービスが提供される。

解答のコツ&ポイント

⇨ 速習 介 L2、3、6

テーマ【介護保険制度の考え方】

介護保険制度の基本となる考え方を理解していれば、選択肢３の「施設入所を促進」、選択肢４の「サービスを画一的な内容に」は、常識的に×と判断できるはずです。

◎介護保険制度の考え方⇨尊厳の保持、居宅における自立支援、利用者本位、多様な事業者による総合的・効率的なサービス提供

◎地域包括ケアシステム⇨地域の実情に応じて、高齢者が、可能なかぎり、住み慣れた地域でその有する能力に応じ自立した日常生活を営むことができるよう、医療、介護、介護予防、住まいおよび自立した日常生活の支援が包括的に確保される体制

第25回◇問題2

社会福祉法における「重層的支援体制整備事業」について正しいものはどれか。**3つ**選べ。

1　都道府県が行う。
2　地域生活課題を抱える地域住民の社会参加のための支援が含まれる。
3　地域づくりに向けた支援が含まれる。
4　地域生活課題を抱える地域住民の家族に対する包括的な相談支援が含まれる。
5　介護保険の居宅介護支援が含まれる。

解説

正答　2、3、4

1　×　重層的支援体制整備事業は、市町村が任意で行う事業である。社会福祉法に基づく事業とほかの法律（介護保険法、障害者総合支援法、子ども・子育て支援法、生活困窮者自立支援法）に基づく①相談支援、②参加支援、③地域づくりに向けた支援を、一体的・重層的に実施する。

2　○　「参加支援」では、利用者のニーズを踏まえた丁寧なマッチングやメニューをつくり、社会とのつながりをつくるための支援を行う。

3　○　「地域づくり」では、世代や属性を超えて交流できる場や居場所を確保し、地域のプラットフォーム形成などを行う。そして交流・参加・学びの機会を生み出すためのコーディネートやそれらの活動の活性化を図る。

4　○　「相談支援」では、世代や属性を問わず包括的に相談を受け止め、支援機関のネットワークで対応し、多機関の協働を進める。

5　×　介護保険制度上の事業や給付ではないため、居宅介護支援は含まれない。ただし市町村は、地域包括支援センターが行う事業など地域支援事業の一部を重層的支援体制整備事業として実施することができる。

解答のコツ&ポイント

⇨ 速習 介 L4

テーマ【重層的支援体制整備事業】
地域住民の複雑化・複合化した支援ニーズに対応するため、2020年の社会福祉法の改正により創設された事業です。事業の概要を理解していれば正答できますので、ポイントをおさえておきましょう。
◎運営主体⇨市町村（任意で行う事業）
◎関連する制度⇨介護保険制度、障害者総合支援制度、子ども・子育て支援制度、生活困窮者自立支援制度
◎サービス内容⇨既存の取り組みを活かしつつ、①相談支援、②参加支援、③地域づくりに向けた支援を一体的・重層的に実施

関連問題… 24-1 24-5 ／ ／ ／

第25回◇問題３

介護保険法第５条に規定されている「国及び地方公共団体の責務」として正しいものはどれか。**３つ選べ。**

1　国は、保健医療サービス及び福祉サービスを提供する体制の確保に関する施策を講じなければならない。

2　国及び地方公共団体は、障害者その他の者の福祉に関する施策との有機的な連携を図るように努めなければならない。

3　都道府県は、介護保険事業の運営が健全かつ円滑に行われるように、必要な助言及び適切な援助をしなければならない。

4　市町村は、要介護者等の医療に要する費用の適正化を図るための施策を実施しなければならない。

5　市町村は、地域において医療及び介護が総合的に確保されるよう指針を定めなければならない。

解説

正答　1、2、3

1　○　国の責務として、介護保険事業の運営が健全かつ円滑に行われるように、保健医療サービスおよび福祉サービスを提供する体制の確保に関する施策その他の必要な措置を講じることが規定されている（法第５条第１項）。

2　○　また、地域住民が相互に人格と個性を尊重し合いながら、参加し、共生する地域社会の実現に資するよう努めることも規定されている（法第５条第５項）。

3　○　都道府県の責務として、介護保険事業の運営が健全かつ円滑に行われるように、必要な助言および適切な援助をすることが規定されている（法第５条第２項）。

4　×　そのような規定はない。なお、「高齢者の医療の確保に関する法律」（高齢者医療確保法）では、国による医療費適正化基本方針の作成や都道府県による医療費適正化計画の作成などについて規定されている。

5　×　そのような規定はない。なお、医療計画および介護保険事業計画の指針となる「総合確保方針」は、「地域における医療及び介護の総合的な確保の促進に関する法律」（医療介護総合確保法）において、厚生労働大臣が定めることが規定されている。

解答のコツ＆ポイント

⇨ 速習 介 L7

テーマ【国および地方公共団体の責務】
選択肢４、５にある「医療」に着目しましょう。介護保険制度は介護に関する制度であり、設問は×と判断できます。
◎国・地方公共団体の責務⇨地域包括ケアシステムの推進、障害者その他の者の福祉に関する施策との有機的な連携、地域共生社会の実現、認知症に関する施策の総合的な推進

第25回◇問題4

2019（令和元）年度の第1号被保険者の状況について正しいものはどれか。**2つ選べ。**

1　前期高齢者数は、後期高齢者数の3倍を超えている。

2　3,000万人を超えている。

3　要介護及び要支援の認定者が占める割合は、40%を超えている。

4　要介護及び要支援の認定者のうち、要介護3以上の者が占める割合は、50%を超えている。

5　保険給付費のうち、居宅サービス及び地域密着型サービスが占める割合は、50%を超えている。

解説

正答　2、5

1　×　2019（令和元）年度末現在、後期高齢者数（1,829万人）のほうが前期高齢者数（1,726万人）よりも多く、前期高齢者数の約1.06倍である。

2　○　第1号被保険者数は、3,555万人である。

3　×　第1号被保険者のうち、要介護・要支援認定者が占める割合は、18.4%である。

4　×　第1号被保険者における要介護・要支援認定者のうち、軽度（要支援1～要介護2）の認定者が65.6%を占め、要介護3以上の者が占める割合は34.4%である。

5　○　保険給付費のうち、居宅サービスおよび地域密着型サービスが占める割合は、約67.1%（居宅サービス50.0%、地域密着型サービス17.1%）である。

解答のコツ&ポイント

⇨ 速習 介 L4

テーマ【介護保険制度の実施状況】

「令和元年度介護保険事業状況報告（年報）」からの出題です。全体的に数値よりも傾向をおさえておくことで正答できる問題です。

※下記は令和3年度介護保険事業状況報告（年報）

◎第1号被保険者数⇨3,589万人（前期高齢者＜後期高齢者）

◎第1号被保険者のうち、要介護・要支援認定者は2割未満

◎要介護・要支援認定者のうち軽度者が約7割弱

◎保険給付費のうち、居宅・地域密着型サービスは約7割

関連問題… 24-4

第25回◇問題5

介護保険の被保険者資格の取得及び喪失について正しいものはどれか。**2つ**選べ。

1　医療保険加入者が40歳に達したとき、住所を有する市町村の被保険者資格を取得する。

2　第１号被保険者が生活保護の被保護者となった場合は、被保険者資格を喪失する。

3　入所前の住所地とは別の市町村に所在する養護老人ホームに措置入所した者は、その養護老人ホームが所在する市町村の被保険者となる。

4　居住する市町村から転出した場合は、その翌日から、転出先の市町村の被保険者となる。

5　被保険者が死亡した場合は、その翌日から、被保険者資格を喪失する。

解説

正答　1、5

1　○　市町村に住所を有する医療保険加入者が、40歳の年齢に到達（誕生日の前日）することにより、被保険者資格を得る。

2　×　市町村に住所を有している65歳以上の者であれば、被保護者であっても、医療保険加入の有無にかかわりなく介護保険の被保険者となる。なお、生活保護の被保護者は国民健康保険の適用除外となるため、40歳以上65歳未満の者は、健康保険等に加入していないかぎり、被保険者とならない。

3　×　養護老人ホームの措置入所により別の市町村に転居した場合は住所地特例が適用される。このため、養護老人ホームが所在する市町村ではなく、転居前の市町村の被保険者となる。p.342

4　×　居住する市町村から転出した場合は、転出先の市町村に住所を有するに至った当日に転出先の市町村の被保険者資格を取得する。

5　○　被保険者が死亡した場合は、死亡日の翌日に被保険者資格を喪失する。

解答のコツ&ポイント

⇨ 速習 介 L8

テーマ【被保険者資格の得喪・住所地特例】

資格の得喪は、医療保険への加入による資格取得（または非加入による資格喪失）、取得日は当日か翌日かが正誤のポイントになりやすいです。この設問では住所地特例も出題されているため、しっかり基本をおさえておきましょう。

◎住所地特例⇨被保険者が住所地特例対象施設に入所（入居）をするために、ほかの市町村に住所を変更した場合には、変更前の住所地の市町村が保険者になる

◎資格の取得日⇨基本は当日（年齢到達は誕生日の前日）

◎資格の喪失日⇨基本は翌日（医療保険非加入になった場合は当日）

第25回◇問題6

介護支援専門員について正しいものはどれか。**3つ**選べ。

1　登録を受けている者が死亡した場合には、その相続人はその旨を届け出なければならない。

2　登録の申請の10年前に居宅サービスにおいて不正な行為をした者は、登録を受けることができない。

3　都道府県知事は、信用を傷つけるような行為をした介護支援専門員の登録を消除することができる。

4　介護支援専門員証の交付を受けていなくても、業務に従事することができる。

5　更新研修を受けた者は、介護支援専門員証の有効期間を更新することができる。

解説

正答　1、3、5

1　○　登録を受けている介護支援専門員が死亡した場合には、その相続人は30日以内に、その旨を都道府県知事に届け出なければならない。

2　×　登録の申請前5年以内に居宅サービスなどに関し不正または著しく不当な行為をした者や申請前5年以内に登録の消除を受けた者は、登録を受けることができない。

3　○　介護支援専門員が公正・誠実な業務遂行義務、基準遵守義務、名義貸しの禁止規定、信用失墜行為の禁止規定、秘密保持義務に違反している場合には、都道府県知事は登録を消除することができる。

4　×　介護支援専門員として実務を行うためには、都道府県知事から登録を受け、介護支援専門員証の交付を受けることが必要である。なお、介護支援専門員証の交付を受けていない者が業務を行い、情状が特に重い場合は、登録が消除される。

5　○　介護支援専門員証の有効期間は5年で、更新する場合は、原則として都道府県知事が行う更新研修を受けなければならない。

解答のコツ&ポイント

⇨ 速習 介 L3

テーマ【介護支援専門員の登録、登録の消除、更新研修】

これまで出題のなかった登録の欠格事由や登録の消除から出題されました。登録の消除を行うのは都道府県知事で、「必ず消除する場合」「消除できる場合」がある点にも注意しましょう。

◎必ず登録を消除⇨一定の欠格事由に該当、不正な手段で登録や介護支援専門員証の交付を受けた、業務禁止処分に違反、介護支援専門員証の交付を受けていない者が介護支援専門員の業務を行い情状が特に重い

◎登録の消除ができる⇨介護支援専門員の義務等（資質向上努力義務を除く）に違反、都道府県知事の業務報告命令を拒否・虚偽報告、都道府県知事の指示・研修命令に違反し情状が重い

第25回◇問題７改

介護保険施設について正しいものはどれか。**２つ選べ。**

1　介護老人福祉施設の入所定員は、50人以上でなければならない。

2　介護老人保健施設の管理者となる医師は、都道府県知事の承認を受けなければならない。

3　介護療養型医療施設が、新たに指定介護療養型医療施設の指定を受けることができるのは、2024（令和６）年３月31日までとされた。

4　入所者ごとに施設サービス計画を作成しなければならない。

5　地域密着型介護老人福祉施設は、含まれる。

解説

正答　2、4

1　×　介護老人福祉施設は、老人福祉法に規定された入所定員30人以上の特別養護老人ホームで、指定介護老人福祉施設として都道府県知事の指定を受けたものをいう。

2　○　介護老人保健施設の開設者は、都道府県知事の承認を受けた医師に介護老人保健施設を管理させなければならない。ただし、都道府県知事の承認を受けることで、医師以外の者に介護老人保健施設を管理させることができる。介護医療院も同様である。

3　×　指定介護療養型医療施設は、2024（令和６）年３月31日をもって廃止となったが、2012（平成24）年度から、新規の指定は行われていない。

4　○　施設に入所する要介護者に対し、施設サービス計画に基づき、施設サービスを提供する。

5　×　地域密着型介護老人福祉施設は、老人福祉法上の設置認可を得た入所定員29人以下の小規模な特別養護老人ホームで、市町村長の指定を受けることにより、地域密着型サービスの一つである地域密着型介護老人福祉施設入所者生活介護を提供する。介護保険施設には含まれない。

解答のコツ&ポイント

⇨ 速習 L16、29

テーマ【介護保険施設】

選択肢３を除けば、全体的に基本的な問題です。介護老人福祉施設の入所定員や地域密着型介護老人福祉施設との違い、介護老人保健施設の人員基準についておさえておきましょう。

◎介護保険施設⇨指定介護老人福祉施設、介護老人保健施設、介護医療院、指定介護療養型医療施設（2024年３月31日をもって廃止）

第25回◇問題８

要介護認定の仕組みについて正しいものはどれか。**3つ**選べ。

1　介護保険の被保険者証が交付されていない第２号被保険者が申請するときは、医療保険被保険者証等を提示する。

2　市町村は新規認定の調査について、指定市町村事務受託法人に委託することができる。

3　主治医がいない場合には、介護認定審査会が指定する医師が主治医意見書を作成する。

4　要介護者が他市町村に所在する介護老人福祉施設に入所する場合には、その施設所在地の市町村の認定を改めて受ける必要はない。

5　介護保険料を滞納している者は、認定を受けることができない。

解説

正答　1、2、4

1　○　第２号被保険者は、医療保険加入が資格要件の一つであり、医療保険被保険者証を提示する。

2　○　新規認定の調査は原則として市町村の職員が行うが、例外的に指定市町村事務受託法人には委託が可能となっている。更新認定・変更認定では、指定市町村事務受託法人のほか、地域包括支援センター、指定居宅介護支援事業者、地域密着型介護老人福祉施設、介護保険施設、介護支援専門員への委託が可能となっている。

3　×　市町村は、認定調査と同時に、被保険者が申請書に記載した主治医に、主治医意見書への記載を求める。主治医がいない場合は、市町村の指定する医師または市町村の職員である医師が診断し、主治医意見書を作成する。

4　○　設問の場合は、住所地特例が適用され、保険者に変更はない。このため、あらためて施設所在地の市町村で認定を受ける必要はない。p.342

5　×　認定を受けることはできる。ただし、認定を受けた場合は、滞納期間に応じて、給付の償還払い化、給付の一時差し止めなどの段階的な措置がとられ、保険給付に一定の制限が設けられる。

解答のコツ&ポイント

⇨ 速習 介 L8、9、22

テーマ【要介護認定の申請等】

選択肢４、選択肢５の正誤の判断がポイントになるでしょう。選択肢４は落ち着いて読めば住所地特例の知識で解けるはずです。また、滞納者でも受給権はあり、認定を受けられることはおさえておきましょう。

◎滞納者の段階的な措置⇨１年以上滞納すると保険給付の償還払い化、１年６か月以上滞納すると保険給付の一時差し止め、なお納付しない場合は滞納保険料と保険給付との相殺

関連問題…24-12 23-4 22-10

／	／	／

第25回◇問題９

介護保険財政について正しいものはどれか。**３つ**選べ。

1　国は、介護給付及び予防給付に要する費用の30% を負担する。

2　国は、介護保険の財政の調整を行うため、市町村に対して調整交付金を交付する。

3　都道府県は、介護保険事業に要する費用に充てるため、保険料を徴収しなければならない。

4　地域支援事業支援交付金は、社会保険診療報酬支払基金が医療保険者から徴収する納付金をもって充てる。

5　第１号被保険者の保険料の賦課期日は、当該年度の初日である。

解説

正答　2、4、5

1　×　介護給付および予防給付に要する費用（介護給付費）の財源のうち、国の負担分は、施設等給付費（介護保険施設、特定施設にかかる給付費）で20%、居宅給付費（施設等給付費以外）で25%である。

2　○　国の負担分は、すべての市町村に一律に交付される定率負担金と、市町村の財政力の格差に応じて傾斜的に交付される調整交付金から構成される。

3　×　第１号被保険者の保険料の徴収は、年金保険者が年金の支払い時に天引きして市町村に納入する特別徴収が原則となる。無年金者、低年金者は市町村が直接徴収する（普通徴収）。第２号被保険者の場合は、医療保険者が被保険者から医療保険料と一体的に徴収する。p.347

4　○　医療保険者が第２号被保険者から徴収した介護保険料は、社会保険診療報酬支払基金（支払基金）に介護給付費・地域支援事業支援納付金として納付する。支払基金は、その納付金を、各市町村に介護給付費交付金と地域支援事業支援交付金として定率交付する流れである。p.347

5　○　賦課期日とは、保険料を算定する基準となる日で、第１号被保険者では年度初日の４月１日となる。

解答のコツ&ポイント

⇨ 速習 介 L22

テーマ【介護保険財政】

国や都道府県の役割を踏まえ、財政負担割合や保険料の徴収・交付の流れをおさえておきましょう。

◎居宅給付費の財政負担割合⇨国25％、都道府県・市町村12.5％、第１号被保険者の保険料23％、第２号被保険者の保険料27％　※施設等給付費では国20％、都道府県17.5％となる（2021～2023年度）

◎調整交付金⇨総額で保険給付費の５％

第25回◇問題10

介護保険における第1号被保険者の保険料について正しいものはどれか。**3つ選べ。**

1　政令で定める基準に従い市町村が条例で定める。
2　保険料率は、おおむね5年を通じ財政の均衡を保つことができるものでなければならない。
3　普通徴収の方法によって徴収する保険料については、世帯主に連帯納付義務がある。
4　普通徴収の方法によって徴収する保険料の納期は、政令で定める。
5　条例で定めるところにより、特別の理由がある者に対し、保険料を減免し、又はその徴収を猶予することができる。

解説

正答 1、3、5

1 ○ 第1号被保険者の個別の保険料は、市町村ごとに定める保険料率により算定される。保険料率は、各市町村が政令で定める基準に従い、3年ごとに条例で定める。

2 × 保険料率は、市町村介護保険事業計画に定める3年の計画期間を通じて財政の均衡を保つことができるように設定される。

3 ○ 普通徴収による保険料の納付義務は第1号被保険者本人にあるが、配偶者および世帯主にも、保険料の連帯納付義務が課されている。

4 × 普通徴収による保険料の納期は、市町村の条例で定める。

5 ○ 市町村は、災害により一時的に負担能力が低下したなどの特別な理由がある者に対し、条例により保険料の減免や徴収の一時猶予ができる。

解答のコツ&ポイント

⇨ 速習 介 L22

テーマ【第1号被保険者の保険料】
地域の実情に応じて定めた方が良いものは「条例」に委任されています。条例と政令の違い、計画期間は3年という点を理解しているかが、正答への鍵となります。
◎条例⇨地方公共団体が定める
◎法律⇨国が定める。法律（国会の可決により制定）、政令（内閣の閣議決定）、省令（各省の大臣が定める）

関連問題…24-14

第25回◇問題11

介護予防・生活支援サービス事業について正しいものはどれか。**2つ**選べ。

1　居宅要支援被保険者は、利用できる。
2　利用者の負担額は、都道府県が設定する。
3　住所地特例適用被保険者に係る費用は、施設所在地の市町村が負担する。
4　介護老人保健施設の入所者は、利用できない。
5　第２号被保険者は、利用できない。

解説

正答　1、4

1　○　認定を受けた要支援者または基本チェックリストに該当した第１号被保険者、および要介護者（要介護認定前から市町村の補助により実施される介護予防・生活支援サービス事業を利用する者〔継続利用要介護者〕にかぎる）が対象となる。

2　×　利用料に関する事項は、事業の内容や地域の実情に応じて市町村が設定する。

3　×　住所地特例適用被保険者の保険者は、施設所在地の市町村ではなく、転居前の住所地の市町村である。このため、費用負担（保険給付）は転居前の住所地の市町村が行う。
p.342

4　○　介護老人保健施設など介護保険施設の入所者は、地域の介護サービスや地域支援事業を同時に利用できない。

5　×　第２号被保険者も、要支援者・継続利用要介護者であれば利用できる。ただし、基本チェックリスト該当のみでは利用できない。

解答のコツ&ポイント

速習 L19

テーマ【介護予防・生活支援サービス事業】
地域支援事業の介護予防・日常生活支援総合事業のうち、介護予防・生活支援サービス事業の利用対象者を理解しているかがポイントになります。
◎一般介護予防事業⇨すべての第１号被保険者
◎介護予防・生活支援サービス事業⇨要支援者（第１号被保険者・第２号被保険者）、基本チェックリスト該当者（第１号被保険者のみ）、および継続利用要介護者（第１号被保険者・第２号被保険者）

第25回◇問題12

包括的支援事業の各事業において配置することとされている者として正しいものはどれか。**3つ**選べ。

1　生活支援コーディネーター（地域支え合い推進員）
2　介護サービス相談員
3　認知症地域支援推進員
4　チームオレンジコーディネーター
5　福祉用具専門相談員

解説　　正答　1、3、4

1　○　**生活支援コーディネーター**（地域支え合い推進員）は、生活支援体制整備事業において配置される。サービスの創出、サービスの担い手の養成、資源開発、ネットワーク構築、ニーズと取り組みのマッチングなどを行う。

2　×　**介護サービス相談員**は、**任意事業**の介護サービス相談員派遣等事業において配置される。施設やサービス事業者などで介護サービス等利用者の疑問や不満、不安の解消を図るとともに、サービス担当者と意見交換等を行う。

3　○　**認知症地域支援推進員**は、認知症総合支援事業において配置される。医療機関や介護サービス事業者など地域の支援関係者の連携を図るための取り組みや、認知症の人とその家族への相談支援などを行う。

4　○　**チームオレンジコーディネーター**は、認知症総合支援事業において配置される。認知症の人やその家族の支援ニーズと認知症サポーターを中心とした支援をつなぐしくみである**チームオレンジ**を整備し、その運営を支援して、「共生」の地域づくりを推進する。

5　×　**福祉用具専門相談員**は、福祉用具貸与事業者・特定福祉用具販売事業者に必置である。

解答のコツ&ポイント

⇨ 速習 介 L19

テーマ【包括的支援事業の内容】
チームオレンジコーディネーターは2020年度から配置が規定されています。事業の内容とともに覚えておきましょう。
◎生活支援コーディネーター（地域支え合い推進員）・就労的活動支援コーディネーター（就労的活動支援員）⇨生活支援体制整備事業
◎チームオレンジコーディネーター⇨認知症総合支援事業

第25回◇問題13

介護保険法で定める国民健康保険団体連合会が行う業務として正しいものはどれか。**3つ**選べ。

1　介護給付費交付金の交付
2　市町村から委託を受けて行う介護予防・日常生活支援総合事業に関する費用の審査及び支払
3　介護給付費等審査委員会の設置
4　指定居宅介護支援事業所への強制権限を伴う立入検査
5　市町村から委託を受けて行う第三者行為求償事務

解説

正答　2、3、5

1　×　**介護給付費交付金**および**地域支援事業支援交付金**の市町村への交付は、**社会保険診療報酬支払基金**が行う業務である。

2　○　市町村の委託を受け、介護給付費の審査・支払い業務のほか、介護予防・日常生活支援総合事業の第1号事業支給費および総合事業実施に必要な費用の**審査・支払い業務**を行う。

3　○　国民健康保険団体連合会（国保連）では、審査を専門的見地から公正かつ中立的に処理するために、**介護給付費等審査委員会**を設置する。

4　×　国保連は苦情処理業務を行うが、指定基準に違反している事業者・施設に対し、強制権限を伴う立ち入り検査、命令や勧告、指定の取り消しなどを行う**権限はない**。

5　○　市町村から委託を受け、第三者行為への損害賠償金の徴収・収納の事務（**第三者行為求償事務**）を行う。

解答のコツ&ポイント

⇨ 速習 介 L13、23

テーマ【国民健康保険団体連合会の行う業務】

「介護給付費交付金」をうっかり「介護給付費」と間違えないようにしましょう。交付と支払いの違いも着目点です。全体的に基本問題なので、得点源としたいところです。

◎市町村の委託業務⇨介護給付費、介護予防・日常生活支援総合事業の費用等の審査・支払い、第三者行為求償事務

◎独立した業務⇨苦情処理

◎その他行うことができる業務⇨サービス事業や介護保険施設の運営

関連問題… 26-15 24-15 22-13

第25回◇問題14

介護サービス情報の公表制度について正しいものはどれか。**3つ**選べ。

1　原則として、介護サービス事業者は、毎年、介護サービス情報を報告する。

2　指定居宅介護支援事業者は、介護サービス情報をその事業所の所在地の市町村長に報告する。

3　介護サービス情報の公表は、事業所又は施設の所在地の国民健康保険団体連合会が行う。

4　職種別の従業者の数は、公表すべき事項に含まれる。

5　指定居宅サービス事業者が報告内容の是正命令に従わないときには、指定を取り消されることがある。

解説

正答　1、4、5

1　○　介護サービス事業者には、介護サービス情報の報告義務がある。報告するのは、①介護サービスの提供を開始するとき、②都道府県知事が毎年定める報告計画に基づき定期的に年１回程度である。

2　×　介護サービス事業者のサービス種別を問わず、報告は都道府県知事に行う。

3　×　介護サービス情報の報告を受けた都道府県知事が、その報告の内容を公表する。都道府県知事は、必要がある場合は、その介護サービス情報について都道府県の定める指針に従い調査をすることができる。

4　○　職種別の従業者の数は基本情報に含まれ、選択肢１の解説にある①、②のときに報告する。

5　○　介護サービス事業者が都道府県知事による報告命令や報告内容の是正命令、調査命令に従わない場合、都道府県知事は、自ら指定を行った事業者・施設については指定・許可の取り消しまたは指定・許可の効力の停止をすることができる。市町村長に指定権限のある事業者については、都道府県知事がその旨を理由をつけて市町村長に通知する。

解答のコツ&ポイント

⇨ 速習 介 L18

テーマ【介護サービス情報の公表制度】

介護サービス情報の公表事務は都道府県の業務であることを理解していれば、選択肢２の「市町村長に報告」選択肢３の「国民健康保険団体連合会が行う」を×として、正答できます。

◎介護サービス情報の報告先⇨都道府県知事

◎介護サービス情報の公表⇨都道府県知事

◎命令に従わない場合の指定の取り消し等⇨指定した都道府県知事または市町村長

第25回◇問題15

介護サービスに関する苦情処理について正しいものはどれか。**3つ**選べ。

1　利用者が国民健康保険団体連合会に苦情を申し立てる場合、指定居宅介護支援事業者は、利用者に対して必要な援助を行わなくてもよい。

2　国民健康保険団体連合会は、都道府県から委託を受けて苦情処理を行う。

3　国民健康保険団体連合会は、事業者に対する必要な指導及び助言を行う。

4　指定訪問看護事業者は、受け付けた苦情の内容等を記録しなければならない。

5　指定訪問介護事業者は、苦情受付窓口の設置等の必要な措置を講じなければならない。

解説

正答　3、4、5

1　×　指定居宅介護支援事業者は、自ら居宅サービス計画に位置づけた居宅サービス、地域密着型サービスに対する苦情を、利用者が国保連に申し立てる場合、利用者に対して必要な援助を行わなければならない。

2　×　国保連は、介護保険制度上の苦情処理機関と位置づけられている。中立性・公平性を確保するため、委託によらず、独立した業務として苦情処理を行う。

3　○　苦情申し立てに基づき、事業者・施設に対する調査・指導・助言を行う。

4　○　利用者や家族からの苦情に迅速かつ適切に対応するため、苦情受付窓口の設置などや苦情内容の記録、苦情に関する市町村・国保連の調査等への協力と指導・助言を受けた場合の必要な改善、市町村・国保連の求めに応じた改善内容の報告を行わなければならない。

5　○　選択肢4の解説のとおり、指定居宅サービス事業者に共通の運営基準として、苦情受付窓口の設置などが規定されている。

解答のコツ&ポイント

⇨ 速習 介 L17、23、25

テーマ【介護サービスに関する苦情処理】

苦情処理における国保連や各事業者の役割が問われていますが、国保連が独立した業務として苦情処理を行う点、運営基準の苦情処理の規定を覚えていれば正答できる問題です。

◎市町村、国保連⇨苦情受付の窓口となる。苦情処理に関する調査や改善事項の提示をする

◎サービス事業者・施設⇨苦情処理に迅速かつ適切に対応するための措置、市町村や国保連の調査に協力し、必要に応じ改善

第25回◇問題16

要介護認定に係る主治医意見書における「認知症の中核症状」の項目として正しいものはどれか。**2つ**選べ。

1　自分の意思の伝達能力
2　徘徊
3　幻視・幻聴
4　短期記憶
5　妄想

解説

正答　1、4

1　○　自分の意思の伝達能力は、認知症の中核症状の項目に含まれる。
2　×　徘徊は、認知症の行動・心理症状（BPSD）の項目に含まれる。
3　×　幻視・幻聴は、認知症の行動・心理症状（BPSD）の項目に含まれる。
4　○　短期記憶は、認知症の中核症状の項目に含まれる。
5　×　妄想は、認知症の行動・心理症状（BPSD）の項目に含まれる。

p.343

解答のコツ&ポイント

⇨ 速習 介 L9

テーマ【主治医意見書の項目】
主治医意見書の項目というよりも「認知症の中核症状」の内容に着目しましょう。選択肢2、3、5がBPSDに関するものとわかれば、×と判断してすぐに正答できます。
◎認知症の中核症状の項目⇨短期記憶、日常の意思決定を行うための認知能力、自分の意思の伝達能力
◎認知症の行動・心理症状（BPSD）の項目⇨幻視・幻聴、妄想、昼夜逆転、暴言、暴行、介護への抵抗、徘徊、火の不始末、不潔行為、異食行動、性的問題行動、その他

関連問題…22-4

第25回◇問題17

介護保険における特定疾病として正しいものはどれか。**3つ**選べ。

1　関節リウマチ
2　慢性肝疾患
3　潰瘍性大腸炎
4　脳血管疾患
5　骨折を伴う骨粗鬆症

解説

正答　1、4、5

1　○　関節リウマチは、介護保険の特定疾病である。原因不明の全身の免疫不全により、関節の表面の滑膜が炎症し、関節の痛みや腫れ、関節の変形・拘縮、全身症状を引き起こす。内臓障害が合併した悪性関節リウマチに発展するものもある。

2　×　慢性肝疾患は、介護保険の特定疾病ではない。多くはB型・C型肝炎ウイルスの感染により起こり、進行すると肝硬変になることもある。

3　×　潰瘍性大腸炎は、介護保険の特定疾病ではない。原因不明の難病で、直腸から連続的に大腸に炎症が起こり、大腸全体にびらんや潰瘍（かいよう）ができる。

4　○　脳血管疾患は、介護保険の特定疾病である。脳出血、脳梗塞などがある。

5　○　骨折を伴う骨粗鬆症（こつそしょうしょう）は、介護保険の特定疾病である。女性ホルモンの低下、運動不足、加齢、カルシウム摂取不足などが原因となる。骨密度が減少してもろくなり、骨折しやすくなる。

解答のコツ＆ポイント

⇨ 速習 介 L9

テーマ【介護保険の特定疾病】

16の特定疾病をしっかり覚えていなくても、罹患率・有病率に明確に加齢との関係があるか、継続して要介護状態となる割合が高いかが判断の目安となります。また、どのような疾患が誤りの選択肢になりやすいか着目しましょう。

◎心疾患、肝硬変、進行性筋ジストロフィー症、うつ病⇨過去に出題されたが特定疾病ではない

◎悪性新生物⇨末期の場合に特定疾病

◎糖尿病⇨三大合併症がある場合に特定疾病

第25回◇問題18

要介護認定について正しいものはどれか。**2つ**選べ。

1 要介護認定等基準時間は、実際の介護時間とは異なる。
2 要介護認定等基準時間は、同居家族の有無によって異なる。
3 要介護認定等基準時間の算出根拠は、1分間タイムスタディである。
4 指定居宅介護支援事業者は、新規認定の調査を行える。
5 認定調査票の特記事項は、一次判定で使用する。

解説

正答 1、3

1 ○ 要介護認定等基準時間は、認定調査における基本調査の結果をコンピュータで分析して1日に必要な介護時間として算出する。介護の手間（介護の必要の程度）を判断する指標となるもので、実際の介護サービスや家庭での介護の時間を表すものではない。
2 × 要介護認定等基準時間は、利用者の心身の状況などに関する基本調査を分析したもので、同居家族の有無については反映されていない。
3 ○ 一次判定のコンピュータの算出方法には、樹形モデルが用いられる。基本調査の調査項目などごとに選択肢が設けられ、1分間タイムスタディ・データのなかから、その心身の状況が最も近い高齢者のデータが探し出され、分岐していく。
4 × 新規認定の調査は原則として市町村の職員が行い、指定市町村事務受託法人を除き、委託することはできない。
5 × 二次判定（介護認定審査会による審査・判定）において、一次判定の結果を原案に、認定調査票の特記事項、主治医意見書を用いて審査・判定を行う。

解答のコツ&ポイント

⇨ 速習 介 L9、10

テーマ【要介護認定等基準時間、認定調査】
「1分間タイムスタディ」に戸惑った人もいるかもしれませんが、あとは基本的な内容です。選択肢4の「新規認定の調査」は、問題8でも出題されていたポイントです。
◎1分間タイムスタディ・データ⇨介護老人福祉施設などに入所している約3,500人の高齢者について、48時間にわたり、どのような介護サービスがどれくらいの時間にわたって行われたかを調べて得たデータ
◎認定調査票⇨基本調査は一次判定で使用、特記事項は二次判定で使用

関連問題…23-20

第25回◇問題19

指定居宅介護支援等の事業の人員及び運営に関する基準第13条の具体的取扱方針のうち、介護支援専門員に係るものとして正しいものはどれか。**3つ**選べ。

1　利用者の心身又は家族の状況等に応じ、継続的かつ計画的に指定居宅サービス等の利用が行われるようにしなければならない。

2　その地域における指定居宅サービス事業者等に関するサービスの内容、利用料等の情報を適正に利用者又はその家族に対して提供するものとする。

3　居宅サービス計画の原案の内容について利用者やその家族に対して説明し、口頭で利用者の同意を得るものとする。

4　作成した居宅サービス計画は、利用者から求めがなければ、利用者に交付しなくてもよい。

5　介護保険施設等から退院又は退所しようとする要介護者から依頼があった場合には、あらかじめ、居宅サービス計画の作成等の援助を行うものとする。

解説

正答 1、2、5

1　○　利用者の自立した日常生活の支援を効果的に行うためには、利用者の心身または家族の状況等に応じ、継続的・計画的に指定居宅サービス等の利用が行われるようにする。

2　○　介護支援専門員は、利用者自身がサービスを選択することを基本として、支援を行う。また、特定の居宅サービス事業者に不当に偏った情報を提供したり、同一の事業主体のサービスのみによる居宅サービス計画原案を最初から提示したりするようなことがあってはならない。

3　×　居宅サービス計画の原案の内容について利用者またはその家族に対して説明し、文書により利用者の同意を得る。

4　×　作成した居宅サービス計画は、利用者に交付しなければならない。また、サービス担当者にも交付する必要がある。

5　○　また、利用者が介護保険施設への入所を希望する場合には、介護保険施設への紹介その他の便宜の提供を行う。

解答のコツ&ポイント

⇨ 速習 介 L27

テーマ【指定居宅介護支援の具体的取扱方針】

選択肢３の「口頭で利用者の同意」、選択肢４の「利用者に交付しなくてもよい」は、過去にも出題された誤選択肢です。

◎居宅サービス計画作成と利用者への対応のポイント⇨継続的・計画的なサービス利用、総合的な計画作成、利用者自身によるサービス選択、居宅サービス計画原案の利用者・家族への説明、文書による利用者からの同意、居宅サービス計画の利用者および担当者への交付

第25回◇問題20

指定居宅介護支援事業者の記録の整備について正しいものはどれか。**3つ**選べ。

1　居宅介護支援台帳は、書面による記録と電磁的記録の両方を整備しなければならない。
2　事故の状況及び事故に際して採った処置についての記録を整備しなければならない。
3　従業者に関する記録を整備しておかなければならない。
4　会計に関する記録を整備しておかなければならない。
5　サービス担当者会議等の記録は、その完結の日から５年間保存しなければならない。

解説

正答　2、3、4

1　×　書類の作成は書面に代えて電磁的記録（コンピュータで作成したファイルなど）で行うこともできるが、書面と電磁的記録によるものの両方を整備する必要はない。
2　○　また、市町村への通知にかかる記録、苦情の内容などの記録も整備しておかなければならない。
3　○　指定居宅介護支援事業者は、従業者、設備、備品および会計に関する諸記録を整備しておかなければならない。
4　○　選択肢３の解説のとおり、会計に関する諸記録を整備する。
5　×　サービス担当者会議等の記録など、指定居宅介護支援の提供に関する記録はその完結の日から２年間保存しなければならない。

解答のコツ&ポイント

⇨ 速習 介 L25

テーマ【指定居宅介護支援事業者の記録の整備】
書面に代えて電磁的記録を用いることができること、相手の承諾があれば書面の交付・説明、同意、承諾、締結なども電磁的方法で行うことができる点はおさえておきましょう。選択肢２～４は、直感的に○と判断できると思います。
◎記録の整備⇨従業者、設備、備品、会計に関する諸記録、指定居宅介護支援の提供に関する記録（連絡調整に関する記録、居宅介護支援台帳、市町村への通知にかかる記録、苦情の内容などの記録）
◎居宅介護支援台帳⇨居宅サービス計画・アセスメントの結果・サービス担当者会議・モニタリング結果の記録

第25回◇問題21

指定居宅介護支援に係るモニタリングについて正しいものはどれか。**3つ**選べ。

1　利用者についての継続的なアセスメントは、含まれる。
2　目標の達成度の把握は、含まれる。
3　指定居宅サービス事業者等との連絡を継続的に行う。
4　少なくとも1月に1回、主治の医師に意見を求めなければならない。
5　地域ケア会議に結果を提出しなければならない。

解説

正答　1、2、3

1　○　介護支援専門員は、居宅サービス計画の作成後も、計画の実施状況を把握するモニタリングを行う。モニタリングには、利用者についての継続的なアセスメントも含む。そして利用者の生活課題に変化がみられた場合は、必要に応じ居宅サービス計画の変更、事業者等との連絡・調整を行う。

2　○　モニタリングでは、目標の達成度についても把握し、評価する。

3　○　利用者の生活課題の変化は、サービス担当者により発見されることも多い。このため、日頃から緊密な連携を図り、円滑な連絡が行われるよう体制を整備する必要がある。

4　×　モニタリングにおいて、1か月に1回、主治医の意見を求めるという規定はない。

5　×　モニタリングにおいて、地域ケア会議にモニタリング結果を提出するという規定はない。なお、指定居宅介護支援事業者は、地域ケア会議から、個別のケアマネジメントの事例の提供などの資料または情報の提供、意見の開陳その他必要な協力の求めがあった場合には、これに協力するよう努めなければならない。

解答のコツ&ポイント

⇨ 速習 介 L26

テーマ【指定居宅介護支援のモニタリング】

モニタリングとは何かを理解していれば、選択肢1～3は○と判断がつき、正答できるはずです。

◎モニタリング⇨①少なくとも1か月に1回は利用者の居宅を訪問し、利用者に面接すること、②少なくとも1か月に1回はモニタリングの結果を記録することにより行う必要がある

第25回◇問題22

介護予防サービス計画について正しいものはどれか。**3つ**選べ。

1　地域の住民による自発的な活動によるサービス等の利用も含めて位置付けるよう努めなければならない。

2　計画に位置付けた指定介護予防サービス事業者から、利用者の状態等に関する報告を少なくとも3月に1回、聴取しなければならない。

3　介護予防福祉用具貸与を位置付ける場合には、貸与が必要な理由を記載しなければならない。

4　計画に位置付けた期間が終了するときは、当該計画の目標の達成状況について評価しなければならない。

5　介護予防通所リハビリテーションを位置付ける場合には、理学療法士の指示が必要である。

解説

正答　1、3、4

1　○　地域住民による自発的な活動とは、たとえば、地域住民の見守り、配食、会食などである。

2　×　各事業者からのサービスの提供状況や利用者の状態などに関する報告は、少なくとも1か月に1回、聴取（報告聴取）しなければならない。

3　○　また、介護予防サービス計画を作成後も、必要に応じて随時サービス担当者会議を開催して、利用者が継続して介護予防福祉用具貸与を受ける必要性について専門的意見を聴取する。継続する必要がある場合には、その理由を再び計画に記載しなければならない。

4　○　目標が達成されていない場合はその原因を確認し、今後の支援の方針を定める。

5　×　理学療法士ではなく、主治医の指示が必要である。このため、医療サービスを計画に位置づける場合は、あらかじめ利用者の同意を得て主治医の意見を求める必要がある。

解答のコツ&ポイント

⇨ 速習 介 L28

テーマ【介護予防サービス計画】

居宅介護支援と共通する運営基準も多いのですが、報告聴取とモニタリングの頻度については異なるので注意しましょう。

◎報告聴取⇨少なくとも1か月に1回

◎モニタリング⇨3か月に1回、サービスの評価期間が終了する月、利用者の状況に著しい変化があったときは利用者の居宅を訪問して面接、通所リハビリテーション事業所等を訪問するなどして利用者と面接、または電話連絡などでサービスの実施状況を確認、モニタリング結果は1か月に1回は記録

第25回◇問題23

Ａさん（58歳、男性）は、会社の管理職をしていたが、仕事中に突然怒り出すことが多くなり、受診の結果、若年性認知症と診断された。Ａさんは、まだ働けるという認識はあったが、退職せざるを得なくなった。夫婦二人暮らしで、妻（55歳）はパートで働いている。Ａさんは要介護１の認定を受け、通所介護を週２回利用することとなった。サービス利用開始１か月後に介護支援専門員がＡさん夫婦と面談したところ、Ａさんは、高齢者ばかりの環境に馴染めないことと、妻のために我慢して通っていることが分かった。介護支援専門員の対応として、より適切なものはどれか。**３つ**選べ。

1　妻からＡさんに我慢して通所介護に通うよう説得してもらう。
2　通所介護の場でＡさんが役割を実感できるように、通所介護事業所に通所介護計画を再検討してもらう。
3　地域の中でＡさんが参加したいと思うような活動や場所を探す。
4　通所介護の利用をやめて、Ａさんが一人で自宅で過ごすことを夫婦に勧める。
5　若年性認知症に対応する社会資源開発を地域ケア会議で提案する。

解説

正答　2、3、5

1　×　「高齢者ばかりの環境に馴染めない」とするＡさんの訴えについて考慮せず、サービスの利用を強いるのは適切ではない。課題を解決するための働きかけが必要である。

2　○　Ａさんがこれまで担ってきた役割は何かを考え、本人が**役割**を実感でき、**意欲**をもてるような支援が必要となる。たとえば個別のプログラムが可能か検討してもらうなど、通所介護計画の再検討をしてもらうのは適切な対応である。

3　○　地域の中でＡさんが**主体的**にかかわることのできる場所、本人や家族が**交流**できる場所を探すことが大切である。

4　×　家に閉じこもりがちとなり、社会の中で孤立してしまうような提案は不適切である。意欲が低下してうつ病となったり、認知症の症状が悪化したりするリスクもある。

5　○　若年性認知症に対応するような**社会資源**を開発することも重要な対応である。

解答のコツ&ポイント

⇨ 速習　介 L3　保 L17

テーマ【若年性認知症を発症したＡさんと妻への支援】
若年性認知症では、就業を続けるのが困難になり、福祉や雇用の施策も活用されにくく、本人や家族が経済的な困難に陥りやすくなります。本人が地域のなかで役割をもてるように支援し、福祉的就労や障害年金など、利用できる社会資源の提案や創出が重要です。

第25回◇問題24

Aさん（80歳、女性、要介護２）は、長女（50歳、障害支援区分３）との二人暮らしである。Aさんは、変形性股関節症の悪化に伴い、自宅の浴槽で入浴することが難しくなり、通所介護での入浴を希望している。しかし、長女はAさんの姿が見えなくなると不穏になるので、「長女を一人にするのが不安だ」とAさんから介護支援専門員に相談があった。この時点における介護支援専門員の対応として、より適切なものはどれか。**３つ**選べ。

1　Aさんと長女の同意を得て、長女を担当する相談支援専門員に現状を伝える。

2　浴室の改修のため、直ちに施工業者を訪問させる。

3　Aさんと長女が一緒に通所利用できる共生型サービス事業所の情報を収集する。

4　Aさんがすぐに入所できる特別養護老人ホームを探す。

5　Aさんの変形性股関節症の症状の改善の可能性について、本人の同意を得て主治医に意見を求める。

解説

正答　1、3、5

1　○　Aさんの長女は障害支援区分３の認定を受けており、障害者総合支援法に基づく指定特定相談支援事業者等の**相談支援専門員**との連携が重要となる。長女を担当する相談支援専門員に現状を伝えるのは適切な対応である。

2　×　Aさんは変形性股関節症の悪化で自宅の浴槽で入浴するのが困難な状況であり、通所介護の利用を希望している。それにもかかわらず、浴室の改修を最優先課題とするのは不適切である。

3　○　**共生型**サービスは、高齢者と障害者が**同一**事業所でサービスを受けやすくするために創設されたサービスであり、利用を検討するのは適切である。

4　×　Aさんは施設入所を希望しているわけではなく、またAさんの姿が見えないと不穏になる長女もいる。このような状況で、すぐに入所できる特別養護老人ホームを探すのは不適切である。

5　○　Aさんの症状の改善可能性を正しく把握することは、居宅サービス計画を見直すうえでも欠かせない。本人の同意を得て主治医に意見を求めるのは適切である。

解答のコツ&ポイント

⇨ 速習　介 L16、25　福 L19

テーマ【障害のある娘がいる要介護者への支援】

要介護者の世帯では、同居する子どもの障害や引きこもり、経済的困窮など多様な問題を抱えるケースが多くあります。本人が抱える課題と家族が抱える課題は一体のものとしてとらえ、複数の制度の関係機関・担当者などと連携して対応していくことが大切です。

□□□

第25回◇問題25

一人暮らしのＡさん（84歳、男性、要介護１）は、訪問介護を週１回利用している。認知症と診断されており、片付けができなくなったことに加え、先日は外出先で道に迷って警察に保護された。遠方に住む妹からは、「迷惑をかけるようなら施設に入るよう説得してほしい」との要望があった。Ａさんは、「このまま家で気楽に暮らし続けたいが、銀行手続等の金銭管理が不安なので、介護支援専門員に管理をお願いしたい」と話している。この時点における介護支援専門員の対応として、より適切なものはどれか。**３つ**選べ。

1　Ａさんとの信頼関係を大切にするため、金銭管理を引き受ける。
2　Ａさんと妹の同意を得て、民生委員にＡさんの最近の状況を説明し、見守りに関する対応を相談する。
3　Ａさんに日常生活自立支援事業についての情報提供を行う。
4　妹の要望に応え、施設サービスの利用手続を始める。
5　Ａさんの認知症の状態や生活状況についての再アセスメントを行う。

解説

正答　2、3、5

1　×　介護支援専門員の業務として、金銭管理を行うことはできない。

2　○　Ａさんは、外出先で道に迷うなど不安な面もある。民生委員に最近の状況を伝え、協力を得るのは適切な対応といえる。

3　○　日常生活自立支援事業は、認知症高齢者など判断能力が不十分な人で、かつ事業の契約の内容について理解しうる能力のある人が対象となる。事業内容として福祉サービス利用援助、日常的金銭管理サービス、書類などの預かりサービスを行っており、提案は適切である。

4　×　遠方に住む妹はＡさんの施設入所を希望しているが、Ａさんは「このまま家で気楽に暮らし続けたい」と希望している。利用者であるＡさんの思いも考慮し、中立的な立場に立った支援を行う必要がある。すぐに施設サービスの利用手続きを始めるのは適切ではない。

5　○　「片付けができなくなった」「外出先で道に迷う」などの新たな課題もあり、Ａさんの認知症の現在の状態や生活状況について再アセスメントを行うのは適切である。

解答のコツ＆ポイント

⇨ 速習　介 L3、26
福 L29

テーマ【一人暮らしの認知症高齢者への支援】

選択肢４の本人の希望を無視しての「施設入所を勧める」も事例問題でよく出題されるのですが、利用者と家族の意見が違う場合や利用者が認知症など判断能力に不安がある場合には、介護支援専門員は中立的な立場を保ちつつも、利用者の権利擁護や意向を代弁するといった視点をもつことも重要です。

関連問題… 24-38 22-26

／ ／ ／

第25回◇問題26

次の疾病の特徴として、より適切なものはどれか。**3つ**選べ。

1 狭心症では、前胸部の圧迫感が生じることはない。

2 心不全による呼吸困難時には、起座位にすると症状が改善することがある。

3 慢性腎不全では、水分やカリウムの摂取量に注意する必要がある。

4 高齢者の糖尿病では、口渇、多飲、多尿の症状が出現しにくい。

5 帯状疱疹は、細菌性感染症である。

解説

正答 2、3、4

1 × 狭心症は、前胸部の圧迫感が特徴的な症状である。労作時、運動時の心拍数が増加したときに発症する労作性狭心症と、労作の有無によらず、冠動脈の強いれん縮（けいれんと収縮）から生じ、夜間、未明、睡眠時に発症する異型狭心症がある。

2 ○ 心不全による呼吸困難時には、仰臥位（あお向け）ではなく、身体を起こした起座位または半座位にすることで症状が改善する。

3 ○ 慢性腎不全では、摂取カロリーは維持しつつ、たんぱく質、水分、カリウム、食塩は制限する必要がある。

4 ○ 糖尿病の主な症状は口渇、多飲、多尿だが、高齢者ではこれらの症状がはっきりと出ないことがある。

5 × 帯状疱疹は、水痘・帯状疱疹ウイルスの再活性化により起こる。初感染では水ぼうそうを引き起こすが、その後も体内に潜伏し、免疫力が下がったときに帯状疱疹として発症する。

解答のコツ&ポイント

⇨ 速習 保 L2、4、6、8

テーマ【疾病の特徴】

選択肢２の「心不全による呼吸困難」は、バイタルサインや急変時の対応でもよく問われます。高齢者は典型的な症状が出にくい点、皮膚の疾患では、その原因もしっかりおさえましょう。

◎皮膚疾患の原因⇨薬疹→薬剤のアレルギー、疥癬→ヒゼンダニ、帯状疱疹→水痘・帯状疱疹ウイルス、白癬・皮膚カンジダ症→カビの一種（白癬菌、カンジダ菌）

関連問題…24-32 23-35 22-35

第25回◇問題27

高齢者の精神障害について、より適切なものはどれか。**2つ**選べ。

1　老年期うつ病では、妄想の症状が発現することはない。
2　老年期うつ病では、自死を図ることはない。
3　高齢者の妄想性障害への対応では、共感が大切な要素である。
4　神経症は、病気ではなく、気のもちようである。
5　アルコール依存症のケアには、自助グループなどの地域の社会資源の活用も有用である。

解説

正答　3、5

1　×　老年期うつ病では、罪業妄想、貧困妄想、心気妄想をもつことがある。
2　×　老年期うつ病では、自死を図ることがある。
3　○　妄想性障害の妄想のテーマは現実社会を反映し、限定的で身近な人を対象としたものが多い。また、日常生活に大きな破綻を示さないのも特徴である。薬物療法よりも受容的で温かな対応、適切な社会支援が大切になる。
4　×　神経症は心理的・環境的要因により起こる心身の機能障害の総称である。「気にしすぎ」といった対応はせず、本人の不安を受け止める援助をする。
5　○　アルコール依存症では、飲酒をしない環境を整え、断酒会など自助グループへの継続参加や生活に楽しみがもてるように支援をする。

解答のコツ＆ポイント

⇨ 速習 保 L18

テーマ【高齢者の精神障害】
選択肢1の「発現することはない」、選択肢2の「図ることはない」の断言は、直感的に×と判断できるのではないでしょうか。選択肢3と5も常識的に解答しやすく、確実に点を取りたい問題です。
◎老年期うつ病の特徴⇨気分の落ち込みよりも不安、緊張、焦燥感が目立ち、心気的な訴え、意欲や集中力の低下、認知機能の低下を示しやすい。自律神経症状、妄想、自殺企図もみられる

第25回◇問題28

次の記述のうち適切なものはどれか。**3つ**選べ。

1 起立性低血圧は、降圧薬、利尿薬などの薬剤の使用も原因になる。
2 加齢とともに血管の弾力が失われるため、収縮期血圧が低くなる傾向がある。
3 橈骨（とうこつ）動脈で脈が触れない場合には、頸動脈や股動脈で脈拍をみる。
4 重度の徐脈は、失神を伴うことがある。
5 昏睡とは、刺激がないと眠ってしまう状態である。

解説

正答 1、3、4

1 ○ 起立性低血圧の原因は、加齢による交感神経系の調節反射の障害で、降圧薬や利尿薬、抗うつ薬、血管拡張薬などの薬剤の服用、飲酒なども原因となる。

2 × 加齢とともに動脈硬化性の変化が現れ、血管の弾力が失われる。このため、収縮期血圧（最高血圧）が高く、拡張期血圧（最低血圧）が低くなる傾向がある。

3 ○ 脈拍は通常、橈骨（とうこつ）動脈の1分間の拍動数を測定するが、血圧が低く拍動に触れない場合は、頸（けい）動脈や股（こ）動脈で測定する。

4 ○ 脈拍が100以上を頻脈、60未満を徐脈といい、何らかの異常が疑われる。重度の徐脈では、意識障害や失神を伴うことがある。

5 × 刺激がないと眠ってしまう状態を傾眠という。昏睡は意識レベルの最重度の状態で、自発的運動がなく痛覚刺激に反応しない状態である。

解答のコツ&ポイント

⇨ 速習 保 L4、9

テーマ【バイタルサイン】

選択肢2は、血管の状態をイメージして考え、「高い」「低い」を取り違えないことが大切です。選択肢5も昏睡の一般的なイメージを考えると、×と判断できるでしょう。

◎起立性低血圧の診断⇨起立後3分以内で収縮期血圧20mmHg、拡張期血圧10mmHg 以上の低下

◎起立性低血圧の症状⇨ふらつきやめまい、場合により眼前暗黒感、失神

◎意識レベル（軽度から重度の順）⇨清明（正常な状態）、傾眠、昏迷（強い刺激でかろうじて開眼）、半昏睡（ときどき体動）、昏睡

関連問題… 26-28 24-28 23-30

第25回◇問題29

検査項目について適切なものはどれか。**3つ**選べ。

1　BMI（Body Mass Index）は、身長（m）を体重（kg）の２乗で除したものである。

2　血清アルブミンの値は、高齢者の長期にわたる栄養状態をみる指標として有用である。

3　AST（GOT）・ALT（GPT）の値は、肝・胆道疾患の指標となる。

4　血清クレアチニンの値は、腎機能の指標となる。

5　ヘモグロビンA1cの値は、過去１週間の平均的な血糖レベルを反映する。

解説

正答 2、3、4

1 ×　BMIは、体重（kg）を身長（m）の２乗で除したものである。

2 ○　また、健康な高齢者では、アルブミンの低下はみられないため、低下している場合は、低栄養が疑われる。アルブミンが3.6g/dL以下では骨格筋の消耗が始まっている可能性がある。

3 ○　AST（GOT）、ALT（GPT）、γ（ガンマ）-GTPは肝臓などに含まれる酵素で、何らかの障害により肝細胞が破壊されると血液中に放出され、数値が上昇する。

4 ○　血清クレアチニン（たんぱく質が筋肉で分解されてできる老廃物）は腎臓のみから排出され、腎機能が低下すると上昇する。このほか、尿素窒素（腎臓から排泄されるたんぱく質の老廃物）の上昇も腎機能低下の指標となる。

5 ×　検査日から過去１～２か月の平均的な血糖レベルを反映する。

解答のコツ&ポイント

⇨ 速習 保 L10

テーマ【検査項目】

選択肢１のBMIは「身長」と「体重」を取り違えないことがポイントです。選択肢２～４は基本的な問題で、正答しやすいといえるでしょう。選択肢３の「AST」は、肝臓以外に心臓、筋肉の疾患や溶血性疾患でも数値が上昇します。その点も問われやすいので要注意です。

◎ AST ⇨肝臓・胆道疾患、心臓疾患、筋疾患、溶血性疾患で上昇

◎ ALT ⇨特に肝臓・胆道疾患で上昇

◎ γ -GTP ⇨脂肪肝、アルコール性肝炎で上昇

関連問題…24-29

第25回◇問題30

次の記述のうち適切なものはどれか。**3つ**選べ。

1　介護を行うときには、利用者の残存能力をできる限り活かす。
2　入浴は、全身の保清を図り、血液循環や新陳代謝を促進する。
3　清拭をするときには、その部屋の温度を確認する。
4　尿失禁とは、尿を全部出しきれず、膀胱の中に尿が残ることをいう。
5　ボディメカニクスとは、起床、食事、排泄など、利用者の生活リズムを取り戻すことをいう。

解説

正答　1、2、3

1　○　自立支援のためできるかぎり利用者の残存能力を活かし、または引き出し、それでも足りない部分を介護することが基本となる。

2　○　一方で、全身の血液循環への影響が大きいことも留意する必要がある。ヒートショック、転倒、溺水（できすい）、やけどなどの事故にも留意する。

3　○　清拭（せいしき）では心身を爽快にする効果があるが、清拭を行う居室の室温を調整し、利用者の身体を冷やさないなどの配慮や熟練した技術が必要となる。

4　×　尿失禁とは、尿が意思に反して漏れてしまうものである。

5　×　ボディメカニクスとは、身体的な特性を理解し、力学的な相互関係を利用して行う姿勢や動作である。無理・無駄な動作をせず、最小限の力で最大限の効果をあげることをめざす。

解答のコツ&ポイント

⇨ 速習 保 L1、15

テーマ【介護の理解・排泄・清潔の介護】

選択肢１～３は、常識的に判断できる平易な問題です。選択肢４も「失禁」の意味を考えれば判断できるでしょう。尿失禁については、その種類についてもおさえておきましょう。

◎切迫性尿失禁⇨尿意が我慢できない。原因は脳血管障害や尿路感染症など

◎腹圧性尿失禁⇨咳、くしゃみなどの腹圧の上昇で失禁。原因は骨盤底筋の機能低下など

◎溢流性尿失禁⇨尿が膀胱内に多量にたまり、漏れ出すもの。原因は前立腺肥大による下部尿路閉塞など

◎機能性尿失禁⇨排尿器官には異常がないが、身体機能低下や認知症など機能的な問題により失禁

関連問題…23-33

第25回◇問題31

次の記述のうち適切なものはどれか。**3つ**選べ。

1　味覚は、舌や口蓋等にある味蕾（みらい）が刺激されて起こる。

2　誤嚥とは、飲食物や唾液、胃の内容物が気管内に入ることをいう。

3　薬のPTP包装シート（プラスチックにアルミなどを貼り付けたもの）を誤って飲み込んだ場合、排泄されるため心配はない。

4　認知症と口腔環境とは、無関係である。

5　口腔内・口腔周囲を動かすことは、オーラルフレイル予防につながる。

解説

正答　1、2、5

1　○　記述のとおりである。加齢に伴って味蕾の数が減少し、味覚が低下する。

2　○　記述のとおりである。高齢者では、誤嚥があっても自覚されない不顕性誤嚥も多く、誤嚥性肺炎となって初めて気づくこともあるため注意が必要である。

3　×　誤飲した薬のPTP包装シートは、内視鏡で取り除くことが必要となる場合もあるため、すぐに医療機関にかかる。

4　×　口腔環境と認知症や心疾患、脳血管疾患などとの関係性が研究されており、無関係ではない。

5　○　オーラルフレイルとは、口腔機能の軽微な低下や食の偏りなどを含む、身体の衰えの一つをいう。口腔内と口腔周囲を動かすことは、オーラルフレイルを予防し、口腔機能の維持・向上につながる。

解答のコツ&ポイント

⇨ 速習 保 L1、12

テーマ【老年症候群、急変時の対応、口腔ケア】

選択肢3は「心配はない」、選択肢4は「無関係である」という記述から×と判断できます。老年症候群や口腔ケアの効果については理解を深めておきましょう。

◎味蕾⇨味覚を感じる器官。加齢に伴って数が減少

◎誤飲した薬のPTP包装シート⇨内視鏡で取り除く場合もある

◎口腔ケアの効果⇨口臭予防、味覚を正常に保つ、唾液分泌を促す、嚥下反射を促すこと等でオーラルフレイルを予防し、口腔機能を維持・向上する、誤嚥性肺炎などの全身疾患を予防する、生活リズムを整える

第25回◇問題32

認知症について適切なものはどれか。**2つ**選べ。

1　BPSD（認知症の行動・心理症状）は、住環境などの環境因子の影響は受けない。

2　若年性認知症は、うつ病など、他の精神疾患と疑われることがある。

3　前頭側頭型認知症では、リアルな幻視やパーキンソニズムが特徴である。

4　パーソン・センタード・ケアは、介護者本位で効率よく行うケアである。

5　介護支援専門員が、利用者本人の同意を得て、心身の変化などを主治医に伝えることは、よりよい医療につながる。

解説

正答　2、5

1　×　BPSD（認知症の行動・心理症状）は、中核症状に加え、性格や生いたちなどの個人因子、住環境やケアの状況などの環境因子の影響を強く受ける。

2　○　若年性認知症は、一般に65歳未満で発症したものをいう。初期には、うつ病や統合失調症など、ほかの精神疾患と疑われて、診断が遅れる傾向がある。

3　×　前頭側頭型認知症は、脳の前頭葉と側頭葉が集中的に萎縮することに特徴がある。主に前頭葉が萎縮するタイプでは、反社会的な衝動的行動や常同行動が目立つ。主に側頭葉が萎縮するタイプでは、物の名前が出てこないなどの意味記憶障害、相貌失認がみられる。設問の内容は、レビー小体型認知症の特徴である。

4　×　パーソン・センタード・ケア（PCC）は、認知症の人を尊重し、その人の視点や立場に立ってケアを行う。

5　○　介護支援専門員は、指定居宅サービス事業者等から情報を得た利用者の服薬状況、口腔機能、その他の利用者の心身または生活状況にかかる情報のうち必要と認めるものを、利用者の同意を得て主治医等に提供する。なお、医師の診察を受けるときに同席して情報連携を行い、居宅サービス計画に記録した場合は、通院時情報連携加算が算定できる。

解答のコツ&ポイント

⇨ 速習 保 L17

テーマ【認知症の特徴とケア】

選択肢1～3は認知症の一般的な症状や特徴をおさえておけば、正誤を判断できます。選択肢4のパーソン・センタード・ケアは基礎的な内容ですので、確実に得点に結びつけましょう。

◎ BPSD ⇨発症要因や誘因を取り除き、適切な対応をすることで予防や改善が可能

◎若年性認知症⇨一般に65歳未満で発症

◎パーソン・センタード・ケア⇨認知症の人を尊重し、その人の視点や立場に立ったケアを行う

関連問題…26-30 24-42

第25回◇問題33

リハビリテーションについて、より適切なものはどれか。**3つ**選べ。

1　代償的アプローチには、残存機能の活用が含まれる。

2　急性期リハビリテーションは、一般に、廃用症候群の予防と早期からのセルフケアの自立を目標とする。

3　回復期リハビリテーション病棟では、多職種による集中的なリハビリテーションが提供される。

4　終末期にある者は、対象とならない。

5　指定訪問リハビリテーションは、バス等の公共交通機関への乗降の支援を対象としない。

解説

正答　1、2、3

1　○　代償的アプローチには、残存機能の活用のほか、補助具の活用、環境の調整（手すりの設置など）が含まれる。

2　○　記述のとおりである。急性期リハビリテーションは治療的リハビリテーションの一つで、急性期病床において発症直後からベッド上の体位保持、定期的な体位変換などが行われる。

3　○　記述のとおりである。回復期リハビリテーション病棟において、的確な予後の予測と目標を設定するとともに、移動･歩行、嚥下、コミュニケーションなどの障害に対して、最大限の機能回復、ADL の向上、早期社会復帰をめざす。

4　×　終末期にある者を対象としたリハビリテーションを終末期リハビリテーションという。

5　×　訪問リハビリテーションでは、居宅からの一連のサービス行為として、買い物やバス等の公共交通機関への乗降などの支援も対象となる。なお、その際は、訪問リハビリテーション計画にその目的、頻度などを記録する。

解答のコツ&ポイント

⇨ 速習 保 L16

テーマ【リハビリテーション、訪問リハビリテーション】

リハビリテーションの流れと種類、治療的リハビリテーションの目標についておさえておきましょう。訪問リハビリテーションでは、外出支援も対象となることを留意しておきましょう。

◎代償的アプローチ⇨残存機能の活用、補助具の活用、環境の調整

◎治療的リハビリテーションの目標⇨急性期は廃用症候群の予防と早期からのセルフケアの自立。回復期は最大限の機能回復、ADL の向上と早期社会復帰

第25回◇問題34

次の記述のうち適切なものはどれか。**3つ**選べ。

1　薬剤師は、薬剤を処方してはならない。

2　介護職員は、服薬介助を行ってはならない。

3　医療用医薬品と健康食品の併用による有害な相互作用の可能性について注意が必要である。

4　薬の変更や中止で重篤な症状が起こることはない。

5　内服薬は、通常、水又はぬるま湯で飲む。

解説

正答　1、3、5

1　○　薬剤の処方は、医師または歯科医師の業務である。薬剤師は、医師等が発行した処方せんをもとに調剤を行う。このしくみを医薬分業という。

2　×　介護職員は、医療職の指示の下に、一定条件下で、一包化された内用薬などの内服介助を行うことができる。

3　○　健康食品のほか、特定の食品（納豆や緑色野菜、グレープフルーツなど）、飲料（牛乳など）にも薬の作用に影響を与えるものがあるため、必ず併用してもよいかどうかの確認が必要である。

4　×　薬の種類や量、服用時間については、医師の指示を遵守する必要がある。医師の指示がないのに薬の種類や量を変更したり、途中で服用を中止したりすると、重篤な症状が起こることがある。

5　○　内服薬は、できるだけ上半身を起こした状態で、通常は100mL 程度の水かぬるま湯で飲む。

解答のコツ&ポイント

⇨ 速習 保 L21

テーマ【薬の作用と服薬管理】

選択肢２と５は、日頃の業務とも関連した内容ですので、容易に正答を導き出せるでしょう。食品などと薬の相互作用や服薬上の注意点についてはおさえておきましょう。

◎医薬分業⇨医師は薬剤の処方、薬剤師は調剤

◎薬の種類や量、服用時間⇨医師の指示を遵守

◎内服薬⇨通常は100mL 程度の水かぬるま湯で飲む

第25回◇問題35

次の記述のうち適切なものはどれか。**3つ**選べ。

1　居宅介護支援事業所から病院への情報提供のため、入院時情報提供書が使われることがある。

2　エビデンス・ベースド・メディスン（Evidence Based Medicine：EBM）は、根拠に基づく医療のことである。

3　介護支援専門員は、患者自身が治療法を選択する際に、第三者的な立場から助言してはならない。

4　介護支援専門員は、退院前カンファレンスに参加することが望ましい。

5　チームアプローチでは、住民によるボランティア活動を含まない。

解説

正答　1、2、4

1　○　記述のとおりである。利用者の入院にあたり、介護支援専門員が入院時情報提供書などを用いて利用者に関する必要な情報を、所定の期間内に提供した場合、入院時情報連携加算を1か月に1回を限度に算定できる。

2　○　エビデンス・ベースド・メディスン（EBM）とは、論文やデータなど根拠や証拠に基づいた医療をいう。医師個人の経験に頼るのではなく、科学的な診断や治療を行ううえで重要な理念である。

3　×　介護支援専門員は、患者自身の主体性を尊重し、治療法の選択を促すために、第三者的な立場から助言することができる。

4　○　記述のとおりである。医師等との情報交換では、介護支援専門員が利用者の外来受診時に同伴したり、患者の退院前カンファレンスに出席したり、看護師を通じて情報を集めたりすると効率的である。

5　×　チームアプローチとは、多職種・多機関連携のことを指し、チームには、住民によるボランティア活動などインフォーマルなサポートも含まれる。

解答のコツ&ポイント

⇨ 速習 介 L25 / 保 L19

テーマ【居宅介護支援、医学的診断の理解】

利用者の入退院時の支援に介護支援専門員がかかわること、エビデンスの意味を理解していれば、選択肢1、2、4は容易に解答できます。EBMなど、基本的な医学的診断の知識はおさえておきましょう。

◎ EBM ⇨根拠や証拠に基づいた医療

◎チームアプローチ⇨専門職のほか、家族、近隣住民、民生委員、ボランティアなどインフォーマルなサポートも含む

第25回◇問題36

高齢者の栄養・食生活について適切なものはどれか。**3つ**選べ。

1 必要な栄養を食事では摂りきれない場合でも、間食で補うことは適当でない。

2 咀嚼能力や唾液分泌の低下などから、摂食・嚥下障害を起こしやすい。

3 食事中に口から食べ物をこぼす場合、口腔・嚥下機能評価を行うとよい。

4 食べることを通じて尊厳ある自己実現を目指す。

5 食事支援では、介護する家族の状況を考える必要はない。

解説

正答 2、3、4

1 × 高齢者は、さまざまな要因により、エネルギーやたんぱく質が欠乏して**低栄養**状態に陥りやすくなる。設問のような場合には、1日3食のほかにおやつ（間食、補食）をとるのが望ましい。

2 ○ 高齢者は、歯の欠損によるそしゃく能力の低下や唾液分泌の低下などにより、**摂食・嚥下**障害を起こしやすくなる。

3 ○ 記述のとおりである。摂食・嚥下リハビリテーションは、口腔の動き、嚥下、言語、食事などの多面的な**機能評価**とそれに対応する支援が必要となる。ケアプラン作成後も定期的に口腔ケアに関する課題について**評価**し、必要があれば計画の**見直し**を行う。

4 ○ 良好な栄養をとり、食べる楽しみを続けることは、**健康寿命**を延ばし、尊厳ある自己実現をめざすためにも重要となる。

5 × 同居や独居など生活環境などによって食事支援の方法も異なるため、対象者だけでなく家族の状況もアセスメントする必要がある。

解答のコツ&ポイント

⇨ 速習 保 L20

テーマ【高齢者の栄養・食生活】

選択肢1の「適当でない」、選択肢5の「必要はない」という記述から×であると判断できます。選択肢2～4はいずれも解答しやすい設問といえます。

◎摂食・嚥下障害⇨誤嚥や窒息などの原因

関連問題… 24-37 23-40 22-34

第25回◇問題37

次の記述のうち適切なものはどれか。**3つ**選べ。

1 中心静脈栄養法では、静脈炎にならないように末梢静脈を用いる。
2 経鼻胃管の種類には、バルーン型とバンパー型がある。
3 血液透析のためのシャントは、動脈と静脈をつなぎ合わせた部位のことである。
4 ネブライザーは、気道を加湿して痰を出しやすくするために用いる機器である。
5 パルスオキシメーターは、血液中の酸素飽和度を測定する機器である。

解説

正答 3、4、5

1 × 中心静脈栄養法では、鎖骨下などから、中心静脈（心臓に近い太い上大静脈）にカテーテルを挿入する。

2 × 経管栄養法のうち、経鼻胃管は鼻腔からチューブを挿入して行う方法である。記述の種類があるのは胃ろうである。

3 ○ 記述のとおりである。血液透析を行う際には、血液の通過口であるシャントを手首などにつくる必要がある。

4 ○ ネブライザーは、慢性気管支炎、喘息などで日常的に痰がたまる場合に、霧状にした薬を気管や肺に吸い込むことで、呼吸器疾患の利用者の症状を抑え、痰の排出を促す機器である。

5 ○ パルスオキシメーターは、手足の指先に光センサーをつけて、血液中にどの程度の酸素が含まれているか（酸素飽和度：SpO_2）を測定する機器で、同時に脈拍数も測定することができる。

解答のコツ&ポイント

⇨ 速習 保 L22

テーマ【在宅医療管理】
在宅医療管理の基本的な知識が問われています。よく出題されるので、それぞれの特徴をおさえておきましょう。
◎胃ろうカテーテル⇨内部の形状によりバルーン型とバンパー型に大別
◎シャント⇨動脈と静脈を自己血管または人工血管でつなぎ合わせた部位で、血液透析の際の血液の通過口となる
◎パルスオキシメーター⇨血液中の酸素飽和度を測定

第25回◇問題38

次の記述のうち、より適切なものはどれか。**3つ**選べ。

1　手の甲の皮膚をつまみ上げて離したとき、すぐには元に戻らない場合は、脱水を疑う。

2　薬の服用時間における食間とは、食事中に服用することである。

3　言葉が出てこない、又はろれつが回らないという症状が突然生じた場合は、脳卒中の可能性がある。

4　転倒による頭部打撲後、すぐに意識障害が起こらなければ問題はない。

5　前立腺肥大症の場合、尿意を感じたら、早めにトイレに行くよう心がける。

解説

正答 1、3、5

1 ○ 記述のとおりである。脱水ではこのほか、めまい、ふらつき、だるさ、舌の乾燥、排尿回数の減少、体重減少、血圧低下、微熱、頻脈などがみられ、進行すると起立性低血圧や全身倦怠感、頭痛、吐き気、食欲不振などをきたす。

2 × 薬の服用時間における食間とは、食事と食事の間のことで、食事の2時間後が目安とされている。

3 ○ ①言葉の障害（ろれつが回らない、言葉が出てこない）、②顔の麻痺（顔の片側が下がる、ゆがみがある）、③腕の麻痺（力が入らない）の３つの症状のうち１つでも該当すれば、脳血管障害（脳卒中）の可能性がある。

4 × 転倒による頭部打撲などが原因で生じる慢性硬膜下血腫は、打撲後１～３か月かけて徐々に増大して大きな血腫となって脳を圧迫し、意識障害、認知機能低下、歩行障害などの症状が生じる。

5 ○ 前立腺肥大症は、前立腺が肥大し、尿道が圧迫されて排尿障害や腎臓機能の障害を起こすものである。排尿を我慢せず、尿意を感じたら早めにトイレに行くよう心がける。

解答のコツ&ポイント

⇨ 速習 保 L1、3、6、17

テーマ【老年症候群、脳・尿路の疾患、服薬の管理】

選択肢2は「食事中に服用する」、選択肢4は「問題はない」という記述から正誤を判断できます。薬の服用時間の目安について確認しておきましょう。

◎食間⇨食事と食事の間（食事の2時間後が目安）

◎脳血管障害の前兆⇨ろれつが回らない、言葉が出てこないなど

◎慢性硬膜下血腫⇨頭部打撲後、１～3か月かけて発症

関連問題…24-39 23-28

第25回◇問題39

次の記述のうち適切なものはどれか。**3つ**選べ。

1　健康日本21（第二次）では、健康寿命を延ばすことを目指している。
2　就労、ボランティアなどの社会参加は、フレイル予防に役立たない。
3　パーキンソン病の場合、転倒しやすいため、運動療法は禁忌である。
4　膝関節症による痛みや腫脹を抑えるには、定期的な運動が効果的である。
5　高齢者においては、無症状であっても骨粗鬆症の検査を受けることが推奨される。

解説

正答　1、4、5

1　○　健康日本21（第２次）で示されている基本的な方向の一つに、健康寿命の延伸と健康格差の縮小が含まれている。

2　×　フレイル（虚弱）は、高齢になって、筋力や活動が低下している状態のことである。就労やボランティアなどの社会参加は、フレイル予防に役立つ。

3　×　パーキンソン病では、四大運動症状の一つである姿勢・歩行障害により転倒しやすくなるが、運動しないでいると廃用症候群の進行につながる。このため、運動療法を行い、下肢の筋力や平衡機能を維持することが重要である。

4　○　変形性関節症のなかでも特に多い膝関節症の痛みや腫脹を抑えるには筋力の強化が重要であり、定期的に運動（大腿四頭筋を強化する運動、水中運動、ストレッチなど）を行うと効果的である。

5　○　骨粗鬆症は初期には無症状で、骨折してから診断されて気づくことが多い。このため、高齢者は無症状でも早期に骨粗鬆症の検査を受け、早期の治療につなげることが大切である。

解答のコツ&ポイント

⇨ 速習 保 L3、7、25

テーマ【パーキンソン病、変形性膝関節症、骨粗鬆症など】
パーキンソン病では、薬物療法とともに運動療法、音楽療法などが行われます。四大運動症状とあわせて確認しておきましょう。骨粗鬆症も頻出ですので、ポイントをおさえることが重要です。
◎フレイル⇨高齢になって、筋力や活動が低下している状態
◎四大運動症状⇨振戦、無動、筋固縮、姿勢・歩行障害
◎骨粗鬆症⇨初期には無症状。早期診断が重要

第25回◇問題40

臨死期について適切なものはどれか。**3つ**選べ。

1　家族に対して、今後予想される状況に即した病状説明が行われるよう配慮する。
2　在宅で看取る場合、呼吸停止の瞬間に、医師が立ち会う必要がある。
3　呼吸をするたびに、喉元でゴロゴロと音がする状態（死前喘鳴）になることがある。
4　臨終が近づき、応答がなくなった場合には、本人への語りかけをやめる。
5　死後のケアであるエンゼルケアは、身体を清潔にし、その人らしい外見に整えるためのものである。

解説

正答　1、3、5

1　○　記述のとおりである。臨死期では、病状が急変して突然呼吸が停止することなども想定されるため、家族や主治医への緊急連絡方法などの取り決めについて確認しておくことが重要である。

2　×　在宅で看取る場合は、医師が立ち会う必要はない。利用者の呼吸が停止したことを確認してから主治医に連絡し、**死亡診断書**の作成を依頼する。

3　○　臨死期になると、自力で喀痰できないために痰が絡みやすくなり、唾液もうまく飲み込めなくなって、呼吸をするたびに喉元でゴロゴロと音がする**死前喘鳴**（ぜんめい）がみられることがある。

4　×　利用者からの応答がなくなり、意思の疎通が難しくなっても、聴覚は最期まで**保たれる**。いつも通り優しく語りかけ、**安心感**を与えることが大切である。

5　○　家族に最期のお別れを促したあとに行われる死後のケアを**エンゼルケア**という。医療器具などははずし、身体を清潔にし、その人らしい外見に整える。

解答のコツ&ポイント

⇨ 速習 保 L26

テーマ【ターミナルケア】

看取りのケアを行うにあたり、医師の役割、人が死に至るまでの自然経過を理解しておくことが必要です。死後のケアについてもおさえておきましょう。

◎在宅での看取り⇨呼吸停止を確認後、主治医に連絡し、死亡診断書の作成を依頼

◎エンゼルケア⇨身体を清潔にし、その人らしい外見に整える

第25回◇問題41

訪問看護について正しいものはどれか。**3つ**選べ。

1　急性増悪時に主治医から特別指示書が交付された場合、介護保険から給付が行われる。

2　介護保険の指定訪問看護ステーションの管理者は、原則として、常勤の保健師又は看護師でなければならない。

3　提供に当たっては、常に利用者の病状、心身の状況及びその置かれている環境の的確な把握に努める。

4　保険医療機関の指定を受けている病院は、介護保険の指定訪問看護事業者とみなされる。

5　24時間365日、サービスを提供しなければならない。

解説

正答 2、3、4

1　×　急性増悪時に、主治医から特別訪問看護指示書（特別指示書ともいう）が交付された場合の訪問看護（原則として月１回、交付日から14日間を限度とする）は医療保険からの給付となり、介護報酬としての訪問看護費は算定されない。p.344

2　○　記述のとおりである。管理者は支障なければ兼務できる。

3　○　具体的取扱方針において、「提供にあたっては、常に利用者の病状、心身の状況及びその置かれている環境の的確な把握に努め、利用者又はその家族に対し、適切な指導を行う」と規定されている。

4　○　健康保険法に基づく保険医療機関の指定を受けている病院・診療所は、申請を要せず指定を受けたとみなされる特例（みなし指定）が適用され、介護保険の指定訪問看護事業者となる。p.346

5　×　訪問看護に、24時間365日のサービス提供は義務づけられていない。緊急時訪問看護加算を組み込むことで、24時間365日利用できるサービスとなる。

解答のコツ&ポイント

⇨ 速習 介 L16
保 L27

テーマ【訪問看護の人員・運営基準】

通常、訪問看護は介護保険からの給付が優先されますが、選択肢１は例外的に医療保険から給付されるケースです。頻出事項ですので、おさえておきましょう。

◎給付の例外⇨要介護者等であっても、急性増悪時など医療ニーズの高い場合は、介護保険ではなく医療保険から給付

◎管理者⇨原則、常勤の保健師、看護師（支障なければ兼務可）

◎訪問看護のみなし指定が受けられる事業者・施設⇨保険医療機関（病院・診療所）

第25回◇問題42

指定通所リハビリテーションについて正しいものはどれか。**3つ**選べ。

1　利用者の生活機能の維持又は向上を目指し、心身の機能の維持回復を図るものでなければならない。

2　介護老人福祉施設で提供される。

3　事業所には、生活相談員を配置しなければならない。

4　通所リハビリテーション計画は、医師及び理学療法士、作業療法士等の従業者が、共同して作成する。

5　通所リハビリテーション計画の進捗状況を定期的に評価し、必要に応じて当該計画を見直す。

解説

正答 1、4、5

1　○　記述のとおりである。指定通所リハビリテーションの目的にはこのほか、認知症高齢者の症状の軽減、落ち着きのある日常生活の回復、ADL・IADL・コミュニケーション能力・社会関係能力の維持・回復、社会交流の機会の増加がある。

2　×　指定通所リハビリテーションは、介護老人保健施設や介護医療院、病院・診療所で行われる。

3　×　事業所には、診療所を除き、医師および、理学療法士・作業療法士・言語聴覚士・看護師・准看護師・介護職員から配置される。生活相談員の配置義務に関する規定はない。

4　○　診療（医師の診察内容）または運動機能検査、作業能力検査などに基づき、医師および理学療法士、または作業療法士等の従業者が共同して通所リハビリテーション計画を作成し、利用者、家族に説明のうえ利用者の同意を得て交付する。

5　○　報酬通知において、設問の内容が規定されている。2021（令和3）年度の介護報酬改定で、それまでリハビリテーションマネジメント加算の算定要件であった設問の内容が、通常業務の範囲に含まれるようになった。

解答のコツ&ポイント

⇨ 速習 保 L30

テーマ【指定通所リハビリテーションの人員・運営基準】

通所リハビリテーションは医療サービスであることから、選択肢2と3の正誤が判断できます。目的、計画の作成についてもおさえておきましょう。

◎通所リハビリテーションの提供⇨介護老人保健施設や介護医療院、病院・診療所

◎人員配置⇨医師および、理学療法士・作業療法士・言語聴覚士・看護師・准看護師・介護職員から配置（診療所は医師と理学療法士等の配置要件が緩和）

第25回◇問題43

指定短期入所療養介護について正しいものはどれか。**3つ**選べ。

1　家族の身体的及び精神的な負担軽減を図るために利用できる。

2　看護、医学的管理の下における介護及び機能訓練その他必要な医療並びに日常生活上の世話を行う。

3　居宅サービス計画において、あらかじめ位置付けられていない場合には、利用することができない。

4　短期入所療養介護計画は、おおむね4日以上連続して利用する場合に作成する必要がある。

5　ターミナルケアは、行われない。

解説

正答　1、2、4

1　○　指定短期入所療養介護は、家族の身体的・精神的な負担軽減の目的のほか、家族の疾病、冠婚葬祭、出張等の理由でも利用できる。

2　○　指定短期入所療養介護は、在宅の要介護者に介護老人保健施設、介護医療院、療養病床のある病院・診療所などに短期間入所してもらい、看護や医学的管理下における介護、機能訓練、その他必要な医療、日常生活上の世話を提供する。

3　×　緊急利用が必要と介護支援専門員が認めた場合は利用できる。居宅サービス計画にない短期入所療養介護を行った場合は、利用開始日から7日（やむを得ない事情がある場合は14日）を限度として、緊急短期入所受入加算を算定できる。

4　○　利用者が相当期間以上（おおむね4日以上）継続して入所するときは、医師の診療の方針に基づき、サービスの目標や具体的内容を定めた短期入所療養介護計画を、居宅サービス計画に沿って事業所の管理者が作成する。

5　×　指定短期入所療養介護では、利用者の病状に応じた、検査、投薬、注射、処置などの診療、疾病に対する医学的管理、認知症の人への介護・看護、緊急時の受け入れ、急変時の対応、ターミナルケアなどのサービスが提供される。

解答のコツ&ポイント

⇨ 速習 保 L31

テーマ【指定短期入所療養介護の対象、運営基準、介護報酬】
指定短期入所療養介護の対象、運営基準、加算の算定要件について確認しておきましょう。

◎緊急短期入所受入加算⇨緊急利用が必要な利用者に計画外のサービスを行った場合、利用開始日から7日（やむを得ない事情がある場合は14日）を限度に算定

◎サービス提供⇨診療、疾病に対する医学的管理、認知症の人への介護・看護、緊急時の受け入れ、ターミナルケアなど

第25回◇問題44

指定定期巡回・随時対応型訪問介護看護について正しいものはどれか。**3つ**選べ。

1　利用者が尊厳を保持し、可能な限りその居宅において、その有する能力に応じ自立した日常生活を営むことができるよう援助を行う。

2　要支援者も利用できる。

3　利用者の心身の状況にかかわらず、毎日、訪問しなければならない。

4　随時対応サービスについては、利用者のみならずその家族等からの在宅介護における相談等にも適切に対応する。

5　介護・医療連携推進会議は、おおむね6月に1回以上、開催しなければならない。

解説

正答　1、4、5

1　○　記述のとおりである。指定定期巡回・随時対応型訪問介護看護の目的にはこのほか、**緊急時**の対応、心身の機能の**維持回復**などがある。

2　×　指定定期巡回・随時対応型訪問介護看護は、居宅で生活している**要介護者**が対象である。

3　×　指定定期巡回・随時対応型訪問介護看護は、日中と夜間を通じて、訪問介護と訪問看護が密接に連携しながら、**定期巡回型訪問**と**随時**の対応を行う。毎日ではない。

4　○　随時対応サービスでは、**オペレーター**が、あらかじめ利用者の心身の状況やおかれている環境などを把握したうえで、利用者またはその家族等からの随時の通報を受け、通報内容などをもとに、**相談援助**、訪問介護員等の**訪問**、看護師等による対応の要否などを判断する。

5　○　**介護・医療連携推進会議**は、おおむね**6**か月に1回以上、サービス提供状況などを報告し、**評価**を受けるとともに、必要な要望、助言などを聴く機会を設け、報告、評価、要望、助言などについての記録を作成し、**公表**しなければならない。

解答のコツ&ポイント

⇨ 速習 保 L32

テーマ【指定定期巡回・随時対応型訪問介護看護の運営基準など】

サービスの対象や内容を理解していれば、選択肢2と3は×と判断できます。目的や運営基準についても確認しておきましょう。

◎サービスの対象⇨要介護者のみ

◎サービス内容⇨一体型では①定期巡回サービス、②随時対応サービス、③随時訪問サービス、④訪問看護サービス（連携型では①～③）

◎介護・医療連携推進会議⇨おおむね6か月に1回以上開催

関連問題… 26-44 24-44 23-44 ／ ／ ／

第25回◇問題45

介護老人保健施設について正しいものはどれか。**2つ**選べ。

1　社会福祉法人は、開設できる。

2　ユニット型では、一のユニットの定員は、15人を超えることが認められている。

3　入所定員が100人以上の場合には、栄養士又は管理栄養士を置かなければならない。

4　処置室を設けなければならない。

5　全国では、全入所者のうち要介護４及び要介護５の者が占める割合は、80％以上である。

解説

正答 1、3

1 ○ 介護老人保健施設は、都道府県知事の許可を得て、地方公共団体、医療法人、社会福祉法人その他厚生労働大臣が定める者が開設することができる。p.346

2 × ユニット型では、１ユニットの定員は、原則としておおむね10人以下とし、15人を超えないものとされている。

3 ○ 介護老人保健施設では、入所定員が100人以上の場合には、栄養士または管理栄養士を１人以上配置すること（栄養管理に支障がない場合は、同一敷地内の病院等との兼務可）が義務づけられている。

4 × 介護老人保健施設には、処置室を設ける規定はない。処置室を設ける必要があるのは、介護医療院である。

5 × 「令和２年度介護給付費等実態統計の概況」によると、全国では、全入所者のうち要介護４および要介護５の者が占める割合は、43.8％である。

解答のコツ＆ポイント

⇨ 速習 保 L34

テーマ【介護老人保健施設の開設者、人員・設備基準】

ユニット型の定員は2021年度の介護報酬改定で緩和された内容です。開設者、人員・設備基準について確認しておきましょう。

◎開設者⇨地方公共団体、医療法人、社会福祉法人など

◎ユニット型の定員⇨１ユニットあたり、原則としておおむね10人以下とし、15人を超えないもの

◎栄養士、管理栄養士の配置⇨入所定員100人以上の場合に１人以上（兼務可）

●福祉サービス分野●

関連問題…26-46 24-46 23-46

第25回◇問題46

面接場面におけるコミュニケーション技術について、より適切なものはどれか。**3つ**選べ。

1　イラストや写真などの表現方法の利用は、クライエントを混乱させるので控える。
2　直面化とは、クライエントが否認していることによって生じている話の矛盾点を指摘することをいう。
3　援助者は、クライエントの主訴の把握に当たっては、言語的な手段だけでなく、非言語的な手段も用いることが望ましい。
4　共感とは、クライエントの言動に対して、援助者自身の過去の重要な人との関係を投影することをいう。
5　クローズドクエスチョンは、明確な回答を得たいときに用いる。

解説

正答　2、3、5

1　×　コミュニケーションを阻害する要因として、疾病による聴覚や言語の障害などの**身体的**雑音がある。イラストや写真などの表現方法を利用することで、クライエントを混乱させることなく、コミュニケーションが図れる場合もある。

2　○　**直面化**は、クライエントが自分の葛藤や矛盾に気づいたり、話しやすくなったりするきっかけとなり、自身の感情や体験、行動を見直していくことを促す。

3　○　記述のとおりである。コミュニケーションの伝達手段には、言葉により、主に情報の内容を伝える**言語**的コミュニケーションと、ジェスチャー、表情、姿勢、うなずきなどで、主に思い、気持ち、感情を伝える**非言語的**コミュニケーションがある。

4　×　**共感**とは、クライエントの世界を、クライエント自身がとらえるように理解する能力のことである。

5　○　記述のとおりである。**クローズドクエスチョン（閉じられた質問）**は、「はい」「いいえ」や限られた数語で簡単に答えられる質問である。

解答のコツ&ポイント

⇨ 速習 福 L2

テーマ【面接場面におけるコミュニケーション技術】

各選択肢とも面接場面におけるコミュニケーション技術の基本的な内容で、正誤を判断しやすい問題です。共感の留意点（同情との違い）、直面化などの応用的技能、質問の種類について整理しておきましょう。

◎**非言語的コミュニケーション⇨媒介的要素である声のトーン、抑揚、高低などの準言語も含む**

◎**クローズドクエスチョン⇨頻回に用いると相手の世界を狭めてしまうおそれがあるが、事実の確認、情報の焦点化・明確化に有効**

関連問題… 24-48 23-48

第25回◇問題47

インテーク面接について、より適切なものはどれか。**3つ**選べ。

1　地域援助技術の一つである。

2　支援過程の後期に実施する面接である。

3　面接の終わりには、問題解決に向けて一定の方向性を確認することが重要である。

4　必ずしも１回で終了させる必要はない。

5　クライエントが訪れた支援機関の機能や提供可能なサービスを説明する。

解説

正答　3、4、5

1　×　インテーク面接はクライエントとの相談面接であり、マクロ・レベルのソーシャルワーク（地域援助技術）ではなく、**ミクロ・レベル**のソーシャルワーク（**個別**援助技術）にあたる。

2　×　インテーク面接とは、クライエントが相談に来て**最初**に行う面接をいう。

3　○　インテーク面接の終了にあたっては、クライエントが言い残した問題はないかを確認するとともに、面接の成果はどこにあったかなどを述べてもらい、問題の解決に向けて一定の方向性を**相互確認**することが重要である。

4　○　記述のとおりである。インテーク面接は、１回とはかぎらず、**複数回**行われることがある。

5　○　クライエントの問題やニーズは多様であるため、インテーク面接では、「何」を「どのようにすること」ができるのか、支援機関の**機能**と**役割**をクライエントに伝え、理解してもらう必要がある。支援機関で対応できない場合は、それを**明確**に伝える。

解答のコツ&ポイント

⇨ 速習 福 L2

テーマ【インテーク面接】

選択肢１は「地域援助技術」、選択肢２は「支援過程の後期」という記述から×と判断できます。インテーク面接の過程についておさえておくことが大切です。

◎インテーク面接⇨ミクロ・レベルのソーシャルワーク（個別援助技術）

◎インテーク面接の回数⇨数回にわたることもある

関連問題…26-47 24-47 23-47

第25回◇問題48

ソーシャルワークに関する次の記述のうち、より適切なものはどれか。**2つ**選べ。

1　クライエントの視点から、人生観や価値観等についての理解をより深めることが重要である。

2　家族や地域住民は、アウトリーチの対象に含まれない。

3　利用できる社会資源が不足している場合、新たな社会資源の開発が求められる。

4　不衛生な環境に居住している認知症高齢者が、サービスの利用を拒否したため、本人の意向に従い、支援を中止する。

5「無断で家族に年金をすべて使われている」と高齢者からの訴えがあったが、家族間の問題であるため、「支援できない」と本人に伝える。

解説

正答　1、3

1　○　クライエントの人生観や価値観のほか、生活習慣、現在の生活、将来などについて、クライエント自身がどのようにとらえているかを理解し、ありのままに受け止めることが大切である。

2　×　アウトリーチとは、クライエントが相談に来るのを待つのではなく、援助者が積極的に地域に出向き、ニーズの発見を行ったり、対象者に接近したりして援助を行う方法をいう。アウトリーチの対象には、家族や地域住民も含まれる。

3　○　記述のとおりである。社会資源の開発は、マクロ・レベルのソーシャルワークで行われる。

4　×　設問のように、日常生活において、明らかに何らかの支援が必要な状況にあっても、本人が支援を拒否するセルフ・ネグレクトがみられることもある。このような場合には、支援拒否の要因や背景を共感的な対話や観察から探り、信頼関係の構築によって、必要な支援が導入できるように環境整備を行っていく。

5　×　高齢者からの設問のような訴えに対し、「支援できない」と伝えるのは適切ではない。まずはサービス担当者から話を聞くなど、情報を集める必要がある。

解答のコツ＆ポイント

⇨ 速習 福 L1、3

テーマ【ソーシャルワーク、支援困難事例】

選択肢2はソーシャルワークの基本的な内容です。選択肢4、5は援助者の役割として不適切であることから、×と判断できます。支援困難事例は、要因別対応をおさえておきましょう。

◎アウトリーチの対象⇨本人、家族、地域住民など

◎マクロ・レベルのソーシャルワークの主な支援方法⇨地域開発、社会資源開発、社会（地域福祉）計画、ソーシャル・アクション、政策立案、行政への参加や働きかけなど

◎虐待対応機関⇨市町村や地域包括支援センターなど

関連問題…26-49 24-49 23-49

第25回◇問題49

ソーシャルワークにおける集団援助として、より適切なものはどれか。**3つ選べ。**

1　地域包括支援センターの主任介護支援専門員による認知症高齢者の家族を対象とした交流活動

2　民生委員による地域の認知症高齢者の見守り活動

3　医療機関で行われる、難病の当事者による分かち合いの場の体験

4　社会福祉協議会によるヤングケアラー支援のための地域ネットワークの構築

5　養護老人ホームの生活相談員による入所者グループに対する プログラム活動

解説

正答　1、3、5

1　○　メゾ･レベル（グループ、地域住民、身近な組織）のソーシャルワーク（集団援助）は、グループや人と身近な組織との力動を活用し、個人の成長や抱えている問題の解決をめざすものである。

2　×　設問の内容は、マクロ・レベルのソーシャルワーク（地域援助）にあたる。マクロ・レベルのソーシャルワークは、地域社会、組織、国家、制度・政策、社会規範、地球環境などに働きかけ、それらの社会変革を通して、個人や集団のニーズの充足をめざす支援方法である。

3　○　選択肢1の解説のとおり、設問の内容はメゾ・レベルのソーシャルワークにあたる。

4　×　選択肢2の解説のとおり、設問の内容はマクロ・レベルのソーシャルワークにあたる。

5　○　選択肢1の解説のとおり、設問の内容はメゾ・レベルのソーシャルワークにあたる。

解答のコツ&ポイント

⇨ 速習 福 L1

テーマ【メゾ・レベルのソーシャルワーク（集団援助）】

メゾ・レベルのソーシャルワークの対象を理解していれば、選択肢2の「地域の認知症高齢者の見守り活動」や選択肢4の「地域ネットワークの構築」は×であると判断できるでしょう。

◎メゾ･レベルのソーシャルワークの対象⇨グループ、地域住民、身近な組織

◎地域の見守り活動⇨マクロ・レベルのソーシャルワーク

◎地域ネットワークの構築⇨マクロ・レベルのソーシャルワーク

第25回◇問題50

介護保険における訪問介護について正しいものはどれか。**3つ**選べ。

1　訪問介護計画の作成は、管理者の業務として位置付けられている。

2　利用回数が少ない利用者であっても、訪問介護計画を作成しなければならない。

3　サービス提供責任者は、居宅介護支援事業者に対し、サービス提供に当たり把握した利用者の心身の状態及び生活の状況について必要な情報の提供を行うものとする。

4　指定訪問介護事業者は、利用者が不正な行為によって保険給付を受けたときは、遅滞なく、市町村に通知しなければならない。

5　指定訪問介護事業者は、法定代理受領サービスに該当しないサービスの利用料の支払を受けた場合には、サービス提供証明書を交付しなくてよい。

解説

正答 2、3、4

1 × 訪問介護計画の作成は、管理者ではなく、**サービス提供責任者**の業務である。

2 ○ 記述のとおりである。作成した訪問介護計画は、利用者または家族に**説明**し、利用者の**同意**を得たうえで**交付**する。

3 ○ 運営基準において、「居宅介護支援事業者等に対し、指定訪問介護の提供に当たり把握した利用者の服薬状況、口腔機能その他の利用者の心身の状態及び生活の状況に係る必要な情報の提供を行うこと」がサービス提供責任者の責務とされている。

4 ○ 利用者が、偽りその他不正な行為によって保険給付を受け、または受けようとしたときは、遅滞なく、意見を付してその旨を市町村に**通知**しなければならない。

5 × 運営基準において、「指定訪問介護事業者は、法定代理受領サービスに該当しない指定訪問介護に係る利用料の支払を受けた場合は、提供した指定訪問介護の内容、費用の額その他必要と認められる事項を記載したサービス提供証明書を利用者に対して**交付**しなければならない」と規定されている。

解答のコツ&ポイント

速習 介 L17
福 L4

テーマ【訪問介護の運営基準】

選択肢5の「交付しなくてよい」という記述から×と判断できます。訪問介護の運営基準はよく出題されますので、それぞれ確認しておきましょう。

◎訪問介護計画の作成⇨サービス提供責任者

◎市町村への通知⇨利用者が正当な理由なくサービスの利用に関する指示に従わないことにより、要介護状態の程度を増進させたとき、偽りその他不正な行為により保険給付を受けたり受けようとしたとき

関連問題… 26-52 24-51 23-53

第25回◇問題51

介護保険における通所介護について正しいものはどれか。**3つ**選べ。

1　利用者の社会的孤立感の解消を図ることは、指定通所介護の事業の基本方針に含まれている。

2　通所介護計画作成後に居宅サービス計画が作成された場合、その通所介護計画が居宅サービス計画に沿ったものであるか、確認する必要はない。

3　通所介護計画の目標及び内容については、利用者又は家族に説明を行うとともに、その実施状況や評価についても説明を行うものとする。

4　利用者は、利用日ごとに異なる提供時間数のサービスを受けることができる。

5　指定通所介護事業者は、指定通所介護事業所ごとに、経理を区分しなくてもよい。

解説

正答　1、3、4

1　○　基本方針では、サービスを実施することにより、利用者の社会的孤立感の解消と心身の機能の維持、家族の身体的・精神的負担の軽減を図るものでなければならないとされている。

2　×　通所介護計画作成後に居宅サービス計画が作成された場合には、居宅サービス計画に沿ったものであるか確認し、必要に応じて変更する。

3　○　解釈通知において、設問の内容が規定されている。

4　○　適切なアセスメントを経たうえで、居宅サービス計画および通所介護計画がそのような時間設定で作成されたのであれば、利用日ごとに異なる提供時間数のサービスを受けることも可能である。

5　×　運営基準において、指定通所介護事業者は、指定通所介護事業所ごとに経理を区分するとともに、指定通所介護の事業の会計とその他の事業の会計を区分しなければならないと規定されている。

解答のコツ&ポイント

⇨ 速習 福 L6

テーマ【通所介護の運営基準】

選択肢2は「確認する必要はない」、選択肢5は「区分しなくてもよい」という記述から×と判断できます。通所介護の運営基準はよく出題されますので、きちんと確認しておきましょう。

◎基本方針⇨利用者の社会的孤立感の解消と心身機能の維持、家族の身体的・精神的負担の軽減

◎通所介護計画の内容⇨居宅サービス計画に沿ったものである

◎通所介護計画⇨目標、内容、実施状況、評価を利用者または家族に説明

第25回◇問題52

介護保険における訪問入浴介護について正しいものはどれか。**2つ選べ。**

1　指定訪問入浴介護事業所ごとに、医師を１人以上置かなければならない。

2　管理者は、看護師又は准看護師でなければならない。

3　サービス提供時に使用する浴槽は、事業者が備えなければならない。

4　利用者が小規模多機能型居宅介護を利用している場合でも、訪問入浴介護費を算定できる。

5　事業者は、サービスの利用に当たっての留意事項を運営規程に定めておかなければならない。

解説

正答　3、5

1　×　人員基準には、設問のような規定はない。

2　×　管理者は常勤専従（支障がなければ兼務可）であるが、職種の規定はない。

3　○　設備基準において、指定訪問入浴介護事業者は「指定訪問入浴介護の提供に必要な浴槽等の設備及び備品等を備えなければならない」と規定されている。

4　×　利用者が小規模多機能型居宅介護を利用している場合には、訪問入浴介護費は算定できない。このほか、入浴介護サービスがある短期入所療養介護、短期入所生活介護、特定施設入居者生活介護など滞在系・居住系サービスを利用している場合も同様である。

5　○　記述のとおりである。運営規程に定めておくものには、①事業の目的および運営の方針、②従業者の職種、員数および職務の内容、③営業日および営業時間、④指定訪問入浴介護の内容および利用料その他の費用の額、⑤通常の事業の実施地域、⑥サービスの利用にあたっての留意事項、⑦緊急時等における対応方法、⑧虐待の防止のための措置に関する事項などがある。

解答のコツ&ポイント

⇨ 速習 福 L5

テーマ【訪問入浴介護の人員・設備・運営基準など】

訪問入浴介護は頻出ですので、人員・設備・運営基準や介護報酬についておさえておきましょう。

◎管理者⇨常勤専従（支障がなければ兼務可）、職種規定なし

◎サービスに必要な浴槽等⇨事業者が用意する

◎同時算定不可⇨小規模多機能型居宅介護、短期入所療養介護、短期入所生活介護、特定施設入居者生活介護など

関連問題… 26-53 24-53 23-50

第25回◇問題53

介護保険における短期入所生活介護について正しいものはどれか。**2つ**選べ。

1　家族の冠婚葬祭や出張を理由とした利用はできない。

2　災害等のやむを得ない事情がある場合でも、利用定員を超えることは認められない。

3　短期入所生活介護計画の作成は、既に居宅サービス計画が作成されている場合には、当該計画の内容に沿って作成されなければならない。

4　一の居室の定員は、４人以下でなければならない。

5　居宅サービス計画上、区分支給限度基準額の範囲内であれば、利用できる日数に制限はない。

解説

正答　3、4

1　×　短期入所生活介護は、利用者の心身の状況、その家族の疾病、冠婚葬祭、出張などを理由とした利用も可能である。

2　×　災害や虐待などのやむを得ない事情がある場合にかぎり、利用定員を超えて受け入れることができる。

3　○　記述のとおりである。利用者が相当期間以上（おおむね４日以上）継続して入所するときは、事業所の管理者が短期入所生活介護計画を居宅サービス計画に沿って作成する。

4　○　記述のとおりである。居室は、利用者１人あたりの床面積が10.65㎡以上で、日照、採光、換気などが利用者の保健衛生、防災などについて十分考慮されていることとされている。

5　×　短期入所生活介護では、連続30日の利用を上限とし、超えた分は区分支給限度基準額の範囲内であっても保険給付されない。また、自費利用をはさみ、実質連続30日を超えて同一の事業所に入所して、引き続きサービスを受けている長期利用者の介護報酬については、１日の所定単位数から減算される。

解答のコツ＆ポイント

⇨ 速習 介 L17 福 L7

テーマ【短期入所生活介護の人員・設備・運営基準など】

短期入所生活介護の人員・設備・運営基準はよく出題されます。確認しておきましょう。

◎計画の作成⇨相当期間以上（おおむね４日以上）継続利用する場合に、管理者が居宅サービス計画に沿って作成

◎サービス提供⇨連続30日を上限とし、超過分は算定不可

◎居室⇨定員は4人以下、１人あたりの床面積が10.65㎡以上、保健衛生、防災などについて十分考慮されている

第25回◇問題54

介護保険における福祉用具について正しいものはどれか。**3つ**選べ。

1　使用目的は、利用者の自立した日常生活の支援であり、介護者の負担軽減ではない。

2　貸与する際には、福祉用具専門相談員は、具体的なサービス内容等を記載した福祉用具貸与計画を作成しなければならない。

3　複数の福祉用具を貸与する場合には、通常の貸与価格から減額して貸与することができる。

4　入浴用いすなどの入浴補助用具は、特定福祉用具販売の対象となる。

5　取付工事の有無にかかわらず、手すりは福祉用具貸与の対象となる。

解説

正答　2、3、4

1　×　福祉用具の使用目的には、①身体の機能の補完、②生活動作の自立を図る、③安全・安心な暮らしを支えることで、生活を活性化させる、④介護者の心身の負担の軽減などがある。

2　○　記述のとおりである。なお、福祉用具貸与と特定福祉用具販売を同時に提供する場合は、これらの計画は一体のものとして作成する。計画の内容は、利用者または家族に説明のうえ、同意を得て利用者に交付する。

3　○　複数の福祉用具を貸与する場合は、あらかじめ都道府県（指定都市・中核市では市）に減額の規程を届け出ることにより、通常の貸与価格から減額して貸与することが可能となっている。

4　○　記述のとおりである。特定福祉用具販売の対象種目にはこのほか、腰掛便座、自動排泄処理装置の交換可能部品、排泄予測支援機器、簡易浴槽、移動用リフトのつり具の部分がある。

5　×　手すりは、取りつけ工事を伴う場合は住宅改修、伴わない場合は福祉用具貸与の対象となる。

解答のコツ&ポイント

⇨ 速習 福 L9

テーマ【福祉用具貸与と特定福祉用具販売】

福祉用具貸与と特定福祉用具販売の対象種目をおさえておきましょう。また、手すりやスロープが、福祉用具貸与の対象となる場合と、住宅改修の対象となる場合の違いを確認しましょう。

◎福祉用具貸与計画の作成⇨福祉用具専門相談員

◎特定福祉用具販売の対象⇨腰掛便座、自動排泄処理装置の交換可能部品、排泄予測支援機器、入浴補助用具、簡易浴槽、移動用リフトのつり具の部分

◎手すりやスロープ⇨取りつけ工事を伴わない場合は福祉用具貸与、伴う場合は住宅改修の対象

関連問題…26-55 23-55

第25回◇問題55

介護保険における小規模多機能型居宅介護について正しいものはどれか。**3つ選べ。**

1　通いサービス、宿泊サービスごとに、１日当たりの同時にサービス提供を受ける利用定員の上限が定められている。

2　一の宿泊室の定員は、利用者の処遇上必要と認められる場合は、２人とすることができる。

3　訪問サービスでは、身体介護の提供に限られる。

4　宿泊サービスでは、利用者１人につき１月当たりの日数の上限が定められている。

5　指定小規模多機能型居宅介護事業所の登録者に対しては、その事業所の介護支援専門員が、居宅サービス計画を作成しなければならない。

解説

正答　1、2、5

1　○　利用定員の上限は、通いサービスは登録定員の２分の１から15人（登録定員が25人を超える事業所では16～18人まで）、宿泊サービスは通いサービスの利用定員の３分の１から９人までの範囲内とされている。

2　○　宿泊室の定員は１室あたり１人が原則であるが、利用者への処遇上必要と認められる場合は、2人とすることができる。

3　×　訪問サービスでは、短時間訪問して安否確認や水分補給をしたり、食事の時間に合わせて訪問し、食事の準備と見守りなどを行ったりする。身体介護の提供に限定したサービスではない。

4　×　宿泊サービスでは、利用者１人につき１か月あたりの日数の上限は定められていない。

5　○　記述のとおりである。介護支援専門員を配置していないサテライト事業所では、本体事業所の介護支援専門員が居宅サービス計画を作成する。

解答のコツ&ポイント

⇨ 速習 福 L14

テーマ【小規模多機能型居宅介護の設備・運営基準】

小規模多機能型居宅介護の設備・運営基準の理解が必要な問題です。選択肢３はサービスに関する基本的事項ですので、確実におさえておきましょう。

◎利用定員の上限⇨通いサービスは登録定員の２分の１から15人、宿泊サービスは通いサービスの利用定員の３分の１から９人までの範囲内

◎宿泊室の定員⇨１室あたり１人が原則。処遇上必要と認められる場合は２人も可

第25回◇問題56

介護保険における認知症対応型共同生活介護について正しいものはどれか。**3つ**選べ。

1　入居の際には、主治の医師の診断書等により申込者が認知症である者であることの確認をしなければならない。

2　居間及び食堂は、同一の場所とすることができる。

3　管理者は、認知症である者の介護に３年以上従事した経験を有する者であって、所定の研修を修了しているものでなければならない。

4　事業者は、利用者の食材料費、理美容代、おむつ代を負担しなければならない。

5　各事業所に設けることができる共同生活住居の数は、１以上５以下である。

解説

正答　1、2、3

1　○　記述のとおりである。認知症対応型共同生活介護は、認知症（急性の状態にある者を除く）のある要介護者に、共同生活住居において、入浴、排泄、食事などの介護、その他の日常生活上の世話、機能訓練を行うサービスである。

2　○　共同生活住居には、居間・食堂・台所・浴室、消火設備など必要な設備を設ける。なお、居間と食堂は同一の場所とすることができる。

3　○　管理者は、3年以上認知症ケアに従事した経験があり、厚生労働大臣の定める研修を修了していることが要件とされている。

4　×　認知症対応型共同生活介護では、食材料費、理美容代、おむつ代や利用者負担が適当な日常生活費は、定率負担とは別に、利用者から支払いを受けることができる。
p.344

5　×　事業所が複数の共同生活住居を設ける場合は、3つまでとされている。

解答のコツ&ポイント

⇨ 速習 福 L15

テーマ【認知症対応型共同生活介護の人員・設備基準など】

認知症対応型共同生活介護の人員・設備基準の理解が必要な問題です。選択肢４の利用者負担は基本的事項ですので、確実におさえておきましょう。

◎管理者⇨常勤専従、支障なければ兼務可。３年以上認知症ケアに従事した経験があり、厚生労働大臣の定める研修の修了者

◎共同生活住居⇨定員は５～９人。複数設ける場合は最大３つ

第25回◇問題57

指定介護老人福祉施設について正しいものはどれか。**3つ**選べ。

1　明るく家庭的な雰囲気を有し、地域や家庭との結び付きを重視した運営を行うよう努めなければならない。

2　市町村長が指定する。

3　入所者の負担により、当該施設の従業者以外の者による介護を受けさせてはならない。

4　褥瘡の発生を予防するための体制を整備しなければならない。

5　入所者のためのレクリエーション行事を行うのであれば、教養娯楽設備等は備えなくてもよい。

解説

正答　1、3、4

1　○　基本方針において、指定介護老人福祉施設は、明るく家庭的な雰囲気を有し、地域や家庭との結び付きを重視した運営を行い、市町村、居宅介護支援事業者、居宅サービス事業者などとの密接な連携に努めなければならないとされている。

2　×　指定介護老人福祉施設は施設サービスのひとつであり、都道府県知事が指定する。
p.346

3　○　運営基準において、「入所者に対し、その負担により、当該指定介護老人福祉施設の従業者以外の者による介護を受けさせてはならない」と規定されている。

4　○　運営基準において、「褥瘡が発生しないよう適切な介護を行うとともに、その発生を予防するための体制を整備しなければならない」と規定されている。

5　×　運営基準において、「教養娯楽設備等を備えるほか、適宜入所者のためのレクリエーション行事を行わなければならない」と規定されている。

解答のコツ&ポイント

⇨ 速習 福 L17

テーマ【指定介護老人福祉施設の運営基準など】

指定介護老人福祉施設の運営基準などについての問題です。よく出題される事項なので、人員・設備・運営基準をひととおりおさえておきましょう。

◎基本方針⇨明るく家庭的な雰囲気を有し、地域や家庭との結び付きを重視した運営を行うように努める

◎施設の指定⇨都道府県知事

第25回◇問題58

生活保護制度について正しいものはどれか。**3つ**選べ。

1　被保護者の収入として認定されるものには、地代や家賃等の財産収入が含まれる。
2　要保護者が急迫した状況にあるときは、保護の申請がなくても、必要な保護を行うことができる。
3　介護施設入所者基本生活費は、介護扶助として給付される。
4　教育扶助は、原則として、現物給付によって行われる。
5　介護扶助は、介護保険制度の保険給付の対象となる介護サービスと同等のサービスを、要介護者に対し保障する。

解説

正答　1、2、5

1 ○ 被保護者の収入に含まれるものには、地代や家賃等の財産収入のほか、就労による収入、年金などの社会保障給付、親族による援助などがある。

2 ○ 記述のとおりである。なお、保護の申請は、要保護者本人、扶養義務者、同居の親族が行える。

3 × 介護保険施設に入所している生活保護受給者の日常生活費は、介護施設入所者基本生活費として生活扶助から給付される。

4 × 教育扶助は、原則として金銭給付によって行われる。p.355

5 ○ 記述のとおりである。介護保険法に規定する要介護者等が介護扶助の対象となる。なお、介護扶助には、介護保険にはない独自のサービスである移送（介護サービスの利用に伴う交通費・送迎費）が含まれる。p.355

解答のコツ&ポイント

⇨ 速習 福 L20

テーマ【生活保護制度】
生活保護制度は毎年出題されています。給付の方法と内容、介護扶助と介護保険制度との関係がよく出題されており、確実な理解が必要です。
◎保護の申請⇨要保護者本人、扶養義務者、同居の親族
◎介護施設入所者基本生活費⇨生活扶助から給付
◎扶助の種類⇨生活扶助、教育扶助、住宅扶助、医療扶助、出産扶助、生業扶助、葬祭扶助、介護扶助の8つ。このうち、医療扶助と介護扶助は原則現物給付、それ以外は原則金銭給付

関連問題… 26-58 24-60 23-59

第25回◇問題59

成年後見制度について正しいものはどれか。**2つ**選べ。

1　任意後見制度では、判断能力を喪失した人に、保佐人や補助人をつけることができる。

2　都道府県知事は、65歳以上の者につき、その福祉を図るため特に必要があると認めるときは、後見開始の審判の請求をすることができる。

3　本人と任意後見受任者の同意があれば、公正証書以外の方法でも任意後見契約が成立する。

4　成年後見制度の利用の促進に関する法律に定められた基本理念には、成年被後見人等の意思決定の支援と身上の保護が適切に行われるべきことが含まれる。

5　成年被後見人の法律行為は、原則として、取り消すことができる。

解説

正答　4、5

1　×　**任意後見**制度は、判断能力が衰える**前**に本人が友人や弁護士などを**任意後見人**として指定し、後見事務の内容を契約により決めておく制度である。設問は**法定後見**制度である。

2　×　**市町村長**は、65歳以上の者、知的障害者、精神障害者について、その福祉を図るため特に必要と認めるときは、後見開始等の審判の請求をすることができる。

3　×　任意後見制度を利用したい本人と、任意後見人になってくれる人（**任意後見受任者**）とが、公証人の作成する**公正証書**で任意後見契約を締結する。公正証書以外の方法による契約は認められていない。p.358

4　○　成年後見制度の利用の促進に関する法律では、成年被後見人等の**意思決定**の支援が適切に行われるとともに、成年被後見人等の**自発的意思**が尊重されるべきことや、**身上の保護**が適切に行われることなどを基本理念として示している。

5　○　民法第９条の規定により、成年被後見人が行った法律行為は、**日用品**の購入その他**日常生活**に関する行為を除き、成年被後見人本人および成年後見人において取り消すことができる。p.358

解答のコツ&ポイント

⇨ 速習 福 L28

テーマ【成年後見制度度】

任意後見制度の概要や流れ、後見開始等の審判の請求権者についておさえておきましょう。成年被後見人が行った法律行為の取り消しの例外は重要なので、しっかり覚えてください。

◎法定後見制度における審判の請求⇨高齢者等の福祉を図るため特に必要があると認めるときは、市町村長も請求可

◎任意後見契約⇨公証人の作成する公正証書によることが必要

◎成年被後見人が行った法律行為⇨日用品の購入その他日常生活に関する行為は、取り消すことができない

第25回◇問題60

障害者総合支援法について正しいものはどれか。**3つ**選べ。

1　その支援には、自立支援給付と地域生活支援事業が含まれる。
2　自立支援医療とは、育成医療、更生医療及び精神通院医療である。
3　補装具費の支給は、地域生活支援事業の一つである。
4　対象とする障害者には、難病の者も含まれる。
5　サービスの利用を希望する者は、都道府県に対して支給申請を行う。

解説

正答　1、2、4

1　○　障害者総合支援法に基づく障害者福祉制度は、個別の支給決定により障害福祉サービスなどを提供する**自立支援**給付と、地域の実情に応じて柔軟に実施する**地域生活支援**事業の2つが大きな柱となっている。

2　○　自立支援医療は、障害児に対する**育成**医療、身体障害者に対する**更生**医療、**精神**障害者に対する**通院**医療という公費負担医療制度が統合されたものである。実施主体は、精神通院医療は**都道府県**、更生医療と育成医療は**市町村**となっている。p.357

3　×　補装具費の支給は、地域生活支援事業ではなく、**自立支援**給付のひとつである。p.357

4　○　障害者総合支援法が対象とする障害者は、**身体**障害者、**知的**障害者、**精神**障害者（**発達**障害者を含む）、**難病**患者等である。

5　×　自立支援給付を希望する者は、都道府県ではなく、**市町村**に対して支給申請を行う。p.357

解答のコツ&ポイント

速習 福 L19

テーマ【障害者総合支援法】
障害者福祉制度に関する設問は久々ですが、どの選択肢も基本的事項からの出題です。制度の対象者と実施主体、サービスの種類については確実におさえておきましょう。
◎自立支援医療⇨育成医療、更生医療、精神通院医療
◎障害者総合支援法の対象者⇨身体障害者、知的障害者、精神障害者（発達障害者を含む）、難病患者等
◎サービスの申請先⇨市町村

◎ 介護支援専門員実務研修受講試験 ◎

第24回
（令和３年度）
試験問題

（注）

1　文中の「市町村」は、「市町村及び特別区」の意味となります。

2　本問題の選択肢のうち以下の厚生労働省令で定める事項に関するものは、当該省令の定める内容によります。

・指定居宅サービス等の事業の人員、設備及び運営に関する基準（平成11年厚生省令第37号）

・指定介護予防サービス等の事業の人員、設備及び運営並びに指定介護予防サービス等に係る介護予防のための効果的な支援の方法に関する基準（平成18年厚生労働省令第35号）

・指定地域密着型サービスの事業の人員、設備及び運営に関する基準（平成18年厚生労働省令第34号）

・指定地域密着型介護予防サービスの事業の人員、設備及び運営並びに指定地域密着型介護予防サービスに係る介護予防のための効果的な支援の方法に関する基準（平成18年厚生労働省令第36号）

・指定居宅介護支援等の事業の人員及び運営に関する基準（平成11年厚生省令第38号）

・指定介護予防支援等の事業の人員及び運営並びに指定介護予防支援等に係る介護予防のための効果的な支援の方法に関する基準（平成18年厚生労働省令第37号）

・指定介護老人福祉施設の人員、設備及び運営に関する基準（平成11年厚生省令第39号）

・介護老人保健施設の人員、施設及び設備並びに運営に関する基準（平成11年厚生省令第40号）

・介護医療院の人員、施設及び設備並びに運営に関する基準（平成30年厚生労働省令第５号）

3　「障害者総合支援法」は、「障害者の日常生活及び社会生活を総合的に支援するための法律（平成17年法律第123号）」のことをいいます。

目　次

●介護支援分野●

関連問題…26-10 25-3 23-5

第24回◇問題１

2020（令和２）年の介護保険法改正について正しいものはどれか。**２つ**選べ。

1　国及び地方公共団体は、地域住民が相互に人格と個性を尊重し合いながら、参加し、共生する地域社会の実現に資するよう努めなければならないこととされた。

2　市町村は、地域ケア会議を置くように努めなければならないこととされた。

3　高齢者と障害児・者が同一の事業所でサービスを受けやすくするための共生型サービスが創設された。

4　厚生労働大臣は、要介護者等に提供されるサービスの内容について調査及び分析を行い、その結果を公表するよう努めるものとされた。

5　一定以上の所得がある第１号被保険者の介護給付及び予防給付の利用者負担割合が３割とされた。

解説

正答　1、4

1　○　国・地方公共団体の責務として、地域包括ケアシステムを推進するにあたり「地域住民が相互に人格と個性を尊重し合いながら、参加し、共生する地域社会の実現に資するよう努めなければならない」ことが新たに追加された（法第５条）。

2　×　市町村による地域ケア会議の設置を努力義務として法定化したのは、2014（平成26）年の改正内容である。

3　×　共生型サービスが創設されたのは、2017（平成29）年の改正内容である。

4　○　2017（平成29）年の改正で、厚生労働大臣は、①介護費用に関する状況、②要介護認定等の状況を調査・分析し公表すること、市町村はそれらの情報を厚生労働大臣に提供することが義務づけられた。2020（令和２）年の改正では、厚生労働大臣が調査・分析・公表するよう努める情報として③要介護者等の心身の状況等やサービス内容など、④地域支援事業の実施の状況などが加わった。これら①～④の介護保険等関連情報について厚生労働大臣は、市町村、都道府県のほか、介護サービス事業者と特定介護予防・日常生活支援総合事業を行う者にも提供を求めることができることになった。

5　×　記述は、2017（平成29）年の改正内容である。

解答のコツ＆ポイント

⇨ 速習 介 L4

テーマ【2020年の介護保険法改正】

2020年改正の趣旨は地域共生社会の実現です。改正の概要を理解していること、過去の改正の経緯を把握しておくことがポイントとなります。

◎2020年改正の主なポイント⇨認知症施策の総合的な推進、介護サービス提供体制の整備等の推進、医療・介護のデータ基盤の整備の推進、介護人材確保および業務効率化の取り組みの強化

第24回◇問題２

2018（平成30）年度の介護保険給付（介護給付及び予防給付）の状況として正しいものはどれか。**３つ選べ。**

1　給付費は、約14兆円となっている。

2　給付費は、前年度に比べて増加している。

3　居宅サービス、地域密着型サービス及び施設サービスのうち、施設サービスに係る給付費が最も多い。

4　地域密着型サービスに係る給付費は、居宅サービスに係る給付費よりも少ない。

5　第１号被保険者１人当たりの給付費は、平均約26万円である。

解説

正答 2、4、5

1 × 2018（平成30）年度の介護サービスの保険給付費は、９兆6,266億円である。

2 ○ 要介護（要支援）認定者数やサービス受給者数の増加に伴い、保険給付費は年々増加しており、前年度から1.9％増加している。

3 × 各サービス別の給付費割合は、全国平均で、居宅サービス（介護予防サービス含む、以下同）49.9％、地域密着型サービス（地域密着型介護予防サービス含む、以下同）17.1％、施設サービス33.1％となっており、居宅サービスにかかる給付費が最も多い。

4 ○ 選択肢３の解説のとおり、地域密着型サービスの給付費は最も少ない。

5 ○ 第１号被保険者１人あたり給付費の全国平均は、居宅サービスで約12万8,000円、地域密着型サービスで４万4,000円、施設サービスで８万5,000円、合計で25万7,000円（約26万円）となっている。

解答のコツ＆ポイント

⇨ 速習 介 L4

テーマ【介護保険給付の状況】

「平成30年度介護保険事業状況報告（年報）」からの出題です。「給付費は増加」「居宅サービスの利用が最も多い」点を理解していれば選択肢２～４を解答できますので、具体的な数値が問われている選択肢１と５が正答への鍵といえそうです。

※下記は令和3年度介護保険事業状況報告（年報）

◎保険給付費⇨10兆4,317億円で前年度より2％増

◎サービス別給付費割合⇨居宅サービス50.4％、地域密着型サービス17.2％、施設サービス32.4％

◎第１号被保険者1人あたり給付費⇨29万1,000円

関連問題… 26-3

第24回◇問題3

社会保険方式の特徴として正しいものはどれか。**3つ**選べ。

1　国民の参加意識や権利意識を確保し、加入者に受給権を保障する仕組みである。

2　リスク分散の考え方に立つことで、社会保障の対象を一定の困窮者から国民全体に拡大した普遍的な制度となっている。

3　社会保険制度の財源は、原則として公費である。

4　保険料を納付しない者や制度への加入手続をとらない者は、給付を受けられないことがある。

5　給付は、受給者があらゆる資産を活用することを要件として行われる。

解説

正答　1、2、4

1　○　社会保険方式では、被保険者が一定の保険料を支払い、その見返りとして保険給付を受けるため、給付と負担の関係が**明確**である。また、国民の**参加意識**や**権利意識**を確保し、加入者に受給権を**保障**するしくみとなっている。

2　○　社会保険には、生活の**リスク**を相互に**分散**して相互に支え合う**共助**のしくみがある。一方、社会保険で対応できない一定の困窮や障害などに対しては、公的扶助や社会福祉が補完し、必要な生活保障を行う。

3　×　社会保険制度の財源は主に**保険料**で、一部**公費負担**が行われる。

4　○　社会保険は一定の対象者に加入が強制される**強制適用**のしくみがあるが、保険料を滞納していたり、所定の手続きをせずに保険者が確認できなかったりする場合などでは、必要な給付を受けられないことがある。

5　×　あらゆる資産を活用することを要件として行われるのは、**生活保護**である。

解答のコツ&ポイント

⇨ 速習 介 L5

テーマ【社会保険方式の特徴】

社会保険のしくみを理解していれば、選択肢1～3、5は解答できるでしょう。また、選択肢4の「保険料を納付しない者」「加入手続きをとらない者」は、負担をしなければ給付も受けられなくなるという点、強制適用であっても保険者が被保険者であることを確認できなければ給付手続きはとれない、という点がポイントです。

第24回◇問題４

介護保険の第２号被保険者について正しいものはどれか。**２つ**選べ。

1　第２号被保険者は、市町村の区域内に住所を有する40歳以上65歳未満の者すべてである。

2　第２号被保険者のうち保険給付の対象者は、特定疾病を原因として要支援・要介護状態になった者である。

3　第２号被保険者の保険料は、被保険者が住所を有する市町村が徴収する。

4　第２号被保険者の保険料は、地域支援事業のうちの任意事業の財源には充当されない。

5　第２号被保険者は、要介護３以上であっても、指定介護老人福祉施設には入所できない。

解説

正答　2、4

1　×　第２号被保険者は、市町村の区域内に住所を有する40歳以上65歳未満の者で、医療保険に加入している者である。

2　○　第２号被保険者は、その要介護状態または要支援状態の原因が特定疾病でなければ認定されない。

3　×　第２号被保険者の保険料は、被保険者が所属する医療保険者が医療保険料と一体的に徴収し、社会保険診療報酬支払基金（支払基金）に納付する。そして、支払基金がすべての医療保険者から集めた介護給付費・地域支援事業支援納付金を、各市町村の特別会計に定率交付（27％）するしくみになっている（2021 ～ 2023年度）。

4　○　地域支援事業の財源は、公費と保険料で負担するが、包括的支援事業・任意事業では第２号保険料の負担はない。介護予防・日常生活支援総合事業の負担割合は、介護給付費と同じである。

5　×　指定介護老人福祉施設の入所対象は、原則要介護３以上の者であり、第２号被保険者でも要件にあてはまれば入所できる。

解答のコツ＆ポイント

⇨ 速習 介 L7 ～ 9、19、22

テーマ【第２号被保険者】

資格要件、受給要件、保険料の算定や徴収の方法など第１号被保険者と異なる点をおさえておくとよいでしょう。

◎資格要件⇨医療保険加入が必要

◎認定要件⇨特定疾病が要介護状態等の原因である必要がある

◎保険料の算定⇨支払基金から課された額に基づき医療保険者が算定

◎保険料の徴収方法⇨医療保険者が医療保険料と一体的に徴収し、社会保険診療報酬支払基金に一括納付

関連問題… 25-3

第24回◇問題5

「国民の努力及び義務」として介護保険法第４条に規定されているものはどれか。**3つ**選べ。

1　介護保険事業に要する費用を公平に負担する。
2　加齢に伴って生ずる心身の変化を自覚して常に健康の保持増進に努める。
3　可能な限り、住み慣れた地域でその有する能力に応じ自立した日常生活を営む。
4　要介護状態となった場合においても、その有する能力の維持向上に努める。
5　認知症に対する理解を深めるよう努める。

解説

正答　1、2、4

1　○　国民は、共同連帯の理念に基づき、介護保険事業に要する費用を公平に負担する義務を負うことが規定されている。

2　○　国民は、自ら要介護状態となることを予防するため、加齢に伴って生じる心身の変化を自覚して常に健康の保持増進に努めることが規定されている。

3　×　「国民の努力及び義務」には、そのような規定はない。

4　○　要介護状態となった場合においても、進んでリハビリテーションその他の適切な保健医療サービスおよび福祉サービスを利用することにより、その有する能力の維持向上に努めることが規定されている。

5　×　「国民の努力及び義務」には、認知症に対する理解を深めるよう努めることについての規定はない。

解答のコツ&ポイント

⇨ 速習 介 L6

テーマ【国民の努力および義務】

第19回以降毎年、介護保険法第１条の目的、第２条の保険給付の考え方、第４条の国民の努力および義務のいずれかから出題されています。キーワードをおさえましょう。

◎第１条⇨尊厳を保持、自立した日常生活、共同連帯の理念、国民の保健医療の向上および福祉の増進

◎第２条⇨要介護状態等の軽減・悪化防止、医療との連携、総合的・効率的なサービスの提供、自立した日常生活の支援

◎第４条⇨（努力義務）要介護状態とならないよう、健康の保持増進、能力の維持向上、（義務）介護保険事業に必要な費用を公平に負担

第24回◇問題6

介護保険法において市町村が条例で定めることとされている事項として正しいものはどれか。**3つ**選べ。

1 保健福祉事業
2 区分支給限度基準額の上乗せ
3 市町村特別給付
4 指定介護老人福祉施設に係る入所定員の人数
5 地域包括支援センターの職員の員数

解説

正答 2、3、5

1 × 市町村は、地域支援事業に加えて、保健福祉事業を行うことができるが、条例に定めるという介護保険法上の規定はない。

2 ○ 市町村は、独自の判断で厚生労働大臣が定める支給限度基準額を上回る額を、その市町村の支給限度基準額として条例で定めることができる。

3 ○ 市町村特別給付は、要介護者・要支援者に対してなされる市町村独自の保険給付で、介護保険法に定められていない独自のサービスを、市町村が条例に定め、給付の対象とする。

4 × 指定介護老人福祉施設にかかる入所定員は、都道府県の条例で定める。市町村の条例で定めるのは、指定地域密着型介護老人福祉施設の入所定員である。

5 ○ 地域包括支援センターの職員にかかる基準および職員の員数については、介護保険法施行規則で定める基準に従い、市町村が条例で定める。

解答のコツ&ポイント

⇨ 速習 介 L7

テーマ【介護保険法において市町村が条例で定めること】
地域の実情に沿って決めたほうがよいと考えられるものは、国の法令の範囲内で市町村が条例で定めることになっています。都道府県が条例で定めるものもあわせておさえておきましょう。
◎都道府県の条例⇨介護保険審査会の公益代表委員の定数、指定介護老人福祉施設の入所定員、都道府県が指定する事業者・施設の人員・設備・運営に関する基準

第24回◇問題７

区分支給限度基準額が適用されるサービスとして正しいものはどれか。**３つ**選べ。

1　福祉用具貸与
2　小規模多機能型居宅介護
3　居宅療養管理指導
4　地域密着型介護老人福祉施設入所者生活介護
5　定期巡回・随時対応型訪問介護看護

解説

正答　1、2、5

1　○　区分支給限度基準額とは、居宅（介護予防）サービスや地域密着型（介護予防）サービスを利用する場合に、要介護状態等区分別に１か月を単位に設定された保険給付の上限額のことである。**福祉用具貸与**は、区分支給限度基準額が**適用される**サービスである。

2　○　**小規模多機能型居宅介護**は、区分支給限度基準額が**適用される**サービスである。区分支給限度基準額内では、訪問看護、訪問リハビリテーション、福祉用具貸与と組み合わせて利用できる。

3　×　**居宅療養管理指導**は、介護報酬上で１か月に算定できる回数が定められているため、区分支給限度基準額は**適用されない**。

4　×　**地域密着型介護老人福祉施設入所者生活介護**、**施設**サービスは**単独**で利用するサービスであり、介護報酬の算定基準に基づき、費用が定められている。

5　○　**定期巡回・随時対応型訪問介護看護**は、区分支給限度基準額が**適用される**。

解答のコツ＆ポイント

⇨ 速習 介 L14

テーマ【区分支給限度基準額が適用されるサービス】
サービスの内容を踏まえ、区分支給限度基準額が適用されないものをおさえておくとよいでしょう。
◎区分支給限度基準額が適用されない⇨①居宅療養管理指導、②特定施設入居者生活介護（短期利用を除く）、③地域密着型特定施設入居者生活介護（短期利用を除く）、④認知症対応型共同生活介護（短期利用を除く）、⑤居宅介護支援、⑥介護予防支援、⑦地域密着型介護老人福祉施設入所者生活介護、⑧施設サービス
※①、②、④は介護予防サービスも同様

関連問題… 26-2

第24回◇問題８

共生型サービスの指定の対象となる介護保険サービスとして正しいものはどれか。**3つ**選べ。

1　地域密着型通所介護
2　介護予防短期入所生活介護
3　通所リハビリテーション
4　訪問介護
5　定期巡回・随時対応型訪問介護看護

解説

正答　1、2、4

1　○　共生型サービスの指定の対象となるのは、訪問介護、通所介護、地域密着型通所介護、短期入所生活介護、介護予防短期入所生活介護である。
2　○　選択肢１の解説のとおり、介護予防短期入所生活介護は指定の対象となる。
3　×　通所リハビリテーションは、共生型サービスの指定の対象とならない。
4　○　選択肢１の解説のとおり、訪問介護は指定の対象となる。
5　×　定期巡回・随時対応型訪問介護看護は、共生型サービスの指定の対象とならない。

解答のコツ＆ポイント

⇨ 速習 介 L16

テーマ【共生型サービス】

共生型サービスは、介護保険または障害者福祉のいずれかのサービスの指定を受けている事業所が、もう一方の制度における指定も受けやすくするための特例です。指定対象は、訪問・通所・短期と暗記しましょう。介護保険制度と障害者福祉制度共通のサービスは何か、という観点でも類推できるはずです。

介護保険制度		障害者福祉制度
訪問介護	⇔	居宅介護、重度訪問介護
通所介護、 地域密着型通所介護	⇔	生活介護、自立訓練、 児童発達支援、 放課後等デイサービス
短期入所生活介護、 介護予防短期入所生活介護	⇔	短期入所

第24回◇問題9

都道府県知事が指定する事業者が行うサービスとして正しいものはどれか。**2つ**選べ。

1　特定福祉用具販売
2　認知症対応型共同生活介護
3　介護予防支援
4　介護予防短期入所療養介護
5　看護小規模多機能型居宅介護

解説

正答　1、4

1　○　特定福祉用具販売は、居宅サービスのひとつであり、都道府県知事が指定する。
2　×　認知症対応型共同生活介護は、地域密着型サービスのひとつであり、市町村長が指定する。
3　×　介護予防支援は、在宅の要支援者を対象としたケアマネジメントで、市町村長が指定する。
4　○　介護予防短期入所療養介護は、介護予防サービスのひとつであり、都道府県知事が指定する。
5　×　看護小規模多機能型居宅介護は、地域密着型サービスのひとつであり、市町村長が指定する。

解答のコツ&ポイント

⇨ 速習 介 L11、16

テーマ【都道府県知事が指定する事業者が行うサービス】
介護保険で給付されるサービスの内訳と、都道府県知事・市町村長が指定する事業者が行うサービスへの理解が問われています。基本事項なので、確実に正答したいところです。

◎都道府県知事が指定⇨居宅サービス、介護予防サービス、施設サービス
◎市町村長が指定⇨地域密着型サービス、地域密着型介護予防サービス、居宅介護支援、介護予防支援

第24回◇問題10

介護支援専門員について正しいものはどれか。**3つ**選べ。

1　その業務を行うに当たり、関係者から請求があったときは、介護支援専門員証を提示しなければならない。

2　他の都道府県へ登録を移転する場合には、移転先の都道府県知事が実施する介護支援専門員実務研修を受講しなければならない。

3　介護支援専門員証の有効期間は、5年である。

4　その業務のために正当な理由がある場合に限り、その名義を他人に使用させることができる。

5　介護支援専門員であった者は、退職後においても、正当な理由なしに、その業務に関して知り得た人の秘密を漏らしてはならない。

解説

正答　1、3、5

1　○　介護支援専門員証は、介護支援専門員として業務を行うために必要なものであり、関係者から請求があったときは、介護支援専門員証を**提示**しなければならない。

2　×　移転先の都道府県であらためて研修を受ける必要はないが、それまでの介護支援専門員証は効力を失うため、移転先の**都道府県知事**に介護支援専門員証の交付を**申請**する。

3　○　記述のとおりである。また、介護支援専門員証を更新する場合は、原則的に都道府県知事が行う**更新研修**を受けなければならない。

4　×　介護支援専門員証を**不正**に使用したり、他人にその**名義**を貸して、介護支援専門員の業務のため、**使用させてはならない**。

5　○　介護支援専門員には、**秘密保持義務**がある。介護支援専門員でなくなったあとも同様である。

解答のコツ&ポイント

⇨ 速習 介 L3

テーマ【介護支援専門員】

選択肢2の登録の移転、選択肢3の介護支援専門員証の有効期間などは久しぶりに出題されました。これらを確実に答えられるかが正誤をわけるポイントといえるでしょう。

◎介護支援専門員の義務など⇨公正・誠実な業務遂行義務、基準遵守義務、資質向上努力義務、名義貸しの禁止など、信用失墜行為の禁止、秘密保持義務

第24回◇問題11

財政安定化基金について正しいものはどれか。**2つ**選べ。

1　市町村は、財政安定化基金を設けるものとする。

2　その財源の負担割合は、国２分の１、都道府県４分の１、市町村４分の１である。

3　財政安定化基金から生ずる収入は、すべて財政安定化基金に充てなければならない。

4　その財源には、第２号被保険者の保険料も充当する。

5　給付費の増大により市町村の介護保険財政に不足が見込まれる場合には、必要な額を貸し付ける。

解説

正答　3、5

1　×　市町村の保険財政の安定化を図るため、都道府県が財政安定化基金を設置する。

2　×　財政安定化基金の負担割合は、国、都道府県、市町村が3分の1ずつである。

3　○　財政安定化基金から生ずる収入は、すべて財政安定化基金に充てられる。なお、市町村が貸付を受けた場合は、借り入れをした次の計画期間（３年間）に、第１号保険料を財源とし３年間で分割償還する（無利子）。

4　×　市町村の負担分の財源は、第１号被保険者の保険料で賄われ、第２号被保険者の保険料は充当されない。

5　○　見込みを上回る介護給付費の増大などにより財政不足が生じた場合、市町村に必要な資金を貸付する。また、介護保険事業計画の計画期間を通し、通常の努力をしてもなお保険料収納率が悪化し、財政不足が生じた場合、３年度目に不足額の２分の１を基準として市町村に交付する（残りの不足額は貸付）。

解答のコツ&ポイント

⇨ 速習 介 L22

テーマ【財政安定化基金】

第２号被保険者の保険料については、第１号被保険者の保険料で賄われるものとの区別、地域支援事業の負担割合がポイントです。

◎第１号被保険者の保険料充当⇨介護給付費、地域支援事業（介護予防・日常生活支援総合事業、包括的支援事業、任意事業）の費用、市町村特別給付、区分支給限度基準額の上乗せ、財政安定化基金、保健福祉事業

◎第２号被保険者の保険料充当⇨介護給付費、地域支援事業のうち介護予防・日常生活支援総合事業の費用

関連問題… 25-9 23-12 22-10 ／ ／ ／

第24回◇問題12

介護保険の費用の負担について正しいものはどれか。**3つ選べ。**

1　介護給付及び予防給付に要する費用の50％は、公費により賄われる。

2　施設等給付に係る都道府県の負担割合は、17.5％である。

3　調整交付金は、国が全額負担する。

4　普通調整交付金は、すべての市町村に一律に交付される。

5　特別調整交付金は、第１号被保険者総数に占める後期高齢者の加入割合などにより、市町村ごとに算定される。

解説

正答 1、2、3

1 ○ 介護費用から利用者負担分を除いた介護給付費（介護給付と予防給付の費用）は、50％が**公費**（国、都道府県、市町村）、50％が**保険料**により賄われる。

2 ○ 施設等給付費は、都道府県知事に指定権限のある介護保険施設、（介護予防）特定施設にかかる給付費である。施設にかかる給付費は、都道府県に税源移譲されているため、負担割合が居宅給付費（施設等給付費以外の介護給付費）より高くなっている。

3 ○ 国の負担分は、すべての市町村に一律に交付される**定率負担金**と、市町村の**財政力の格差**に応じて傾斜的に交付される**調整交付金**（総額で保険給付費の５％）がある。

4 × 調整交付金のうち**普通調整交付金**は、第１号保険料などによる市町村の財政力の格差を是正するもので、後期高齢者の比率が高く、第１号被保険者の所得水準の低い市町村では実質５％以上となり、逆の場合は実質５％未満となる。

5 × **特別調整交付金**は、災害時の保険料の減免による保険料減収など、市町村の特別な事情に応じた調整を行うものである。記述は、**普通調整交付金**である。

解答のコツ＆ポイント

⇨ 速習 介 L22

テーマ【介護保険の費用の負担】

選択肢１～３は基本事項のため、これらを○と判断できれば正答を導き出せます。選択肢４、５の調整交付金の内訳は整理して覚えておきましょう。

◎普通調整交付金⇨後期高齢者の加入割合・第1号被保険者の所得水準の分布状況の格差を調整

◎特別調整交付金⇨災害時などの保険料減免や定率負担の減免による保険料減収など、やむを得ない特別の事情に応じた調整

関連問題… 22-8 ／ ／ ／

第24回◇問題13

介護保険法上、市町村介護保険事業計画において定めるべき事項として正しいものはどれか。**3つ**選べ。

1 介護保険施設等における生活環境の改善を図るための事業に関する事項
2 地域密着型介護老人福祉施設入所者生活介護に係る必要利用定員総数の見込み
3 介護給付等対象サービスの種類ごとの量の見込み
4 地域支援事業に関する過去の実績
5 介護給付等に要する費用の適正化に関し、市町村が取り組むべき施策に関する事項

解説

正答 2、3、5

1 × 介護保険施設等における生活環境の改善を図るための事業に関する事項は、都道府県介護保険事業支援計画において定めるよう努める事項である。

2 ○ 地域密着型介護老人福祉施設入所者生活介護にかかる必要利用定員総数の見込みは、市町村介護保険事業計画に定めるべき事項である。

3 ○ 介護給付等対象サービスの種類ごとの量の見込みは、市町村介護保険事業計画に定めるべき事項である。

4 × 地域支援事業に関する過去の実績については、市町村介護保険事業計画の記載事項には含まれない。

5 ○ 被保険者の地域における自立した日常生活の支援、要介護状態等となることの予防または要介護状態等の軽減・悪化の防止、介護給付等に要する費用の適正化に関し、市町村が取り組むべき施策（これらを自立支援等施策という）に関する事項、および自立支援等施策の目標に関する事項は、市町村介護保険事業計画に定めるべき事項である。

解答のコツ&ポイント

⇨ 速習 介 L21

テーマ【市町村介護保険事業計画において定めるべき事項】
市町村介護保険事業計画で定めるべき事項は大きくわけると3つです。ここは、しっかりとおさえておきましょう。

◎認知症対応型共同生活介護、地域密着型特定施設入居者生活介護、地域密着型介護老人福祉施設入所者生活介護の必要利用定員総数と介護給付等対象サービスの種類ごとの量の見込み
◎地域支援事業の量の見込み
◎自立支援等施策に関する事項、およびこれらの目標に関する事項

第24回◇問題14

介護予防・日常生活支援総合事業について正しいものはどれか。**3つ**選べ。

1　要支援者は、介護予防・生活支援サービス事業の対象となる。

2　要介護の第1号被保険者は、一般介護予防事業の対象となる。

3　介護方法の指導など要介護被保険者を現に介護する者の支援のための事業は、介護予防・生活支援サービス事業に含まれる。

4　地域支援事業の一部である。

5　包括的支援事業の一部である。

解説

正答　1、2、4

1　○　介護予防・生活支援サービス事業（第1号事業）の利用対象は、基本チェックリストに該当した第1号被保険者および要支援者（要介護認定前から市町村の補助により実施される介護予防・生活支援サービス事業を継続的に利用する要介護者も含む）である。

2　○　要介護者かどうかにかかわらず、一般介護予防事業はすべての第1号被保険者が対象となる。

3　×　選択肢の内容の事業を家族介護支援事業といい、任意事業において行われる。

4　○　地域支援事業は、大きく①介護予防・日常生活支援総合事業、②包括的支援事業、③任意事業で構成される。①、②は市町村が必ず行う必須事業である。

5　×　包括的支援事業と介護予防・日常生活支援総合事業は別の事業である。

解答のコツ&ポイント

⇨ 速習 介 L19

テーマ【介護予防・日常生活支援総合事業】

選択肢1、2は総合事業の利用対象を理解していれば解ける基本問題です。また、選択肢3～5は地域支援事業の構成を把握していれば正誤を判別できます。

◎介護予防・日常生活支援総合事業⇨介護予防・生活支援サービス事業、一般介護予防事業

◎包括的支援事業⇨第1号介護予防支援事業、総合相談支援業務、権利擁護業務、包括的・継続的ケアマネジメント支援業務、在宅医療・介護連携推進事業、生活支援体制整備事業、認知症総合支援事業

◎任意事業⇨介護給付等費用適正化事業、家族介護支援事業、その他の事業

関連問題…26-15 25-14 22-13

第24回◇問題15

介護サービス情報の公表制度における居宅介護支援に係る公表項目として正しいものはどれか。**3つ**選べ。

1 サービス担当者会議の開催等の状況
2 入退院に当たっての支援のための取組の状況
3 ターミナルケアの質の確保のための取組の状況
4 利用者のプライバシーの保護のための取組の状況
5 身体的拘束等の排除のための取組の状況

解説

正答 1、2、4

1 ○ 介護サービス事業者は、介護サービス情報の公表が義務づけられている。「サービス担当者会議の開催等の状況」は居宅介護支援における公表項目に含まれる。

2 ○ 「入退院に当たっての支援のための取組の状況」は、居宅介護支援における公表項目に含まれる。

3 × 「ターミナルケアの質の確保のための取組の状況」は、施設サービスなどにおける公表項目である。

4 ○ 「利用者のプライバシーの保護のための取組の状況」は、居宅介護支援をはじめ、介護サービス事業者共通の公表項目である。

5 × 「身体的拘束等の排除のための取組の状況」は、居住系サービス、通所サービス、短期入所サービス、施設サービスにおける公表項目である。

解答のコツ&ポイント

⇨ 速習 介 L18

テーマ【介護サービス情報の公表制度における公表内容】

介護サービス事業者が公表すべき情報のうち、居宅介護支援の「運営情報」について問われています。細かい内容と思われるかもしれませんが、居宅介護支援のサービス内容を考えれば、選択肢3と5を×として正答を導き出すことができるはずです。

◎基本情報⇨基本的な事実情報

◎運営情報⇨サービスに関する具体的な取り組みの状況

◎公表の流れ⇨サービス提供開始時には基本情報を、定期的に年1回程度、基本情報と運営情報を都道府県知事に報告。必要がある場合には報告された情報を調査のうえ、都道府県知事が公表

第24回◇問題16

要介護認定の認定調査について正しいものはどれか。**3つ**選べ。

1　認定調査は、介護保険法に基づき都道府県に委託することができる。

2　新規認定の調査は、市町村の担当職員が行う。

3　更新認定の調査は、介護支援専門員に委託することができる。

4　被保険者が正当な理由なく認定調査に応じない場合には、市町村は申請を却下することができる。

5　要介護認定の申請後、認定調査の前に受けた介護サービスは、保険給付の対象にならない。

解説

正答 2、3、4

1　×　認定調査は原則として市町村が行い、新規認定・更新認定・変更認定の調査のいずれにおいても、都道府県に委託することはできない。

2　○　新規認定の調査は市町村の担当職員（福祉事務所のケースワーカーや市町村保健センターの職員など）が行う。なお、新規認定では例外的に指定市町村事務受託法人には委託が可能となっている。

3　○　更新認定・変更認定の調査では、介護支援専門員に委託が可能である。

4　○　記述のとおりである。また、被保険者が正当な理由なく市町村の指定する医師などの診断に応じないときも、申請を却下することができる。

5　×　新規認定された場合、認定の効力は申請日に遡（さかのぼ）るため、申請日から保険給付の対象となる。また、暫定居宅サービス計画等を作成すれば、現物給付を受けることも可能である。

解答のコツ＆ポイント

⇨ 速習 介 L9、10

テーマ【要介護認定の認定調査】

いずれもよく問われる基本問題です。認定調査の委託、認定の効力（申請日に遡る）をおさえることで正答できます。

◎新規認定調査の委託⇨指定市町村事務受託法人のみ

◎変更認定・更新認定調査の委託⇨指定市町村事務受託法人、地域包括支援センター、指定居宅介護支援事業者、地域密着型介護老人福祉施設、介護保険施設、介護支援専門員

第24回◇問題17

要介護認定の更新認定について正しいものはどれか。**2つ**選べ。

1　更新認定の申請ができるのは、原則として、有効期間満了の日の30日前からである。

2　被保険者は、地域包括支援センターに更新認定の申請手続きを代わって行わせることができる。

3　更新認定の調査は、介護保険施設に委託できない。

4　更新認定の有効期間は、原則として、12月間である。

5　更新認定の効力は、更新のための認定調査を受けた日から生じる。

解説

正答　2、4

1　×　更新認定の申請ができるのは、原則として、有効期間満了日の60日前から満了日までの間である。

2　○　更新認定の申請手続きは、基本的に新規認定の申請手続きと同じである。申請は、本人のほか、地域包括支援センター、指定居宅介護支援事業者、地域密着型介護老人福祉施設、介護保険施設、社会保険労務士法に基づく社会保険労務士、民生委員、成年後見人、家族、親族等が代行・代理して行うことができる。

3　×　更新認定の調査は、介護保険施設に委託できる。

4　○　更新認定の有効期間は、原則として、12か月である。介護認定審査会の意見に基づき、市町村が必要と認める場合は、3か月から36か月（前回の要介護度等から変化がない場合は3か月から48か月）の範囲で短縮や延長が認められている。

5　×　更新認定の効力は、更新前の認定の有効期間満了日の翌日から発生する。

解答のコツ&ポイント

⇨ 速習 介 L9、10

テーマ【更新認定の申請・認定・有効期間】

更新認定についての問題ですが、申請手続きや認定の委託などは、新規申請の内容と同じです。問題16にも同ポイントが出題されているので確認しましょう。選択肢5は、新規認定の効力と混同しないようにしましょう。

◎新規認定の効力発生日⇨申請した日

◎更新認定の効力発生日⇨更新前の認定の有効期間満了日の翌日

◎変更認定の効力発生日⇨被保険者の申請による場合は申請日、市町村の職権による場合は市町村の処分（認定）日

第24回◇問題18

要介護認定について正しいものはどれか。**3つ**選べ。

1　一次判定は市町村が行い、二次判定は都道府県が行う。
2　介護認定審査会は、都道府県が定める基準に従い、審査判定を行う。
3　一次判定で非該当となった者についても、二次判定を行う。
4　第２号被保険者の二次判定では、要介護状態の原因である身体上又は精神上の障害が特定疾病によって生じたものかどうかも審査する。
5　介護認定審査会は、被保険者の要介護状態の軽減又は悪化の防止のために必要な療養について、市町村に意見を述べることができる。

解説

正答 3、4、5

1 × 一次判定は、認定調査の基本調査などをもとにコンピュータが要介護認定等基準時間を推計して判定するものである。市町村はこの一次判定結果と認定調査票の特記事項、主治医意見書を介護認定審査会に通知し、介護認定審査会が二次判定を行う。

2 × 介護認定審査会の審査・判定の基準は、国が定める全国一律のものとなっている。

3 ○ 要介護認定は、一次判定・二次判定を経て行われ、どちらかを省略することはない。

4 ○ 第２号被保険者は、要介護状態等の原因が特定疾病であることが認定要件であるため、特定疾病に該当するかを介護認定審査会が審査・判定する。

5 ○ 介護認定審査会から、要介護状態等の軽減または悪化の防止のために必要な療養に関する事項について意見が述べられている場合は、市町村は被保険者が受けられるサービスの種類を指定することができる。この場合は、指定されたサービス以外の保険給付は行われない。

解答のコツ&ポイント

⇨ 速習 介 L9、10

テーマ【要介護認定の概要と介護認定審査会による審査・判定】
要介護認定の基本的な流れをおさえていれば、正答できるでしょう。介護認定審査会は審査・判定をする機関で、認定を行うのは市町村であるということも注意ポイントです。
◎認定の流れ⇨コンピュータによる一次判定→介護認定審査会が二次判定、判定結果と意見を市町村に通知→市町村による認定

関連問題…23-22 22-6

第24回◇問題19

指定居宅介護支援事業について正しいものはどれか。**2つ**選べ。

1　利用者の数が20人の場合には、常勤の介護支援専門員を1人以上置かなければならない。

2　通常の事業の実施地域を越えて、指定居宅介護支援を行ってはならない。

3　サービス担当者会議には、利用者及びその家族を必ず参加させなければならない。

4　提供した指定居宅介護支援の質の評価に関する事項を保険者に報告しなければならない。

5　サービス担当者会議において利用者の個人情報を用いる場合には、あらかじめ本人の同意を文書により得ておかなければならない。

解説

正答　1、5

1　○　利用者の数にかかわりなく、事業所には常勤の介護支援専門員を1人以上置かなければならない。

2　×　事業所が対応可能であれば、利用者の選定により通常の事業の実施地域以外で指定居宅介護支援を行うことができる。その場合は、利用者に別途交通費を請求できる。

3　×　サービス担当者会議は、利用者およびその家族の参加を基本とするが、家庭内暴力があるなど、参加が望ましくない場合には、必ずしも参加を求めるものではない。

4　×　事業者は、自ら提供するサービスの質の評価を行い、常にその改善を図ることが、指定居宅介護支援の基本取扱方針において規定されている。ただし、保険者にその質の評価に関する事項を報告する必要はない。

5　○　サービス担当者会議では、個人情報を開示することになるため、個人情報を用いる利用者・家族それぞれの同意をあらかじめ文書により得ておかなければならない。

解答のコツ&ポイント

⇨ 速習 介 L25、26

テーマ【指定居宅介護支援事業者の人員・運営基準】

選択肢5は、秘密保持にかかわる規定です。人員基準は頻出ポイントで、これらの正誤を判断できれば正答できます。

◎介護支援専門員⇨常勤で1人以上（利用者35人またはその端数を増すごとに1人を基準で、増員分は非常勤可）

◎サービス担当者会議⇨原則として、居宅サービス計画の新規作成時、変更時、更新認定時、区分変更認定時に開催

関連問題… 25-20 22-15 22-17改

第24回◇問題20改

指定居宅介護支援におけるアセスメントについて正しいものはどれか。**2つ**選べ。

1　利用者との初回面接から居宅サービス計画の作成・交付までの一連の流れを指す。

2　現在利用している支援などの状況について、介護保険給付以外のものを含めて把握する。

3　いかなる場合であっても必ず利用者の居宅を訪問し、利用者及びその家族に面接して行わなければならない。

4　課題分析標準項目には、地域の社会資源に関する項目は含まれない。

5　アセスメントの結果の記録は、2年間保存しなければならない。

第24回
介護支援分野

解説

正答　2、5

1　×　アセスメント（課題分析）とは、居宅サービス計画の作成にあたり、利用者の有する能力、すでに提供を受けているサービス、おかれている環境などの評価を通じて、利用者が抱えている問題を明らかにし、利用者が自立した日常生活を営むことができるように支援するうえで解決すべき課題を把握する手続きである。

2　○　課題分析標準項目における「現在利用している支援や社会資源の状況」は、介護保険の給付対象にかかわらず把握する必要がある。

3　×　アセスメントは、原則として利用者の居宅を訪問し、利用者・家族への面接により行わなければならないが、利用者が入院中であるなど物理的に不可能な場合は、このかぎりではない。

4　×　課題分析標準項目には、「現在利用している支援や社会資源の状況」に関する項目が含まれる。

5　○　アセスメントの結果の記録など、指定居宅介護支援の提供に関する記録はその完結の日から2年間保存しなければならない。

解答のコツ&ポイント

⇨ 速習 上 L25、26

テーマ【指定居宅介護支援におけるアセスメント】

アセスメントに関する問題です。選択肢4の課題分析標準項目を理解していなくても、それ以外の設問で正誤の判別がつくでしょう。

◎課題分析標準項目（課題分析に関する項目）⇨健康状態、ADL、IADL、認知機能や判断能力、コミュニケーションにおける理解と表出の状況、生活リズム、排泄の状況、清潔の保持に関する状況、口腔内の状況、食事摂取の状況、社会とのかかわり、家族等の状況、居住環境、その他留意すべき事項・状況（虐待、経済的困窮など）

関連問題… 26-20 26-21 23-20

第24回◇問題21

居宅サービス計画の作成について適切なものはどれか。**2つ**選べ。

1　地域におけるサービス提供体制にかかわらず、利用者が希望するサービスを最優先に位置付ける。

2　地域の住民による自発的な活動によるサービスは含めない。

3　生活全般の解決すべき課題を記載する。

4　被保険者証に認定審査会意見の記載がある場合には、これに沿って作成する。

5　利用者の選択を求めることなく、同一事業主体が提供する複数のサービスのみを組み合わせる。

解説

正答　3、4

1　×　介護支援専門員は、**利用者の希望**と**アセスメントの結果**による専門的見地に基づき、居宅サービス計画の原案を作成する。また、その際には**地域におけるサービス提供体制**を**勘案**したうえで、実現可能な計画とする必要がある。

2　×　居宅サービス計画は、利用者の日常生活全般を支援する観点から作成される。介護給付等対象サービス以外にも、**地域の住民の自発的な活動**によるサービス（見守り、配食、会食など）や市町村などによる保健医療・福祉サービスも**含めて**居宅サービス計画に位置づけ、総合的な計画となるよう努めなければならない。

3　○　「居宅サービス計画書（2）」には、アセスメントで導き出された**生活全般の解決すべき課題**（ニーズ）とそれに対応する**目標**や援助内容などを記載していく。

4　○　介護支援専門員は、被保険者証に介護認定審査会の**意見**やサービスの**種類**の指定が記載されている場合は、利用者にその旨を説明し理解を得たうえで、その**内容に沿って**計画を作成しなければならない。

5　×　**利用者自身のサービス選択**に資するよう、サービス内容などの情報を適正に提供する。選択肢のほか、特定の事業者に偏った情報を提供するようなことがあってはならない。

解答のコツ&ポイント

⇨ 速習 介 L26

テーマ【居宅サービス計画の作成】

居宅サービス計画の作成にかかわる運営基準第13条からの出題です。いずれも過去に繰り返し出題されている事項なので、しっかり学習しておけば正答できるはずです。

◎その他注意すべき運営基準のポイント⇨居宅サービス計画に通常より多い回数の訪問介護（生活援助）を位置づける場合の市町村への届出、医療サービス利用の場合の主治医の指示、短期入所サービスの居宅サービス計画への位置づけなど

第24回◇問題22

施設サービス計画書の記載について適切なものはどれか。**3つ**選べ。

1 「目標」は、実際に解決が可能と見込まれるものでなくてはならない。

2 目標の「期間」については、「認定の有効期間」は考慮しない。

3 サービス実施の「頻度」には、週に１回、１日に１回のように一定期間内での回数、実施曜日等を記載する。

4 「利用者及び家族の生活に対する意向」には、利用者及びその家族の生活に対する意向が異なる場合には、利用者の意向のみを記載する。

5 「サービス内容」には、「短期目標」の達成に必要であって最適なサービス内容とその方針を記載する。

解説

正答 1、3、5

1 ○ 施設サービス計画書に記載する目標（長期目標・短期目標）は、「生活全般の解決すべき課題」に対応して設定するが、実際に解決が可能と見込まれるものでなくてはならない。なお、目標のうち「長期目標」は、基本的には解決すべき課題に対応して設定し、「短期目標」は、解決すべき課題と長期目標を達成するための段階的で具体的な内容である。

2 × 目標の「期間」については、要介護認定の有効期間を考慮して設定する。

3 ○ また、「施設サービス計画書（２）」にはサービスの「担当者」、サービス実施の「期間」も記載する。

4 × 「利用者及び家族の生活に対する意向」には、利用者・家族が、どのようなサービスをどの程度の頻度で利用しながら、どのような生活をしたいと考えているのかについて課題分析の結果を踏まえて記載する。利用者およびその家族の生活に対する意向が異なる場合には、それぞれの意向を区別して記載する。

5 ○ 記述のとおり、サービス内容は、短期目標の達成を念頭においたものとなる。

解答のコツ&ポイント

⇨ 速習 介 L30

テーマ【施設サービス計画の記載要領】

施設サービス計画の記載方針は、基本的に居宅サービス計画と同じです。選択肢２と５の正誤を判別することがポイントになります。

◎施設サービス計画の様式⇨①施設サービス計画書（1）、②施設サービス計画書（2）、③週間サービス計画表、④日課計画表（③④いずれかを作成）、⑤サービス担当者会議の要点、⑥施設介護支援経過

第24回◇問題23

生活保護世帯のＡさん（78歳、要介護３）は、夫（84歳、要支援２）との二人暮らしである。Ａさんは日常的に居宅サービスを利用しているが、夫自身は介護保険のサービスの利用を望んでいない。Ａさんから電話があり、「自宅での生活が厳しくなってきたので、二人で施設に入所したいのですが、福祉事務所のケースワーカーからは夫の介護度では二人一緒の入所はできないと言われてしまいました。どうしたらいいでしょうか」との相談があった。介護支援専門員の対応として、より適切なものはどれか。**３つ**選べ。

1　福祉事務所のケースワーカーに発言の意図を確認する。
2　直ちにＡさんへの居宅サービスの追加を調整する。
3　Ａさんとの面談日を調整する。
4　地域包括支援センターに、夫がサービスを利用するように説得を依頼する。
5　Ａさんが利用している居宅サービス事業所に連絡し、最近のＡさんの様子等に関する情報を収集する。

解説

正答　1、3、5

1　○　夫は介護保険施設には入所できないが、生活保護受給者を受け入れている特定施設などもある。福祉事務所のケースワーカーに発言の意図を確認するのは適切である。

2　×　Ａさんから「自宅での生活が厳しくなってきた」「二人で施設に入所したい」という主訴があるため、再アセスメントをして課題を導き出す必要がある。ただちに居宅サービスの追加を調整するのは適切ではない。

3　○　アセスメントのため、面談日を調整するのは適切である。

4　×　説得では、相手が頑なになり、信頼関係を壊すおそれもある。夫がなぜ介護保険のサービスの利用を望んでいないのか、まずその背景や要因を明らかにする必要がある。

5　○　再アセスメントをするにあたり、サービス担当者などから情報を得るのは適切である。

解答のコツ＆ポイント

⇨ 速習　介 L26
　　　　福 L3

テーマ【サービス支援拒否と施設入所】

選択肢２の、必要な手順を踏まずに「ただちに～する」、選択肢４の、利用者や家族に対する「説得」は事例問題の誤りの選択肢によく出てくるキーワードです。選択肢２と４を×と判断できれば、すぐに正答を導き出せます。

第24回◇問題24

要介護１の認定を受けた一人暮らしのＡさん（80歳、女性）から依頼を受け、アセスメントのために訪問した。Ａさんの希望は、区分支給限度基準額の範囲内で、気の合う友人が利用するＢデイサービスに一緒に通うこと、及び、腰や膝の痛みで掃除や買い物などが面倒になってきたのでなるべく多く訪問介護を使うことであり、アセスメントは必要ないと拒絶されてしまった。自立支援・重度化防止の観点に立った介護支援専門員の対応として、より適切なものはどれか。**２つ選べ。**

1　十分なアセスメントなしではケアプランを作成できないので、ケアプランの依頼を断る。
2　Ａさんの希望どおり、Ｂデイサービスを利用する目標を「友人と楽しく過ごすことができる」として、ケアプランを作成する。
3　Ｂデイサービスの体験利用を提案するなど、アセスメントが行えるようＡさんとの関係性の構築に努める。
4　腰や膝の痛みについて主治の医師と相談して適切な対応を検討しようとＡさんに提案する。
5　区分支給限度基準額の上限までのサービス利用が保険者に認められるよう、理由を一緒に考えたいとＡさんに伝える。

解説

正答　3、4

1　×　Ａさんがアセスメントを拒絶することをもって、居宅介護支援の提供を拒否することはできない。アセスメントの必要性を十分に説明し、理解してもらう必要がある。
2　×　Ａさんの希望するサービスをそのまま記載するのではなく、Ａさんの希望を踏まえつつ、アセスメントの結果に基づく専門的な観点から援助内容を導き出す必要がある。
3　○　Ａさんにアセスメントの必要性を理解してもらうために、さまざまな方法を試すことは適切といえる。
4　○　主治医からの意見を聞くことは、Ａさんが自身の身体の状態について客観的に考えるきっかけとなり、適切といえる。
5　×　サービス利用の妥当性を検証するのは介護支援専門員であり、「保険者に認められる」理由をＡさんと一緒に考えたいと伝えることは適切ではない。

解答のコツ＆ポイント

テーマ【自立支援・重度化防止のための居宅サービス計画の作成】
居宅サービス計画は、利用者の希望をそのまま記載するのではない、という大前提がわかれば、正答できる問題です。

⇨ 速習 介 L25、26

□／□／□／

第24回◇問題25

夫（75歳）と二人暮らしのＡさん（72歳、要介護４、パーキンソン病）について、最近、夫が「妻は他人が来ると具合が悪いふりをする」と話しており、夫による介護の仕方が乱暴になってきているようで心配だとの報告が訪問介護事業所からあった。この場合の介護支援専門員の対応として、より適切なものはどれか。**３つ選べ。**

1　改めてＡさんの状態についてアセスメントを行う。

2　訪問診療を行う医師に、夫に対してＡさんの病状についてより詳しく説明するように依頼する。

3　市町村に虐待案件として通報する。

4　夫の介護負担について具体的に夫から話を聞く。

5　夫が自宅で介護を続けるのは難しいので、Ａさんに施設入所を勧める。

解説

正答　1、2、4

1　○　訪問介護の担当者から利用者の状態の変化や心配ごとなどが寄せられた場合は、**再アセスメント**により新たな課題が生じていないか確認する必要がある。

2　○　医師による医学的観点から、Ａさんの状態に対する正確な知識を夫に伝えてもらうのは重要であり、適切といえる。

3　×　虐待があるのかまだわからない状態で、市町村に通報するのは適切ではない。虐待につながる利用者の身体的・心理的な変化はないかなど、まず多職種が**連携**して情報を集める必要がある。

4　○　夫の言動から、介護疲れなどがあることも考えられる。利用者を支援すると同時に、家族の介護負担を**軽減**し、家族一人ひとりの**自己実現**が図られる視点をもつ。

5　×　Ａさんや夫の意見を確認することなく、施設入所を勧めるのは適切ではない。居宅における**自立支援**を念頭においた支援が求められる。

解答のコツ＆ポイント

⇨ 速習　㊕ L3、26　㊢ L27

テーマ【パーキンソン病の妻を介護する夫への対応】

老老介護の事例です。家族の介護負担を軽減する視点も重要となります。選択肢３の、十分な確認をせずに「虐待案件として通報」、選択肢５の、本人の希望を無視しての「施設入所を勧める」も事例問題でよく出題されるパターンです。これらを×とすることで、すぐに正答を導き出せます。

●保健医療サービス分野●

関連問題…23-26

第24回◇問題26

高齢者にみられる疾病・病態について適切なものはどれか。**3つ**選べ。

1　薬疹は、薬剤服用後１～２か月で出ることが多い。

2　高齢者の肺炎は、再発・再燃を繰り返して難治化することがある。

3　白内障は、水晶体の混濁により視力低下をきたす。

4　脱水があっても、めまいやふらつきは生じない。

5　ナトリウムが欠乏していても、嘔気や頭痛などの自覚症状がないこともある。

解説

正答　2、3、5

1　×　薬疹は、薬剤服用後１～２**週間**で出ることが多い。

2　○　記述のとおりである。身体の抵抗力をつけ、感染予防が重要となる。また、**肺炎球菌**ワクチンやインフルエンザワクチンの**定期**予防接種は、重症化予防にも有効である。

3　○　記述のとおりである。初期症状は**羞明**（まぶしさを過剰に感じる状態）、夜間の視力低下などで、進行すると単眼複視、高度の視力低下となり、**失明**に至ることがある。

4　×　脱水になると、めまいやふらつきが**生じる**。このほか、だるさ、舌の**乾燥**、排尿回数の減少、**体重**減少、血圧低下、微熱、**頻脈**などもみられる。

5　○　高齢者の場合、症状が**非定型**的で、症状や徴候がはっきりしないことがある。このため、ナトリウムが欠乏しても、嘔気や頭痛などの自覚症状がないこともある。

解答のコツ&ポイント

⇨ 速習 保 L1、2、5、8

テーマ【高齢者の疾患の特徴】

高齢者の疾患の特徴についての理解を必要とする問題です。高齢者に起こりやすい肺炎や白内障、脱水などの疾病・病態については、整理して覚えておきましょう。

◎肺炎の重症化予防⇨肺炎球菌ワクチンやインフルエンザワクチンの定期予防接種が必要

◎白内障⇨水晶体の混濁。視力低下、進行すると失明に至ることがある

◎高齢者の疾患の特徴⇨症状の現れ方には個人差が大きく非定型的である、慢性の疾患が多く合併症を起こしやすい、薬剤の副作用が出やすいなど

第24回◇問題27

バイタルサインについて正しいものはどれか。**3つ**選べ。

1 バイタルサインとは、体温、脈拍、血圧、意識レベル及び呼吸である。
2 感染症に罹患しても、発熱がみられないことがある。
3 1分当たりの心拍数60以上を頻脈という。
4 血圧は、160/100mmHg 未満を目指すことが推奨されている。
5 口すぼめ呼吸は、慢性閉塞性肺疾患（COPD）によくみられる。

解説

正答 1、2、5

1 ○ 記述のとおり、バイタルサインとは、**生命の維持**にかかわる基本的な情報のことである。 p.349

2 ○ 高齢者では、感染症に罹患しても発熱がみられないこともあり、**発熱**の程度と重症度は必ずしも一致しない。

3 × 1分あたりの心拍数が**100**以上を**頻**脈、60未満を**徐**脈という。 p.349

4 × 日本高血圧学会の「高血圧治療ガイドライン（2019）」によると、一般成人および65～74歳の前期高齢者では診察室血圧**130/80**mmHg 未満、75歳以上の後期高齢者では診察室血圧**140/90**mmHg 未満をめざすことが推奨されている。

5 ○ 口をすぼめて息を吐くことにより、気管支の閉塞を防いで呼吸が**楽**になるため、**慢性閉塞性肺疾患**（COPD）患者によくみられる。 p.349

解答のコツ&ポイント

⇨ 速習 保 L9

テーマ【バイタルサイン】

バイタルサインの正常値を理解していれば、選択肢３、４は正誤が判断しやすい内容です。また、高齢者は症状が非定型的であることもおさえておきましょう。

◎バイタルサイン⇨生命の維持にかかわる基本的情報。主に体温、脈拍、血圧、意識レベル、呼吸を指す

◎脈拍⇨100以上は頻脈、60未満は徐脈

用語

口すぼめ呼吸とは、口をすぼめて息を吐く呼吸法のこと。

関連問題…25-29 23-30 22-37

第24回◇問題28

次の記述のうち適切なものはどれか。**2つ**選べ。

1　血清クレアチニン値は、高齢者の長期にわたる栄養状態をみる指標として用いる。

2　血清アルブミン値は、腎機能が悪化すると高値になる。

3　上腕や下腿の周囲長は、寝たきりなどで体重測定が難しい場合の低栄養の判定に使われる。

4　胸部X線検査は、心不全の診断にも有用である。

5　解熱せずに持続する発熱を、間欠熱という。

解説

正答　3、4

1　×　血清クレアチニン（Cr）値は、尿素窒素（BUN）値とともに腎機能の指標となる。腎機能が低下すると、値が上昇する。p.350

2　×　血清アルブミン値は、高齢者の長期にわたる栄養状態や生命予後をみるために、最も有効な指標となる。p.350

3　○　記述のとおりである。上腕周囲長は、骨格、内臓、筋肉などの総和を反映する。また、下腿周囲長は体重を反映し、浮腫の有無の判断目安となる。

4　○　胸部X線検査は、X線を用いて身体の中の形状をみることのできる画像検査で、心疾患や呼吸器疾患（COPD、肺がんなど）の診断に有用である。p.350

5　×　間欠熱とは、急激な発熱と解熱を繰り返すものをいう。記述は、稽留熱である。

解答のコツ&ポイント

速習 保 L9、10

テーマ【検査値】

検査値に関する基本的な問題で、血清クレアチニン、血清アルブミンは頻出です。主な検査項目と検査値の変化の意味について、整理しておさえておきましょう。

◎血清クレアチニン⇨尿素窒素とともに腎機能の指標

◎血清アルブミン⇨長期の栄養状態をみる最も有効な指標

◎栄養状態に関する身体計測⇨上腕や下腿の周囲長、体重、身長、体格指数（BMI）

◎胸部X線検査⇨心疾患や呼吸器疾患の診断に有用

第24回◇問題29

排泄について適切なものはどれか。**3つ**選べ。

1　排泄のアセスメントでは、排泄場所がトイレの場合には、居室、廊下、トイレの温度や明るさを確認する。

2　排泄のアセスメントでは、排便については、1週間の回数のみを確認すればよい。

3　強い尿意とともに尿が漏れることを、腹圧性尿失禁という。

4　排泄の介助に伴い、家族は腰痛や睡眠不足などの身体的影響を受けることがある。

5　食事内容の確認は、排泄のコントロールに必要である。

解説

正答　1、4、5

1　○　記述のとおりである。利用者の排泄の状態や排尿障害・排便障害の特徴を把握し、利用者の自立度に応じた排泄場所や排泄用具を検討することが重要である。

2　×　排便については、1週間の回数だけでなく、排便の時間や便の性状・量、失禁の有無などについて確認する必要がある。

3　×　腹圧性尿失禁とは、咳やくしゃみなど、腹圧がかかったときに尿が漏れるものをいう。記述は、切迫性尿失禁である。

4　○　記述のとおりである。このほか、排泄介助への負担感や不快感などの心理的影響、排泄用具等の維持・管理による経済的影響、外出や人づきあい、仕事などが困難になる社会的影響もあり、家族への配慮は必要である。

5　○　排泄のコントロールでは、生活内容との関係で考え、多職種と連携して食事内容や排泄の間隔、日中の活動状況などを確認し、排泄リズムを整えられるように支援する。

解答のコツ&ポイント

⇨ 速習 保 L13

テーマ【排泄のアセスメントと支援】

選択肢2の「1週間の回数のみを確認すればよい」は、排泄介助で観察する項目として不十分です。選択肢3は尿失禁の種類に関する設問で、比較的容易に正誤を判断できるでしょう。

◎排便のアセスメント⇨1週間の回数、排便の時間や便の性状・量、失禁の有無などを確認

◎尿失禁の種類⇨腹圧性尿失禁、切迫性尿失禁、溢流性尿失禁、機能性尿失禁など

第24回◇問題30

次の記述のうち適切なものはどれか。**3つ**選べ。

1　予定より早く目覚め、その後眠れなくなってしまうことを熟眠障害という。

2　唾液には、口腔内の自浄作用がある。

3　誤嚥性肺炎の発症を防ぐには、口腔内の環境を整えることが重要である。

4　本人から訴えがなくとも、義歯が合わないなど口腔に何らかの問題がある場合には、歯科受診を検討する。

5　ヒートショックとは、暑熱環境における身体適応の障害によって起こる病態である。

解説

正答　2、3、4

1　×　熟眠障害は不眠症の種類のひとつで、睡眠が浅く、すっきりと目覚めることができないことをいう。記述は、早朝覚醒である。

2　○　唾液には、口腔内の自浄作用のほか、そしゃく・嚥下・発音の補助、口腔内諸組織の保護作用、味覚誘起などのさまざまな役割がある。

3　○　誤嚥性肺炎は、口腔内や咽頭の病原菌を含む分泌物（痰や唾液）を誤嚥することでも発症する。口腔ケアを行って口腔内の細菌数を減少させることが、誤嚥性肺炎の予防には重要である。

4　○　記述のとおりである。口腔内に問題がある場合は、歯科医師や歯科衛生士と十分に連携する必要がある。

5　×　ヒートショックとは、急激な温度変化がもたらす血圧や脈拍の変動など身体への悪影響のことである。記述は、熱中症である。

解答のコツ&ポイント

⇨ 速習 保 L12、14、15

テーマ【高齢者に起こりやすい身体的変化】

選択肢2～4はいずれも基礎的な内容であり、○であると判断できるでしょう。選択肢4のような場合には、本人から訴えがなくても、歯科受診を検討する必要があります。

◎不眠症の種類⇨入眠困難、中途覚醒、早朝覚醒、熟眠障害

◎誤嚥性肺炎の予防⇨口腔ケアを行って口腔内の細菌数を減少させる

◎ヒートショック⇨急激な温度変化がもたらす身体への悪影響

＋1 プラスワン

不眠症の種類で、入眠困難とは、寝床に入ってもなかなか寝つけないこと、中途覚醒とは、夜間に目が覚めて、その後眠りにつきにくいことをいう。

関連問題… 26-31 25-32 23-34

第24回◇問題31

認知症のケアや支援について適切なものはどれか。**3つ**選べ。

1　認知症施策推進大綱では、医療従事者等の認知症対応力向上の促進を図ることとしている。

2　認知症疾患医療センターは、地域の介護関係者等への研修は行わない。

3　認知症ケアパスとは、認知症の人の状態に応じた適切な医療や介護サービスの提供の流れを示すものである。

4　認知症初期集中支援チームは、警察と介護事業者や地域の関係団体が協力して認知症の人を捜索する仕組みである。

5　認知症地域支援推進員は、認知症の人やその家族を支援する相談支援や支援体制を構築するための取組を行う。

解説

正答　1、3、5

1　○　設問は、認知症施策推進大綱が掲げる５つの柱の「医療・ケア・介護サービス・介護者への支援」における主な取り組みのひとつで、2025（令和７）年度末にはかかりつけ医認知症対応力向上研修の受講者数を９万人に増やすことが掲げられている。

2　×　認知症疾患医療センターは、①認知症疾患に関する**鑑別**診断と初期対応、② BPSDと身体合併症の**急性期**医療に関する対応、③**専門医療**相談などの実施、④地域保健医療・介護関係者への**研修**などを行っている。

3　○　記述のとおりである。認知症施策推進大綱では、2025（令和７）年までに市町村の作成率100%を目標に掲げている。

4　×　認知症初期集中支援チームは、認知症が疑われる人や認知症の人、その家族を複数の専門職が**訪問**し、アセスメント、家族支援などの初期の支援を**包括**的、**集中**的に行う。記述は、**SOS**ネットワークである。

5　○　記述のとおりである。認知症地域支援推進員はこのほか、地域の支援機関間の**連携**づくりや、認知症**ケアパス**の作成や活用の促進なども行う。

解答のコツ&ポイント

⇨ 速習 保 L17

テーマ【認知症のケアや支援】

認知症疾患医療センターと認知症初期集中支援チームも、認知症の人を支える地域資源であり、重要な役割を担っています。これらの内容を正しく理解できていれば、選択肢２、４は×と判断できるでしょう。

◎認知症疾患医療センター⇨都道府県・政令指定都市に設置

◎認知症初期集中支援チーム、認知症地域支援推進員⇨地域包括支援センターや認知症疾患医療センターなどに配置

関連問題… 25-27 23-35 22-35

第24回◇問題32

高齢者の精神疾患について適切なものはどれか。**3つ選べ。**

1 精神症状は定型的でなく、訴えが多彩かつ曖昧なのが特徴である。
2 老年期の抑うつの背景要因としては、社会的役割の喪失などがある。
3 老年期うつ病は、１年後に半数以上が認知症に移行する。
4 アルコール依存症の患者数に占める高齢者の割合は、近年急速に減少している。
5 老年期のアルコール依存症には、若年発症型と老年発症型がある。

解説

正答 1、2、5

1 ○ 高齢者の精神疾患では、**加齢**に伴う変化が深く関与している。症状は**非定型的**で、訴えが**多彩**かつ**あいまい**なのが特徴である。

2 ○ 老年期の抑うつやうつ病の発症要因のひとつに、配偶者や友人との**死別**、社会的役割の**喪失**などの**喪失体験**がある。

3 × １年後に半数以上が認知症に移行することは**ない**。ただし、一部は認知症に移行することがある。

4 × 高齢者は、体内の水分量の低下、アルコール代謝酵素の活性低下、アルコール感受性の亢進などもあり、アルコール依存症を**発症しやすい**。また、高齢者人口の増加もあり、アルコール依存症の患者数に占める高齢者の割合は年々**増加**している。

5 ○ 老年期のアルコール依存症には、**若年**発症型と**老年**発症型がある。老年発症型のほうが、治療への反応は**良好**といわれる。

解答のコツ&ポイント

速習 保 L18

テーマ【高齢者の精神疾患】

選択肢３と４の「１年後に半数以上が認知症」「近年急速に減少」などの文言はエビデンスが乏しく、直感的に×と判断できるのではないでしょうか。消去法でも正答できる問題です。

◎高齢者のアルコール依存症の発症要因⇨身体的老化、喪失体験、社会的孤立などの環境的変化

◎高齢者のアルコール依存症の特徴⇨離脱症状が長引きやすい、糖尿病、高血圧、認知症、うつ病を合併しやすい

関連問題… 26-33 23-36 22-38

第24回◇問題33

診察や治療について、より適切なものはどれか。**2つ**選べ。

1 医学的診断のプロセスでは、主訴の前に、家族歴や既往歴の聴取を行う。
2 診察や検査は、患者の身体的負担が小さいものから行うことが原則である。
3 治療は、診断に基づいて行うことが重要である。
4 最も治療効果の高い治療法を常に選択する。
5 介護支援専門員は、医学的な立場から治療法について助言すべきである。

解説

正答 2、3

1 × 医師は、**主訴**とともに家族歴や既往歴を聴取し、診察を行う。

2 ○ また、患者の身体的負担や侵襲が大きい検査は、患者自身がその必要性や負担を理解したうえで受ける必要がある。

3 ○ 医師は、検査を実施し、診断が**確定**したうえで治療を行う。

4 × 検査の必要性や今後の治療方針を決める際には、**インフォームド・コンセント**が必要である。患者は医師からの診断結果や予後の説明、治療の説明を聞いたうえで、どのような治療を受けるか、受けないかを**自己決定**する権利があり、常に最も治療効果の高い治療法が選択されるとはかぎらない。

5 × 医学的な立場から治療法について助言する立場にあるのは、介護支援専門員ではなく**医師**である。介護支援専門員は、利用者の生活状況に関する情報を提供するなどして、医療職と連携する。

解答のコツ&ポイント

⇨ 速習 保 L19

テーマ【診察や治療のプロセス】

実際に病院などで診察を受けるプロセスを想定すれば、選択肢1～3は容易に判断できるはずです。選択肢4はインフォームド・コンセントにかかわる設問です。選択肢5は直感的に×と判断できます。

◎インフォームド・コンセント⇨患者が説明を聞いて納得したうえで同意すること

◎主訴⇨患者が今どのような症状に困っているのかという訴え

◎医学的診断のプロセス⇨主訴・病歴などの聴取→診察→検査の必要性の説明と同意の取得→検査の実施→診断確定→結果・予後・治療の説明と同意の取得→治療の開始

関連問題…23-32 22-31

第24回◇問題34

高齢者にみられる疾病・病態について適切なものはどれか。**3つ**選べ。

1 誤嚥性肺炎の予防には、嚥下機能のみを維持すればよい。

2 大腿骨頸部骨折は、寝たきりの原因となりやすい。

3 薬の副作用によるふらつきにより、転倒を起こすことがある。

4 排泄物による皮膚の湿潤が加わることで、褥瘡が生じやすくなる。

5 褥瘡ができた直後から約１～２か月の時期を急性期と呼ぶ。

解説

正答 2、3、4

1 × 誤嚥性肺炎は、飲食物の一部が誤嚥により肺に入り、感染を起こしたり、口腔内や咽頭の病原菌を含む分泌物を繰り返し吸引したりすることにより起こる。このため、嚥下機能の維持のみではなく、口腔ケアが重要となる。

2 ○ 大腿骨頸部骨折は、長期安静をすることで寝たきりにつながりやすく、注意が必要となる。

3 ○ 高齢者は、運動機能の低下、薬剤の影響、視力の低下、認知機能の低下などにより転倒しやすくなる。

4 ○ 褥瘡は、加齢などによる皮膚の脆弱化、皮膚の不潔、湿潤、摩擦などの局所的要因、低栄養などの全身的要因、介護力不足などの社会的要因が、相互に影響し、発生にかかわっている。

5 × 褥瘡の急性期は、褥瘡ができた直後からおおむね１～２週間の時期である。

解答のコツ&ポイント

⇨ 速習 保 L1、5、7、11

テーマ【高齢者にみられる疾病・病態】

基本的な問題が多く、迷う選択肢があっても消去法で答えられるはずです。選択肢１の「のみを～すればよい」のような文言は、誤選択肢と考えましょう。

◎転倒の要因⇨運動機能の低下、薬剤の影響、視力の低下、認知機能の低下など

◎骨折の要因⇨転倒、骨粗鬆症など

◎骨折しやすい箇所⇨大腿骨頸部、胸腰椎、橈骨遠位端（手首の辺り）、肋骨、上腕骨近位端（肩）

関連問題… 26-35 25-36 23-38

第24回◇問題35

栄養に関するアセスメントについて正しいものはどれか。**3つ**選べ。

1 高齢者は、若年者に比べてエネルギー摂取量が少ないことを当然の前提とする。
2 低栄養状態の徴候には、筋肉量の減少、血清たんぱく質の減少などがある。
3 低栄養状態は、フレイルや要介護状態の要因の一つである。
4 認知症高齢者については、異食、盗食などの摂食行動の有無を把握する。
5 高齢者の摂食・嚥下障害は、栄養過多を引き起こすおそれがある。

解説

正答 2、3、4

1 × アセスメントでは、高齢者は食が細いのはあたり前として食事量やエネルギー摂取量が少ないことを当然の前提とせず、何を残すのか、なぜ食事が進まないのかなどを観察し、エネルギーやたんぱく質が欠乏して低栄養状態にならないよう適切に対応することが大切である。

2 ○ 低栄養状態の徴候となるのは、体重減少（低体重）、BMIの低下、筋肉量の減少、血清アルブミン値の低下などである。

3 ○ 低栄養状態では、筋肉量の減少、基礎代謝の低下、消費エネルギー量の低下、食欲低下などの負の循環を招きやすく、フレイル（虚弱）や要介護状態の大きな要因となる。

4 ○ 認知症高齢者では、食事中の傾眠、失認、拒食、偏食のほか、徘徊、異食、盗食などBPSDへの対応が重要となり、アセスメントによりこれらの行動の有無を確認する必要がある。

5 × 摂食・嚥下障害があると、誤嚥による肺炎や窒息、脱水のほか、食事摂取量が低下することによる低栄養が問題となる。

解答のコツ&ポイント

⇨ 速習 保L20

テーマ【栄養に関するアセスメント】

選択肢1をうっかり○にしないことが大切です。選択肢2～5はいずれも解答しやすい設問といえます。

◎低栄養状態⇨生活機能が低下、免疫力が低下、感染症にかかりやすい、筋肉量の減少、基礎代謝の低下、消費エネルギー量の低下、食欲低下などにより、フレイルや要介護状態の要因になる

関連問題…26-37 23-39 22-39

第24回◇問題36

感染予防について、より適切なものはどれか。**3つ**選べ。

1 すべての人が感染症にかかっている可能性があると考え、感染予防に努める。
2 症状のある人だけマスクを着用して感染予防に努めればよい。
3 手洗いでは、指先、指の間、親指、手首を洗い忘れないようにすることが基本となる。
4 マスクや手袋、エプロンやガウンはできるだけ節約し、使い回すように心がける。
5 高齢者は、一般的に感染症に対する抵抗力が低下していることを前提とする。

解 説

正答 1、3、5

1 ○ 標準予防策（スタンダード・プリコーション）では、あらゆる人の血液、体液、分泌物、排泄物、創傷のある皮膚、粘膜には感染性があると考えて感染対策を実施する。

2 × 感染症の症状がない場合でも、感染症予防のためマスクを着用することが推奨される。

3 ○ 標準予防策の具体的な方法に、手指衛生、うがい、個人防護具、咳エチケットがある。このうち手指衛生における手洗いは、流水と石けんにより手のひら、指先、指の間、親指、手首まで実施する。手洗いは、手袋をはずしたあとにも行う。

4 × マスクや手袋、エプロンやガウンなどの個人防護具は、使い捨てとする。

5 ○ 高齢者は一般に感染症に対する抵抗力が弱いため、ワクチン接種などにより感染予防に努めることが重要となる。

解答のコツ&ポイント

⇨ 速習 保 L23

テーマ【感染予防】

選択肢1は標準予防策の考え方を知っていれば正誤が判断できます。選択肢2は、新型コロナウイルス感染症の流行を踏まえた設問といえるでしょう。

◎手指衛生⇨流水と石けんによる手洗い、消毒（アルコール製剤など）
◎うがい⇨訪問時、作業を終えたときなど
◎個人防護具⇨使い捨てが基本
◎咳エチケット⇨マスク着用

関連問題… 25-37 23-40 22-34

第24回◇問題37

在宅医療管理について正しいものはどれか。**3つ**選べ。

1　在宅中心静脈栄養法は、点滴栄養剤を中心静脈に直接入れる方法である。

2　在宅自己注射は、家族以外の訪問介護員も行うことができる。

3　経鼻胃管は、定期的に交換する必要はない。

4　悪性腫瘍疼痛管理では、身体的側面だけでなく、精神的側面からも考えることが重要である。

5　人工呼吸療法には、侵襲的、非侵襲的に行うものの2種類がある。

解説

正答　1、4、5

1　○　在宅中心静脈栄養法は、心臓に近い太い上大静脈にカテーテルを挿入し、点滴栄養剤を直接入れる方法である。皮下にポートを埋め込み、点滴時のみポートとカテーテルをつなぐ方法（完全皮下埋め込み式）もある。

2　×　在宅自己注射は、利用者本人または家族が行う。医療処置であるため、訪問介護員は行うことができない。

3　×　経鼻胃管は、1か月をめどに交換する。

4　○　悪性腫瘍疼痛管理はがんの痛みへの対応であり、身体的側面だけでなく、精神的側面からも考えることが重要である。

5　○　人工呼吸療法には、マスクなどを装着して実施する非侵襲（しんしゅう）的陽圧換気法（NPPV）と、気管切開などをして実施する侵襲的陽圧換気法（IPPV）がある。

解答のコツ＆ポイント

⇨ 速習 保 L22

テーマ【在宅医療管理】

選択肢2は、訪問介護員は医行為を行うことができない点を理解していれば正答できるでしょう。選択肢3の「定期的に交換する必要はない」を直感的に×と判断できれば、消去法で正答できます。なお、一定の要件を満たした訪問介護員は、例外的に医行為である喀痰吸引を行うことができますので、あわせて覚えておきましょう。

◎喀痰吸引⇨痰の吸引（口腔内、鼻腔内、気管カニューレ内部）および経管栄養（経鼻、胃ろう、腸ろう）

関連問題… 26-36 22-26

第24回◇問題38

高齢者の病状・病態について適切なものはどれか。**3つ選べ。**

1　喘息や心不全による呼吸困難では、起座呼吸で症状が楽になることが多い。
2　心筋梗塞の症状には、必ず強い胸痛がみられる。
3　脚の骨折で多い部位は、骨幹部（骨の中央）である。
4　寝たきりの高齢者は、吐いたものが気管や肺に入り、誤嚥性肺炎を起こすことがある。
5　急激に浮腫が出現した場合には、心不全の増悪なども考えられる。

解説

正答　1、4、5

1　○　喘息（ぜんそく）や心不全による呼吸困難では、あお向けよりも姿勢を**座位**や**半座位**にすると症状が楽になる。

2　×　心筋梗塞は、激しく、また長引く前胸部の痛みとしめつけ感が典型的な症状だが、高齢者では**胸痛がみられず**、**腹痛**、**冷や汗**、**吐き気**、**呼吸困難**などが主症状のこともあるため注意が必要となる。

3　×　脚の骨折で多い部位は、脚の付け根である**大腿骨頸部**（だいたいこつけいぶ）である。

4　○　寝たきりの高齢者は、吐いたものが気管や肺に入り、誤燕性肺炎または窒息を起こすことがある。吐き気があるときは**側臥位**にし、上の脚を曲げ、下になった脚を伸ばして寝かせるとよい。

5　○　**浮腫**や**腹水**がみられる場合は、心不全、低栄養、肝硬変、腎臓病、悪性腫瘍の可能性があり、特に**急激な浮腫**は**心不全の急性増悪**が考えられる。

解答のコツ&ポイント

⇨ 速習 保 L24

テーマ【高齢者の急変】
高齢者の急変時にみられる症状への理解が問われています。心疾患と起座呼吸はよく問われるポイントなのでしっかりおさえておきましょう。
◎起座呼吸⇨呼吸困難が臥位で増強、起座位または半座位で軽減することで、左心不全の主要徴候である。気管支喘息、肺炎、気管支炎でも起こる

関連問題…25-39 23-28

第24回◇問題39

次の記述のうち適切なものはどれか。**3つ**選べ。

1　眼の疾患により、ふらつきを生じることはない。

2　高齢者では、若年者と異なり、薬の副作用は出ない。

3　骨粗鬆症は、骨折後に診断されることもある。

4　脳卒中は、再発すると後遺症が重くなることがある。

5　糖尿病の薬物療法を受けている患者が食事をとらない場合には、低血糖になる可能性もある。

解説

正答　3、4、5

1　×　視覚は身体のバランスに影響を与えるので、眼疾患がふらつきの原因となることがある。

2　×　加齢による生理・生体機能の変化は、薬剤の生体内での作用に影響を与える。薬物代謝の速度が遅くなったり、薬剤の排出が遅くなるなどにより薬剤の血中濃度が上昇し、作用が増強したり、副作用を引きおこしたりすることがある。

3　○　骨粗鬆症は、初期には無症状で、骨折してから診断されて気づくことが多いため、早期に診療を受けることが重要となる。

4　○　脳血管障害（脳卒中）は再発しやすく、再発するほど後遺症が重くなる。生活習慣病の予防やコントロールが重要である。

5　○　インスリン治療中は、食事の摂取量が低下すると薬が効きすぎて、低血糖症状になることがある。糖尿病以外の病気にかかったシックデイにも、血糖コントロールが乱れるため注意が必要となる。

解答のコツ&ポイント

⇨ 速習 保 L2、3、7、8、21

テーマ【目の疾患、薬の副作用、骨粗鬆症、脳卒中、糖尿病】
骨粗鬆症は、無自覚で骨折することで診断されることが多い疾患です。選択肢3～5は、いずれも重要なポイントなのでしっかりおさえておきましょう。

◎脳血管障害の再発予防⇨食事の見直し、適度な運動、禁煙、飲酒量の調節、血圧管理など

◎シックデイ⇨血糖コントロールが乱れ、高血糖や低血糖になりやすく、急性合併症を招くこともある

関連問題…26-40 25-40 23-41

第24回◇問題40

高齢者の臨死期のケアについて、より適切なものはどれか。**3つ**選べ。

1　つじつまの合わないことを言う場合も、それを否定せずに対応する。
2　反応がないように見えても、いつもどおりの声かけをする。
3　息苦しさが楽になるように、常にベッドを平らにする。
4　口腔内の保湿や清潔を保つ。
5　急変時の対応は、そのときに考えればよい。

解説

正答 1、2、4

1 ○ 臨死期では、せん妄によりつじつまのあわないことを言う場合もあるが、否定せずに利用者に安心感を与える対応を心がける。

2 ○ 反応がなくなり、意思の疎通が難しくなっても、聴覚は最期まで保たれるといわれる。いつも通りの声かけをして、安心感を与える。

3 × 常にベッドを平らにするのではなく、息苦しさが楽になるようにベッドの角度を調整し、姿勢をくふうする。

4 ○ 口唇も口腔内も乾燥するため、口腔内を清潔に保ち、誤嚥に気をつけながら、氷、アイスクリームなどを口に入れて水分を補給し、保湿対策をする。

5 × 急変時の事態を想定し、緊急連絡先をあらかじめ把握し、支援チーム全員が共有しておく必要がある。

解答のコツ&ポイント

⇨ 速習 保 L26

テーマ【高齢者の臨死期のケア】

いずれの選択肢も、臨死期のケアのありかたを考えれば直感的に解答できる内容です。選択肢5の「そのときに考えればよい」なども○とはしづらい文言といえます。死亡時の対応、死亡後のケアについてもおさえておきましょう。

◎利用者の死亡時⇨主治医に連絡し、死亡診断書を作成してもらう
◎エンゼルケア⇨利用者の死後、医療器具などははずし、身体を清潔にし、その人らしい外見に整える
◎グリーフケア⇨遺族の悲嘆への配慮や対応

関連問題…25-41 23-42

第24回◇問題41

指定訪問看護について正しいものはどれか。**3つ**選べ。

1　高齢者が自立した日常生活を営むことができるよう、その療養生活を支援する。

2　訪問看護事業所には、言語聴覚士を配置することができる。

3　訪問看護では、薬剤の処方も行う。

4　訪問看護事業所は、介護老人保健施設の入所者にも訪問看護を提供できる。

5　訪問看護の提供に当たっては、家族に対しても適切な指導を行う。

解説

正答　1、2、5

1　○　訪問看護の基本方針において、「利用者が可能な限りその**居宅**において、その有する能力に応じ**自立**した日常生活を営むことができるよう、その療養生活を支援し、心身の機能の維持回復及び生活機能の維持又は向上を目指すものでなければならない」と定められている。

2　○　訪問看護ステーションの場合は、**看護**職員（看護師、准看護師、保健師）を常勤換算で2.5人以上（うち１人は常勤）、**理学**療法士、**作業**療法士または言語聴覚士を実情に応じて適当数、常勤専従の管理者（兼務可、保健師または看護師が担当）が配置される。病院・診療所の場合は、看護職員が適当数配置される。

3　×　薬剤の処方は、**医師**にのみ認められた行為であり、訪問看護では行えない。

4　×　施設サービスは**単独**で利用するサービスであり、介護報酬の算定基準に基づき、費用が定められている。このため、介護老人保健施設の入所者には訪問看護を**提供できない**。

5　○　訪問看護の具体的取扱方針において、サービスの提供にあたっては、常に利用者の病状や心身の状況、その置かれている環境の的確な把握に努め、利用者やその**家族**に対し、適切な**指導**を行うとされている。

解答のコツ&ポイント

⇨ 速習 保 L27

テーマ【訪問看護の基本方針、人員・運営基準】

選択肢３の「薬剤の処方」は医師以外の医療職には認められていないこと、選択肢４の「介護老人保健施設」は単独で利用するサービスであることを踏まえると、×であると判断できるでしょう。

◎訪問看護ステーションに配置される職種⇨看護職員（看護師、准看護師、保健師）、理学療法士、作業療法士または言語聴覚士

◎病院・診療所に配置される職種⇨看護職員

◎薬剤の処方⇨医師にのみ認められた行為

第24回◇問題42

指定訪問リハビリテーションについて適切なものはどれか。**3つ**選べ。

1　指定訪問介護事業等の従業者に対し、介護の工夫に関する指導を行うことができる。

2　リハビリテーション会議の構成員には、指定居宅サービスの担当者も含まれる。

3　介護報酬上、サービスの提供回数に限度はない。

4　訪問看護ステーションの理学療法士がサービスを提供した場合は、訪問リハビリテーションに分類される。

5　対象者は、通院でのリハビリテーションが困難な利用者である。

解説

正答　1、2、5

1　○　訪問リハビリテーションでは、訪問介護事業等の従業者に対して、利用者の自立支援に向けた介護技術の**指導**や**助言**を行うことも重要な役割となる。

2　○　記述のとおりである。**リハビリテーション**会議とは、利用者と家族の参加を基本としつつ、医師、理学療法士、作業療法士、言語聴覚士、介護支援専門員、居宅サービス計画の原案に位置付けた指定居宅サービス等の担当者などにより構成される会議をいう。

3　×　訪問リハビリテーションの介護報酬は、20分以上サービスを行った場合を1回として単位が設定されている。サービスの提供回数は1週間に**6**回までである。

4　×　訪問リハビリテーションは、**病院・診療所**、**介護老人保健**施設、**介護医療院**の理学療法士や作業療法士、言語聴覚士が利用者の**居宅**を訪問して行うサービスをいう。設問の場合は、**訪問看護**に分類される。

5　○　記述のとおりである。訪問リハビリテーション費は、通所リハビリテーションだけでは家屋内におけるADLの自立が困難である場合の家屋状況の確認も含めたサービスの提供など、ケアマネジメントの結果必要と判断された場合に算定できる。

解答のコツ&ポイント

⇨ 速習 保 L28

テーマ【訪問リハビリテーションの運営基準、介護報酬など】

選択肢3の「サービスの提供回数に限度はない」という記述は×であると判断できるでしょう。選択肢4は、所属事業所によってサービスの分類が異なるので注意が必要です。

◎サービス内容⇨訪問介護事業等の従業者への介護技術の指導や助言、基本的動作能力の維持・回復、対人交流・社会参加の維持や拡大、介護負担の軽減など

◎介護報酬⇨20分以上サービスを行った場合を1回として単位を設定。算定回数は1週間に6回を限度

◎訪問リハビリテーション⇨病院・診療所、介護老人保健施設、介護医療院の理学療法士等がサービスを行う

第24回◇問題43

指定看護小規模多機能型居宅介護について正しいものはどれか。**3つ**選べ。

1　訪問看護及び小規模多機能型居宅介護の組合せによりサービスを提供する。

2　登録者の居宅サービス計画は、居宅介護支援事業所の介護支援専門員が作成する。

3　居宅サービス事業者その他保健医療サービス又は福祉サービスを提供する者との密接な連携に努めなければならない。

4　そのサービスを利用しない日に登録者が通所介護を利用した場合には、通所介護費を算定することができる。

5　利用者に対してターミナルケアを行うことができる。

解説

正答　1、3、5

1　○　記述のとおりである。看護小規模多機能型居宅介護では、要介護度が高く、医療ニーズの高い要介護者にも対応するため、事業所の介護支援専門員が作成する居宅サービス計画に基づき、利用者のニーズに応じて柔軟にサービスが提供される。

2　×　選択肢1の解説のとおり、居宅サービス計画は看護小規模多機能型居宅介護事業所の介護支援専門員が作成する。

3　○　地域密着型サービス事業者の一般原則として、事業を運営するにあたっては、地域との結びつきを重視し、市町村や他の地域密着型サービス事業者、居宅サービス事業者、保健医療・福祉サービス提供者との連携に努めなければならない。

4　×　看護小規模多機能型居宅介護と組み合わせて利用できるサービスは、訪問リハビリテーション、居宅療養管理指導、福祉用具貸与、福祉用具購入、住宅改修である。通所介護は同時算定できない。

5　○　看護小規模多機能型居宅介護の介護報酬は、小規模多機能型居宅介護、訪問看護と同様のものが多く設定されている。設問の場合には、ターミナルケア加算を算定できる。

解答のコツ&ポイント

⇨ 速習 保 L33

テーマ【看護小規模多機能型居宅介護の運営基準、介護報酬など】

小規模多機能型居宅介護、訪問看護と共通する基礎的な事項が出題されているので、内容をきちんと理解していれば正答を導き出せるでしょう。選択肢3は、地域密着型サービスの事業に共通する一般原則です。

◎サービスの内容⇨通いサービスを中心に、訪問サービス（介護・看護）、宿泊サービスを柔軟に組み合わせて提供

◎居宅サービス計画⇨事業所の介護支援専門員が作成

◎同時算定できるサービス⇨訪問リハビリテーション、居宅療養管理指導、福祉用具貸与、福祉用具購入、住宅改修

関連問題…26-44 25-45 23-44

第24回◇問題44

介護老人保健施設について正しいものはどれか。**2つ**選べ。

1　入所者の在宅復帰を目指す。

2　入所者は、要介護者より要支援者が多い。

3　サテライト型小規模介護老人保健施設は、定員29人以下である。

4　施設内で提供される保健医療サービスで完結する施設サービス計画を立てる。

5　災害その他のやむを得ない事情がある場合でも、入所定員を超えて入所させてはならない。

解説

正答　1、3

1　○　介護老人保健施設は、明るく**家庭**的な雰囲気のもとで、高齢者の**自立**を支援して**在宅復帰**をめざし、地域や家庭との結びつきを重視した運営を行っている。

2　×　介護老人保健施設への入所は**要介護**者に限定されているため、要支援者は**入所できない**。

3　○　記述のとおりである。**サテライト**型とは、本体施設（介護老人保健施設、介護医療院、病院、診療所）との密接な**連携**を図りつつ、本体施設とは別の場所で運営されるものをいう。

4　×　施設内で提供される保健医療サービスだけでなく、地域住民の**自発的活動**（話し相手、会食など）によるサービスなども含めて施設サービス計画に位置づけ、総合的な計画となるよう努めなければならない。

5　×　介護老人保健施設は、原則として入所定員を超えて入所させてはならないが、**災害**などやむを得ない事情がある場合にかぎり、入所定員を超えて入所させることが**できる**。

解答のコツ&ポイント

⇨ 速習 保 L34

テーマ【介護老人保健施設の役割、形態、運営基準】

介護老人保健施設に関する問題は頻出ですので、運営基準や介護報酬についてひととおり確認しておくとよいでしょう。選択肢2、4、5はいずれも基本的な内容ですので、正誤の判断がつくようにしっかり理解しておきましょう。

◎介護老人保健施設の対象⇨病状が安定期にあり、在宅復帰への支援が必要な要介護者

◎サテライト型小規模介護老人保健施設⇨定員29人以下

◎施設サービス計画⇨介護給付等対象サービス以外の地域住民の自発的活動によるサービスなども計画に含める

◎定員の遵守⇨やむを得ない事情がある場合にかぎり、入所定員を超えて入所させることも可

関連問題… 26-45 23-45 22-45 ／ ／ ／

第24回◇問題45

介護医療院について正しいものはどれか。**2つ**選べ。

1　主として短期的な療養が必要である要介護者を対象とする。

2　その開設に当たっては、医療法に基づく都道府県知事の許可を受けなければならない。

3　2020（令和2）年3月末時点で全国で1,000施設以上ある。

4　ユニットケアを行うユニット型もある。

5　入所者のためのレクリエーション行事を行うよう努める。

解説

正答　4、5

1　×　介護医療院は、病状が**安定**期にあり、主に**長期**にわたり療養が必要である要介護者を対象としている。

2　×　介護医療院は、**介護保険**法を根拠とする介護保険施設である。開設にあたっては、同法に基づく都道府県知事の**許可**を受けなければならない。

3　×　2021（令和3）年に独立行政法人福祉医療機構が発表した「介護医療院の開設状況および運営実態について」によると、2020（令和2）年3月末時点では**343**施設となっている。

4　○　介護医療院の施設形態には、**単独**型、**医療機関**併設型、併設型**小規模**のほか、ほかの介護保険施設と同様に**ユニット**型もある。

5　○　介護医療院の運営基準において、適宜入所者のためのレクリエーション行事を行うよう努めるものとすると規定されている。

解答のコツ&ポイント

⇨ 速習 保 L35

テーマ【介護医療院の対象、形態、運営基準】

選択肢1は介護医療院が介護療養型医療施設に代わる施設として創設されていること、選択肢2は介護医療院の設置根拠を理解していれば、正誤の判断がつきます。選択肢3は難解ですが、介護医療院の創設が2018年度であることを踏まえると、「全国で1,000施設以上ある」は×であると判断できるでしょう。

◎介護医療院の対象⇨病状が安定期にあり、主に長期にわたり療養が必要な要介護者

◎介護医療院の設置根拠⇨介護保険法を根拠とする介護保険施設。医療法上は医療提供施設

◎施設形態⇨単独型、医療機関併設型、併設型小規模があるほか、ユニット型も設定されている

●福祉サービス分野●

関連問題… 26-46 25-46 23-46

第24回◇問題46

面接場面におけるコミュニケーション技術について、より適切なものはどれか。**3つ**選べ。

1　「なぜ」で始まる質問は、クライエントの戸惑いが増幅することが多いので、注意が必要である。
2　オープンクエスチョンは、「はい」か「いいえ」で答えることができる質問である。
3　要約とは、クライエントの話をまとめて伝え返すことである。
4　時間の配分、情報のまとめ方など面接場面の構造的な配置に関わる技術は、コミュニケーション技術に含まれる。
5　初回面接では、チェックリストに従って次々と質問し、答えてもらうことが必要である。

解説

正答 1、3、4

1 ○ 記述のとおりである。「なぜ」「どうして」で始まる質問を多用すると、クライエントが**防衛**的になるため、安易に用いないことが大切である。

2 × オープンクエスチョン（開かれた質問）は、相手自身が**自由**に答えを選んだり決定したりできるように促す質問である。記述は、**クローズドクエスチョン（閉じられた質問）**である。

3 ○ 記述のとおりである。クライエントの話す内容を受けとめて**要約**し、それをクライエントに戻すことで問題点が**明確**になり、次の行動へ移るプロセスが促される。

4 ○ 記述のとおりである。高齢者や障害者、家族に対して、効果的で有用な支援や介護を提供するために、コミュニケーション技術を理解し、習得することが必要となる。

5 × 初回面接では、相手のことをまだ十分に把握していないため、クライエントが自由に話せるよう、**オープンクエスチョン（開かれた質問）**を用いる。

解答のコツ&ポイント

⇨ 速習 福 L2

テーマ【面接場面におけるコミュニケーション技術】
コミュニケーションの基本技術に関する内容です。オープンクエスチョン、クローズドクエスチョンの内容を理解していれば、選択肢2と5が×であると判断できます。

◎「なぜ」「どうして」で始まる質問⇨戸惑いが増幅し、相手が防衛的になる
◎オープンクエスチョン⇨面接の場面で基本的に用いられる、相手のことをまだ十分に把握していない場合などに役立つ
◎クローズドクエスチョン⇨相手がどう答えてよいかわからず混乱している場合などに、面接の目的を明確にしたり問題の核心を明らかにしたりする際に役立つ

第24回◇問題47

ソーシャルワークの視点から、支援困難事例への対応として、より適切なものはどれか。**3つ選べ。**

1 支援困難事例は、専門職や関係機関が連携して支援することが望ましい。
2 物が散乱し、異臭がする家屋に住んでいる独居高齢者に対し、まずはごみを片付けることを目的に話をする。
3 近隣住民から「虐待されているかもしれない高齢者がいる」との訴えがあったので、直ちに警察へ通報する。
4 経済的困窮を理由にクライエントがサービスの中止を希望したが、できる限りサービスを継続できるような支援方法を検討する。
5 同居している精神障害がある家族とクライエントとの関係が悪化したため、その家族が障害者福祉などの制度を利用できるよう支援する。

解説

正答 1、4、5

1 ○ 記述のとおりである。介護保険制度では、支援困難事例に対応する機関として、地域包括支援センターが設置されている。

2 × いきなりごみを片付けることを目的に話をするのは適切ではない。物が散乱し、異臭がする原因や背景を共感的な対話や観察から探り、信頼関係の構築によって、必要な支援が導入できるように環境整備を行っていくことが大切である。

3 × 近隣住民からの設問のような訴えに対し、直ちに警察へ通報するのは適切ではない。まずは市町村や地域包括支援センターなどの虐待対応機関に連絡する。

4 ○ サービスの中止を希望する理由が経済的困窮の場合は、介護保険制度のほか、生活保護制度や生活困窮者自立支援制度など複数の制度を活用して支援する必要がある。

5 ○ 同居している家族との関係が悪化した場合、虐待につながる事例もある。このため、精神障害がある家族が障害者福祉などの制度を利用できるよう支援するなど、現状の関係を好転させる糸口を見つけ出し、働きかけていく必要がある。

解答のコツ&ポイント

⇨ 速習 福 L3

テーマ【ソーシャルワークの視点からみた支援困難事例】

選択肢2の「まずはごみを片付けることを目的に話をする」は援助者の役割として不適切であること、選択肢3の「直ちに警察へ通報する」も高齢者虐待の通報先として不適切であり、容易に正答を導き出せるでしょう。

◎高齢者虐待の通報先⇨市町村

◎地域包括支援センター⇨包括的支援事業の権利擁護業務において、虐待の防止や早期発見のための業務などを行っている

第24回◇問題48

ソーシャルワークに関する次の記述のうち、より適切なものはどれか。**3つ選べ。**

1　インテークでは、クライエントの主訴と支援機関の役割が合致するかを確認することが重要である。

2　アセスメントでは、解決する問題、クライエント、取り巻く環境及びそれらの相互関係を確定することが必要である。

3　支援計画では、長期、短期などと期間を分けずに目標を立てることが重要である。

4　支援を終結する際は、終結に伴うクライエントの不安に配慮する必要がある。

5　支援の記録は、スーパービジョンに使用してはならない。

解説

正答　1、2、4

1　○　インテークでは、クライエントの主訴の聴取と必要な情報交換を行い、支援機関の役割と合致するか確認することが重要である。

2　○　アセスメントにおいて、問題、クライエント、環境およびそれらの相互関係を確定し、クライエントと援助者との間で評価する過程のことを**問題規定**の過程といい、実行・調整・介入の援助過程の前提となる。

3　×　支援計画では、**長期**・**短期**などと期間をわけ、設定された期間ごとに**目標**を立てることが重要である。

4　○　支援の終結は、これまで築いてきた人間関係の終わりであると同時に、新しい関係や行動の機会への始まりでもある。終結に伴うクライエントの不安な気持ちや思いを受けとめて**共感**し、それをクライエントに伝えることが望まれる。

5　×　支援の記録には、援助を実践する過程での援助者の**力量**や有用性の**検証**が含まれているので、**スーパービジョン**や**コンサルテーション**での使用が求められる。

解答のコツ&ポイント

⇨ 速習 福 L2

テーマ【ソーシャルワークにおける留意点】

選択肢3の「期間を分けずに目標を立てる」、選択肢5の「使用してはならない」という記述から、×であると判断できます。

◎インテーク⇨クライエントが相談に来て最初に行う面接（受理面接）

◎支援計画⇨長期・短期などと期間をわけ、設定された期間ごとに目標を立てる

関連問題… 26-49 25-49 22-49

第24回◇問題49

ソーシャルワークにおける地域援助技術として、より適切なものはどれか。**3つ選べ。**

1 生活支援コーディネーターによる地域住民に対する支え合い活動の組織化
2 自治体職員による外国人に対する入院費用等の個別相談
3 老人クラブによる子どもに対する昔遊びなどを通じた世代間交流の促進
4 震災被災者に対する支援のためのNPOの組織化
5 社会福祉協議会による視覚障害者団体の会員に対するレクリエーション活動

解説

正答 1、3、4

1 ○ 設問の内容は地域住民を組織化するものであり、**マクロ・レベル**のソーシャルワーク（**地域援助技術**）にあたる。マクロ・レベルのソーシャルワークは、**地域社会**、**組織**、国家、制度・政策、社会規範、地球環境などに働きかけ、それらの**社会変革**を通して、個人や集団に対するニーズの充足をめざす支援方法である。

2 × 設問の内容は、**ミクロ**・レベルのソーシャルワーク（**個別**援助技術）にあたる。

3 ○ 選択肢1の解説のとおり、設問の内容は**マクロ**・レベルのソーシャルワークにあたる。

4 ○ 選択肢1の解説のとおり、設問の内容は**マクロ**・レベルのソーシャルワークにあたる。

5 × 設問の内容は、視覚障害者団体の会員を対象とする**メゾ**・レベル（グループ、地域住民、身近な組織）のソーシャルワーク（**集団**援助技術）にあたる。

解答のコツ&ポイント

⇨ 速習 福 L1

テーマ【マクロ・レベルのソーシャルワーク（地域援助技術）】

地域援助技術は、対象が地域社会や国家、地球環境といったマクロ・レベルであることを理解していれば、選択肢2の「外国人に対する入院費用等の個別相談」や、選択肢5の「視覚障害者団体の会員に対するレクリエーション活動」は×と判断できるでしょう。ミクロ、メゾ、マクロそれぞれの支援方法などを整理して覚えましょう。

◎入院費用等の個別相談⇨個人を対象とするミクロ・レベルのソーシャルワーク

◎視覚障害者団体の会員に対するレクリエーション活動⇨グループを対象とするメゾ・レベルのソーシャルワーク

関連問題… 26-50 25-50 23-52

第24回◇問題50

介護保険における訪問介護について正しいものはどれか。**2つ**選べ。

1　嚥下困難な利用者のための流動食の調理は、生活援助として算定できる。

2　利用者とその家族が通院で使用している自家用車の洗車は、生活援助として算定できる。

3　手助け及び見守りをしながら利用者と一緒に行う被服の補修は、身体介護として算定できる。

4　特別な手間をかけて行う正月料理の調理は、年に一度であれば、生活援助として算定できる。

5　専門的な判断や技術が必要でない場合における手足の爪切りは、身体介護として算定できる。

解説

正答　3、5

1　×　嚥下困難者のための流動食など特段の専門的配慮をもって行う調理は、生活援助ではなく、**身体介護**として算定できる。

2　×　自家用車の洗車や、利用者以外の人に対する洗濯、調理、買い物、来客の対応など「直接本人の援助に該当しない行為」は、生活援助として**算定できない**。

3　○　利用者と一緒に行う被服の補修は、**自立生活支援**・**重度化防止**のための見守り的援助にあたり、**身体介護**として算定できる。

4　×　正月、節句等のために特別な手間をかけて行う調理、草むしり、ペットの世話など「日常生活の援助に該当しない行為」は、生活援助として**算定できない**。

5　○　設問の内容は、厚生労働省の通知により原則として医行為から除外されており、**身体介護**として算定できる。

p.354

解答のコツ&ポイント

⇨ 速習 福 L4

テーマ【訪問介護の介護報酬】

訪問介護における身体介護と生活援助の区分は頻出です。利用者と一緒に行う見守り的援助となる行為や厚生労働省の通知により原則として医行為から除外されている行為は身体介護となるので、注意が必要です。

◎**身体介護⇨嚥下困難者のための流動食、自立生活支援・重度化防止のための見守り的援助、服薬介助など**

◎**生活援助⇨掃除・ごみ出し・片づけ、衣類の洗濯・補修、一般的な調理・配下膳、ベッドメイク、買い物、薬の受け取り**

◎**直接本人の援助に該当しない行為⇨自家用車の洗車、利用者以外の人に対する洗濯、調理、買い物、来客の対応など**

◎**日常生活の援助に該当しない行為⇨正月、節句等のために特別な手間をかけて行う調理、草むしり、ペットの世話など**

関連問題…26-52 25-51 23-53

／ ／ ／

第24回◇問題51

介護保険における通所介護について正しいものはどれか。**3つ**選べ。

1　送迎に要する時間は、通所介護費算定の基準となる所要時間には含まれない。

2　通所介護計画は、利用者が作成を希望しない場合には、作成しなくてもよい。

3　利用料以外の料金として、おむつ代の支払いを受けることができる。

4　利用者が当該事業所の設備を利用して宿泊する場合には、延長加算を算定できない。

5　災害等のやむを得ない事情により利用定員を超えてサービスを提供した場合には、所定単位数から減算される。

解説

正答　1、3、4

1　○　記述のとおりである。なお、送迎時に実施した居宅内での介助等（着替え、ベッドや車いすへの移乗、戸締まりなど）に要する時間は、一定の要件を満たせば、1日30分以内を限度に通所介護費算定の基準となる所要時間に含めることができる。

2　×　指定通所介護事業所の管理者は、利用者の希望にかかわらず、居宅サービス計画が作成されている場合はその内容に沿って通所介護計画を作成し、すべての利用者に交付しなければならない。

3　○　通所介護では、利用者の希望で通常の実施地域を越えて行う送迎費用、通常の時間を超えたサービス費用、食費、おむつ代などは、利用者から別途支払いを受けることができる。p.344

4　○　指定通所介護事業所の設備を使って独自に介護保険の給付対象外の宿泊サービスを実施する場合には、延長加算を算定できない。

5　×　指定通所介護事業者は、利用定員を超えてサービスを提供した場合は、所定単位数から減算される。ただし、災害その他やむを得ない事情がある場合は、利用定員を超えて受け入れることが認められている。

解答のコツ&ポイント

⇨ 速習 介 L12
福 L6

テーマ【通所介護の運営基準、介護報酬】

選択肢2の通所介護計画はすべての利用者に作成、交付されること、選択肢5の利用定員の例外規定を理解していれば、正答を導き出せるでしょう。

◎送迎⇨所要時間には含まれない。費用は基本サービス費に含まれる。送迎を行わない場合は所定単位数から減算

◎通所介護計画⇨すべての利用者に作成、交付される

関連問題… 26-51 25-52 23-54

第24回◇問題52

介護保険における訪問入浴介護について正しいものはどれか。**3つ**選べ。

1　訪問入浴介護費は、サービス提供時間によって２つに区分されている。

2　訪問入浴介護事業者は、利用者の選定により提供される特別な浴槽水等に係る費用を、通常の利用料以外の料金として受け取ることができる。

3　利用者の肌に直接触れるタオル等は、個人専用のものを使うなど安全清潔なものを使用する。

4　利用者の身体の状況等に支障を生ずるおそれがない場合には、主治の医師の意見を確認した上で、看護職員に代えて介護職員のみで実施することができる。

5　利用者の心身の状況から全身入浴が困難であって、利用者の希望により清拭のみを実施した場合には、全身入浴と同じ単位数を算定することができる。

解説

正答 2、3、4

1 ×　訪問入浴介護費は、サービス提供時間にかかわらず、１回の訪問につき設定された所定単位数により算定する。

2 ○　記述のとおりである。

3 ○　記述のとおりである。また、設備・器具などの清潔保持に留意し、浴槽など利用者の身体にふれるものは利用者１人ごとに消毒する。

4 ○　サービス提供は、１回の訪問につき、原則的に看護職員１人と介護職員２人（うち１人をサービス提供の責任者）で担当する。設問のような場合には、主治の医師の意見を確認したうえで、介護職員３人で実施することができるが、介護報酬は減算される（所定単位数の95％）。

5 ×　設問の場合には、介護報酬は減算される（所定単位数の90％）。

解答のコツ&ポイント

⇨ 速習 福 L5

テーマ【訪問入浴介護の運営基準、介護報酬】

訪問入浴介護は頻出ですので、運営基準や介護報酬（特に減算）についてひととおり確認しておくとよいでしょう。

◎サービス提供⇨１回の訪問につき、看護職員１人と介護職員２人で行うのが原則。支障がない場合、介護職員３人でも可

◎減算⇨①介護職員３人でサービスを提供した場合、②清拭または部分浴（洗髪、陰部、足部など）を行った場合、③同一建物等居住者へのサービス提供

関連問題… 26-53 25-53 23-50

第24回◇問題53

介護保険における短期入所生活介護について正しいものはどれか。**2つ**選べ。

1　短期入所生活介護計画は、居宅サービス計画を作成した介護支援専門員が作成しなければならない。

2　短期入所生活介護計画は、利用期間にかかわらず作成しなければならない。

3　短期入所生活介護計画の内容については、利用者及びその家族に説明を行えば、利用者の同意を得る必要はない。

4　短期入所生活介護計画の記録は、その完結の日から２年間保存しなければならない。

5　利用者が連続して30日を超えて指定短期入所生活介護を受けている場合には、30日を超える日以降については短期入所生活介護費は算定できない。

解説

正答　4、5

1　×　短期入所生活介護計画は、サービスを相当期間以上（おおむね４日以上）継続利用する場合に、事業所の管理者が居宅サービス計画に沿って作成する。

2　×　選択肢１の解説のとおりである。

3　×　短期入所生活介護計画の内容については、利用者またはその家族に説明し、利用者の同意を得て交付する。

4　○　短期入所生活介護計画のほか、居宅サービス、居宅介護支援、介護予防支援などのサービス提供に関する記録は、その完結の日から２年間保存しなければならない。

5　○　短期入所生活介護では、連続30日の利用を上限とし、超えた分は保険給付されない。また、自費利用をはさみ、実質連続30日を超えて同一の事業所に入所して、引き続きサービスを受けている長期利用者の介護報酬については、１日の所定単位数から減算される。

解答のコツ&ポイント

⇨ 速習　介 L17　福 L7

テーマ【短期入所生活介護の運営基準、介護報酬】

短期入所生活介護は頻出ですので、ひととおり確認しておきましょう。選択肢２の「利用期間にかかわらず」、選択肢３の「同意を得る必要はない」は、容易に×と判断できるでしょう。

◎計画の作成⇨相当期間以上（おおむね４日以上）継続利用する場合に、管理者が居宅サービス計画に沿って作成

◎記録⇨サービス完結の日から２年間保存

◎サービス提供⇨連続30日を上限とし、超過分は算定不可

◎減算⇨①夜勤職員の勤務条件や介護・看護職員の人員が基準に満たない、②利用定員を超えている、③自費利用をはさみ、実質連続30日を超えて利用しているなど

第24回◇問題54

介護保険における住宅改修について正しいものはどれか。**3つ**選べ。

1　取り付けに際し工事の必要のない、便器を囲んで据え置いて使用する手すりは、住宅改修費の支給対象にはならない。

2　浴室の段差解消に伴う給排水設備工事は、住宅改修費の支給対象にはならない。

3　非水洗和式便器から水洗洋式便器に取り替える場合は、水洗化工事の費用も住宅改修費の支給対象になる。

4　引き戸への取替えにあわせて自動ドアを設置した場合は、自動ドアの動力部分の設置は、住宅改修費の支給対象にはならない。

5　畳敷から板製床材への変更は、住宅改修費の支給対象になる。

解説

正答　1、4、5

1　○　取りつけ工事の必要がなく、便器を囲んで据え置いて使用する手すりは、**福祉用具貸与**の対象になる。

2　×　浴室の段差解消に伴う給排水設備工事は、住宅改修費の**支給対象**になる。

3　×　水洗洋式便器への取り替えに伴う水洗化工事のほか、暖房便座や洗浄機能等を付加するだけの場合は、住宅改修費の支給対象には**ならない**。

4　○　記述のとおりである。なお、給付対象となる「引き戸などへの扉の取り替え」には、**開き戸**から引き戸やアコーディオンカーテンなどへの扉全体の取り替えのほか、**ドアノブ**の変更、扉の撤去、戸車の設置なども含まれる。

5　○　畳敷から板製床材、ビニル系床材等への変更は、住宅改修費の**支給対象**になる。また、床材などの変更に伴う下地補修や根太の補強、路盤の整備も支給対象になる。

解答のコツ&ポイント

⇨ 速習 福 L10

テーマ【住宅改修費の支給対象】

住宅改修費の支給対象となる工事の種類について細かく問われますので、しっかりとおさえておきましょう。選択肢１のように工事を伴わない場合は住宅改修費の支給対象とならないので注意が必要です。

◎手すりやスロープ⇨取りつけ工事の必要がない場合は福祉用具貸与の対象

◎洋式便器などへの取り替えで支給対象となるもの⇨和式便器から洋式便器（暖房便座、洗浄機能付きを含む）への取り替え、便器の位置・向きの変更、改修に伴う給排水設備工事、床材の変更

関連問題…22-56

第24回◇問題55

介護保険における夜間対応型訪問介護について正しいものはどれか。**3つ**選べ。

1　既に居宅サービス計画が作成されている場合でも、夜間対応型訪問介護計画を作成する必要がある。

2　サービスの提供時間については、24時から８時までの間を最低限含む必要がある。

3　オペレーションセンターを設置している場合には、基本夜間対応型訪問介護費に加え、定期巡回サービス及び随時訪問サービスのそれぞれについて１回ごとに介護報酬を算定できる。

4　オペレーターは、定期巡回サービスを行う訪問介護員等に同行し、地域を巡回しながら利用者からの通報に対応することができる。

5　対象者は、一人暮らしの高齢者又は高齢者のみの世帯や中重度の者に限られる。

解説

正答　1、3、4

1　○　オペレーションセンター従業者（オペレーターを設置していない事業所では訪問介護員等）が居宅サービス計画の内容に沿って夜間対応型訪問介護計画を作成する。

2　×　夜間の提供時間帯は事業所ごとに設定されるが、22時から６時までの間を最低限含む必要がある。また、８時から18時までの間の時間帯を含むことは認められていない。

3　○　記述のとおりである。オペレーションセンターを設置しない場合は、月単位の定額報酬が定められている。

4　○　オペレーターは、事業所に常駐している必要はなく、定期巡回サービスを行う訪問介護員等に同行し、地域を巡回しながら利用者からの通報に対応することも認められている。

5　×　対象者は、一人暮らしの高齢者や高齢者のみの世帯、要介護度が中重度の者が中心となるが、これらの者に限定されるものではない。

解答のコツ&ポイント

⇨ 速習 福 L11

テーマ【夜間対応型訪問介護の設備・運営基準、介護報酬】

選択肢2の「24時から8時までの間」は夜間におけるサービス提供という性格を踏まえると不適切です。また、選択肢5の対象者が「限られる」という記述も×であると判断できます。

◎計画⇨夜間対応型訪問介護計画などの介護計画は居宅サービス計画に沿って必ず作成される

◎提供時間帯⇨事業所ごとに設定。最低限22時から6時までの間を含む（8時から18時までの間は不可）

◎オペレーションセンターの設置⇨原則として通常の事業の実施地域内に1か所以上

第24回◇問題56

介護保険における認知症対応型通所介護について正しいものはどれか。**2つ**選べ。

1　生活相談員が認知症対応型通所介護計画を作成する。

2　栄養改善サービスを提供することができる。

3　若年性認知症の者は、要介護であっても対象とならない。

4　認知症対応型共同生活介護事業所の居間や食堂を活用して行うのは、併設型指定認知症対応型通所介護である。

5　認知症対応型通所介護計画に位置付けられ、効果的な機能訓練等のサービスが提供できる場合は、事業所の屋外でサービスを提供することができる。

解説

正答　2、5

1　×　認知症対応型通所介護計画は、**管理者**が居宅サービス計画の内容に沿って作成する。

2　○　記述のとおりである。栄養改善サービスを提供した場合は、**栄養改善**加算を算定できる。

3　×　認知症対応型通所介護の利用対象者は、認知症（**急性**の状態にある者を除く）である要介護者で、若年性認知症の者も**含まれる**。なお、若年性認知症の利用者を受け入れた場合は、**若年性認知症利用者受入**加算を算定できる。

4　×　認知症対応型共同生活介護事業所の居間や食堂を活用して行うのは、**共用**型指定認知症対応型通所介護である。

5　○　事業所内でのサービス提供が原則とされているが、あらかじめ認知症対応型通所介護計画に位置づけられていることなどの条件を満たす場合は、事業所の屋外でサービスを提供することができる。

解答のコツ&ポイント

⇨ 速習 福 L13

テーマ【認知症対応型通所介護の運営基準、利用対象者など】
選択肢1の生活相談員には計画の作成義務はないことがポイントです。また、選択肢3の「対象とならない」という記述から、×と判断できるでしょう。

◎認知症対応型通所介護計画の作成⇨管理者
◎栄養改善加算が算定できるサービス⇨通所系サービス、看護小規模多機能型居宅介護のみ
◎事業所の類型⇨単独型、併設型、共用型の3つ

第24回◇問題57

指定介護老人福祉施設について正しいものはどれか。**3つ**選べ。

1　介護支援専門員は、入所者の処遇に支障がない場合であっても、他の職務と兼務しない常勤の者でなければならない。

2　管理者は、常勤の者でなければならないが、管理上支障がない場合には、同一敷地内にある他の事業所、施設等の職務に従事することができる。

3　居宅において日常生活を営むことができると認められる入所者に対し、円滑な退所のために必要な援助を行わなければならない。

4　入所者及びその家族から苦情を受け付けた場合でも、その内容等の記録は義務付けられていない。

5　入所者が病院等に入院する際に、おおむね3月以内に退院することが明らかに見込まれる場合には、原則として、退院後再び当該施設に円滑に入所できるようにしなければならない。

解説

正答　2、3、5

1　×　指定介護老人福祉施設の介護支援専門員は、**常勤**で１人以上とされているが、入所者の処遇に支障がない場合には、他の職務との兼務が**可能**である。

2　○　記述のとおり、管理者は**常勤**専従（支障がなければ**兼務**可）で、職種の規定はない。

3　○　指定介護老人福祉施設は、**居宅**において日常生活を営むことができると認められる場合には、入所者およびその家族の**希望**、入所者が退所後に置かれることとなる環境等を勘案し、円滑な退所のために必要な**援助**を行うことと規定されている。

4　×　指定介護老人福祉施設は、入所者やその家族からの**苦情**を受け付ける窓口を設置するなどし、提供したサービスについて苦情を受け付けた場合は、その内容等を**記録**しなければならない。

5　○　記述のとおりである。なお、利用者が入院している間の空きベッドは、**短期入所生活介護**などで使用できるが、退院した入所者が円滑に再入所できるようにしておく。

解答のコツ&ポイント

⇨ 速習　介 L17　福 L17

テーマ【指定介護老人福祉施設の人員・運営基準】

指定介護老人福祉施設の人員・運営基準についての問題は頻出です。選択肢４の「記録は義務付けられていない」という記述から、×であると判断できます。

◎介護支援専門員⇨常勤で１人以上（支障なければ兼務可）

◎管理者⇨常勤専従（支障なければ兼務可）

◎苦情処理⇨苦情受け付けの窓口を設置するなどし、受け付けた苦情の内容等は記録しなければならない

第24回◇問題58

生活保護制度について正しいものはどれか。**3つ**選べ。

1　生活保護制度は、市町村の責任と裁量の下で行われる。

2　生活保護制度は、生活困窮に陥った原因にかかわらず、無差別平等に受けることができる。

3　医療扶助による医療の給付は、医療保護施設又は生活保護の指定医療機関に委託して行うことができる。

4　介護扶助には、要介護者に対する住宅改修は含まれない。

5　住宅扶助は、原則として、金銭給付で行われる。

解説

正答 2、3、5

1 × 生活保護制度は、日本国憲法第25条「**生存権**の保障」の理念に基づき、生活に困窮するすべての国民の最低生活の保障を、**国**がその責任において行う（**国家責任**の原理）。

2 ○ 生活保護制度は、生活困窮者の信条や性別、社会的身分、また生活困窮に陥った原因にかかわりなく、**経済**的状態にのみ着目して保護を行う（**無差別平等**の原理）。

3 ○ 記述のとおり。被保護者が、福祉事務所が発行した医療券を**医療保護**施設または生活保護の**指定医療機関**に提出することにより、医療扶助が原則**現物**給付として行われる。 p.355

4 × 介護扶助は、介護保険法に規定する要介護者等を対象とした扶助のことであり、住宅改修も**含まれる**。 p.355

5 ○ 生活保護では８種類の扶助が実施され、そのうち、**医療**扶助と**介護**扶助は原則として**現物**給付、それ以外は原則として**金銭**給付である。 p.355

解答のコツ&ポイント

⇨ 速習 福 L20

テーマ【生活保護制度】

生活保護制度に関する問題は頻出です。基本原理や扶助の種類と内容、給付のしくみはきちんとおさえておきましょう。

◎基本原理⇨国家責任、無差別平等、最低生活保障、補足性の４つ

◎医療の給付⇨医療保護施設または生活保護の指定医療機関に委託

◎給付の方法⇨医療扶助と介護扶助は原則現物給付、それ以外は原則金銭給付

関連問題…22-58

第24回◇問題59

生活困窮者自立支援法について適切なものはどれか。**3つ**選べ。

1　生活困窮者自立相談支援事業は、親に扶養されている成人の子も支援の対象としている。

2　生活困窮者自立相談支援事業の自立相談支援機関には、弁護士の配置が義務付けられている。

3　都道府県、市及び福祉事務所を設置する町村は、生活困窮者自立相談支援事業を行うものとされている。

4　生活困窮者自立相談支援事業は、社会福祉法人等に委託することはできない。

5　生活困窮者一時生活支援事業は、任意事業である。

解説

正答 1、3、5

1 ○ 自立相談支援事業は、就労の支援その他自立の問題について、生活困窮者やその家族などからの**相談**に応じ、必要な情報の提供、**助言**などを行う事業であり、親に扶養されている成人の子も支援の対象に**含まれる**。

2 × 自立相談支援事業を行う自立相談支援機関には、**主任相談支援員**、**相談支援員**、**就労支援員**が配置される。弁護士の配置は義務づけられていない。

3 ○ 生活困窮者自立支援制度の実施主体は、都道府県、市および福祉事務所を設置する町村である。実施主体は、必須事業である**自立相談支援事業**と**住居確保給付金**を行うものとされている。

4 × 自立相談支援事業の全部または一部を、**社会福祉**法人やNPO法人などに**委託**することができる。

5 ○ 記述のとおりである。任意事業には一時生活支援事業のほか、就労準備支援事業、家計改善支援事業、子どもの学習・生活支援事業などがあり、このうち**就労準備**支援事業と**家計改善**支援事業は、実施が**努力義務**とされている。

解答のコツ&ポイント

⇨ 速習 福 L21

テーマ【生活困窮者自立支援制度】

生活困窮者自立支援制度の実施主体と必須・任意に大別される事業はおさえておきましょう。また、自立相談支援事業は今後も出題が予想されますので、内容をよく確認しておくことが大切です。

◎実施主体⇨都道府県、市および福祉事務所を設置する町村

◎必須事業⇨自立相談支援事業と住居確保給付金

◎自立相談支援機関に配置される職種⇨主任相談支援員、相談支援員、就労支援員

第24回◇問題60

成年後見制度について正しいものはどれか。**3つ**選べ。

1　親族も成年後見人になることができる。

2　市町村長は、四親等内の親族がいる場合には、後見開始の審判の請求をすることはできない。

3　その理念の一つとして、成年被後見人等の自発的意思の尊重がある。

4　成年後見人は、家庭裁判所の許可を得ずに、成年被後見人の居住用不動産を処分することができる。

5　後見開始の審判は、本人も請求することができる。

解説

正答　1、3、5

1　○　成年後見制度は、**本人**、**配偶者**、**四親等**内の親族などによる後見開始等の審判の請求に基づき、**家庭**裁判所が成年後見人等を職権で選任する制度である。成年後見人には本人の親族のほか、弁護士や司法書士などの専門職が選ばれる。p.358

2　×　市町村長の判断で後見開始の審判の請求をする場合、**二**親等内の親族の有無を確認し、いなければ申し立てが可能となる。ただし、四親等以内で申し立てを行う予定の者が明らかな場合は、その者に申し立てを行うよう支援・依頼する。

3　○　成年後見制度の基本理念として、本人の保護とともに①**ノーマライゼーション**（成年被後見人等が基本的人権を享有する個人として尊重され、その尊厳にふさわしい生活を保障されること）、②**自己決定権**の尊重（成年被後見人等の意思決定の支援が適切に行われ、自発的意思が尊重されること）、③**身上の保護**の重視（成年被後見人等の身上保護などが適切に行われること）が示されている。

4　×　成年後見人は、介護契約など本人の財産に関する法律行為について包括的な**代理**権と、日常生活に関する行為以外の行為について**取消**権をもつ。ただし、本人の**居住用**不動産を処分する場合には、**家庭**裁判所の許可が**必要**となる。p.358

5　○　選択肢1の解説のとおりである。

解答のコツ&ポイント

⇨ 速習 福 L28

テーマ【成年後見制度】

成年後見制度は、毎回出題されている重要事項です。選択肢4の「家庭裁判所の許可を得ずに」は×であると判断できるでしょう。

◎後見開始等の審判の請求権者⇨本人、配偶者、四親等内の親族など

◎市町村長の判断で後見開始等の審判の請求⇨二親等内の親族の有無を確認

◎ 介護支援専門員実務研修受講試験 ◎

第23回
（令和２年度）
試験問題

（注）

1　文中の「市町村」は、「市町村及び特別区」の意味となります。

2　本問題の選択肢のうち以下の厚生労働省令で定める事項に関するものは、当該省令の定める内容によります。

- 指定居宅サービス等の事業の人員、設備及び運営に関する基準（平成11年厚生省令第37号）
- 指定介護予防サービス等の事業の人員、設備及び運営並びに指定介護予防サービス等に係る介護予防のための効果的な支援の方法に関する基準（平成18年厚生労働省令第35号）
- 指定地域密着型サービスの事業の人員、設備及び運営に関する基準（平成18年厚生労働省令第34号）
- 指定地域密着型介護予防サービスの事業の人員、設備及び運営並びに指定地域密着型介護予防サービスに係る介護予防のための効果的な支援の方法に関する基準（平成18年厚生労働省令第36号）
- 指定居宅介護支援等の事業の人員及び運営に関する基準（平成11年厚生省令第38号）
- 指定介護予防支援等の事業の人員及び運営並びに指定介護予防支援等に係る介護予防のための効果的な支援の方法に関する基準（平成18年厚生労働省令第37号）
- 指定介護老人福祉施設の人員、設備及び運営に関する基準（平成11年厚生省令第39号）
- 介護老人保健施設の人員、施設及び設備並びに運営に関する基準（平成11年厚生省令第40号）
- 介護医療院の人員、施設及び設備並びに運営に関する基準（平成30年厚生労働省令第５号）

3　「障害者総合支援法」は、「障害者の日常生活及び社会生活を総合的に支援するための法律（平成17年法律第123号）」のことをいいます。

目　次

関連問題… 25-4 24-2

第23回◇問題1

2017（平成29）年度末における全国の要介護（要支援）認定者数の状況として正しいものはどれか。**2つ**選べ。

1　要介護（要支援）認定者のうち、約1割が第2号被保険者である。
2　女性の要介護（要支援）認定者数は、男性の認定者数の約2倍である。
3　要介護（要支援）認定者数は、前年度末に比べ、第1号被保険者、第2号被保険者ともに増加している。
4　要介護（要支援）状態区分別でみると、認定者数が最も多いのは、要介護1である。
5　第1号被保険者に占める要介護（要支援）認定者の割合は、25%を超えている。

解説

正答　2、4

1　×　2017（平成29）年度末現在の要介護（要支援）認定者数は約641万人で、このうち第2号被保険者は約13万人と全体の約2%である。

2　○　女性の要介護（要支援）認定者数は約441万人で、男性の認定者数（約201万人）の約2倍である。75歳以下では男女の認定者数に大きな差はないが、年齢が高くなるほど女性の割合が増えていく。

3　×　要介護（要支援）認定者数を前年度末と比べると、第1号被保険者は9.6万人（1.5%）増加しているが、第2号被保険者は0.3万人（1.9%）減少している。

4　○　認定者は要介護1（129万人）が最も多く、次いで要介護2（112万人）、要支援1と要支援2（各88万人）である。要支援1から要介護2までの軽度の認定者が全体の約65.1%を占めている。

5　×　第1号被保険者に占める要介護（要支援）認定者の割合は、18%である。

解答のコツ&ポイント

⇨ 速習 介 L4

テーマ【要介護（要支援）認定者数の状況】

「平成29年度介護保険事業状況報告（年報）」からの出題です。女性は平均寿命が長く、男性よりも認定者数が多いこと、認定者数は要介護1が最も多いことなどへの理解がポイントとなります。データは毎年更新されますので、傾向をおさえておくことが大切です。

※下記は令和3年度介護保険事業状況報告（年報）

◎認定者数⇨690万人（98.1%が第1号被保険者）で前年度末より1.1%増加（第1号被保険者は1.2%増、第2号被保険者は0.1%増）

◎認定者数の内訳⇨女性は男性の約2倍、要支援1～要介護2の軽度が6割以上（65.5%）、要介護1が最も多い

◎第1号被保険者の18.9%が認定を受けている

第23回◇問題2

要支援者が利用できるサービスとして正しいものはどれか。**3つ**選べ。

1　認知症対応型共同生活介護
2　認知症対応型通所介護
3　看護小規模多機能型居宅介護
4　地域密着型介護老人福祉施設入所者生活介護
5　小規模多機能型居宅介護

解説

正答　1、2、5

1　○　地域密着型介護予防サービスのひとつに「介護予防認知症対応型共同生活介護」があり、要支援者（要支援2にかぎる）も利用できる。
2　○　地域密着型介護予防サービスのひとつに「介護予防認知症対応型通所介護」があり、要支援者も利用できる。
3　×　看護小規模多機能型居宅介護は、要支援者は利用できない。
4　×　地域密着型介護老人福祉施設入所者生活介護は、要支援者は利用できない。
5　○　地域密着型介護予防サービスのひとつに「介護予防小規模多機能型居宅介護」があり、要支援者も利用できる。

解答のコツ&ポイント

⇨ 速習 介 L11

テーマ【地域密着型介護予防サービス】

地域密着型サービスは、中重度の人への対応を想定しており、要支援者の利用できる地域密着型介護予防サービスは、名称に「認知症」「小規模」とつく3つのサービスのみという点に着目しましょう。

◎地域密着型介護予防サービスの種類⇨①介護予防認知症対応型通所介護、②介護予防小規模多機能型居宅介護、③介護予防認知症対応型共同生活介護

◎地域密着型サービスの種類⇨①定期巡回・随時対応型訪問介護看護、②夜間対応型訪問介護、③地域密着型通所介護、④認知症対応型通所介護、⑤小規模多機能型居宅介護、⑥認知症対応型共同生活介護、⑦地域密着型特定施設入居者生活介護、⑧地域密着型介護老人福祉施設入所者生活介護、⑨看護小規模多機能型居宅介護（複合型サービス）

第23回◇問題３

近年の高齢者や介護に関する状況の説明として適切なものはどれか。**３つ**選べ。

1　介護を要する高齢者を高齢者が介護する「老老介護」が増加している。

2　80代の親と50代の子が、ひきこもりなどの困難を抱えつつ社会的に孤立している「8050問題」が顕在化している。

3　育児と介護を同時に行う、いわゆる「ダブルケア」が問題となっている。

4　介護職員の離職率の増加が、「介護離職」として問題となっている。

5　人口の半数以上を55歳以上の者が占める集落を「限界集落」という。

解説

正答　1、2、3

1　○　平均寿命の延伸や高齢者世帯の増加など世帯構造の変化により、高齢者が高齢者を介護する**老老介護**が増加している。

2　○　**8050問題**では、親の病気や介護、経済的困窮、人間関係の孤立などの複合的課題があり、包括的な支援が求められている。

3　○　2011（平成23）年には女性の第１子出産年齢の平均が30歳を超え、晩産化が進んでいる。これに伴い、育児と親の介護が同時期に発生する**ダブルケア**の増加も社会問題となっている。

4　×　**介護離職**とは、**介護のために離職**することである。育児・介護休業制度などの公的支援の充実・活用が求められている。

5　×　**限界集落**とは、過疎化などで人口の半数以上を**65歳以上**の高齢者が占め、経済的・社会的な共同生活の維持が難しくなり、存続が危ぶまれている集落である。

解答のコツ&ポイント

⇨ 速習 介 L1

テーマ【介護を取り巻く社会問題】

介護に関連する社会問題が出題されています。常に新聞などで介護にかかわる時事的な問題をチェックしておくことも大切です。

◎近年の課題⇨老老介護、8050問題、ダブルケア

◎少子・高齢化の進展⇨総人口の減少、認知症高齢者の増加

◎世帯構造の変化⇨75歳以上の世帯数の増加、単独世帯の増加

関連問題… 25-9 24-11

第23回◇問題４

介護保険制度における都道府県の事務として正しいものはどれか。**２つ**選べ。

1　財政安定化基金の設置
2　地域支援事業支援交付金の交付
3　第２号被保険者負担率の設定
4　介護保険審査会の設置
5　介護給付費等審査委員会の設置

解説

正答　1、4

1　○　財政安定化基金の設置は、都道府県の事務である。p.341

2　×　都道府県ではなく社会保険診療報酬支払基金（支払基金）が、医療保険者から徴収した介護給付費･地域支援事業支援納付金（第２号被保険者の保険料）を、各市町村に「介護給付費交付金」「地域支援事業支援交付金」として交付する。

3　×　第２号被保険者負担率（保険料の負担割合）は、国が政令で３年ごとに設定する。負担率は、第１号被保険者と第２号被保険者の人数比率に応じて定められる。

4　○　介護保険審査会は、市町村が行う行政処分への不服申し立て機関であり、都道府県が設置する。

5　×　介護給付費等審査委員会は、国民健康保険団体連合会（国保連）が設置し、市町村の委託を受けて介護給付費や総合事業に要する費用の請求に関する審査・支払いを行う。

解答のコツ&ポイント

⇨ 速習 介 L7

テーマ【都道府県の事務】
都道府県の事務として、財政安定化基金と介護保険審査会の設置は、頻出事項です。この2つをおさえておくことで正答できる問題です。

◎都道府県の主な事務⇨介護保険審査会の設置・運営、財政安定化基金の設置・運営、介護サービス情報の公表や介護支援専門員に関する事務

◎国の主な事務⇨第２号被保険者負担率の設定、調整交付金の交付

◎市町村の主な事務⇨被保険者の資格管理、保険給付に関する事務、介護認定審査会の設置、地域支援事業の実施、地域包括支援センターの設置、第１号被保険者の保険料率の算定

関連問題…24-1 22-1

／ ／ ／

第23回◇問題５

2017（平成29）年の介護保険制度改正について正しいものはどれか。**３つ選べ。**

1　改正の趣旨は、地域包括ケアシステムの強化である。

2　共生型居宅介護支援を創設した。

3　市町村介護保険事業計画に、自立支援、介護予防・重度化防止等への取組を記載することとした。

4　施設サービスとして、介護医療院サービスを追加した。

5　第１号被保険者の保険料に総報酬割を導入した。

解 説

正答　1、3、4

1　○　2017（平成29）年に、「地域包括ケアシステムの強化のための介護保険法等の一部を改正する法律」が成立し、①**地域包括ケアシステムの深化・推進**、②**介護保険制度の持続可能性の確保**のための施策が盛り込まれている。

2　×　介護保険制度で共生型サービスが設定されているのは、**訪問介護**、**通所介護**、**地域密着型通所介護**、**短期入所生活介護**、介護予防短期入所生活介護のみである。

3　○　また、市町村は、市町村介護保険事業計画に定めた自立支援等施策の実施状況と目標の達成状況に関する**調査・分析・評価**を行い、その評価の結果を**公表**するよう努めるとともに、これを**都道府県知事**に報告しなければならない。

4　○　施設サービスを提供する新たな介護保険施設として、**介護医療院**が創設された。

5　×　**第２号被保険者**の保険料（介護納付金）について、被用者保険間では、「被保険者数」に応じた均等割から総報酬額に応じた**総報酬割**に変更された。

解答のコツ&ポイント

⇨ 速習 介 L4

テーマ【2017年の介護保険制度改正のポイント】

2017年の介護保険制度改正について２年連続で出題されました。改正のポイントを把握していれば正答できるでしょう。

◎共生型サービスの創設⇨高齢者と障害者（児）が同一事業所でサービスを受けやすくするため、介護保険制度と障害者福祉制度に位置づけられた

◎介護医療院の創設⇨「日常的な医学管理」や「看取り・ターミナルケア」などの機能と、「生活施設」としての機能を兼ね備える

◎自己負担割合の見直し⇨２割負担者のうち、特に所得の高い層を３割負担とした

◎総報酬割の導入⇨第２号被保険者の保険料を、被用者保険間では、各医療保険者の総報酬額に応じた総報酬割とした

関連問題… 26-4 22-2

第23回◇問題6

介護保険法第２条に示されている保険給付の基本的考え方として正しいものはどれか。**３つ選べ。**

1　要介護状態等の維持又は悪化の予防に資するよう行われる。
2　被保険者の選択に基づく。
3　総合的かつ効率的に提供されるよう配慮して行われなければならない。
4　快適な日常生活を営むことができるように配慮されなければならない。
5　被保険者の要介護状態等に関し、必要な保険給付を行う。

解説

正答　2、3、5

1　×　介護保険の保険給付は、要介護状態の「維持」または悪化の「予防」ではなく、要介護状態の**軽減**または悪化の**防止**に資するよう行われる。

2　○　保険給付は、被保険者の心身の状況、その置かれている環境などに応じて、**被保険者の選択**に基づき行われる。

3　○　保険給付は、適切な保健医療サービス・福祉サービスが、**多様**な事業者・施設から、**総合的**かつ**効率的**に提供されるよう配慮して行われなければならない。

4　×　保険給付の内容や水準は、被保険者が**居宅**において**自立した日常生活**を営むことができるように配慮されなければならない。

5　○　介護保険は、被保険者の**要介護状態**または**要支援状態**に関し、必要な保険給付を行うものである。

解答のコツ&ポイント

⇨ 速習 介 L6

テーマ【保険給付の基本的考え方】
介護保険制度が重視する介護予防や自立支援の考え方を理解していれば、選択肢１の「要介護状態等の維持」、選択肢４の「快適な日常生活」は×と判断できます。
◎介護保険制度の基本的な理念⇨自立支援、自己決定の支援、生活の継続性の実現
◎保険給付の考え方⇨要介護状態等に関し給付、医療との連携、被保険者の選択に基づき多様な事業者・施設から総合的・効率的なサービス提供、居宅における自立支援

第23回◇問題7

介護サービスに係る利用者負担が高額となった場合の取扱いについて正しいものはどれか。**3つ**選べ。

1　高額介護サービス費の負担上限額は、被保険者の家計に与える影響を考慮して、段階的に設定されている。

2　高額介護サービス費の負担上限額を超えた利用料は、常に現物給付となるため、利用者が直接事業者に支払う必要はない。

3　高額介護サービス費は、世帯単位で算定される。

4　施設介護サービス費に係る利用者負担は、高額介護サービス費の対象となる。

5　高額医療合算介護サービス費は、医療保険から支給される。

解説

正答　1、3、4

1　○　負担上限額は、利用者の**所得区分**に応じて**月額**で定められている。

2　×　利用者が1か月に支払った介護サービスの定率の自己負担額が、負担上限額を超えた場合に、超えた部分について**償還払い**がされる。現物給付となるのは、保険給付にかかる部分である。

3　○　負担上限額を超えた額は**世帯単位**で合算され、個人の負担割合に応じて按分した額が払い戻される。

4　○　高額介護サービス費の対象となるのは、介護保険給付の**定率の利用者負担**（1割または2割か3割）で、**施設介護サービス費**の利用者負担も対象となる。ただし、福祉用具購入費と住宅改修費の利用者負担については対象外となる。

5　×　1年間の**介護保険**と**医療保険**における利用者負担の**合算額**が負担限度額を超えた場合に、その額について介護保険と医療保険の割合を按分し、介護保険にかかる部分は「高額医療合算介護サービス費」として介護保険から、医療保険にかかる部分は「高額介護合算療養費」として医療保険からそれぞれ償還払いがされる。

解答のコツ&ポイント

⇨ 速習 介 L12

テーマ【高額介護サービス費・高額医療合算介護サービス費】

選択肢1～4は、高額介護サービス費について理解していれば解ける基本的な問題です。選択肢5の高額医療合算介護サービス費は、介護保険の給付であるため、×と判断できるでしょう。

◎高額介護サービス費・高額医療合算介護サービス費の対象外となるもの⇨福祉用具購入費、住宅改修費の定率の利用者負担、居住費、食費、日常生活費など別途利用者の自己負担となる部分

第23回◇問題8

特定入所者介護サービス費の支給について正しいものはどれか。**3つ**選べ。

1　対象となる費用は、食費と居住費（滞在費）である。

2　負担限度額は、所得の状況その他の事情を勘案して設定される。

3　対象となるサービスには、地域密着型介護老人福祉施設入所者生活介護は含まれない。

4　対象となるサービスには、特定施設入居者生活介護は含まれない。

5　対象者には、生活保護受給者は含まれない。

解説

正答　1、2、4

1　○　低所得の要介護者が自己負担する**食費**、**居住費**（**滞在費**）については、負担限度額が設けられ、その額を超える費用について**現物給付**がされる（要支援者に対しては、特定入所者介護予防サービス費が支給）。

2　○　負担限度額は、**所得**と**資産**（現金、預貯金など）の状況に応じて設定されている。利用者が支払う費用は、負担限度額までである。

3　×　支給対象となるサービスは、**施設サービス**、**地域密着型介護老人福祉施設入所者生活介護**、**短期入所生活介護**および**短期入所療養介護**（短期入所サービスは予防給付も同様）である。

4　○　選択肢3の解説のとおり、特定施設入居者生活介護は**含まれない**。

5　×　支給対象となる低所得者とは、**生活保護受給者**等（境界層該当者含む）と**市町村民税世帯非課税者**（世帯全員が市町村民税非課税者であること、世帯分離していても一方が課税者である場合は対象外）である。

解答のコツ&ポイント

⇨ 速習 介 L12

テーマ【特定入所者介護サービス費】

特定入所者介護サービス費の対象者、対象となる費用、対象となるサービスを把握していれば正答できる基本的な問題です。

◎支給対象者⇨生活保護受給者等と市町村民税世帯非課税者（世帯全員が市町村民税非課税者）

◎対象となるサービスと費用⇨施設サービス、地域密着型介護老人福祉施設入所者生活介護、短期入所生活介護、短期入所療養介護における居住費・滞在費・食費

第23回◇問題９

定率の利用者負担を市町村が減免する場合として正しいものはどれか。**２つ選べ。**

1　要介護被保険者の要介護度が著しく悪化した場合

2　要介護被保険者の属する世帯が住民税非課税世帯になった場合

3　要介護被保険者が災害により住宅に著しい損害を受けた場合

4　要介護被保険者と同居する家族が心身に重大な障害を受けた場合

5　要介護被保険者の属する世帯の生計維持者の収入が冷害による農作物の不作により著しく減少した場合

解説

正答　3、5

1　×　市町村による定率負担の減免（減額または免除）は、要介護被保険者またはその属する世帯の主たる生計維持者が、災害その他の特別な事情により、１割（または２割か３割）の定率負担が困難となった場合に行われる。被保険者の要介護度の悪化は特別な事情にあたらない。

2　×　単に低所得者であることを理由に行われる措置ではないため、対象とならない。

3　○　震災、風水害などの災害で住宅などの財産が著しい損害を受けた場合は、対象となる。

4　×　同居家族が心身に重大な障害を受けたのみでは、対象とならない。

5　○　生計維持者の収入が冷害による農作物の不作により著しく減少した場合は、対象となる。

解答のコツ&ポイント

⇨ 速習 介 L12

テーマ【市町村による定率負担の減額または免除】

市町村による定率負担の減免は、災害などの特別な事情により、被保険者や生計維持者の負担能力が著しく減少した場合に対象となる点がポイントです。この点を理解していれば、選択肢３と５は○と判断できます。

◎減免される場合

⇨震災、風水害などの災害で住宅などの財産が著しく損害

⇨生計維持者の死亡、心身の重大な障害や長期入院で収入が著しく減少

⇨事業の休廃止や著しい損失、失業などで収入が著しく減少

⇨干ばつ、冷害などによる農作物の不作や不漁などで収入が著しく減少

第23回◇問題10

通所によるサービスについて正しいものはどれか。**3つ**選べ。

1　指定地域密着型通所介護では、機能訓練を行う必要はない。

2　指定介護予防通所リハビリテーションでは、医師等の従業者により介護予防通所リハビリテーション計画の実施状況の把握が行われなければならない。

3　介護予防・日常生活支援総合事業における通所型サービスは、市町村の保健・医療専門職による運動器の機能向上に限定して実施される。

4　共用型指定認知症対応型通所介護は、指定認知症対応型共同生活介護事業所の居間や食堂を活用して行うことが認められている。

5　指定療養通所介護は、難病等を有する重度要介護者又はがん末期の者のうち、常時看護師による観察が必要なものを対象者とする。

解説

正答　2、4、5

1　×　地域密着型通所介護は、利用定員18人以下の小規模な事業所で行われる通所介護で、入浴、排泄、食事などの**介護**、その他**日常生活上の世話**や**機能訓練**を行う。

2　○　サービスを行う期間の終了までに少なくとも1回は介護予防通所リハビリテーション計画の実施状況の把握（モニタリング）を行う。また、その結果は記録し、指定介護予防支援事業者に報告しなければならない。

3　×　市町村の保健・医療の**専門職**による**運動器の機能向上**や**栄養改善**、**口腔機能向上**などの**短期集中予防サービス**のほか、**従来の介護予防通所介護**と同様のサービスや緩和した基準のサービス、**住民主体**による体操、運動等の多様な活動が行われる。

4　○　認知症対応型通所介護の事業所には、**単独型**、**併設型**、**共用型**の３つの類型があり、共用型では、認知症対応型共同生活介護事業所などの居間や食堂を活用して行う。1日の利用定員は共同生活住居ごとに３人以下である。

5　○　**療養通所介護**は地域密着型通所介護の一類型で、医療と連携したサービス提供が行われる。

解答のコツ&ポイント

⇨ 速習　介 L11、19　保 L30　福 L12、13

テーマ【通所によるサービス】

地域密着型サービス、介護予防サービス、総合事業と幅広く問われていますが、選択肢１の「機能訓練を行う必要はない」や、選択肢３の「限定して実施される」などの文言は、サービスや事業の特徴を理解していれば常識的に×と判断できるでしょう。

◎介護予防・日常生活支援総合事業⇨市町村が実施主体。地域の実情に応じて、専門的なサービスのほか住民などの多様な主体により柔軟にサービスを実施する

関連問題… 25-10 24-4 22-9

第23回◇問題11

介護保険料について正しいものはどれか。**2つ**選べ。

1　普通徴収による第1号被保険者の保険料については、その配偶者に連帯納付義務がある。

2　第1号被保険者の保険料に係る特別徴収は、社会保険診療報酬支払基金が行う。

3　国民健康保険に加入する第2号被保険者の保険料は、都道府県が徴収する。

4　所得段階別定額保険料の所得区分は原則として9段階であるが、市町村の条例でさらに細分化することができる。

5　第2号被保険者負担率は、市町村が条例で定める。

解説

正答　1、4

1　○　普通徴収の場合、第1号被保険者の**配偶者**および**世帯主**には、保険料の**連帯納付義務**が課されている。

2　×　特別徴収は、**年金保険者**が年金から天引きして行う。特別徴収に該当しない場合に、市町村が直接徴収する普通徴収が行われる。p.347

3　×　第2号被保険者の保険料は、その被保険者が所属する**医療保険者**が医療保険料と一体的に徴収する。国民健康保険の保険者は、市町村および都道府県だが、保険料の賦課・徴収を行うのは**市町村**である。p.347

4　○　第1号被保険者の保険料率は、被保険者の所得水準に応じた、原則9段階の所得段階別定額保険料で、これにより個別の保険料額が算出される。各市町村が所得段階をさらに**細分化**したり、各段階の**保険料率を変更**したりすることも可能である。

5　×　第2号被保険者負担率とは、介護給付費の財源における第2号被保険者の保険料負担割合であり、**国**が定める。

解答のコツ&ポイント

⇨ 速習 介 L22

テーマ【保険料の算定と徴収など】

問題4にも選択肢5と同一ポイントが出題されていますので、確認しておきましょう。第1号被保険者と第2号被保険者では、保険料の算定・徴収方法が異なるため、基本をおさえておくことが大切です。

◎第1号保険料の算定⇨各市町村が3年ごとに算定

◎第1号保険料の徴収⇨年金保険者を通した特別徴収が原則

◎第2号保険料の算定⇨各医療保険者が年度ごとに算定

◎第2号保険料の徴収⇨各医療保険者が医療保険料と一体的に徴収、社会保険診療報酬支払基金（支払基金）に納付し、支払基金が市町村に定率交付する

第23回◇問題12

介護給付及び予防給付に要する費用について正しいものはどれか。**3つ**選べ。

1　国の負担分は、すべての市町村について同率である。

2　費用の総額は、公費と保険料によりそれぞれ50%ずつ賄われる。

3　市町村の一般会計における負担分は、すべての市町村において同率である。

4　第2号被保険者の保険料負担分は、各医療保険者から各市町村に交付される。

5　保険料負担分の総額は、すべての市町村に係る第1号被保険者と第2号被保険者のそれぞれの見込数の総数の割合で按分される。

解説

正答　2、3、5

1　×　国の負担分は、すべての市町村に一律に交付される**定率負担金**と、市町村の**財政力の格差**に応じて傾斜的に交付される**調整交付金**（総額で保険給付費の5%）があり、すべての市町村に同率の負担ではない。p.347

2　○　介護費用から利用者負担分を除いた介護給付費（介護給付と予防給付の費用）は、公費（国、都道府県、市町村）と保険料によりそれぞれ50%ずつ賄（まかな）われる。

3　○　市町村の負担割合は**定率**で、12.5%である。

4　×　社会保険診療報酬支払基金が、すべての医療保険者から徴収した介護給付費・地域支援事業支援納付金を、各市町村の特別会計に**介護給付費交付金**と**地域支援事業支援交付金**として定率交付する。

5　○　保険料の負担分は、3年ごとに第2号被保険者の負担率が国の政令により改定され、第1号被保険者と第2号被保険者の**人口比**に応じて按分されたものになる。

解答のコツ&ポイント

速習　介 L22

テーマ【介護保険の財源の負担割合】

介護保険財源の負担割合、国の調整交付金など基本的なポイントを理解していれば正答できます。選択肢4の第2号被保険者の保険料の徴収についてもよく問われるポイントです。問題11の「解答のコツ&ポイント」も参照してください。

◎介護保険の財源⇨公費と保険料が50%ずつ

◎保険料の負担割合⇨第1号被保険者と第2号被保険者の人口比に応じ、3年ごとに国が改定

◎調整交付金⇨市町村の財政力格差を調整するため国が交付。平均5%で、市町村の財政力により5%以上または5%未満になる

第23回◇問題13

介護保険事業に係る保険給付の円滑な実施を確保するための基本的な指針について正しいものはどれか。**3つ**選べ。

1　地域支援事業の実施に関する基本的事項を定める。

2　都道府県知事が定める。

3　変更に当たっては、市町村長と協議しなければならない。

4　地域における医療及び介護の総合的な確保の促進に関する法律に規定する総合確保方針に即して定める。

5　介護給付等対象サービスを提供する体制の確保に関する基本的事項を定める。

解説

正答　1、4、5

1　○　介護保険事業に係る保険給付の円滑な実施を確保するための基本的な指針（**基本指針**）では、**介護給付等対象サービスの提供体制の確保**および**地域支援事業の実施に関する基本的事項**などが定められる。

2　×　基本指針は、**厚生労働大臣（国）**が定める。

3　×　基本指針を定め、変更する際には、あらかじめ、**総務大臣その他関係行政機関の長**に協議しなければならない。また、作成・変更した基本指針は公表する必要がある。

4　○　基本指針は、「**地域における医療及び介護の総合的な確保の促進に関する法律**」（**医療介護総合確保法**）に規定する**総合確保方針**に即して定められる。また、国の基本指針に即して、3年を1期として市町村介護保険事業計画および都道府県介護保険事業支援計画が定められる。

5　○　選択肢1の解説のとおりである。

解答のコツ&ポイント

⇨ 速習 介 L21

テーマ【介護保険事業計画における国の基本指針】

介護保険事業計画の基本指針は、市町村・都道府県の介護保険事業（支援）計画の方向性となるものであり、国が定めます。この点を理解していれば、選択肢2と3は容易に×と判断できるはずです。

◎国の基本指針に定めること⇨介護給付等対象サービスの提供体制の確保および地域支援事業の実施に関する基本的事項、市町村介護保険事業計画において、介護サービスの種類ごとの量の見込みを定めるにあたって参酌すべき標準など

関連問題…26-13 24-14 22-12

第23回◇問題14

地域支援事業の任意事業として正しいものはどれか。**2つ**選べ。

1 地域リハビリテーション活動支援事業
2 家族介護支援事業
3 在宅医療・介護連携推進事業
4 地域ケア会議推進事業
5 介護給付等費用適正化事業

解説

正答 2、5

1 × 地域リハビリテーション活動支援事業は、介護予防・日常生活支援総合事業の一般介護予防事業に含まれる。
2 ○ 家族介護支援事業は、任意事業に含まれる。
3 × 在宅医療・介護連携推進事業は、包括的支援事業に含まれる。
4 × 地域ケア会議推進事業は、包括的支援事業に含まれる。
5 ○ 介護給付等費用適正化事業は、任意事業に含まれる。

解答のコツ&ポイント

⇨ 速習 介 L19

テーマ【地域支援事業の任意事業】

任意事業は、市町村が任意で実施する事業で、対象者も被保険者にかぎられません。「家族介護支援」や「介護給付等費用適正化」などのキーワードに着目して、必須事業と区別がつくようにしておきましょう。

◎任意事業⇨介護給付等費用適正化事業（認定調査状況チェック、ケアプランの点検、住宅改修等の点検、医療情報との突合など）、家族介護支援事業、その他の事業（成年後見制度利用支援事業、福祉用具・住宅改修支援事業、認知症対応型共同生活介護事業所の家賃等助成事業、認知症サポーター等養成事業、重度のALS患者の入院におけるコミュニケーション支援事業、地域自立生活支援事業）

第23回◇問題15

介護保険審査会への審査請求が認められるものとして正しいものはどれか。**2つ選べ。**

1　要介護認定に関する処分について不服がある被保険者
2　介護報酬の審査・支払について不服がある介護サービス事業者
3　保険料の滞納処分について不服がある被保険者
4　財政安定化基金拠出金への拠出額について不服がある市町村
5　居宅介護支援事業者から支払われる給与について不服がある介護支援専門員

解説

正答　1、3

1　○　審査請求が認められるのは、市町村の行った①**保険給付**に関する処分（**被保険者証**の交付の請求に関する処分、**要介護認定等**に関する処分を含む）、②**保険料**その他介護保険法の規定による**徴収金**に関する処分（財政安定化基金拠出金、介護給付費・地域支援事業支援納付金およびその納付金を滞納した場合の延滞金に関する処分を除く）である。

2　×　介護保険審査会は、**市町村**が行った**行政処分**に対する**被保険者**の不服申し立てを扱う第三者機関であり、介護サービス事業者の介護報酬についての不服は、介護保険審査会への審査請求として**認められない**。

3　○　**保険料**の**滞納処分**は、市町村による保険料に関する処分であり審査請求が**認められる**。

4　×　市町村が介護保険審査会に審査請求を行うことは**できない**。

5　×　介護支援専門員の給与の不服は、介護保険審査会への審査請求として**認められない**。

解答のコツ&ポイント

⇨ 速習 介 L24

テーマ【介護保険審査会の審査請求の対象】

毎年のように出題されているテーマですが、この設問では、介護保険審査会への不服申し立てを行うのは「被保険者」である点が正誤のポイントです。この点を理解していれば、選択肢2、4、5はすべて×と判断できます。

◎介護保険審査会⇨都道府県に設置される第三者機関
◎介護保険審査会の委員⇨都道府県知事が任命
◎要介護認定等に関する処分の審査請求⇨公益代表委員で構成される合議体で取り扱う
◎要介護認定等以外の処分の審査請求⇨公益代表委員３人（会長１人を含む）、市町村代表委員３人、被保険者代表委員３人の合議体で取り扱う

第23回◇問題16

介護保険に関して市町村が有する権限について正しいものはどれか。**3つ**選べ。

1　被保険者の保険料に関し、被保険者の収入について調査する。

2　住宅改修を行う者に対し、文書の提出を求める。

3　介護給付費・地域支援事業支援納付金の算定のために、医療保険者から報告を徴収する。

4　被保険者に対する老齢等年金給付の支給状況について、年金保険者に対し資料の提供を求める。

5　介護サービス情報について、指定居宅サービス事業者を調査する。

解 説

正答　1、2、4

1　○　市町村は、被保険者の保険給付や保険料などに関して必要があると認める場合は、被保険者、配偶者、その世帯主等に対し文書その他の物件の提出・提示を命じるなどの**調査権限**を有する。

2　○　市町村は、保険給付に関して必要と認める場合は、受給者、事業者・施設のサービス担当者、**住宅改修**を行う者などに対し、**文書等の物件の提出や提示**を求めることができる。なお、受給者が正当な理由なくこの文書の提出命令に従わないなどの場合は、市町村は保険給付の一部または全部を行わないことができる。

3　×　介護給付費・地域支援事業支援納付金の算定のために、医療保険者から報告を徴収することができるのは、**社会保険診療報酬支払基金**である。

4　○　市町村は、保険給付および保険料に関して必要があると認めるときは、被保険者、配偶者、その世帯主等の資産や収入の状況または被保険者の老齢等年金給付の支給状況について、官公署または年金保険者に対し、必要な文書の閲覧や**資料の提供**を求めたり、関係機関等に報告を求めることができる。

5　×　介護サービス事業者から介護サービス情報の報告を受けた**都道府県知事**が、その報告内容を公表するとともに、必要がある場合は**調査**をすることができる。

解答のコツ&ポイント

⇨ 速習 介 L15、18

テーマ【市町村の権限】

細かい知識が問われ、やや難しく感じられたかもしれません。ただし、選択肢3と5は、それぞれ支払基金の役割、介護サービス情報の公表事務を行うのは都道府県知事である点を理解していれば×と判断して、正答を導き出すことができます。

◎その他の市町村の権限⇨第三者行為への損害賠償請求権、不正利得に対する徴収権など

第23回◇問題17

被保険者の要介護認定を市町村が取り消すことができる場合として正しいものはどれか。**2つ**選べ。

1　正当な理由なしに、介護給付等対象サービスの利用に関する指示に従わないことにより、要介護状態の程度を増進させたとき。

2　要介護者に該当しなくなったと認めるとき。

3　正当な理由なしに、市町村による文書の提出の求めに応じないとき。

4　災害などの特別の事情がある場合を除き、1年間介護保険料を納付しないとき。

5　正当な理由なしに、職権による要介護状態区分の変更認定を行うための市町村による調査に応じないとき。

解説

正答　2、5

1　×　認定の取り消しではなく、市町村は介護給付または予防給付の全部または一部を行わないことができる（保険給付の制限）。

2　○　市町村は、被保険者が要介護者等に該当しなくなったときや、正当な理由なく認定調査や主治医意見書のための診断に応じないときは、有効期間満了前でも、認定を取り消すことができる。

3　×　正当な理由なしに文書の提出の求めなどに応じない者については、選択肢1の解説と同様に、市町村は介護給付等の全部または一部を行わないことができる。

4　×　認定の取り消しではなく、保険給付が償還払いとなる。さらに被保険者が滞納を続けると保険給付の一時差し止め、滞納保険料と保険給付との相殺など、市町村による段階的な措置がとられるが、認定が取り消されることはない。

5　○　選択肢2の解説のとおり、認定調査に応じないときは、市町村は認定を取り消すことができる。

解答のコツ&ポイント

⇨ 速習 介 L10、13、22

テーマ【認定の取り消し・保険給付の制限・滞納措置】

認定の取り消し要件についておさえていれば正答できる問題ですが、保険給付の制限や滞納措置についても問われています。あわせて保険給付の制限と関連する事業者・施設の「市町村への通知」の基準もおさえておきましょう。

◎市町村への通知⇨事業者・施設は、利用者が正当な理由なくサービスの利用に関する指示に従わないことにより、要介護状態等の程度を増進させたとき、偽りその他不正な行為により保険給付を受けたり受けようとしたときには、遅滞なく、意見を付してその旨を市町村に通知する

第23回◇問題18

介護認定審査会について正しいものはどれか。**3つ**選べ。

1　審査及び判定の結果を申請者に通知する。

2　委員は、要介護者等の保健、医療又は福祉に関する学識経験を有する者のうちから任命される。

3　要介護認定の有効期間を定める。

4　必要があると認めるときは、主治の医師の意見を聴くことができる。

5　委員は、職務上知り得た秘密を漏らしてはならない。

解説

正答 2、4、5

1　×　**市町村**が、介護認定審査会の審査・判定結果に基づき、認定または不認定の決定を行い、その結果を申請者に**通知**する。

2　○　介護認定審査会の委員は**市町村長**が任命し、任期は原則２年である。

3　×　要介護認定の有効期間は、**省令**により定められる。なお、介護認定審査会は、審査・判定結果を市町村に通知する際に認定の有効期間の短縮や延長に関する事項の意見を述べることができ、この意見に基づき、市町村が認定の有効期間の短縮や延長をすることができる。

4　○　介護認定審査会は、審査・判定にあたり必要があれば、**主治医**のほか、**被保険者**、**家族**、**認定調査員**などの関係者の意見を聴くことができる。

5　○　介護認定審査会の委員は、特別職の非常勤公務員であり、職務上の**守秘義務**が課せられている。

解答のコツ&ポイント

⇨ 速習 介 L10

テーマ【介護認定審査会】

基本的な問題です。介護認定審査会は、審査・判定の結果を、必要な場合は意見を付して市町村に通知し、市町村はそれらを踏まえて認定をし、結果を被保険者に通知します。

◎介護認定審査会の意見⇨要介護状態等の軽減または悪化の防止のために必要な療養に関する事項（これを受けて市町村がサービスの種類の指定ができる）、サービスの適切かつ有効な利用などに関し、被保険者が留意すべき事項、認定の有効期間の短縮や延長に関する事項

関連問題…25-16

第23回◇問題19

要介護認定に係る主治医意見書について正しいものはどれか。**3つ**選べ。

1　主治医意見書の項目には、社会生活への適応が含まれる。

2　主治医意見書の項目には、認知症の中核症状が含まれる。

3　主治医意見書の項目には、サービス利用による生活機能の維持・改善の見通しが含まれる。

4　介護認定審査会に通知される。

5　要介護認定を受けようとする被保険者は、申請書に添付しなければならない。

解説

正答　2、3、4

1　×　社会生活への適応に関する意見は、主治医意見書ではなく、**認定調査票**の基本調査項目に含まれる。

2　○　**認知症の中核症状**は、心身の状態に関する意見として、主治医意見書の項目に含まれる。p.343

3　○　サービス利用による**生活機能の維持・改善の見通し**は、生活機能とサービスに関する意見として、主治医意見書の項目に含まれる。

4　○　**市町村**は、**一次判定結果**と認定調査票の**特記事項**、**主治医意見書**を介護認定審査会に**通知**し、審査・判定を求める。

5　×　被保険者が申請書に記載した主治医に対し、**市町村**が主治医意見書への記載を求める。また、主治医がいない場合は、**市町村の指定**する医師や**市町村の職員**である医師が診断し、主治医意見書を作成する。

解答のコツ&ポイント

⇨ 速習 介 L9

テーマ【主治医意見書】

選択肢１～３を主治医の意見という観点でみると、選択肢２、３の内容がより適切です。選択肢４、５は、認定の流れにかかわる基本事項で、容易に正誤を判断できるはずです。

◎主治医意見書の項目⇨基本情報、傷病に関する意見、特別な医療、心身の状態に関する意見（日常生活の自立度、認知症の中核症状、認知症の行動・心理症状（BPSD）など）、生活機能とサービスに関する意見（サービス利用による生活機能の維持・改善の見通し、医学的管理の必要性など）

第23回◇問題20

指定居宅介護支援等の事業の人員及び運営に関する基準第13条の具体的取扱方針のうち介護支援専門員に係るものとして正しいものはどれか。**3つ**選べ。

1　要介護認定を受けている利用者が要支援認定を受けたときは、指定介護予防支援事業者と当該利用者に係る必要な情報を提供する等の連携を図るものとする。

2　被保険者証に認定審査会意見の記載があるときは、利用者の理解を得た上で、その内容に沿って居宅サービス計画を作成しなければならない。

3　継続して居宅サービス計画に福祉用具貸与を位置付けるときは、貸与が必要な理由を記載しなくてもよい。

4　居宅サービス計画に地域ケア会議で定めた回数以上の訪問介護を位置付けるときは、それが必要な理由を居宅サービス計画に記載しなければならない。

5　利用者が通所リハビリテーションの利用を希望しているときは、利用者の同意を得て主治の医師等の意見を求めなければならない。

解説

正答　1、2、5

1　○　指定介護予防支援事業者が利用者の**介護予防サービス計画**を作成することになるため、必要な情報を提供するなどのすみやかな連携が必要となる。

2　○　なお、被保険者証に**サービスの種類の指定**の記載がある場合は、そのサービス以外は保険給付がされない。そのため、利用者にサービスの種類の変更の申請ができることも含めて**説明**し、理解を得る必要がある。

3　×　居宅サービス計画に**福祉用具貸与**を位置づける場合は、貸与が**必要な理由**を記載しなければならない。また、計画作成後も随時サービス担当者会議で必要性を検証し、**継続が必要**な場合は、その理由を再度、**居宅サービス計画に記載**しなければならない。

4　×　居宅サービス計画に**厚生労働大臣が定める回数以上の訪問介護**（生活援助中心型）を位置づける場合に、その利用の妥当性を検討し、居宅サービス計画にその**必要な理由を記載**するとともに、居宅サービス計画を市町村に**届け出**なければならない。

5　○　通所リハビリテーションなどの医療サービスは、**主治医の指示**がある場合にかぎり、居宅サービス計画に位置づけることができる。

解答のコツ＆ポイント

⇨ 速習 介 L25

テーマ【指定居宅介護支援の具体的取扱方針】

選択肢４は、2018年度から加わった基準です。具体的取扱方針は、すべてが重要なのでしっかりおさえましょう。

◎厚生労働大臣が定める回数以上の訪問介護⇨市町村は届出を受けた居宅サービス計画を地域ケア会議などで検討し、必要に応じて是正を促す

第23回◇問題21

指定居宅介護支援事業者について正しいものはどれか。**3つ**選べ。

1　指定居宅介護支援の提供の開始に際し、複数の指定居宅サービス事業者を必ず紹介しなければならない。

2　指定居宅介護支援の提供の開始に際し、利用者に入院する必要が生じたときは、介護支援専門員の氏名と連絡先を入院先の病院又は診療所に伝えるよう、あらかじめ利用者や家族に求めなければならない。

3　指定居宅介護支援の提供の開始に際し、要介護認定申請が行われていない場合は、利用申込者の意思にかかわらず、速やかに申請が行われるよう援助を行わなければならない。

4　通常の事業の実施地域等を勘案し、自ら適切な指定居宅介護支援を提供することが困難なときは、他の指定居宅介護支援事業者を紹介するなど必要な措置を講じなければならない。

5　利用者の選定により通常の事業の実施地域以外の地域で指定居宅介護支援を行うときは、要した交通費の支払を利用者から受けることができる。

解説

正答　2、4、5

1　×　利用者は複数の指定居宅サービス事業者等の紹介を求めることができることなどについて説明を行い、理解を得なければならない。

2　○　記述のとおり。指定居宅介護支援事業者と入院先医療機関との早期からの連携を促進するために規定されている。

3　×　要介護認定の申請が行われていない場合は、利用申込者の意思を踏まえてすみやかに申請が行われるよう必要な援助を行わなければならない。

4　○　記述のとおり。サービス提供困難時には、ほかの指定居宅介護支援事業者の紹介その他の必要な措置を講じなければならない。

5　○　また、利用者から交通費の支払いを受けるにあたっては、あらかじめ、利用者またはその家族に対して説明を行い、利用者の同意を得なければならない。

解答のコツ＆ポイント

⇨ 速習 介 L25

テーマ【指定居宅介護支援の運営基準】

選択肢１、２は2018年度の基準の改正事項です。出題されやすいのでチェックしておきましょう。

◎2018年度の運営基準改正のポイント⇨医療機関との連携の強化、契約時の説明責任の明確化、主治医へのケアプラン交付義務、居宅サービス計画に通常より多い回数の生活援助を位置づける場合の届出など

第23回◇問題22

指定居宅介護支援におけるサービス担当者会議について適切なものはどれか。**3つ**選べ。

1　家庭内暴力がある場合には、必ずしも利用者や家族の参加を求めるものではない。

2　開催の日程調整を行ったが、サービス担当者の事由により参加が得られなかったときは、サービス担当者への照会等により意見を求めることができる。

3　末期の悪性腫瘍の利用者について、日常生活上の障害が1か月以内に出現すると主治の医師が判断した場合には、その助言を得た上で、サービス担当者への照会等により意見を求めることができる。

4　サービス担当者会議の記録は、要介護認定の有効期間に合わせて最長3年間保存しなければならない。

5　要介護更新認定の結果、要介護状態区分に変更がなかった場合には、サービス担当者会議を開催する必要はない。

解説

正答　1、2、3

1　○　家庭内暴力があるなど利用者やその家族の参加が望ましくない場合には、必ずしも参加を求めるものではない。

2　○　サービス担当者会議（利用者の同意を得たうえで、テレビ電話などを活用しての実施も可）は、居宅サービス計画の新規作成時、変更時、更新認定時、区分変更認定時には開催することが原則だが、選択肢のようにやむを得ない理由がある場合は、サービス担当者への照会等により意見を求めることができる。

3　○　末期の悪性腫瘍の利用者については、主治医の助言を得ることを前提として、サービス担当者会議を開かず、サービス担当者への照会等により意見を求めることができる。

4　×　サービス担当者会議の記録など指定居宅介護支援の提供に関する記録は、その完結の日から2年間保存しなければならない。

5　×　選択肢2の解説のとおり、更新認定時には、開催することを原則とする。

解答のコツ&ポイント

⇨ 速習 介 L25、26

テーマ【サービス担当者会議の開催】

基準の解釈通知に関する設問です。ただし、選択肢4の記録の整備（2年間の保存義務）、選択肢5の開催する時期は基本事項なので、消去法で正答を導き出せるでしょう。

◎やむを得ない理由⇨末期の悪性腫瘍の利用者の場合、開催の日程調整を行ったが、サービス担当者の事由により参加が得られなかった場合、居宅サービス計画の軽微な変更など

関連問題…24-22　／　／　／

第23回◇問題23

介護予防サービス・支援計画書について適切なものはどれか。**2つ**選べ。

1 「課題に対する目標と具体策の提案」欄には、利用者や家族の意向を踏まえた目標と具体策を記載する。

2 「【本来行うべき支援ができない場合】妥当な支援の実施に向けた方針」は、利用者と家族の考え方の違いが大きい場合には記載しない。

3 「目標とする生活」の「1年」欄には、利用者とともに、生きがいや楽しみを話し合い、今後の生活で達成したい目標を設定する。

4 「期間」は、常に利用者の要支援認定の有効期間と同じ期間にする。

5 「本人等のセルフケアや家族の支援、インフォーマルサービス」欄には、地域のボランティアや近隣住民の協力なども記載する。

解説

正答　3、5

1 × 「課題に対する目標と具体策の提案」は、アセスメントの結果を踏まえた**専門的観点から示す提案**である。この提案に対し、「具体策についての意向」の欄で本人・家族の意向を記載し、合意形成をしたうえで、「目標」と「支援計画」を記載していく。

2 × 利用者と家族の考え方の違いが大きい場合や必要な社会資源がない場合には、**支援の方向性や方策**を記載し、本来の支援をできるように働きかける。

3 ○ 目標は達成可能な具体的なものとし、活動性が向上したあとの生活のイメージを共有することが大切である。

4 × 「期間」は、**支援内容を実施する期間**を記載する。「認定の有効期間」も考慮するが、常に利用者の認定有効期間と同じにするものではない。

5 ○ 「支援計画」の欄には、「本人等のセルフケアや家族の支援、インフォーマルサービス」のほか、目標についての支援のポイント、介護保険サービスまたは地域支援事業によるサービス内容、サービス種別などを記載する。

解答のコツ&ポイント

テーマ【介護予防サービス・支援計画書】

介護予防サービス・支援計画書の書き方についての出題です。選択肢3と5を○と判断できれば、正答を導き出せる問題です。

⇨ 速習 介 L28

第23回◇問題24

特別養護老人ホーム入所中のAさん（98歳、女性）は、食事摂取量が激減し、全身衰弱が進行している。発語も困難で、意思疎通も難しい。嘱託医の判断では、Aさんはターミナル期の状態であるとのことであった。Aさん及びその家族の入所時の意思は、「最期まで施設で暮らしたい」とのことであった。この場合の対応として、より適切なものはどれか。**2つ**選べ。

1　看護職員が作成した看取り介護計画があるため、施設サービス計画は作成しない。

2　Aさんと家族の意向は明らかなので、改めて面接をせずに、介護支援専門員が単独でターミナル期の施設サービス計画を作成する。

3　看取りに対する家族の意思を確認するため、介護支援専門員がAさんの家族、嘱託医、生活相談員等との面談の日程調整を行う。

4　Aさんの意思を尊重し、最期まで介護職員が単独で看取りの介護を行った場合は、看取り介護加算を算定できる。

5　終末期の身体症状の変化や介護の状況等を記録し、医師、看護職員、介護職員、介護支援専門員等による情報の共有に努める。

解説

正答　3、5

1　×　**施設サービス**計画は、看取り介護計画などさまざまな個別援助計画の基本計画となるものであり、アセスメントの結果に基づき、必ず作成される。

2　×　必ず入所者や家族と**面接**をしてアセスメントを行い、施設サービス計画の原案を作成する。その原案はサービス担当者会議の開催または担当者への照会などにより専門的見地からの意見を求め、調整したうえで確定する。

3　○　Aさんは現在、意思疎通が難しいため、複数の医療・介護専門職も含めて話し合いを行い、看取りに対する家族の意思を確認することは適切である。

4　×　**看取り介護**加算を算定するには、**常勤の看護師**の配置と**24時間連絡体制**の確保、看取りに関する**指針**の作成と利用者・家族への指針の説明と同意取得、多職種の協議による定期的な指針の見直し、看取りに関する**職員研修**などの要件が必要となる。

5　○　施設での看取りでは、医療・介護の多職種が連携して支援を行う。

解答のコツ&ポイント

テーマ【介護老人福祉施設における看取りの支援】

選択肢４の看取り介護加算の算定要件を知らなくても、選択肢３と５が常識的に○と判断できるため、正答できるでしょう。

⇨ 速習　介 L30　保 L26　福 L17

第23回◇問題25

Aさん（80歳、女性、要介護２）は、長女（51歳）、長女の夫（50歳）、孫（17歳、女性、高校生）と同居しており、通所介護を週３回利用している。長女及び長女の夫はフルタイムで働いており、平日は孫が介護を担っている。長女から、「最近娘の学校の成績が下がってきたが、介護が負担なのではないか」との相談を受けた。介護支援専門員の対応として、より適切なものはどれか。**３つ**選べ。

1　長女に対し、仕事を辞めて介護や家事に専念すべきであると説得する。

2　家族と介護支援専門員で、家事や介護の家庭内での分担及び介護サービス利用の見直しについて話し合う場を設ける。

3　長女及び長女の夫に勤務先の介護に関する支援制度を確認するよう依頼する。

4　孫のため、直ちにAさんの短期入所生活介護の手配をする。

5　孫の話を傾聴し、必要に応じて若年介護者（ヤングケアラー）としての悩みを持つ者同士の懇談会などに関する情報を提供する。

解説

正答　2、3、5

1　×　介護支援専門員には、家族の就労の継続や社会活動の実現など、家族一人ひとりの**自己実現**が図られるよう支援する視点が必要である。「介護や家事に専念すべき」などと説得するのは適切ではない。

2　○　17歳の孫の負担が大きくなっているとも考えられ、家事や介護の家庭内での分担や介護サービス利用の見直しについて話し合う場を設けるのは適切である。

3　○　**育児・介護休業制度**などの使える制度や社会資源について、家族に情報提供するのは適切である。

4　×　居宅サービス計画の変更は、アセスメントの結果を踏まえて行う必要がある。また、Aさんや家族の意向も確認せずに、ただちにサービスの手配をするのは適切ではない。

5　○　孫が介護を担う同世代と交流し、悩みなどを共有する経験は、ストレスの軽減にもつながると考えられ、適切である。

解答のコツ&ポイント

テーマ【介護をする家族への支援】

娘夫婦がフルタイムで働いているため、10代の孫が平日の介護を担うというヤングケアラーについて盛り込まれた事例です。選択肢１の「説得する」は誤選択肢のキーワードといえるでしょう。選択肢２、３、５は常識的に○と判断できます。

⇨ 速習　介 L3
福 L26

●保健医療サービス分野●

関連問題… 25-38 24-26 24-32

第23回◇問題26

次の記述について、より適切なものはどれか。**3つ**選べ。

1　老年症候群では、高齢期において生活機能の低下がみられる。

2　高齢者では、身体的な衰えや機能障害、慢性疾患の罹患、家族との死別などにより抑うつが高頻度にみられる。

3　高齢者では、エネルギーの消費が多くなるため、食欲が増す。

4　高齢者では、若年者に比べて体内水分貯蔵量が少なく、口渇も感じにくいため、脱水のリスクが高い。

5　内耳から大脳に異常があるために生じる難聴を、伝音性難聴という。

解説

正答　1、2、4

1　○　老年症候群とは、高齢期の**生活機能**を低下させ、QOL（生活の質）を低下させる病状・病態である。

2　○　身体的な衰えや機能障害、慢性疾患の罹患、家族との死別などのほか、**社会的役割の喪失**も抑うつを引き起こす要因となる。

3　×　高齢者では、エネルギーの消費量が減り、**食欲が低下**することが多い。

4　○　高齢者は、体内水分貯蔵量が少なく**口渇も自覚しにくい**ため、若年者に比べて脱水になりやすい。体内の水分は、排泄のほか不感蒸泄でも失われているため、こまめな水分補給が必要となる。

5　×　内耳から大脳に異常があるために生じる難聴は、**感音性難聴**という。伝音性難聴は、外耳や中耳に障害があり、内耳に音信号が伝わりにくくなるために生じる難聴である。

解答のコツ&ポイント

⇨ 速習 保 L1

テーマ【老年症候群】

選択肢3の「高齢者では、エネルギーの消費が多くなる」は常識的に×と判断できるでしょう。選択肢5は伝音性難聴と感音性難聴の意味を理解していれば正答できます。

◎伝音性難聴⇨外耳や中耳に障害があるために生じる難聴。治療による改善が期待できる

◎感音性難聴⇨内耳→聴神経→大脳までの経路（感音系）に原因がある難聴。治療による改善は期待しにくい

関連問題…26-38 22-33

第23回◇問題27

次の記述について、より適切なものはどれか。**3つ**選べ。

1　激しく出血している場合は、出血部位よりも心臓から遠い部位を圧迫して止血する。
2　誤嚥による呼吸困難では、「喉に手を当てる」などの窒息のサインやチアノーゼなどの症状が出現する。
3　洗剤や漂白剤を飲み込んだ場合は、無理に吐かせる。
4　衣服の下をやけどしている場合は、衣服を脱がさずその上から流水を当てる。
5　寝たきりの高齢者に吐き気があるときは、身体を横向きにして、吐物の誤嚥を防ぐ。

解説

正答　2、4、5

1　×　激しく出血している場合は、出血部位よりも**心臓に近い部位**を圧迫して止血する。また、出血部位を心臓より**高く**すると、出血量を減らすことができる場合がある。

2　○　窒息のサインには、「手足をバタバタさせる」などもある。チアノーゼは**酸素欠乏**により、皮膚や粘膜が鮮紅色を失って青紫色になる症状をいう。

3　×　無理に吐かせたり、水を飲ませたりすると、飲み込んだものが気管に入り、**窒息**や**誤嚥性肺炎**を起こす場合がある。特に、洗剤や漂白剤は、強い酸性やアルカリ性の場合があるため、危険である。すぐに**医療機関**にかかる必要がある。

4　○　衣服の下をやけどしている場合、やけどによって衣服が**皮膚に貼り付いている**ことがある。無理に脱がそうとすると痛みを伴ったり、出血する恐れがあるため、衣服は脱がしたりせずに冷やす。

5　○　嘔吐（おうと）物による誤嚥（ごえん）や窒息を防ぐため、**側臥位**（そくがい）にする。

解答のコツ&ポイント

⇨ 速習 保 L24

テーマ【急変時の対応】
選択肢2、4、5は、状況をイメージすることにより正答できるはずです。選択肢1、3は適切な処置をとるために必要な知識です。よく確認しておきましょう。
◎出血⇨心臓に近い部位の圧迫、出血部位を心臓より高くする
◎嘔吐⇨誤嚥を防ぐために側臥位
◎やけど⇨衣服の下をやけどしている場合は、脱がさない
◎誤飲⇨内容により無理に吐かせず医療機関をすぐに受診

関連問題… 25-39 24-39 22-31

第23回◇問題28

高齢者にみられる疾病について正しいものはどれか。**3つ**選べ。

1　変形性関節症は、高齢者に多く発症する。

2　筋萎縮性側索硬化症（ALS）では、筋力低下による運動障害は生じない。

3　高次脳機能障害における失語症には、話そうとするが言葉が出てこないという症状も含まれる。

4　パーキンソン病では、認知障害はみられない。

5　骨粗鬆症は、骨折の大きな危険因子である。

解説

正答　1、3、5

1　○　特に多いのは膝関節に起こる**変形性膝関節症**で、65歳以上の高齢者の大多数に発症し、**女性**に多い。肥満、膝の外傷、手術歴などが発症リスクを上げる。予防のためには、大腿四頭筋を鍛えることが有効である。

2　×　**筋萎縮性側索硬化症**（ALS）では、**四肢の筋力低下**による歩行や運動などの生活機能低下などがみられ、数年で四肢麻痺、摂食障害、呼吸麻痺により自立困難となる。ただし眼球運動、肛門括約筋、知覚神経、記憶力、知能、意識は末期までよく保たれる。

3　○　このほか、**錯語**（思ったことと異なる言葉を言ってしまう）、**失書**（文字が思い浮かばず書けない）、**失読**（文章を読んでも理解できない）などの症状がある。

4　×　パーキンソン病では、四大運動症状のほか、進行すると、**認知症**や**うつ**状態などの精神症状も現れる。

5　○　骨粗鬆症では、骨密度が減少して骨がもろくなり、**骨折しやすくなる**。

解答のコツ&ポイント

⇨ 速習 保 L3、7、16

テーマ【高齢者にみられる疾病】

選択肢1、2、5は容易に判別できるでしょう。疾病の症状は、原因や発生機序を把握することで、理解しやすくなります。

◎変形性膝関節症⇨加齢が危険因子。関節軟骨がすり減り、周囲組織が変性

◎筋萎縮性側索硬化症⇨原因不明。運動神経細胞が変性消失し、徐々に全身の骨格筋が萎縮

◎失語症⇨大脳の言語中枢の障害

◎パーキンソン病⇨脳の黒質の神経細胞が変性・消失して、脳内物質のドパミンが減少

関連問題…26-27 24-27 22-26　／　／　／

第23回◇問題29

次の記述について正しいものはどれか。**3つ**選べ。

1 稽留(けいりゅう)熱では、急激な発熱と解熱を繰り返す。

2 心房細動では、心房の正常な収縮と拡張ができなくなる。

3 飲酒は、起立性低血圧の原因とはならない。

4 ジャパン・コーマ・スケール（JCS）では、数値が大きいほど意識レベルが低い。

5 口すぼめ呼吸で息を吐くと、気管支内の圧力が高くなり、気管支の閉塞を防ぐ。

解説

正答　2、4、5

1 × 急激な発熱と解熱を繰り返すのは間欠熱である。稽留熱は、解熱せずに発熱が続くものをいう。

2 ○ 心房細動は、加齢とともに起こりやすくなる不整脈のひとつである。心原性脳塞栓(そくせん)をきたすことがあり、注意が必要となる。

3 × 起立性低血圧は、加齢による交感神経系の調節反射の障害によって起こり、血管拡張薬などの薬剤の服用や飲酒なども原因となる。

4 ○ ジャパン・コーマ・スケール（JCS）は、意識の覚醒度を1～3桁の段階にわけて示すもので、2桁の点数は刺激すると覚醒する状態、3桁の点数は刺激しても覚醒しない状態を示し、数値が大きいほど意識レベルが低い。

5 ○ 口すぼめ呼吸は、鼻から息を吸い、口をすぼめてゆっくりと吐き出す呼吸法である。息を吐くときに気管支内の圧力が高まるため、気管支の閉塞を防いで肺からより多くの空気を出すことができ、呼吸が楽になる効果がある。

解答のコツ&ポイント

⇨ 速習 保L4、9

テーマ【バイタルサインと関連する疾患】

選択肢1の熱型は初めて出題されました。しっかり理解しておきましょう。

◎稽留熱：解熱せずに発熱が続く。肺炎、感染性心膜炎、腫瘍熱などでみられる

◎間欠熱：急激な発熱と解熱を繰り返す。敗血症などでみられる

◎弛張(しちょう)熱：完全に解熱せずに、微熱と発熱を繰り返す。高齢者では、インフルエンザや肺炎、腫瘍熱などでみられる

◎回帰熱：有熱期と解熱期を繰り返す。胆道感染症で特徴的にみられる

第23回◇問題30

検査について適切なものはどれか。**2つ**選べ。

1　高齢者では膝などの関節が十分に伸びなくなるので、BMI（Body Mass Index）は本来の値より小さくなる。

2　CRP（C反応性たんぱく質）は、体内で炎症が起きているときに低下する。

3　ヘモグロビンA1cの値は、過去6か月間の平均血糖レベルを反映している。

4　腹囲が男性85cm以上、女性90cm以上の場合は、メタボリックシンドロームの診断において腹部型の肥満とされる。

5　24時間心電図（ホルター心電図）検査は、不整脈がある場合や狭心症が疑われる場合に行われる。

解説

正答　4、5

1　×　高齢になると脊椎の変形（円背）や膝などの関節が十分に伸びなくなることから、見かけ上の身長が低くなる。このため、BMIは本来の値より**大きく**なる。

2　×　CRP（C反応性たんぱく質）は、感染症などの炎症が起きているときに、血液中に**増加**する。

3　×　ヘモグロビンA1c（HbA1c）は、糖化ヘモグロビンともいい、糖がヘモグロビンと結合している割合を示している。反映しているのは、過去**1～2か月間**の平均血糖レベルである。

4　○　腹囲が男性85cm以上、女性90cm以上は、おへそ周りの内臓脂肪面積100cm²以上に相当するとして、メタボリックシンドロームの診断基準に使われている。

5　○　24時間心電図（ホルター心電図）検査は、小型軽量の装置を身につけ、**日常生活における24時間の心電図**を測定するものである。

p.350

解答のコツ&ポイント

⇨ 速習 保 L10

テーマ【検査値】

BMI、CRP、ヘモグロビンA1cなどいずれも頻出ポイントです。何の指標となるのか、異常値の場合に疑われる疾患をよく理解しておきましょう。

◎BMI ⇨体格判定の指標。高齢者では本来よりも大きめの値となる

◎CRP ⇨感染症などの炎症がある場合に増加

◎ヘモグロビンA1c（HbA1c）⇨糖尿病の診断に有用

◎メタボリックシンドローム⇨腹部型肥満（腹囲が男性85cm以上、女性90cm以上）に加えて、「脂質異常」「高血糖」「高血圧」のうち2つ以上該当した状態

関連問題…22-27 22-29

第23回◇問題31

食事について適切なものはどれか。**3つ**選べ。

1　摂食・嚥下プロセスの口腔期では、視覚、触覚、嗅覚の認知により、無条件反射で唾液が分泌される。

2　摂食・嚥下プロセスの咽頭期では、咽頭に食塊が入ると、気道が閉じられて食道に飲み込まれる。

3　食事の介護のアセスメントでは、摂食動作ができているかを確認する。

4　食事の介護のアセスメントでは、食欲がない場合には、痛み、口腔内の状態、服薬状況などを確認する。

5　医師は、食事の介護のアセスメントに関わる必要はない。

解説

正答 2、3、4

1　×　視覚、触覚、嗅覚の認知により、無条件反射で唾液が分泌されるのは、**先行期**（認知期）である。口腔期は、舌で食塊を咽頭へ送り込む段階である。

2　○　なお、**咽頭期**の摂食・嚥下障害として、咽頭に食塊が残りやすくなる状態がある。

3　○　介護支援専門員は、利用者が食事だと**認識**できているか、**摂食動作**ができているか、**嚥下**が行われているかなどを確認することから始める。

4　○　食欲や食に対する意欲がない場合のアセスメントでは、**活動量**が落ちていないか、**生活リズム**が崩れていないかなども確認する。

5　×　食事の介護のアセスメントは、介護支援専門員と**多職種**が**連携**して行う。かかわる専門職としては、医師、看護師、歯科医師、歯科衛生士、理学療法士、作業療法士、言語聴覚士、管理栄養士、薬剤師、福祉用具専門相談員などがあげられる。

解答のコツ&ポイント

⇨ 速習 保 L12

テーマ【摂食・嚥下プロセスと食事介護のアセスメント】

選択肢5は容易に×と判断できます。選択肢1、2は、摂食・嚥下プロセスのそれぞれの段階が理解できていれば正答できる問題です。

◎摂食・嚥下プロセス⇨先行期（食物を取り込む前の認知期、唾液が分泌）、準備期（口腔内で食塊を形成）、口腔期（食塊を咽頭へ）、咽頭期（気道が閉じて食塊が食道へ）、食道期（食塊が食道から胃へ）の5つのプロセス

第23回◇問題32

褥瘡について適切なものはどれか。**3つ**選べ。

1　褥瘡とは、体外からの圧力による皮下の血流障害により、細胞が壊死してしまう状態をいう。

2　半座位や座位では、肩甲骨部には発生しない。

3　発生要因には、病気や加齢による身体組織の耐久性低下がある。

4　同一部位への長時間にわたる圧力を減少させるためには、体圧分散用具を用いるとよい。

5　指定介護老人福祉施設において、褥瘡マネジメント加算は算定できない。

解説　　　正答　1、3、4

1　○　褥瘡とは、局所に持続的に外力がかかることによる**血流障害**を原因とした虚血性皮層壊死である。p.351

2　×　半座位や座位でも、背中をもたせかけると**肩甲骨部**には体重による限局的な圧迫がかかりやすく、褥瘡の好発部位となる。p.351

3　○　褥瘡の発生要因には、全身衰弱など**活動性の低下**に加え、摩擦、ずれ、皮膚の湿潤･不潔、加齢、栄養状態の悪化、浮腫など**身体組織の耐久性の低下**がある。p.351

4　○　局所にかかる圧力の軽減には、エアーマットなどの**体圧分散用具**や、体位を楽に保つためのクッションなどの使用が有効である。p.351

5　×　指定介護老人福祉施設において、入所者全員に褥瘡の発生リスクの評価を行うなど所定の要件を満たした場合、**褥瘡マネジメント加算**を算定することができる。介護老人保健施設、地域密着型介護老人福祉施設入所者生活介護、看護小規模多機能型居宅介護にも設定されている。

解答のコツ&ポイント

⇨ 速習 保 L11 福 L17

テーマ【褥瘡】

褥瘡のケアに関する基本的な問題です。褥瘡の直接的な要因は局所への持続的な圧迫ですが、活動性の低下や身体組織の耐久性の低下が背景にあることをおさえましょう。褥瘡マネジメント加算の要件についても確認しておきましょう。

◎褥瘡マネジメント加算⇨入所者全員に対し、褥瘡の発生リスクに関する評価を行い、その結果等を厚生労働省に提出等するとともに、褥瘡発生リスクのある入所者について多職種で共同して褥瘡ケア計画を作成して褥瘡管理を実施し、少なくとも３か月に１回は褥瘡ケア計画の見直しをしている場合。３か月に１回を限度として算定

関連問題…23-31 22-29

第23回◇問題33

次の記述について、より適切なものはどれか。**3つ**選べ。

1　高齢者では、特に疾患がなくても、気道の閉じるタイミングが遅れることで誤嚥が生じやすくなる。

2　歯のかみ合わせは、咀嚼だけでなく、嚥下にも影響する。

3　唾液腺を刺激しても、唾液は分泌されない。

4　食物残渣は、口臭の原因となる。

5　摂食・嚥下リハビリテーションは、医師のみで行う。

解説

正答　1、2、4

1　○　加齢による筋力低下などにより、**嚥下反射**が低下または遅延すると、誤嚥を起こしやすくなる。

2　○　歯の**噛(か)み合わせ**がしっかりできているかどうかは、そしゃく機能だけでなく、嚥下機能や全身の筋力の維持、姿勢の制御、平衡感覚の保持、瞬発力の発揮にも影響する。

3　×　**唾液腺**（耳下腺、舌下(ぜっか)腺、顎下(がっか)腺）を刺激することで、唾液の分泌が促される。

4　○　**食物残渣**は、口腔内の細菌によって分解される際に、**口臭のもと**となる揮発性硫黄化合物を発生する。

5　×　摂食・嚥下リハビリテーションは、医師だけでなく、歯科衛生師、言語聴覚士、看護師や介護職など**多職種が連携**して行う。

解答のコツ＆ポイント

⇨ 速習 保 L12

テーマ【口腔ケア】

選択肢３の「唾液は分泌されない」、選択肢５の「医師のみで行う」などの文言は、容易に×と判断できるでしょう。歯の噛み合わせができていることは、口腔機能の維持のほか、全身の状態にも影響することをしっかり理解しておきましょう。

◎口腔の機能⇨そしゃく、嚥下、味覚、発音・発声、呼吸

◎口腔ケアの効果⇨口臭予防、味覚を正常に保つ、唾液分泌を促す、嚥下反射等を促すことでオーラルフレイルを予防し、口腔機能を維持・向上する、誤嚥性肺炎などの全身疾患を予防する、生活リズムを整える

第23回◇問題34

認知症のケアや支援について適切なものはどれか。**3つ**選べ。

1　認知症初期集中支援チームは、都道府県が配置する。

2　認知症カフェは、認知症初期集中支援チームが運営することとされている。

3　認知症初期集中支援チームの対象者は、原則として、40歳以上で、在宅で生活しており、かつ認知症が疑われる人又は認知症の人である。

4　パーソン・センタード・ケアは、認知症を持つ人を一人の「人」として尊重し、その人の立場に立って考え、ケアを行おうとする認知症ケアの１つの考え方である。

5　認知症施策推進大綱では、認知症の人本人からの発信支援を推進するよう明記されている。

解説

正答　3、4、5

1　×　認知症初期集中支援チームの設置は、地域支援事業の認知症総合支援事業に位置づけられ、実施主体は市町村（地域包括支援センター、認知症疾患医療センター、診療所等に委託可）である。

2　×　認知症カフェの運営主体は地域包括支援センターやボランティア団体が多く、認知症初期集中支援チームが運営するわけではない。

3　○　選択肢の記述に加え、医療・介護サービスを受けていない（または中断している）人で一定の要件に該当する人、医療・介護サービスを受けているが認知症の行動・心理症状が顕著なために対応に苦慮している人が対象となる。

4　○　パーソン・センタード・ケアでは、「与えるケア」ではなく「心の通うケア」を重視している。

5　○　認知症施策推進大綱の５つの柱のひとつに、「普及啓発・本人発信支援」があげられている。

解答のコツ＆ポイント

⇨ 速習 保 L17

テーマ【認知症のケアや支援】

認知症初期集中支援チームは頻出ポイントです。正しく理解できていれば選択肢１、２は×と判断して正答を導き出すことができます。認知症施策推進大綱についてもおさえておきましょう。

◎認知症施策推進大綱の５つの柱⇨①普及啓発・本人発信支援、②予防、③医療・ケア・介護サービス・介護者への支援、④認知症バリアフリーの推進・若年性認知症の人への支援・社会参加支援、⑤研究開発・産業促進・国際展開

関連問題…25-27 24-32 22-35

第23回◇問題35

老年期の精神障害について適切なものはどれか。**3つ**選べ。

1　老年期うつ病では、心気的な訴えは少ない。
2　老年期うつ病では、気分の落ち込みよりも、不安、緊張、焦燥が目立つ。
3　老年期の統合失調症の症状の再発は、配偶者や近親者の死が要因となることがある。
4　老年期のアルコール依存症は、認知症を合併することはない。
5　遅発パラフレニーは、老年期の妄想性障害の代表的な疾患とされている。

解説

正答　2、3、5

1　×　老年期うつ病では、**心気的**な訴え（身体不調の訴え）、**意欲**や**集中力**の低下、**認知機能**の低下を示しやすい。

2　○　老年期うつ病の症状が進むと、罪業妄想や貧困妄想、心気妄想を持ち、自殺を図ることもある。

3　○　老年期の統合失調症の再発要因には、**配偶者や近親者の死**、**生活環境の変化**などがあげられる。

4　×　老年期のアルコール依存症では、**認知症**、**うつ病**、糖尿病、高血圧を合併しやすい。

5　○　**遅発パラフレニー**では、人格や感情反応は保たれていながら、主症状として著しい妄想がみられる。

解答のコツ＆ポイント

⇨ 速習 保 L18

テーマ【老年期の精神障害】

選択肢5の遅発パラフレニーは、初めて出題されましたが、それ以外は老年期精神障害の基本的な知識といえるでしょう。特に老年期うつ病は、頻出ポイントなのでしっかり理解しましょう。

◎老年期うつ病の要因⇨脳の血流障害、脳内神経伝達物質の異常、身体疾患、喪失体験、孤独、病前の性格など

◎老年期うつ病の特徴⇨不安、緊張、焦燥感、心気的な訴え、意欲や集中力の低下、認知機能の低下

関連問題… 26-33 25-35 24-33 ／ ／ ／

第23回◇問題36

次の記述について正しいものはどれか。**2つ**選べ。

1　患者が医師から説明をきちんと受けた上で同意することをインフォームド・コンセントという。

2　医師個人の経験だけに頼るのではなく、科学的な根拠に基づいた医療をナラティブ・ベースド・メディスン（Narrative Based Medicine：NBM）という。

3　個々の人間の感じ方や考え方に耳を傾けて自己決定を促す医療をエビデンス・ベースド・メディスン（Evidence Based Medicine：EBM）という。

4　予後とは、疾患が今後たどり得る経過のことをいう。

5　疾患の予後に関する情報は、高齢者本人にのみ説明する必要がある。

解説

正答　1、4

1　○　医師が病歴を聴取し、診断を確定して治療を開始するまでの過程においては、インフォームド・コンセントが重視されている。

2　×　医師個人の経験だけに頼るのではなく、科学的な根拠に基づいた医療は、エビデンス・ベースド・メディスン（Evidence Based Medicine：EBM）である。

3　×　患者本人の感じ方や考え方に耳を傾けて、患者の自己決定を促す医療は、ナラティブ・ベースド・メディスン（Narrative Based Medicine：NBM）である。

4　○　予後とは病気の経過の見通しで、病気の結果を推測し、治療の期間を提示する。

5　×　基本的に、予後の説明は患者本人にするが、高齢者の場合は、認知機能や理解力の低下、心理状態なども考慮し、家族の同席を求めることもある。

解答のコツ&ポイント

⇨ 速習 保 L19

テーマ【医学的診断の理解】

選択肢1と4は、常識的な設問なので、解答は容易です。NBMとEBMなど、基本的な医学的診断の知識はおさえておきましょう。

◎NBM ⇨患者本人の語りを中心にして、自己決定を支援する医療

◎EBM ⇨根拠や証拠に基づいた医療

◎予後⇨病気の経過の見通し

第23回◇問題37

通所リハビリテーション又は介護予防通所リハビリテーションについて正しいものはどれか。**3つ**選べ。

1　通所リハビリテーションに係る単位数は、事業所の規模とは無関係に設定されている。

2　リハビリテーション会議は、利用者及びその家族の参加が基本とされている。

3　通所リハビリテーション計画に位置付けられていなくても、事業所の屋外で指定通所リハビリテーションのサービスを提供することができる。

4　介護予防通所リハビリテーションにおいて、利用者の居宅と指定介護予防通所リハビリテーション事業所との間の送迎を実施しない場合であっても、利用者の同意があれば、基本報酬を算定できる。

5　指定通所リハビリテーション事業所の管理者は、専ら指定通所リハビリテーションの提供に当たる看護師に管理の代行をさせることができる。

解説

正答　2、4、5

1　×　事業所の規模に応じ、所要時間別、要介護度別に単位が定められている。

2　○　リハビリテーション会議は、利用者と家族の参加を基本としつつ、医師、理学療法士、介護支援専門員などの担当者、関係者により構成される。サービスを提供する際には、リハビリテーション会議を開催し、利用者の状況などの情報を共有する必要がある。

3　×　事業所内でサービスを提供することが原則だが、屋外で提供する場合は、あらかじめ通所リハビリテーション計画に位置づけられている必要がある。

4　○　送迎を実施することが望ましいが、実施しない場合でも基本報酬を算定できる。なお、通所リハビリテーションで送迎を行わない場合は、減算がされる。

5　○　このほか、管理者は、医師、理学療法士、作業療法士、言語聴覚士にも必要な管理を代行させることができる。

解答のコツ&ポイント

⇨ 速習 保L30

テーマ【通所リハビリテーションの運営基準・介護報酬など】

解釈通知などに明記される細かな点を問う設問です。「事業所の規模」は単位数に関係する点、サービスは計画に位置づけて行うことを考えると、選択肢1と3は×と判断できます。選択肢2に関連して、下記の加算をおさえておきましょう。

◎リハビリテーションマネジメント加算⇨多職種協働の継続的なリハビリテーションマネジメントを評価。(A)(B)があり、リハビリテーション会議の開催が算定要件となっている

関連問題…25-36

第23回◇問題38改

次の記述について正しいものはどれか。**2つ**選べ。

1　栄養素の摂取不足によって、メタボリックシンドロームが引き起こされる。

2　摂食・嚥下機能に合わない食事形態での食事の提供は、誤嚥や窒息を招くことがある。

3　介護保険の短期入所療養介護では、栄養マネジメント強化加算が算定できる。

4　経口維持加算は、現に経管により食事を摂取している者も対象となる。

5　介護老人福祉施設では、低栄養状態のリスクが高い入所者に対する継続的な栄養管理の強化を評価する栄養マネジメント強化加算がある。

解説

正答　2、5

1　×　栄養素の摂取不足は**低栄養**状態の原因となる。

2　○　弾力性のある食品などは食べにくく、パラパラ、パサパサした食品などはむせやすくなり、**誤嚥**や**窒息**につながることがある。嚥下障害がある場合は、適度なとろみのある形態や半固形状のものを用意するとよい。

3　×　**栄養マネジメント強化**加算は、**介護保険**施設と地域密着型**介護老人福祉施設入所者生活介護**で算定される加算で、短期入所療養介護では算定できない。

4　×　**経口維持**加算は、現に**経口により食事を摂取している**が摂食機能障害があり、誤嚥が認められる入所者が対象である。

5　○　**栄養マネジメント強化**加算は、従来、施設系サービスに設定されていた低栄養リスク改善加算が2021（令和３）年度の介護報酬改定で廃止となり、要件を見直したうえで創設された。

解答のコツ&ポイント

⇨ 速習 保 L20、31、34

テーマ【栄養・食生活の課題と関連する加算】
経口摂取や栄養に関する加算は試験でも問われやすく、加算の内容、どのサービスに設定されているかなどの基本事項をおさえて、しっかり得点源としましょう。
◎経口維持加算⇨経口による食事はできるが摂食機能障害があり、誤嚥のある利用者に対し、多職種が共同で食事の観察や会議などを行って、経口維持計画を作成し、計画に従って管理栄養士または栄養士が栄養管理を行った場合に算定

関連問題… 26-37 24-36 22-39

第23回◇問題39

感染症の予防について適切なものはどれか。**3つ**選べ。

1　標準予防策（スタンダード・プリコーション）とは、感染症の有無にかかわらず、すべての人に実施する感染予防対策である。

2　感染症を予防するためには、感染源の排除、感染経路の遮断、宿主の抵抗力の向上が重要である。

3　手袋を使用すれば、使用後の手指衛生は必要ない。

4　インフルエンザの主な感染経路は、飛沫感染である。

5　肺炎球菌ワクチンを接種すれば、すべての肺炎を予防できる。

解説

正答　1、2、4

1　○　**標準予防策（スタンダード・プリコーション）**は、あらゆる人の血液、体液、分泌物、排泄物、創傷のある皮膚、粘膜には感染性があるとして、**すべての人に実施**する感染予防対策である。

2　○　感染予防の原則は、手洗いやうがい、使い捨て手袋の使用など**感染源の排除**、感染者の隔離など**感染経路の遮断**、宿主（利用者）の健康状態の改善による**抵抗力の向上**があげられる。

3　×　手袋を使用しても、使用後に手洗いなどの**手指衛生**は必要である。

4　○　**飛沫**感染は、保菌者の咳やくしゃみ、会話などでの飛沫粒子による感染である。主な感染症には、インフルエンザのほかに流行性耳下腺炎（じかせんえん）、風疹、ノロウイルス感染症、新型コロナウイルス感染症などがある。

5　×　肺炎は、主に細菌やウイルスの感染によって起こる。肺炎球菌ワクチンの接種は肺炎球菌感染症の**予防**には効果があるが、すべての肺炎を予防するものではない。

解答のコツ&ポイント

⇨ 速習 保 L23

テーマ【感染症の予防】

「～は必要ない」「～すれば、すべてを予防できる」などは誤りの選択肢にありがちな文言で、選択肢3、5は×と判断できるでしょう。感染経路と主な感染症は正確におさえておきましょう。

◎接触感染⇨ノロウイルス感染症、腸管出血性大腸菌感染症

◎飛沫感染⇨インフルエンザ、流行性耳下腺炎、風疹、新型コロナウイルス感染症

◎空気感染⇨結核、麻疹、水痘

第23回◇問題40

在宅医療管理について正しいものはどれか。**3つ**選べ。

1　在宅中心静脈栄養法は、医療処置として栄養を補う方法である。

2　在宅中心静脈栄養法では、長期にカテーテルが体内にあるが、細菌感染を引き起こすことはない。

3　ストーマには、消化管ストーマと尿路ストーマがある。

4　腹膜透析の管理について、利用者や家族が在宅で処置を行うことは禁止されている。

5　在宅酸素療法では、携帯用酸素ボンベを使用して外出することができる。

解説

正答　1、3、5

1　○　在宅中心静脈栄養法は、点滴栄養剤（高カロリー液）を血管に直接入れ、栄養を補う方法である。

2　×　異物が体内にある状態のため、細菌感染を起こすことがある。**感染予防**のため、点滴バッグやルート（管）の扱い、カテーテル刺入部の清潔に配慮したケアが必要である。

3　○　また、**消化管ストーマ**には、結腸ストーマ（コロストミー）と回腸ストーマ（イレオストミー）がある。**尿路ストーマ**はウロストミーともいう。

4　×　在宅で腹膜透析を行う場合には、**利用者や家族**が透析に関する**処置を行う**。1回あたり30分程度で1日4～5回、または就寝中に機械が自動的に行い、通院は月1～2回で済む。

5　○　携帯用酸素ボンベでは、酸素ボンベの消費量を抑えるため、医師の指示により呼吸同調器を使用することがある。

解答のコツ&ポイント

⇨ 速習 保 L22

テーマ【在宅医療管理】

基本的な問題です。在宅医療管理は、自宅で本人や家族が行うものであるという前提がわかっていれば、選択肢4はすぐに×と判断できるでしょう。選択肢2の「～を引き起こすことはない」も容易に×とわかります。

◎在宅中心静脈栄養法⇨中心静脈（心臓に近い太い上大静脈）にカテーテルを挿入する方法と、点滴時にのみ、埋め込んだポートとカテーテルをつなぐ完全皮下埋め込み式がある

関連問題…26-40 25-40 24-40 ／ ／ ／

第23回◇問題41

ターミナルケアに関する次の記述のうち、より適切なものはどれか。**3つ**選べ。

1　本人の人生観や生命観などの情報は、関係者で共有すべきではない。

2　リビングウィルとは、本人の意思が明確なうちに、医療やケアに関する選択を本人が表明しておくことをいう。

3　重度の認知機能障害などを有する利用者の場合に、家族に加えて複数の医療・介護専門職が集まって方針を決める方法をコンセンサス・ベースド・アプローチという。

4　医学的観点だけに基づく診療方針の決定では、本人の意向に反する結果となるおそれがある。

5　介護保険の特定施設では、ターミナルケアは提供できない。

解説

正答　2、3、4

1　×　本人の**人生観**や**生命観**などについての情報は、**意思決定支援**において重要であるため、関係者で共有するべきである。

2　○　本人の**尊厳を守る**うえでも、リビングウィルの事前確認は重要である。

3　○　コンセンサス・ベースド・アプローチでは、家族と複数の関係者の**総意**を基本とする。

4　○　医学的観点のほか、本人の**生活を支える**視点、「食事・排泄（はいせつ）・睡眠・移動・清潔・喜び」が重要である。

5　×　自宅のほか、サービス付き高齢者向け住宅、有料老人ホームなどの特定施設、認知症対応型共同生活介護、介護保険施設などさまざまな場所が「**終の棲家**」として**ターミナルケア**が提供される場所となる。

解答のコツ&ポイント

⇨ 速習 保 L26

テーマ【ターミナルケアと意思決定の支援】

選択肢５のターミナルケアを提供する場所については、地域包括ケアの理念からも×と判断できるでしょう。利用者の尊厳を重視した意思決定支援については、理解を深めておきましょう。

◎リビングウィル⇨ターミナル期においてどのような医療や介護を望むのかという意思表明

◎コンセンサス・ベースド・アプローチ⇨家族、複数の医療・介護専門職の総意に基づき方針を決定

第23回◇問題42

訪問看護について正しいものはどれか。**3つ**選べ。

1　特別訪問看護指示書があるときは、7日間に限り、医療保険による訪問看護を提供することができる。

2　訪問看護事業を行う事業所は、指定訪問看護ステーションに限られる。

3　指定訪問看護事業者は、主治の医師に訪問看護計画書及び訪問看護報告書を提出しなければならない。

4　訪問看護の根拠法には、高齢者の医療の確保に関する法律も含まれる。

5　利用者が短期入所療養介護を利用している場合には、訪問看護費は算定できない。

解説

正答　3、4、5

1　×　利用者の急性増悪時に、主治医から特別訪問看護指示書が交付された場合は、原則として月１回、交付日から14日間を限度に、医療保険による訪問看護を提供することができる。

2　×　訪問看護ステーションのほか、病院・診療所が都道府県知事の指定を得て指定訪問看護事業者として訪問看護を行うことができる。なお、保険医療機関であれば、指定のあった事業者とみなされる、指定の特例がある。

3　○　指定訪問看護事業者は、訪問看護開始時には、主治医の指示を文書で受けるほか、主治医に訪問看護計画書と訪問看護報告書を定期的に提出して、密接な連携を図らなければならない。

4　○　訪問看護の根拠法として、介護保険法、高齢者の医療の確保に関する法律、健康保険法、国民健康保険法などがある。

5　○　利用者が短期入所生活介護、短期入所療養介護を利用している間は、福祉用具貸与を除き、同時にほかの居宅サービス、地域密着型サービスを算定できない。なお、福祉用具購入（特定福祉用具販売）、住宅改修の利用は可能である。

解答のコツ&ポイント

⇨ 速習 保 L27

テーマ【医療保険の訪問看護の関係など】

訪問看護は、医療保険（高齢者の医療の確保に関する法律、健康保険法などに基づく給付）でも提供されますが、要介護者・要支援者については介護保険からの給付が優先します。

◎介護保険の訪問看護⇨要介護者等が対象

◎医療保険の訪問看護⇨要介護者等以外が対象、要介護者等でも急性増悪時、末期悪性腫瘍や神経難病などの場合は対象

関連問題… 26-43 24-43 22-43

第23回◇問題43

指定看護小規模多機能型居宅介護について正しいものはどれか。**3つ**選べ。

1　事業所の登録定員は、29人以下である。

2　事業者は、看護サービスを提供する場合は、１人の利用者について複数の医師から指示を受けなければならない。

3　事業所の管理者は、必ずしも保健師又は看護師でなくてもよい。

4　その利用者については、訪問介護費を算定することができない。

5　事業所には、介護支援専門員を配置する必要はない。

解説

正答　1、3、4

1　○　また、利用者は１か所の事業所にかぎり利用登録ができる。なお、2018年度に創設されたサテライト事業所については、登録定員は18人以下とされている。

2　×　看護サービスの提供開始時には、主治医の指示を文書で受けなければならないが、主治医以外の**複数の医師**から指示書の交付を受けることは**できない**。

3　○　保健師、看護師以外に、**３年以上**認知症ケアに従事した経験があり、**厚生労働大臣の定める研修修了者**も管理者を務めることができる。

4　○　看護小規模多機能型居宅介護と組み合わせて利用できるサービスは、訪問リハビリテーション、居宅療養管理指導、福祉用具貸与である。また、福祉用具購入（特定福祉用具販売）、住宅改修も利用できる。

5　×　事業所には、厚生労働大臣の定める研修修了者である**介護支援専門員**を**専従**で**配置**しなければならない。ただし、支障がなければほかの職務との兼務が可能である。

解答のコツ&ポイント

⇨ 速習 保 L33

テーマ【指定看護小規模多機能型居宅介護の基準、算定関係】

選択肢２の解説にある主治医の指示は、訪問看護とも共通する事項です。「主治医」が複数いるのはおかしいと考えれば×と判断できます。選択肢５も、小規模多機能型居宅介護と同様に介護支援専門員が居宅サービス計画を作成することなどを理解していれば、×と判断できます。

◎人員基準⇨看護小規模多機能型居宅介護従業者、介護支援専門員（非常勤可、兼務可）、管理者、事業者の代表者

関連問題… 26-44 25-45 24-44

第23回◇問題44

介護老人保健施設について正しいものはどれか。**2つ選べ。**

1　要介護者であって、主として長期にわたり療養が必要である者に対してサービスを行う施設と定義されている。

2　従来型の多床室に係る介護報酬は、在宅強化型と基本型の２類型だけである。

3　人員に関する基準には、医療分野から介護分野まで幅広い職種が含まれている。

4　利用者の平均要介護度は、介護老人福祉施設の入所者のそれより低い。

5　終末期にある利用者は、皆無である。

解説

正答　3、4

1　×　選択肢１は、**介護医療院**の説明である。

2　×　従来型の多床室に係る介護報酬は、2018（平成30）年度から、在宅強化型と基本型、その他の**3類型**となった。

3　○　医療・福祉分野の幅広い職種が必要とされ、医師、薬剤師、看護職員、介護職員、支援相談員、理学療法士・作業療法士・言語聴覚士、栄養士または管理栄養士、介護支援専門員、調理員、事務員等の配置が規定されている。

4　○　厚生労働省の「介護サービス施設・事業所調査」（2017〔平成29〕年）による利用者の平均要介護度は、介護老人福祉施設は3.94、介護老人保健施設は3.21である。

5　×　**終末期**を介護老人保健施設で過ごす利用者は増加している。

解答のコツ&ポイント

⇨ 速習 保 L34

テーマ【介護老人保健施設の利用者など】

介護老人保健施設は、どのような特色を持つ施設であるのか、介護医療院や介護老人福祉施設との違いも踏まえた理解が問われています。

◎介護医療院の対象⇨主に長期にわたり療養が必要な要介護者

◎介護老人保健施設の対象⇨主に心身の機能の維持回復を図り、居宅生活復帰への支援が必要な要介護者

◎介護老人福祉施設の対象⇨身体上・精神上著しい障害があるため常時介護を必要とする要介護者（原則要介護３以上）

第23回◇問題45

介護医療院について正しいものはどれか。**3つ**選べ。

1　要介護者であって、主としてその心身の機能の維持回復を図り、居宅における生活を営むことができるようにするための支援が必要な者に対してサービスを行う施設と定義されている。

2　入所対象者には、身体合併症を有する認知症高齢者も含まれる。

3　介護医療院の創設により、介護療養型医療施設は2018（平成30）年４月にすべて廃止された。

4　定員100人のⅡ型療養床の場合には、常勤換算で１人の医師の配置が必要である。

5　入所者１人当たりの療養室の床面積は、８m^2以上とされている。

解説

正答　2、4、5

1　×　選択肢１は、介護老人保健施設の説明である。

2　○　介護医療院の療養床にはⅠ型療養床とⅡ型療養床があり、Ⅰ型療養床は、主として長期にわたり療養が必要である者で、重篤な身体疾患を有する者、身体合併症を有する認知症高齢者等を対象とし、Ⅱ型療養床は、それ以外の者を対象とする。

3　×　介護療養型医療施設の廃止には経過措置があり、2024（令和６）年３月31日までの存続となった。この間に、介護老人保健施設や介護医療院への転換が進められている。

4　○　医師は、常勤換算方法でⅠ型療養床の入所者48人ごとに１人、Ⅱ型療養床の入所者100人ごとに１人の合計数以上とされ、合計数が３人に満たないときは３人の配置が必要である。

5　○　入所者１人あたりの療養室の床面積は８m^2以上で、定員は４人以下とされている。

解答のコツ&ポイント

⇨ 速習 保 L35

テーマ【介護医療院の人員・設備基準など】

人員・設備基準などに関するやや細かい点が問われていますが、介護医療院の利用想定者、介護療養型医療施設が経過措置で存続していることを理解していれば、選択肢１と３を×として正答を導き出せます。

◎介護医療院の療養床⇨Ⅰ型とⅡ型がある

◎介護医療院の形態⇨単独の介護医療院のほか、医療機関併設型介護医療院（病院・診療所に併設）、併設型小規模介護医療院（医療機関併設型介護医療院のうち、入所定員が19人以下）がある

●福祉サービス分野●

関連問題…26-46 25-46 24-46

第23回◇問題46

面接場面におけるコミュニケーション技術について、より適切なものはどれか。**2つ**選べ。

1 オープンクエスチョンとは、チェックリストに従って質問していくことである。
2 クローズドクエスチョンは、面接を一方通行にしないために有効である。
3 観察は、非言語的なメッセージを感知することを含む。
4 面接を効果的に実施するためには、面接の焦点を的確に定めることが重要である。
5 明確化とは、クライエントの言葉をそのまま反射することである。

解説

正答 3、4

1 × オープンクエスチョンとは、相手自身が自由に答えを選んだり決定したりできるように促す質問のことである。

2 × 設問の内容は、オープンクエスチョンである。クローズドクエスチョンは、「はい」「いいえ」やかぎられた数語で簡単に答えられる質問のことである。

3 ○ 非言語的なメッセージは、ジェスチャー、表情、姿勢、うなずきなどで伝えられる思い、気持ち、感情などである。面接では、クライエントや家族の反応などを観察し、非言語的なメッセージを感知することが大切である。

4 ○ 面接の焦点を的確に定めるには、「励まし、明確化、要約」と「情緒の意味を考察し、相手に返していく」という2つの技術が必要である。これらの活用により、クライエントのニーズを絞り込むことができ、面接を効果的に実施することが可能になる。

5 × 明確化とは、クライエントの話を肯定的にとらえて励ましたり共感したりすることで、クライエントが自身の感情や体験、行動を見直していくことを促すものである。

解答のコツ&ポイント

⇨ 速習 福 L2

テーマ【面接場面におけるコミュニケーション技術】
面接におけるコミュニケーションの基本技術に関する内容です。各選択肢とも正誤を判断しやすい問題といえます。
◎非言語的なメッセージの伝達方法⇨ジェスチャー、表情、姿勢、うなずきなどのほか、媒介的要素である声のトーン、抑揚、高低などの準言語も含む
◎情緒の意味を考察し、相手に返す⇨クライエントの感情を的確に受け止め、念をおしたり、話を要約したりすること

関連問題…25-48 24-47

第23回◇問題47

ソーシャルワークの視点から、支援困難な高齢者に関する記述として、より適切なものはどれか。**3つ**選べ。

1　近隣住民からの「一人暮らしの高齢者宅から異臭がする」との訴えに対し、まずその高齢者に施設への入所を勧める。

2　支援を拒否している高齢者には、信頼できる人を探し、支援につなげることが有効である。

3　アウトリーチによる対応には、支援のためのネットワークの構築が含まれる。

4　高齢者が不平・不満を何度も訴えるため、担当の介護支援専門員が地域包括支援センターにスーパービジョンを依頼する。

5　セルフ・ネグレクトには、親族による介護放棄が含まれる。

解説

正答 2、3、4

1　×　近隣住民からの「異臭がする」という訴えに対し、いきなり施設への入所を勧めるのは適切ではない。異臭の要因を**共感**的な対話や観察から探り、**信頼関係**の構築によって、必要な支援が導入できるように環境整備を行っていくことが大切である。

2　○　記述のとおり、高齢者自身が支援を拒否している場合、本人が信頼している**キーパーソン**を探し、支援につなげることが有効である。

3　○　記述のとおり。アウトリーチによる対応では、**地域包括支援センター**や**福祉事務所**、医療機関などの専門職との**連携**が必要である。

4　○　高齢者が不平・不満を何度も訴える場合、介護支援専門員は、経験豊富で専門的な能力に優れたスーパーバイザーに相談し、助言を求めること（**スーパービジョン**）も重要である。

5　×　セルフ・ネグレクトとは、高齢者本人が介護・医療サービスなどの必要な支援を求めないことをいう。親族による介護放棄は**含まれない**。

解答のコツ&ポイント

⇨ 速習 福 L3

テーマ【ソーシャルワークの視点からみた支援困難事例】

選択肢1の「施設への入所を勧める」が援助者の役割として不適切であること、選択肢5の「セルフ」の意味が「自分自身」であることがわかれば、×であると判断できます。

◎アウトリーチ⇨クライエントが相談に来るのを待つのではなく、援助者が積極的に対象者に接近して援助を行う方法

◎地域包括支援センター⇨地域ケア会議を開催し、地域の介護支援専門員への支援困難事例に関する相談・助言を行う

第23回◇問題48

ソーシャルワークに関する次の記述のうち、より適切なものはどれか。**2つ**選べ。

1　インテーク面接で得られた情報が少ない場合には、それを記録する必要はない。

2　クライエントの主訴のとおりに援助計画を立てることが、重要である。

3　モニタリングとは、援助計画の進捗を定期的、継続的に観察して評価することである。

4　多職種連携の際は、誰もが支援できるように、それぞれの役割を曖昧にすることが重要である。

5　クライエントとソーシャルワーカーとの契約とは、両者の間で焦点となる問題や目標を明らかにして、援助に関する合意をすることである。

解説

正答　3、5

1　×　インテーク面接とは、クライエントが相談に来て**最初**に行う面接をいう。クライエントから得られた情報量が少なくても、**記録**する必要がある。

2　×　クライエントの主訴のとおりではなく、**アセスメント**などを通してクライエントが抱えている課題を確認し、**課題解決**に向けた援助計画を作成することが重要である。

3　○　記述のとおり、**定期**的、**継続**的にモニタリングを行い、必要に応じて、援助活動の**見直し**を行う。

4　×　多職種連携では、専門職がそれぞれの**専門**性を発揮し、互いの専門性や役割を**尊重**し合うことが重要である。

5　○　契約時には、クライエントとソーシャルワーカー双方の間で、解決すべき課題、目標、介入の方法、それぞれの役割や分担課題を**明確**にし、**同意**を得る必要がある。

解答のコツ&ポイント

⇨ 速習 福 L1、2

テーマ【ソーシャルワーク】

選択肢1の「記録する必要はない」、選択肢2の「クライエントの主訴のとおり」、選択肢4の「それぞれの役割を曖昧にする」は、×であると判断できます。

◎インテーク面接⇨1回とはかぎらず、複数回行われることがある。受理面接ともいう

関連問題… 26-49 25-49 24-49

第23回◇問題49

ソーシャルワークにおける集団援助として、より適切なものはどれか。**2つ**選べ。

1　地域包括支援センターの社会福祉士による一人暮らしの高齢者を集めた生きがいづくりのためのプログラム活動

2　医療機関における医療ソーシャルワーカーによる入院中のクライエントへの相談支援

3　社会福祉協議会の職員と民生委員による「福祉マップ」の作成

4　精神科クリニックで行われるアルコール依存症患者の家族を対象とした交流活動

5　NPO 法人のスタッフと地域住民による高齢者の見守り活動

解説

正答　1、4

1　○　メゾ・レベル（グループ、地域住民、身近な組織）のソーシャルワーク（集団援助）は、グループや人と身近な組織との力動を活用し、個人の成長や抱えている問題の解決をめざすものである。

2　×　設問の内容は個人を対象とするものであり、ミクロ・レベルのソーシャルワーク（個別援助）にあたる。ミクロ・レベルのソーシャルワークは、相談ニーズを抱える個人や家族に対し、相談面接などを通して、生活課題を個別的に解決する方法である。

3　×　設問の内容は、地域における情報の収集と情報提供のためのもので、マクロ・レベルのソーシャルワーク（地域援助）にあたる。マクロ・レベルのソーシャルワークは、地域社会、組織、国家、制度・政策、社会規範、地球環境などに働きかけ、それらの社会変革を通して、個人や集団に対するニーズの充足をめざす支援方法である。

4　○　選択肢１の解説のとおり、設問の内容はメゾ・レベルのソーシャルワークにあたる。

5　×　設問の内容は地域住民を組織化するものであり、マクロ・レベルのソーシャルワークにあたる。

解答のコツ&ポイント

⇨ 速習 福 L1

テーマ【メゾ・レベルのソーシャルワーク（集団援助）】

ソーシャルワークの伝統的な方法論には、個別援助、集団援助、地域援助の3つがあります。これらを対象範囲などで分類すると次のようにわけられます。

◎個別援助⇨ミクロ・レベル（個人・家族）

◎集団援助⇨メゾ・レベル（グループ、地域住民、身近な組織）

◎地域援助⇨マクロ・レベル（地域社会、組織、国家、制度・政策、社会規範、地球環境など）

第23回◇問題50

介護保険における短期入所生活介護について正しいものはどれか。**2つ選べ。**

1　利用者20人未満の併設事業所の場合には、管理者は常勤でなくてもよい。

2　利用者20人未満の併設事業所の場合でも、生活相談員は常勤でなければならない。

3　利用者20人未満の併設事業所の場合でも、機能訓練指導員は他の職務と兼務することはできない。

4　利用者40人以下の事業所の場合には、他の施設の栄養士との連携があり、利用者の処遇に支障がなければ、栄養士は配置しなくてもよい。

5　食事の提供と機能訓練に支障のない広さを確保できる場合には、食堂と機能訓練室は同一の場所とすることができる。

解説

正答　4、5

1　×　指定短期入所生活介護事業所は、類型を問わず、常勤専従（支障がなければほかの職務と兼務可）の管理者をおかなければならない。

2　×　生活相談員は、利用者100人に対し常勤換算方法で１人以上、うち１人は常勤とされている。ただし、利用者20人未満の併設事業所の場合は、非常勤でもかまわない。

3　×　機能訓練指導員は１人以上とされているが、ほかの職務と兼務することは可能である。

4　○　栄養士は１人以上とされているが、設問のような場合には、配置しなくてもよいとされている。

5　○　食堂および機能訓練室は、それぞれの合計面積が利用定員×$3.0m^2$以上とされている。ただし、設問のような場合には、食堂と機能訓練室は同一の場所とすることができる。

解答のコツ&ポイント

⇨ 速習 福 L7

テーマ【短期入所生活介護の人員・設備基準】

短期入所生活介護の人員・設備・運営基準はよく出題されますので、それぞれ確認しておきましょう。

◎管理者⇨常勤専従。支障がなければほかの職務と兼務可

◎生活相談員⇨利用者100人に対し常勤換算方法で１人以上、うち１人は常勤。利用者20人未満の併設事業所では、非常勤も可

◎機能訓練指導員⇨１人以上。ほかの職務と兼務可

◎栄養士⇨１人以上。一定の要件を満たせば配置しなくても可

関連問題…25-54　／　／　／

第23回◇問題51

介護保険における福祉用具貸与の対象となるものとして正しいものはどれか。**2つ**選べ。

1　エアマットレスなどの床ずれ防止用具
2　移動用リフトのつり具の部分
3　入浴用介助ベルト
4　浴槽内いす
5　特殊寝台からの起き上がりや移乗の際に用いる介助用ベルト

解説

正答　1、5

1　○　福祉用具貸与の給付対象となる床ずれ防止用具は、送風装置または空気圧調整装置を備えた空気マットか、体圧分散効果をもつ全身用のマットとされている。

2　×　福祉用具貸与の給付対象となるのは、**移動用リフト**である。つり具の部分は貸与にはなじまないため、**特定福祉用具販売**の対象種目とされている。

3　×　入浴用介助ベルトは貸与にはなじまないため、**特定福祉用具販売**の対象種目とされている。このほか、入浴用いす、浴槽用手すり、浴槽内いすなどの入浴補助用具も同様である。

4　×　選択肢3の解説のとおり、浴槽内いすは**特定福祉用具販売**の対象種目とされている。

5　○　特殊寝台と**一体的**に使用される介助用ベルト、マットレス、サイドレールなどの**付属品**は、福祉用具貸与の給付対象となる。

解答のコツ&ポイント

⇨ 速習 福 L9

テーマ【介護保険における福祉用具貸与の対象】
入浴に関連する福祉用具は貸与になじまないものとして特定福祉用具販売の対象となることを理解していれば、選択肢3、4は×であることがわかります。福祉用具貸与の対象となる種目や給付条件について、確認しておきましょう。
◎移動用リフト⇨本体は福祉用具貸与、つり具の部分は特定福祉用具販売の対象
◎特殊寝台・特殊寝台付属品⇨軽度者（要支援者、要介護1の人）は、原則給付対象外

第23回◇問題52

介護保険における訪問介護について正しいものはどれか。**3つ**選べ。

1　指定訪問介護事業所の管理者については、特段の資格は不要である。

2　サービス提供責任者は、介護福祉士でなければならない。

3　介護支援専門員は、一定回数以上の生活援助中心型の訪問介護を居宅サービス計画に位置付ける場合には、その居宅サービス計画を市町村に届け出なければならない。

4　利用者が保険給付の範囲外のサービス利用を希望した場合には、訪問介護員は、居宅介護支援事業者又は市町村に連絡するものとする。

5　指定訪問介護事業者は、利用申込者の要介護度が重いことを理由として、サービスの提供を拒むことができる。

解説

正答　1、3、4

1　○　指定訪問介護事業所の管理者は**常勤専従**とされているが、特段の資格は不要である。

2　×　サービス提供責任者は、**常勤**の訪問介護員等で、**介護福祉士**または**実務者研修**修了者、旧介護職員基礎研修課程修了者、旧１級課程修了者から選出するとされている。

3　○　介護支援専門員は、厚生労働大臣が定める回数以上の訪問介護（生活援助中心型）を居宅サービス計画に位置づける場合は、利用の**妥当性**を検討し、居宅サービス計画にその必要な**理由**を記載するとともに、居宅サービス計画を**市町村**に届け出なければならない。

4　○　記述のとおり。利用者が保険給付の範囲外のサービスを希望しても、訪問介護員はそれに応じることなく居宅介護支援事業者または市町村に連絡し、市町村や特定非営利活動法人(NPO 法人)などが実施する介護保険外のサービスを活用することを助言する。

5　×　指定訪問介護の運営基準では、**正当な理由なく**、サービス提供を拒んではならないとされている。利用申込者の要介護度が重いことは、正当な理由には**ならない**。

解答のコツ&ポイント

⇨ 速習 福 L4

テーマ【訪問介護の人員・運営基準など】

訪問介護の人員・運営基準はよく出題されますので、それぞれ確認しておきましょう。

◎管理者⇨常勤専従。支障なければ兼務可

◎サービス提供責任者⇨要件を満たす常勤の訪問介護員等のうち、利用者40人またはその端数を増すごとに１人以上配置

◎正当な理由⇨事業所の現員では利用申込に応じきれない、利用申込者の居住地が事業所の通常の事業の実施地域外など

関連問題…26-52 25-51 24-51

第23回◇問題53

介護保険における通所介護について正しいものはどれか。**2つ**選べ。

1　通所介護費は、事業所の規模によって2つに分けて設定されている。

2　通所介護費は、サービスの所要時間によって3つに分けて設定されている。

3　サービスの所要時間が同じ区分の利用者については、サービス提供開始時刻を同じにしなければならない。

4　送迎時に実施した居宅内での介助は、1日30分以内を限度に、通所介護を行うのに要する時間に含めることができる。

5　通常の事業の実施地域以外に住む利用者の送迎にかかる費用は、利用料以外の料金として支払いを受けることができる。

解説

正答　4、5

1　×　通所介護費（介護報酬）は、事業所の**規模**に応じて、通常規模型、大規模型（Ⅰ）、大規模型（Ⅱ）の**3**つにわけて設定されている。

2　×　通所介護費は、サービスの**所要時間**に応じて、3時間以上4時間未満、4時間以上5時間未満、5時間以上6時間未満、6時間以上7時間未満、7時間以上8時間未満、8時間以上9時間未満の**6**つにわけて設定されている。

3　×　介護報酬の対象となるのは、通所介護計画に位置づけられた**所要時間**である。サービスの所要時間が同じ区分の利用者であっても、提供開始時刻を同じにする必要は**ない**。

4　○　送迎時に実施した**居宅内**での**介助等**（着替え、ベッドや車いすへの移乗、戸締まりなど）は、一定の要件を満たせば、1日**30分**以内を限度に通所介護の所要時間に含めることができる。

5　○　設問の内容のほか、通常の時間を超えるサービス費用、**食費**、**おむつ代**、その他日常生活費は利用者から別途支払いを受けることができる。

解答のコツ&ポイント

⇨ 速習 福 L6

テーマ【通所介護の運営基準・介護報酬】

選択肢1～4は通所介護の介護報酬に関する設問です。保険給付の対象外（利用者負担）となるものもおさえておきましょう。

◎基本報酬の区分⇨①事業所の規模（3区分）、②サービスの所要時間（6区分）、③要介護度（5区分）

◎送迎⇨基本サービス費に含まれる

第23回◇問題54

介護保険における訪問入浴介護について正しいものはどれか。**3つ**選べ。

1　利用者宅に浴室があっても、訪問入浴介護を提供することができる。

2　利用者が訪問入浴介護事業所と同一の建物に居住する場合でも、訪問入浴介護を提供することができる。

3　利用者が短期入所生活介護を利用している間は、訪問入浴介護費は算定しない。

4　訪問入浴介護は、事業所数が少ないため、通常の事業の実施地域を定めなくてもよい。

5　サービスの提供の責任者は、専らその職務に従事する常勤のものとする。

解説

正答 1、2、3

1 ○ 利用者宅に浴室があっても、感染症にかかっている、医療器具をつけている、ターミナル期にある、介護環境に課題があり居宅の浴室での入浴が困難な人などの場合には、訪問入浴介護を提供することができる。

2 ○ 訪問入浴介護事業所と同一の建物に居住する場合であっても訪問入浴介護を提供することができるが、介護報酬は減算される（所定単位数の85％または90％）。

3 ○ 記述のとおり。訪問入浴介護は、在宅の要介護者の居宅を入浴車などで訪問し、浴槽を提供して入浴の介助を行うサービスである。

4 × 訪問入浴介護の事業所数の多寡に関係なく、指定訪問入浴介護事業者は、事業所ごとに通常の事業の実施地域を定めておかなければならない。

5 × 訪問入浴介護の1回ごとのサービスは、原則的に看護職員1人と介護職員2人（うち1人をそのサービスの提供の責任者）で担当する。責任者は常勤専従でなくてもよい。

解答のコツ＆ポイント

⇨ 速習 福 L5

テーマ【訪問入浴介護の運営基準・介護報酬】

訪問入浴介護の運営基準、介護報酬（減算）についておさえておきましょう。選択肢4の「通常の事業の実施地域を定めなくてもよい」は、×であると判断できるでしょう。

◎減算⇨①介護職員が3人でサービスを行った場合、②清拭または部分浴を行った場合、③同一建物等居住者へのサービス提供

関連問題…26-55 25-55 ／ ／ ／

第23回◇問題55

介護保険における小規模多機能型居宅介護について正しいものはどれか。**２つ**選べ。

1　小規模多機能型居宅介護は、宿泊を中心として、利用者の様態や希望に応じて、随時訪問や通いを組み合わせてサービスを提供するものである。

2　従業者は、介護福祉士又は訪問介護員でなければならない。

3　小規模多機能型居宅介護の本体事業所とサテライト事業所の距離は、自動車等でおおむね20分以内の近距離でなければならない。

4　利用者は、複数の小規模多機能型居宅介護事業所への登録を希望しても、１つの事業所にしか登録できない。

5　運営推進会議は、当該事業所を指定する市町村が設置する。

解説

正答　3、4

1　×　小規模多機能型居宅介護は、要介護者の心身の状況や希望、環境を踏まえ、**通い**を中心に、**宿泊**や**訪問**を組み合わせ、柔軟にサービスを提供する。

2　×　小規模多機能型居宅介護の従業者は、**介護**などに対する知識、経験を有する者とされ、そのうち、１人以上は**看護師**または准看護師でなければならない。介護福祉士または訪問介護員に限定されてはいない。

3　○　サテライト事業所は、本体事業所と密接な**連携**をとる必要があるため、双方の距離は自動車等でおおむね20分以内の**近距離**とされている。

4　○　記述のとおり。なお、小規模多機能型居宅介護事業所の登録定員は**29**人以下とされている。

5　×　運営推進会議は、小規模多機能型居宅介護などの地域密着型（介護予防）サービスを提供する**事業者**が設置しなければならない（定期巡回・随時対応型訪問介護看護では同様の機能をもつ**介護・医療連携推進会議**を設置）。

解答のコツ&ポイント

⇨ 速習 福 L14

テーマ【小規模多機能型居宅介護の運営・設備・人員基準など】

小規模多機能型居宅介護の設備・人員基準などの理解が必要な問題です。選択肢１はサービスに関する基本的事項ですので、確実におさえておきましょう。

◎サテライト事業所⇨本体事業所よりも人員要件などは緩和される。登録定員は18人以下

◎運営推進会議⇨おおむね２か月に１回以上開催。活動状況を報告して評価を受けるほか、会議の内容を記録・公表する

関連問題…25-56

第23回◇問題56改

介護保険における認知症対応型共同生活介護について正しいものはどれか。**2つ**選べ。

1　事業所の立地場所については、園芸や農作業を行いやすい自然の豊かな場所でなくてはならない。

2　1つの共同生活住居の入居定員は、5人以上9人以下である。

3　事業所（サテライト事業所を除く）における認知症対応型共同生活介護計画の作成担当者のうち1人は、介護支援専門員でなくてはならない。

4　認知症対応型共同生活介護計画を作成した期間についても、居宅サービス計画を作成しなければならない。

5　認知症対応型共同生活介護事業者は、提供するサービスの質について、定期的に外部評価を受けていれば、自己評価を行う必要はない。

解説

正答　2、3

1　×　認知症対応型共同生活介護事業所の立地については、地域との**交流**を図るという観点から、**住宅地**、または住宅地と同程度に利用者の家族や地域住民との交流の機会が得られる場所にあることが条件とされている。

2　○　記述のとおり、1つの共同生活住居（ユニット）で、入居定員は**5～9**人とされている。

3　○　記述のとおり。また、計画作成担当者である介護支援専門員は、介護支援専門員ではないほかの計画作成担当者の業務を**監督**する。

4　×　認知症対応型共同生活介護は、事業所内で総合的にサービスが提供されることを踏まえ、**認知症対応型共同生活介護**計画に沿って行われる。同時に居宅介護支援が提供されることはないため、居宅サービス計画を作成する必要は**ない**（短期利用を除く）。

5　×　指定認知症対応型共同生活介護事業者は、自ら提供するサービスの質の評価を**行う**とともに、定期的に①外部の者による評価、②運営推進会議による評価のいずれかを受けて、それらの結果を**公表**し、常にその**改善**を図らなければならない、とされている。

解答のコツ&ポイント

⇨ 速習 福 L15

テーマ【認知症対応型共同生活介護の運営・設備・人員基準】

選択肢2の「共同生活住居の入居定員」、選択肢3の「計画作成担当者」に関する人員基準については基本的事項ですので、容易に正誤が判断できます。

◎事業所の立地⇨住宅地など地域との交流の機会が得られる場所で、利用者に対して家庭的な雰囲気でサービスを提供

◎計画作成担当者⇨厚生労働大臣の定める研修を修了

第23回◇問題57

指定介護老人福祉施設について正しいものはどれか。**3つ**選べ。

1　身体的拘束等の適正化のための指針を整備している場合には、その対策を検討する委員会は開催しなくてもよい。

2　入所者が居宅での生活を営むことができるかどうかについて、生活相談員、介護職員、看護職員、介護支援専門員等の従業者間で協議しなくてはならない。

3　施設サービスを受ける必要性が高いと認められる入所申込者を優先的に入所させるよう努めなければならない。

4　夜間には、常勤の介護職員が介護に従事しなくてもよい。

5　サービス提供上必要と認められる場合であれば、1の居室の定員を2人にすることができる。

解説

正答　2、3、5

1　×　身体的拘束等の適正化のための指針を整備していても、身体的拘束等の適正化のための対策を検討する委員会を3か月に1回以上開催し、その結果を従業者に周知徹底することとされている。

2　○　指定介護老人福祉施設は、入所者が居宅において日常生活を営むことができるかどうかについて定期的に検討する必要があり、その検討にあたって従業者間で協議しなければならない。

3　○　記述のとおり。入所待ちの申込者がいる場合、介護の必要の程度や家族の状況などを勘案し、施設サービスを受ける必要性の高い人を優先的に入所させるよう努めなければならない。

4　×　指定介護老人福祉施設は、夜間を含めて常時1人以上の常勤の介護職員を介護に従事させなければならない。

5　○　指定介護老人福祉施設の居室の定員は1人とされているが、夫婦で利用するなど入所者へのサービスの提供上必要と認められる場合は、2人とすることができる。

解答のコツ&ポイント

⇨ 速習 福 L17

テーマ【指定介護老人福祉施設の運営・設備基準】

指定介護老人福祉施設の運営基準などについての問題です。よく出題される事項なので、運営・設備基準をひととおりおさえておくことが大切です。

◎身体的拘束等⇨原則禁止。やむを得ず行う場合は、その態様および時間、入所者の心身の状況と緊急やむを得ない理由を記録

◎介護職員・看護職員の総数⇨入所者3人に対し、常勤換算で1人以上

関連問題… 26-60 25-58 24-58

第23回◇問題58

生活保護制度について正しいものはどれか。**3つ**選べ。

1　すべての被保護者に対する要介護認定は、介護扶助の必要性を判断するため、生活保護制度で独自に行う。

2　生活に困窮する外国人は、生活保護の取扱いに準じて必要な保護を受けることができる。

3　居宅介護支援事業所が生活保護受給者に対して居宅介護支援を行う場合には、介護保険法の指定のほかに、生活保護法による指定を受ける必要がある。

4　葬祭扶助は、原則として、現物給付である。

5　福祉事務所で生活保護を担当する査察指導員と現業員は、社会福祉主事でなければならない。

解説

正答　2、3、5

1　×　被保護者が介護保険の被保険者の場合には、**介護保険**制度で要介護認定を行うが、介護保険の被保険者でない場合は、**生活保護**制度で認定を行う。

2　○　記述のとおり。なお、生活に困窮する外国人が生活保護を申請する場合は、有効な在留カードまたは特別永住者証明書を**呈示**しなければならない。

3　○　記述のとおり。介護扶助による介護の給付は、**介護保険**法の指定を受け、かつ**生活保護法**による指定を受けた**指定介護機関**に委託して行われる。

4　×　葬祭扶助は、原則として**金銭**給付である。p.355

5　○　記述のとおり。福祉事務所には、所長や事務職員のほか、**現業員**（ケースワーカー）、現業員の指導監督を行う**査察指導員**が配置される。

解答のコツ&ポイント

⇨ 速習 福 L20

テーマ【生活保護制度】

生活保護制度に関する問題は頻出です。給付のしくみ、要介護認定の流れはきちんと整理しておきましょう。介護扶助と介護保険制度との関係も重要です。

◎扶助の種類⇨生活扶助、教育扶助、住宅扶助、医療扶助、出産扶助、生業扶助、葬祭扶助、介護扶助の８つ。このうち、医療扶助と介護扶助は原則現物給付、それ以外は原則金銭給付

◎福祉事務所⇨都道府県、市などに設置。要保護者、その扶養義務者などの申請に基づき、生活保護の要否を判定

第23回◇問題59

成年後見制度について正しいものはどれか。**3つ**選べ。

1　本人以外の者の請求により補助開始の審判をするには、本人の同意が必要である。

2　後見開始の申立は、本人の所在地を管轄する地方裁判所に行う。

3　市町村は、当該市町村における成年後見制度の利用の促進に関する施策についての基本的な計画を定めるよう努めることとされている。

4　後見開始の審判は、事実上婚姻関係と同様の事情にある者も請求することができる。

5　任意後見人の配偶者、直系血族及び兄弟姉妹は、任意後見監督人となることができない。

解説

正答　1、3、5

1　○　記述のとおり。

2　×　後見開始の審判の請求は、本人の所在地を管轄する**家庭**裁判所に行う。

3　○　記述のとおり。また、市町村は、成年後見等実施機関の設立等に係る支援その他の必要な措置を講ずるよう努めることとされている。

4　×　後見開始等の審判の請求ができるのは、本人、**配偶者**、**四親等**内の親族などに限定されている。

5　○　任意後見監督人は、任意後見人が任意後見契約を履行しているかを**監督**する立場にあるため、任意後見人に近い親族（任意後見人の配偶者、直系血族および兄弟姉妹）は選任**されない**。

解答のコツ&ポイント

⇨ 速習 福 L28

テーマ【成年後見制度】

後見開始等の審判の請求権者について理解していれば、選択肢４の正誤が判断できます。任意後見制度についても理解を深めておきましょう。

◎法定後見制度における審判の請求⇨高齢者等の福祉を図るため特に必要があると認めるときは、市町村長も請求することができる

第23回◇問題60

高齢者虐待の防止、高齢者の養護者に対する支援等に関する法律について正しいものはどれか。**2つ**選べ。

1　養護者による高齢者を衰弱させるような著しい減食は、高齢者虐待に当たる。

2　市町村又は市町村長は、虐待の通報又は届出があった場合には、高齢者を一時的に保護するために老人短期入所施設等に入所させることができる。

3　養介護施設には、地域包括支援センターは含まれない。

4　養護者による高齢者虐待により高齢者の生命又は身体に重大な危険が生じているおそれがあると認める場合であっても、市町村の職員は、警察の許可なく高齢者の居所に立ち入ることはできない。

5　都道府県は、養護者の負担軽減のため、養護者の相談、指導及び助言その他の必要な措置を講じなければならない。

解説

正答　1、2

1　○　養護者による高齢者を衰弱させるような著しい**減食**または長時間の**放置**や、養護者以外の同居人による身体的・心理的・性的虐待と同様の行為を放置するなど、養護を著しく怠る行為は、介護拒否・放棄・怠慢による虐待（**ネグレクト**）にあたる。

2　○　市町村または市町村長は、虐待の**通報**または**届出**があった場合には、高齢者を一時的に保護するために老人短期入所施設などに**入所**させる、または適切に**後見開始**等の審判の請求を行う。

3　×　養介護施設には、介護保険法に規定する地域包括支援センターも**含まれる**。

4　×　市町村長は、養護者の虐待により高齢者の生命または身体に重大な危険が生じているおそれがある場合は、直営の地域包括支援センターの職員や高齢者の福祉に関する事務に従事する職員に、**立ち入り**調査をさせることが**できる**。

5　×　設問の内容は、都道府県ではなく、**市町村**の役割である。

解答のコツ&ポイント

⇨ 速習 福 L27

テーマ【高齢者虐待の定義、市町村の役割など】

高齢者虐待の種類や対応、養護者の支援など、基本的な事項が問われています。高齢者虐待の現状にも目を通しておきましょう。

◎高齢者虐待⇨身体的虐待、介護拒否・放棄・怠慢による虐待（ネグレクト）、心理的虐待、性的虐待、経済的虐待の５つ

◎養介護施設⇨老人福祉法に規定する老人福祉施設、有料老人ホーム、介護保険法に規定する介護保険施設、地域密着型介護老人福祉施設、地域包括支援センター

◎地域包括支援センター⇨高齢者虐待対応の中核機関のひとつ

◎ 介護支援専門員実務研修受講試験 ◎

第22回
（令和元年度）
試験問題

（注）

1　文中の「市町村」は、「市町村及び特別区」の意味となります。

2　本問題の選択肢のうち以下の厚生労働省令で定める事項に関するものは、当該省令の定める内容によります。

・指定居宅サービス等の事業の人員、設備及び運営に関する基準（平成11年厚生省令第37号）
・指定地域密着型サービスの事業の人員、設備及び運営に関する基準（平成18年厚生労働省令第34号）
・指定居宅介護支援等の事業の人員及び運営に関する基準（平成11年厚生省令第38号）
・指定介護予防支援等の事業の人員及び運営並びに指定介護予防支援等に係る介護予防のための効果的な支援の方法に関する基準（平成18年厚生労働省令第37号）
・指定介護老人福祉施設の人員、設備及び運営に関する基準（平成11年厚生省令第39号）
・介護老人保健施設の人員、施設及び設備並びに運営に関する基準（平成11年厚生省令第40号）
・介護医療院の人員、施設及び設備並びに運営に関する基準（平成30年厚生労働省令第５号）

3　文中の「障害者総合支援法」は、「障害者の日常生活及び社会生活を総合的に支援するための法律（平成17年法律第123号）」のことをいいます。

目　次

関連問題… 24-1 23-5

第22回◇問題 1

2017（平成29）年の介護保険制度改正について正しいものはどれか。**3つ**選べ。

1　介護医療院の創設

2　共生型サービスの創設

3　看護小規模多機能型居宅介護の創設

4　介護給付及び予防給付に係る３割負担の導入

5　介護予防訪問介護及び介護予防通所介護の介護予防・日常生活支援総合事業への移行

解 説

正答　1、2、4

1　○　新たな介護保険施設として、「日常的な医学管理」や「看取り・ターミナルケア」などの機能と「生活施設」としての機能を兼ね備えた介護医療院が創設された。

2　○　高齢者と障害者（児）が同じ事業所でサービスを受けやすくするため、介護保険制度と障害者福祉制度に共生型サービスが位置づけられた。これにより、介護保険制度または障害者福祉制度のいずれかの指定を受けている事業所は、もう一方の制度における指定を受けやすくなった。

3　×　看護小規模多機能型居宅介護（複合型サービス）は、定期巡回・随時対応型訪問介護看護とともに、2011（平成23）年の制度改正で創設された地域密着型サービスである。

4　○　一定以上所得のある第１号被保険者の利用者負担割合は、2014（平成26）年の改正で２割となったが、このうちさらに所得の高い層（現役並み所得者）は2017（平成29）年の改正で３割に引き上げられた。

5　×　介護予防訪問介護および介護予防通所介護が介護予防・日常生活支援総合事業に移行したのは、2014（平成26）年の制度改正である。

解答のコツ&ポイント

⇨ 速習 介 L4

テーマ【2017年の介護保険制度改正】

2017年の制度の改正内容をおさえていれば正答できる問題です。2011年と2014年の改正内容が誤りの選択肢として入っていますので、制度創設後からの改正ポイントも把握しておきましょう。

◎2017年改正⇨介護医療院の創設、共生型サービスの創設、３割負担の導入、総報酬割の導入など

◎2014年改正⇨地域支援事業の見直し、特別養護老人ホームの入所要件見直し、２割負担の導入など

◎2011年改正⇨新しい地域密着型サービスの創設、介護予防・日常生活支援総合事業の創設

関連問題…26-4 23-6

第22回◇問題２

介護保険法第２条に示されている保険給付の基本的考え方として正しいものはどれか。**２つ選べ。**

1　介護支援専門員の選択に基づくサービスの提供
2　被保険者の所得及び資産による制限
3　同一の事業者による複合的かつ集中的なサービスの提供
4　医療との連携への十分な配慮
5　被保険者の有する能力に応じ自立した日常生活を営むことができるようにすることへの配慮

解説　正答　4、5

1　×　保険給付は、被保険者の心身の状況、そのおかれている環境等に応じて、被保険者の選択に基づき行われなければならない。

2　×「被保険者の所得及び資産による制限」は、介護保険制度の目的や理念に反するものであり、誤りである。

3　×　保険給付は、適切な保健医療サービス・福祉サービスが、多様な事業者・施設から、総合的・効率的に提供されるよう配慮して行われなければならない。

4　○　記述のとおり。保険給付は、医療との連携に十分配慮して行われる。また、要介護状態等の軽減または悪化の防止に資するよう行われなければならない。

5　○　保険給付の内容および水準は、被保険者が要介護状態となっても、可能なかぎりその居宅において、その有する能力に応じ自立した日常生活を営むことができるように配慮されなければならない。

解答のコツ&ポイント

⇨ 速習 介 L6

テーマ【介護保険制度の理念】
法律の条文を暗記していなくても、「自立支援」「利用者本位」「総合的・効率的なサービス提供」といった介護保険制度の理念を理解していれば直感的に正答できるでしょう。

◎保険給付の基本的な考え方（法第２条の要旨）
⇨要介護状態・要支援状態の軽減・悪化防止
⇨医療との連携への十分な配慮
⇨被保険者の選択に基づく適切なサービスの提供
⇨多様な事業者・施設による総合的・効率的なサービスの提供
⇨居宅における自立した日常生活を営むことができる内容および水準とする

関連問題… 26-6 ／ ／ ／

第22回◇問題3

65歳以上の者であって、介護保険の被保険者とならないものとして正しいものはどれか。**2つ**選べ。

1　老人福祉法に規定する軽費老人ホームの入所者
2　生活保護法に規定する救護施設の入所者
3　生活保護法に規定する更生施設の入所者
4　障害者総合支援法の自立訓練及び施設入所支援の支給決定を受けて、指定障害者支援施設に入所している知的障害者
5　障害者総合支援法の生活介護及び施設入所支援の支給決定を受けて、指定障害者支援施設に入所している精神障害者

解説

正答　2、5

1　×　老人福祉法に規定する軽費老人ホームの入所者は、住所・年齢・医療保険加入（第2号被保険者のみ）の一定要件を満たすことで、介護保険の**被保険者となる**。

2　○　生活保護法に規定する救護施設の入所者は、介護保険の**適用除外**となり、被保険者とならない。

3　×　生活保護法に規定する更生施設は介護保険の適用除外施設ではなく、その入所者は、選択肢1の解説のとおり、一定の要件を満たせば**被保険者となる**。

4　×　障害者総合支援法の**生活介護**および**施設入所支援**を受けて指定障害者支援施設に入所している**身体**障害者・**知的**障害者・**精神**障害者は、介護保険の適用除外となり、**被保険者とならない**。自立訓練については該当しない。

5　○　選択肢4の解説のとおり、記述の場合は介護保険の適用除外となり、被保険者とならない。

解答のコツ&ポイント

⇨ 速習 介 L8

テーマ【被保険者の適用除外】
介護保険の適用除外についての知識が問われています。選択肢4の「自立訓練」が誤りと気づけるかがポイントとなります。
◎指定障害者支援施設（障害者総合支援法の生活介護および施設入所支援を受けている障害者）
◎医療型障害児入所施設（児童福祉法）
◎独立行政法人国立重度知的障害者総合施設のぞみの園法の福祉施設
◎国立ハンセン病療養所等（ハンセン病問題の解決の促進に関する法律）
◎救護施設（生活保護法）など

第22回◇問題4

介護保険における特定疾病として正しいものはどれか。**3つ選べ。**

1　筋萎縮性側索硬化症
2　黄色靭帯骨化症
3　心筋梗塞
4　脊柱管狭窄症
5　閉塞性動脈硬化症

解説

正答　1、4、5

1　○　**筋萎縮性側索硬化症**は、介護保険の特定疾病である。

2　×　黄色靭帯骨化症は、特定疾病に**指定されていない**。黄色靭帯骨化症は、黄色靭帯という靭帯が大きくなって神経を圧迫（胸椎に多い）するもので、足のしびれや、歩きにくさ、膀胱の働きが悪くなるなどの症状が起こる。

3　×　心筋梗塞は、特定疾病に**指定されていない**。

4　○　**脊柱管狭窄症**は、介護保険の特定疾病である。

5　○　**閉塞性動脈硬化症**は、介護保険の特定疾病である。

解答のコツ&ポイント

⇨ 速習 介 L9

テーマ【特定疾病の種類】

第2号被保険者の認定要件となる、特定疾病の種類が問われています。心身の病的な加齢現象と医学的関係がある点に着目しましょう。

◎16の特定疾病⇨①がん（がん末期）、②関節リウマチ、③筋萎縮性側索硬化症、④後縦靭帯骨化症、⑤骨折を伴う骨粗鬆症、⑥初老期における認知症、⑦進行性核上性麻痺、大脳皮質基底核変性症およびパーキンソン病、⑧脊髄小脳変性症、⑨脊柱管狭窄症、⑩早老症、⑪多系統萎縮症、⑫糖尿病性神経障害・糖尿病性腎症・糖尿病性網膜症、⑬脳血管疾患、⑭閉塞性動脈硬化症、⑮慢性閉塞性肺疾患、⑯両側の膝関節または股関節に著しい変形を伴う変形性関節症

関連問題… 24-9

第22回◇問題5

指定居宅サービス事業者の指定について正しいものはどれか。**3つ**選べ。

1　共生型居宅サービス事業者の指定は、市町村長が行う。

2　居宅サービスの種類ごとに行う。

3　6年ごとに更新を受けなければ、効力を失う。

4　申請者が都道府県の条例で定める者でないときは、指定をしてはならない。

5　都道府県介護保険事業支援計画の見込量に達しているときは、指定をしてはならない。

解説

正答　2、3、4

1　×　共生型居宅サービス事業者の指定は、居宅サービス事業者の指定と同様に、**都道府県知事**が行う。 p.341

2　○　指定居宅サービス事業者の指定は原則として、申請に基づき、**サービスの種類**ごとに、**事業所**ごとに行われる。指定介護予防サービス事業者、指定地域密着型（介護予防）サービス事業者も同様である。

3　○　指定の効力には**6**年間の有効期間が設けられており、すべてのサービス提供事業者・施設は、**6**年を経過するまでに**指定の更新**を受けなければ、有効期間満了日をもって指定の効力を失う。

4　○「都道府県の条例で定める者」は、厚生労働省令の基準に従い定めるものとされ、その基準は原則として「**法人**である」こととされる。なお、病院・診療所、薬局が一定の医療サービスを行う場合は、例外的に**法人**格は問われない。 p.346

5　×　特定施設入居者生活介護、介護老人保健施設、介護医療院については、都道府県介護保険事業支援計画の必要利用定員総数に達しているなどのときは、**指定（許可）をしないことができる**。

解答のコツ&ポイント

速習 L16

テーマ【指定居宅サービス事業者の指定】

選択肢1の共生型居宅サービスは居宅サービスの一類型である点、選択肢5は、指定を「してはならない」ではなく「しないことができる」という点に注意すれば容易に正答できます。

◎都道府県知事が指定・許可⇨居宅サービス、介護予防サービス（共生型サービス含む）、介護保険施設

◎市町村長が指定⇨地域密着型サービス（共生型サービス含む）、地域密着型介護予防サービス、居宅介護支援・介護予防支援

第22回◇問題６

指定居宅介護支援事業者について正しいものはどれか。**２つ選べ。**

1　被保険者証に認定審査会意見の記載があるときは、その意見に配慮した指定居宅介護支援の提供に努めなければならない。

2　事業所の現員では利用申込に応じきれない場合には、サービスの提供を拒むことができる。

3　管理者は、管理者研修の受講が義務づけられている。

4　通常の事業の実施地域以外であっても、交通費を受け取ることはできない。

5　利用者が30人の場合には、介護支援専門員は、非常勤で１人置けばよい。

解説　　正答　1、2

1　○　設問の内容は、サービスを提供する事業者・施設に共通して定められる責務である。運営基準には、介護支援専門員は、被保険者証に介護認定審査会の意見やサービスの種類の指定の記載がある場合、利用者にその趣旨を説明（サービスの種類の指定がある場合は、その変更の申請ができることも含む）したうえで、その内容に沿って居宅サービス計画を作成する必要があることが規定されている。

2　○　サービス提供を拒否できる正当な理由として、事業所の**現員**では利用申込みに応じきれない、利用申込者の居住地が事業所の通常の事業の**実施地域外**である、利用申込者が**ほかの居宅介護支援事業者**にもあわせて**依頼**していることが明らかな場合がある。

3　×　管理者に研修の受講は**義務づけられていない**。

4　×　通常の事業の実施地域外でサービスを行った場合の交通費は、利用料とは別に**受け取ることができる**。

5　×　利用者の人数にかかわりなく、事業所には、１人以上の**常勤**の**介護支援専門員**を置かなければならない。

解答のコツ＆ポイント

➡ 速習 介 L25

テーマ【指定居宅介護支援事業者の人員・運営基準】

選択肢３、５の人員基準を正答できるかがポイントです。

◎介護支援専門員⇨常勤で１人以上（利用者35人またはその端数を増すごとに1人を基準で、増員分は非常勤可）

◎管理者⇨常勤で原則として主任介護支援専門員でなければならない※。支障なければ事業所の介護支援専門員の職務や、同一敷地内にあるほかの事業所の職務との兼務が可能

※2026年度末までの要件猶予あり。また、やむを得ない理由がある場合は、介護支援専門員を管理者とする取り扱いも可能

関連問題… 25-6 24-10 ／ ／ ／

第22回◇問題7

介護支援専門員の義務として正しいものはどれか。**3つ**選べ。

1　介護保険事業の円滑な運営に必要な助言をしなければならない。

2　介護支援専門員でなくなった後も、正当な理由なしに、その業務に関して知り得た人の秘密を漏らしてはならない。

3　特定の種類のサービスに不当に偏ることのないよう、業務を行わなければならない。

4　認知症に関する施策を総合的に推進しなければならない。

5　その名義を他人に介護支援専門員の業務のため使用させてはならない。

解説

正答　2、3、5

1　×　介護支援専門員には、記述のような**義務はない**。なお、**都道府県**は、介護保険事業の運営が健全かつ円滑に行われるように、必要な助言および適切な援助をしなければならない。

2　○　介護支援専門員には**秘密保持**義務があり、介護支援専門員でなくなったあとも適用される。

3　○　介護支援専門員には、**公正・誠実な業務遂行**義務があり、要介護者等の**人格**を**尊重**し、常に要介護者等の立場に立って、提供するサービスや事業が特定の種類や事業者・施設に**不当に偏る**ことがないよう、公正かつ誠実に業務を行わなければならない。

4　×　介護支援専門員には、記述のような**義務はない**。認知症に関する施策を総合的に推進するのは、**国**および**地方公共団体**の努力義務である。

5　○　介護支援専門員は、介護支援専門員証を**不正**に**使用**したり、他人にその**名義**を貸して介護支援専門員の業務のため使用させてはならない。

解答のコツ&ポイント

⇨ 速習 介 L3

テーマ【介護支援専門員の義務等】

「介護保険事業の円滑な運営」「認知症に関する施策を総合的に推進」など制度の大きな方向性に関することは、介護支援専門員ではなく国や地方公共団体の役割です。この点を判断できればすぐに正答できるでしょう。

◎介護支援専門員の４つの義務⇨①公正・誠実な業務遂行義務、②基準遵守義務、③秘密保持義務、④資質向上努力義務

⇨①、②に違反した場合、都道府県知事は介護支援専門員に必要な指示や命令を行う

◎禁止行為⇨①名義貸しの禁止など、②信用失墜行為の禁止

関連問題…24-13

第22回◇問題8

市町村介護保険事業計画について正しいものはどれか。**3つ**選べ。

1　都道府県知事の定める基本指針に基づき作成されなければならない。
2　市町村老人福祉計画と一体のものとして作成されなければならない。
3　市町村地域福祉計画と調和が保たれたものでなければならない。
4　介護サービス情報の公表に関する事項を定めなければならない。
5　変更したときは、遅滞なく、都道府県知事に提出しなければならない。

解説

正答　2、3、5

1　×　**基本指針**を定めるのは**厚生労働大臣**（国）である。市町村介護保険事業計画および都道府県介護保険事業支援計画は、国の基本指針に即して、3年を1期として定められる。

2　○　介護保険の事業計画と重なる部分も多いことから、市町村介護保険事業計画は**市町村老人福祉計画**と、また都道府県介護保険事業支援計画は都道府県老人福祉計画と**一体のもの**として作成される。

3　○　市町村介護保険事業計画は、**市町村地域福祉計画**、**市町村高齢者居住安定確保計画**と**調和**をとりながら作成される必要がある。

4　×　介護サービス情報の公表に関する事項は、都道府県介護保険事業支援計画に「**定めるよう努める事項**」である。

5　○　市町村が市町村介護保険事業計画を策定・変更する際には、あらかじめ、被保険者の意見を反映させるために必要な措置を講じるとともに、計画の一定事項について都道府県の意見を聴き、策定・変更した計画は、遅滞なく**都道府県知事**に**提出**する必要がある。

解答のコツ&ポイント

⇨ 速習 介 L21

テーマ【市町村介護保険事業計画】
国の基本指針、「定めるよう努める事項」と「定めるべき事項」の区別、市町村介護保険事業計画と一体的に作成する計画、整合性を確保する計画、調和をとる計画を整理しておきましょう。
◎国の基本指針⇨厚生労働大臣は、医療介護総合確保法の総合確保方針に即して定める
◎一体的作成⇨市町村老人福祉計画（老人福祉法）
◎整合性の確保⇨市町村計画（医療介護総合確保法）
◎調和をとる⇨市町村地域福祉計画（社会福祉法）、市町村高齢者居住安定確保計画（高齢者住まい法）など

関連問題…25-10 23-11 ／ ／ ／

第22回◇問題９

介護保険における第１号被保険者の保険料について正しいものはどれか。**２つ選べ。**

1　保険料率は、毎年度改定しなければならない。

2　年額18万円以上の遺族厚生年金受給者は、特別徴収の対象となる。

3　年金を受給していない者は、市町村民税に合算して徴収される。

4　世帯主は、普通徴収の場合には、その世帯に属する第１号被保険者と連帯して納付する義務を負う。

5　保険料減免の対象者は、政令で定められる。

解説

正答　2、4

1　×　第１号被保険者の保険料率は、その市町村の介護給付費などの見込みなどに応じて、政令で定める基準に従い、市町村の条例で３年に１度設定される。

2　○　介護保険では、年金保険者を通して徴収する特別徴収が原則であり、年額18万円以上の老齢・退職年金、遺族年金、障害年金の受給者が対象となる。

3　×　無年金者・低年金者は、市町村が直接徴収する普通徴収となる。市町村民税に合算されることはない。

4　○　普通徴収の場合には、市町村が納入通知書を送付し、保険料の納付を求める。この場合に、第１号被保険者の配偶者および世帯主には、保険料の連帯納付義務が課されている。

5　×　保険料の減免や徴収猶予は、災害により一時的に負担能力が低下したなどの特別な理由がある者に対し、市町村が条例に定めて行う。

解答のコツ＆ポイント

⇨ 速習 介 L22

テーマ【第１号被保険者の保険料の算定と徴収】

第１号被保険者の保険料率の設定や保険料の減免は、市町村が地域の実情に応じて条例に定めて実施します。第１号保険料の算定と徴収のしくみを理解していれば、正答できる問題です。

◎特別徴収の対象⇨年額18万円以上の老齢・退職年金、遺族年金、障害年金の受給者

◎普通徴収の対象⇨年額18万円未満の低年金者、無年金者

関連問題… 25-9 24-12

第22回◇問題10

介護保険の調整交付金について正しいものはどれか。**3つ**選べ。

1　国が市町村に交付する。
2　すべての市町村に一律に交付される定率の公費負担となっている。
3　調整交付金の総額は、介護給付費及び予防給付費の総額の５％に相当する額とする。
4　市町村ごとの第１号被保険者の年齢階級別の分布状況を考慮して交付される。
5　市町村ごとの第２号被保険者の所得の分布状況を考慮して交付される。

解説

正答　1、3、4

1　○　市町村ごとの財政力の格差を調整するため、国が調整交付金を交付する。介護給付費における国の負担分は、すべての市町村に一律に交付する**定率負担金**20％（施設等給付費では15％）と市町村の財政力の格差に応じた**調整交付金**（保険給付費総額の５％相当）から構成される。
2　×　選択肢１の解説のとおり、調整交付金は、市町村の**財政力**によって変動する。
3　○　選択肢１の解説のとおり、保険給付費総額の**５％**相当となる。
4　○　調整交付金には、普通調整交付金と特別調整交付金があり、普通調整交付金では、75歳以上の**後期高齢者**の**加入割合**と第１号被保険者の**所得水準**の**分布状況**の違いによる格差を是正する。また、災害などの特別な事情がある市町村については、保険料減免や定率負担の減免の一定部分を対象として、特別調整交付金が交付される。
5　×　前述の普通調整交付金は、**第１号保険料**の格差を是正するためのもので、第２号被保険者については考慮されない。p.347

解答のコツ&ポイント

速習 介 L22

テーマ【調整交付金】
調整交付金は、市町村の財政力の格差（第１号保険料の格差など）を是正するために、国が交付するものであることを理解していれば、正答できる基本問題です。
◎国の負担割合⇨定率負担金＋調整交付金
◎調整交付金の調整対象⇨75歳以上の後期高齢者の加入割合、第1号被保険者の所得格差、災害時の保険料減免などの特殊な事情

関連問題…26-12

第22回◇問題11

社会保険診療報酬支払基金の介護保険関係業務について正しいものはどれか。**2つ**選べ。

1　市町村に対し介護給付費交付金を交付する。
2　介護保険財政の収入不足が生じた市町村に不足額を交付する。
3　医療保険者から介護給付費・地域支援事業支援納付金を徴収する。
4　介護保険サービスに関する苦情への対応を行う。
5　業務の一部を年金保険者に委託することができる。

解説

正答　1、3

1　○　社会保険診療報酬支払基金（支払基金）は、介護保険法の規定により、第２号被保険者が負担する介護給付費と地域支援事業の費用を**介護給付費・地域支援事業支援納付金**として**医療保険者**から徴収し、各市町村に**介護給付費交付金**、**地域支援事業支援交付金**として交付する業務を行っている。

2　×　介護保険財政の収入不足が生じた市町村に不足額を交付するのは**財政安定化基金**であり、支払基金の**業務ではない**。

3　○　選択肢１の解説のとおり、**支払基金**は医療保険者から介護給付費・地域支援事業支援納付金を徴収する。

4　×　介護保険制度上の苦情処理業務を行う機関として規定されているのは、**国民健康保険団体連合会（国保連）**である。

5　×　年金保険者に委託はできない。年金保険者は、**第１号被保険者**の介護保険料を年金の支払い時に天引き（**特別徴収**）し、市町村に納入する役割を担う。

解答のコツ&ポイント

⇨ 速習 介 L7、22、23

テーマ【社会保険診療報酬支払基金の介護保険関係業務】

第2号被保険者の保険料徴収の流れに支払基金が関与することを理解していれば、選択肢1、3を○と判断でき、正答を導き出すことができます。国保連、年金保険者の役割も整理しておきましょう。

◎支払基金⇨医療保険者から第２号被保険者の保険料を徴収し、各市町村に定率交付

◎国保連⇨介護給付費等の審査・支払い業務、苦情処理業務など

◎年金保険者⇨介護保険料を年金から天引きして市町村に納入

第22回◇問題12

地域支援事業のうち包括的支援事業として正しいものはどれか。**3つ**選べ。

1　生活支援体制整備事業
2　介護予防把握事業
3　認知症総合支援事業
4　介護給付等費用適正化事業
5　在宅医療・介護連携推進事業

解説

正答　1、3、5

1　○　**生活支援体制整備**事業では、**生活支援コーディネーター**（地域支え合い推進員）や**就労的活動支援コーディネーター**（2020〔令和２〕年４月より）の配置、**協議体**の設置などを通じて、生活支援の充実および高齢者の社会参加の推進が図られる。

2　×　介護予防把握事業は、介護予防・日常生活支援総合事業の**一般介護予防**事業に含まれる。

3　○　**認知症総合支援**事業では、**認知症初期集中支援チーム**を設置し、認知症の早期診断、早期対応のための支援や、**認知症地域支援推進員**による相談支援、認知症の人や家族の支援ニーズと認知症サポーターを中心とした支援を結びつける**チームオレンジ**を整備し、共生の地域づくり推進などを行っている。

4　×　介護給付等費用適正化事業は、介護給付・予防給付の費用の適正化を図る事業であり、市町村が地域の実情に応じて実施する**任意事業**に含まれる。

5　○　**在宅医療・介護連携推進**事業は、地域の医療・介護の資源の把握や医療・介護関係者の研修、地域住民への普及啓発などを行い、在宅医療と介護サービスが切れ目なく提供される体制の構築を推進する。

解答のコツ＆ポイント

⇨ 速習 介 L19

テーマ【地域支援事業の包括的支援事業】

介護予防・日常生活支援総合事業、任意事業の内容と区別できることが正誤のポイントとなります。選択肢２は「介護予防」、選択肢４は「費用適正化」という文言に着目しましょう。

◎包括的支援事業⇨第１号介護予防支援事業、総合相談支援事業、権利擁護事業、包括的･継続的ケアマネジメント支援事業、在宅医療・介護連携推進事業、生活支援体制整備事業、認知症総合支援事業

◎介護予防・日常生活支援総合事業⇨介護予防・生活支援サービス事業、一般介護予防事業

◎任意事業⇨介護給付等費用適正化事業、家族介護支援事業、その他の事業

第22回◇問題13

介護サービス情報に係る事業者の報告について正しいものはどれか。**3つ**選べ。

1　指定居宅サービス事業者は、その介護サービス情報を都道府県知事に報告しなければならない。

2　指定地域密着型サービス事業者は、その介護サービス情報を市町村長に報告しなければならない。

3　介護サービス事業者がその介護サービス情報を報告しなかった場合には、その指定又は許可が取り消されることがある。

4　介護サービス事業者がその介護サービス情報を報告するのは、その介護サービスの提供を開始するときのみである。

5　介護サービス事業者が報告する介護サービス情報には、第三者による評価の実施状況が含まれる。

解説

正答　1、3、5

1　○　介護サービス情報の公表事務を行うのは、**都道府県知事**であり、介護サービスを行う事業者・施設（介護サービス事業者）は、介護サービス情報の報告を**都道府県知事**に対して行う。p.341

2　×　選択肢1の解説のとおり、地域密着型サービス事業者も、**都道府県知事**に報告する。

3　○　介護サービス情報を報告せず、さらに都道府県知事の報告命令等に従わない介護サービス事業者に対して、都道府県知事は**指定・許可の取り消し**、または効力の停止をすることができる。また、市町村長が指定する事業者に対しては、都道府県知事が市町村長に通知し、市町村長が指定の取り消しなどを行うことになる。

4　×　介護サービス情報は、①指定や許可を受けて**サービスの提供を開始**するとき、②都道府県知事が毎年定める報告計画に基づき定期的に年1回程度報告する。なお、①のときには「基本情報」、②のときには「基本情報」と「運営情報」を報告する。

5　○　第三者による評価の実施状況は、介護サービスの内容に関する事項として、前述の「基本情報」に含まれる。

解答のコツ＆ポイント

⇨ 速習 L18

テーマ【介護サービス情報の公表】

公表の手続き、報告内容、調査命令と指定の取り消しなどひとおりポイントをおさえた学習をしていれば得点できます。

◎報告⇨介護サービス事業者が都道府県知事に報告

◎調査⇨都道府県知事が必要に応じて報告内容を調査

◎公表⇨都道府県知事が報告内容を公表

◎報告命令等に従わない事業者は指定の取り消しもある

第22回◇問題14

介護保険審査会への審査請求が認められるものとして正しいものはどれか。**3つ選べ。**

1　被保険者証の交付の請求に関する処分
2　市町村特別給付に関する処分
3　国民健康保険団体連合会が行う介護報酬の請求に関する審査
4　特定入所者介護サービス費の支給に関する処分
5　介護給付費・地域支援事業支援納付金に関する処分

解説

正答　1、2、4

1　○　審査請求が認められるのは、市町村の行う①保険給付に関する処分（被保険者証の交付の請求に関する処分や要介護認定に関する処分を含む）、②保険料その他介護保険法の規定による徴収金に関する処分（ただし、財政安定化基金拠出金、介護給付費・地域支援事業支援納付金およびその納付金を滞納した場合の延滞金に関する処分は除く）についてである。

2　○　市町村特別給付は、市町村の保険給付に関する処分であり、審査請求が認められる。

3　×　介護報酬の請求に関する審査は、国保連が設置する介護給付費等審査委員会が行う。

4　○　特定入所者介護サービス費の支給は、市町村による保険給付に関する処分であり、審査請求が認められる。

5　×　選択肢1の解説のとおり、介護給付費・地域支援事業支援納付金に関する処分は除かれる。

解答のコツ&ポイント

⇨ 速習 介 L24

テーマ【介護保険審査会の審査請求の対象】

この設問では、選択肢2と4が市町村が行う保険給付に関する処分である点を判断できれば、正答を導き出せます。

◎介護保険審査会⇨都道府県に設置。市町村への不服申し立てを扱う第三者機関

◎審査請求を取り扱う合議体
　⇨要介護認定等に関する処分は公益代表委員
　⇨要介護認定等以外の処分は公益代表委員３人（会長１人を含む）、市町村代表委員３人、被保険者代表委員３人

関連問題… 26-20 24-20改 23-21

第22回◇問題15

指定居宅介護支援の業務について、より適切なものはどれか。**3つ**選べ。

1　利用者の身体機能に特化したアセスメントを行う。

2　利用希望者が要介護認定の結果の通知を受ける前に、居宅介護支援を提供してはならない。

3　地域で不足していると認められるサービスがあった場合には、それが地域で提供されるよう関係機関に働きかけることが望ましい。

4　利用者が訪問看護の利用を希望した場合には、利用者の同意を得て主治の医師に意見を求めなければならない。

5　指定居宅介護支援の提供の開始に際し、あらかじめ、複数の指定居宅サービス事業者等の紹介を求めることができることを利用者に説明しなければならない。

解説

正答 3、4、5

1　×　アセスメントは、利用者の**能力**や、その**おかれている環境**などの評価を通じて、利用者の抱える問題点を明らかにし、利用者が自立した日常生活を営むことができるように支援するうえで、**解決すべき課題**を把握することである。身体機能に特化するのではなく、利用者の**生活全般**について把握することが重要になる。

2　×　認定の効力は**申請日**に遡(さかのぼ)る（申請日からが保険給付の対象）。このため、認定前でも、暫定居宅サービス計画を作成するなど必要な援助を行う。

3　○　不足していると感じられる**社会資源**を発見した場合は、関係機関に働きかけることも重要な役割となる。

4　○　医療サービスは**主治医の指示**がある場合にかぎり居宅サービス計画に位置づけることができる。なお、主治医に意見を求めた場合は、作成した居宅サービス計画を主治医に交付する必要がある。

5　○　居宅サービス計画は**基本方針**と利用者の**希望**に基づき作成されることを踏まえ、設問の内容が2018（平成30）年度から新たに運営基準に規定された。

解答のコツ&ポイント

⇨ 速習 介 L3、25、26

テーマ【居宅介護支援事業者の業務】

インテーク（受付）も含めた介護支援専門員の業務とともに、その役割が問われています。よく理解しておきましょう。

◎介護支援専門員の役割⇨介護保険制度の基本理念である利用者の自立支援、自己決定の支援、生活の継続性を実現するために、地域包括ケアシステムのなかにおいて、さまざまな専門職と連携して、必要な社会資源を利用者につなげ支援していく

第22回◇問題16

担当する利用者に対する介護支援専門員の基本姿勢として、より適切なものはどれか。**２つ選べ。**

1　心身機能が一時的に低下した場合には、利用者の状態にかかわらず、介護保険サービスを区分支給限度基準額まで活用するよう勧める。
2　利用者の自己決定を尊重するため、求めがなければサービス利用に関する情報提供はしない。
3　利用者が認知症のため自分の意向をうまく伝えられない場合には、その意向を推し測り、利用者の尊厳が保持されるように努める。
4　特定のサービス事業者に不当に偏ることなく、公正中立に支援する。
5　利用者と家族の意向が一致しない場合には、家族の意向を優先する。

解説 ― 正答 3、4

1　×　地域のサービスは、利用者の状態やニーズに応じて適切に分配する必要がある。利用者の状態にかかわらず、区分支給限度基準額まで活用するよう勧めることは、「**公平性**」の観点からも適切ではない。

2　×　利用者自身がサービスを選択することを踏まえ、サービスの内容、利用料などの情報を利用者に**適正に提供**する必要がある。

3　○　介護支援専門員は、利用者が**尊厳**を保持しながら、自分らしく**自立した日常生活**を送れるよう支援する。利用者の人権を擁護し、利用者がサービス提供事業者などに対して適切に意思表示ができない場合は、利用者の意向を**推し測る**ことも必要となる。

4　○　介護保険法にも「介護支援専門員の義務」として、**公正・誠実な業務遂行**義務が規定されている。利用者の人格を尊重し、常に利用者の立場に立って、提供するサービスや事業が特定の種類や事業者・施設に偏ることがないよう、公正・誠実に業務を行う。

5　×　利用者と家族の意向が一致しない場合には、**中立**の立場をとり、関係者それぞれの自己実現が図られるような方法を探る必要がある。

解答のコツ&ポイント

⇨ 速習 介 L3、26

テーマ【介護支援専門員の基本姿勢】
介護保険法の目的や介護支援専門員の義務等（基本姿勢）に反するものは、×と考えましょう。下記のキーワードを参照してください。

◎介護保険法第１条（目的）⇨利用者の尊厳の保持、自立した日常生活の支援

◎介護支援専門員の義務等⇨要介護者等の人格尊重、公正・誠実な業務遂行、基準遵守、資質向上努力、秘密保持

関連問題…24-20改 22-15 ／ ／ ／

第22回◇問題17改

介護サービス計画作成のための課題分析標準項目として正しいものはどれか。**3つ**選べ。

1　資産の状況

2　コミュニケーションにおける理解と表出の状況

3　改善／維持の可能性

4　今回のアセスメントの理由

5　口腔内の状況

解説

正答 2、4、5

1 × アセスメント（課題分析）は、利用者が自立した日常生活を営むために必要な解決すべき課題（ニーズ）を把握するためのものであり、その課題を**客観的に抽出**するためのツールが課題分析標準項目である。記述の「資産の状況」は、課題分析標準項目には**含まれない**。

2 ○ 意思の伝達、視力、聴力などの「**コミュニケーションにおける理解と表出の状況**」は、課題分析標準項目の「課題分析に関する項目」に含まれる。

3 × 課題分析標準項目には**含まれない**。なお、厚生労働省より示されている「課題整理総括表」（参考様式）には、利用者の現在の状況の「改善／維持の可能性」を記載する欄がある。この様式は、情報を整理・分析し、ニーズを導き出す過程を可視化できるもので、利用者のニーズを多職種間で共有するツールとして活用が推奨されている。

4 ○ 課題分析標準項目の「**基本情報**に関する項目」に含まれる。

5 ○ 課題分析標準項目の「**課題分析**に関する項目」に含まれる。

p.348

解答のコツ&ポイント

速習 L26

テーマ【課題分析標準項目】

ニーズを把握する項目として適切かと考えると、選択肢1の「資産の状況」、選択肢3の「改善／維持の可能性」は誤りと判断できるでしょう。

◎基本情報に関する項目⇨基本情報（受付、利用者等基本情報）、日常生活自立度（障害）、日常生活自立度（認知症）、主訴・意向、認定情報、今回のアセスメントの理由など

◎課題分析に関する項目⇨健康状態、ADL、IADL、認知機能や判断能力、コミュニケーションにおける理解と表出の状況、生活リズム、排泄の状況、清潔の保持に関する状況、口腔内の状況、食事摂取の状況、社会とのかかわり、家族等の状況、居住環境など

第22回◇問題18

指定介護老人福祉施設における施設サービス計画の作成について正しいものはどれか。**３つ**選べ。

1　アセスメントは、入所者及びその家族に面接して行う必要がある。

2　原案の内容については、入所者の同意は必要がない。

3　他の担当者と連携体制がとれている場合には、モニタリングのための利用者との定期的な面接は必要がない。

4　地域住民による自発的な活動によるサービスの利用を含めるよう努めなければならない。

5　作成した計画は、入所者に交付しなければならない。

解説

正答　1、4、5

1　○　アセスメントでは、入所者や家族と面接して解決すべき課題を把握しなければならない。

2　×　計画担当介護支援専門員は、施設サービス計画原案の内容について入所者または家族に説明し、入所者から文書による同意を得る必要がある。そして、完成した施設サービス計画は入所者に交付しなければならない。

3　×　計画担当介護支援専門員は、モニタリングにあたり定期的に入所者に面接を行い、定期的にモニタリング結果を記録しなければならない。

4　○　施設サービス計画は入所者の日常生活全般を支援する観点に立って作成されることが重要であり、介護給付等対象サービス以外にも、地域住民による自発的な活動（入所者の話し相手、会食など）によるサービスの利用なども含めて計画に位置づけ、総合的な計画となるよう努めなければならない。

5　○　選択肢２の記述のとおり、施設サービス計画は入所者に交付する。

解答のコツ&ポイント

速習 介 L30

テーマ【施設介護支援】

施設サービス計画の作成に関する業務は、計画担当介護支援専門員が行います。選択肢２の「同意は必要がない」、選択肢３の「面接は必要がない」は直感的に誤りと判断できるでしょう。

◎施設サービス計画⇨入所者・家族に説明し、文書により入所者の同意を得て入所者に交付

◎モニタリング⇨定期的に入所者に面接を行い、定期的にモニタリング結果を記録

第22回◇問題19

第１号介護予防支援事業の実施について正しいものはどれか。**２つ**選べ。

1　地域包括支援センターは、指定居宅介護支援事業所に委託することができない。

2　利用者本人が居住していない地域の地域包括支援センターでも、実施が可能である。

3　介護予防ケアマネジメントについては、サービス担当者会議を行う必要がない場合がある。

4　介護予防ケアマネジメントについては、モニタリングを行う必要がない場合がある。

5　要支援者は、対象とならない。

解説

正答　3、4

1 × 第１号介護予防支援事業は、地域支援事業で実施する介護予防ケアマネジメントである。市町村から事業の委託を受けた地域包括支援センターは、その事業の一部を**指定居宅介護支援事業者に委託**することができる。

2 × 地域密着型サービスや地域支援事業、介護予防支援は利用者がその**市町村の被保険者**に限定されるため、居住していない地域の地域包括支援センターは利用できない。なお、その市町村の被保険者でない住所地特例対象者については、2014（平成26）年の制度改正により居住地の地域密着型サービス、介護予防支援、地域支援事業の利用が可能となっている。

3 ○ 第１号介護予防支援事業では、利用者の状態や希望するサービスなどに応じて、介護予防支援と同様の原則的なケアマネジメントのプロセスとしたり（ケアマネジメントA）、サービス担当者会議や**モニタリング**を適宜省略したり（ケアマネジメントB）、**アセスメント**のみにしたりする（ケアマネジメントC）ことも可能である。

4 ○ 選択肢３の記述のとおり、必要に応じ行わないこともできる。

5 × 第１号介護予防支援事業の対象となるのは、総合事業のみを利用する**要支援者**（第２号被保険者含む）と**基本チェックリスト**に該当した第１号被保険者、および**要介護者**（要介護認定前から市町村の補助により実施される介護予防・生活支援サービス事業を継続的に利用する者にかぎる）である。

解答のコツ＆ポイント

テーマ【第１号介護予防支援事業】

地域支援事業における第１号介護予防支援事業への理解が問われています。利用者の状態や希望に応じてケアマネジメントのプロセスを選択できることをおさえておきましょう。

⇨ 速習 介 L19

第22回◇問題20改

指定介護予防支援について正しいものはどれか。**3つ**選べ。

1　目標指向型の介護予防サービス計画原案を作成しなければならない。

2　地域包括支援センターの設置者による指定介護予防支援事業者の場合、その事業所の管理者については、地域包括支援センターの業務との兼務は認められない。

3　苦情を受け付けた場合には、その内容等を記録しなければならない。

4　サービス提供事業者と継続的な連絡が行われている場合には、利用者との面接や連絡は必要がない。

5　地域ケア会議から個別のケアマネジメントの事例の提供の求めがあった場合には、これに協力するよう努めなければならない。

解説

正答　1、3、5

1　○　介護予防の効果を最大限に発揮し、利用者が生活機能の改善を実現するための適切なサービスを選択できるよう、**目標指向型**の介護予防サービス計画原案を作成しなければならない。

2　×　地域包括支援センターの設置者による指定介護予防支援事業者の場合、管理者は、業務に支障がなければ、事業所のほかの職務や地域包括支援センターの職務との**兼務が可能である**。

3　○　自ら提供した介護予防支援のほか、介護予防サービス計画に位置づけた介護予防サービス等に対する苦情にも迅速かつ適切に対応し、その内容等は**記録**しなければならない。

4　×　少なくともサービス提供開始月の翌月から起算して3か月に1回、およびサービスの評価期間が終了する月、利用者の状況に著しい変化があったときには、利用者の**居宅を訪問**し、利用者に**面接**しなければならない。

5　○　**地域ケア会議**は、個別ケースの支援内容の検討を通じて、高齢者の自立支援に資するケアマネジメントの支援、高齢者の実態把握や課題解決のための地域包括支援ネットワークの構築、地域課題の把握などを行っている。

解答のコツ&ポイント

⇨ 速習 介 L27、28

テーマ【指定介護予防支援】

いずれの選択肢も、介護予防支援では問われやすい基本的な事項です。選択肢2の「兼務は認められない」、選択肢4の「面接や連絡は必要がない」のような表現にも着目し、確実に誤りの選択肢を見極められるようにしましょう。

◎基本取扱方針⇨介護予防に資するよう行われるとともに、医療サービスとの連携にも十分配慮して行う。目標志向型の介護予防サービス計画の作成

関連問題… 26-18

第22回◇問題21

要介護認定について申請代行を行うことができるものとして正しいものはどれか。**3つ**選べ。

1　指定地域密着型特定施設入居者生活介護事業者
2　指定居宅介護支援事業者
3　指定認知症対応型共同生活介護事業者
4　地域包括支援センター
5　地域密着型介護老人福祉施設

解説

正答　2、4、5

1　×　地域密着型サービス事業者（地域密着型介護老人福祉施設を除く）は申請代行を行うことができない。
2　○　記述のとおり、指定居宅介護支援事業者は申請代行ができる。
3　×　選択肢1の解説のとおり、地域密着型サービス事業者は申請代行を行うことができない。
4　○　記述のとおり、地域包括支援センターは申請代行ができる。
5　○　記述のとおり、地域密着型介護老人福祉施設は申請代行ができる。

解答のコツ&ポイント

⇨ 速習 介 L9

テーマ【要介護認定の申請代行】
要介護認定の申請は、本人が行いますが、申請手続きを代行してもらうこともできます。居宅サービス事業者、介護予防サービス事業者、地域密着型（介護予防）サービス事業者（地域密着型介護老人福祉施設を除く）は申請の代行ができない点を理解しましょう。
◎申請代行（または代理）ができるもの⇨地域包括支援センター、指定居宅介護支援事業者、地域密着型介護老人福祉施設、介護保険施設、社会保険労務士法に基づく社会保険労務士、民生委員、成年後見人、家族、親族等

第22回◇問題22

要介護認定の認定調査について正しいものはどれか。**2つ選べ。**

1　被保険者が必要な調査に応じない場合は、市町村は認定の申請を却下しなければならない。

2　新規認定の調査は、地域包括支援センターに委託できる。

3　更新認定の調査は、指定居宅介護支援事業者に委託できる。

4　指定市町村事務受託法人は、認定調査を実施できる。

5　遠隔地に居住する被保険者から認定の申請があった場合には、現に居住する市町村が調査を実施しなければならない。

解説

正答　3、4

1　×　被保険者が、正当な理由なく認定調査に応じないときや市町村が指定した医師等の診断に応じないときは、市町村は被保険者の認定申請を却下することができる。

2　×　新規認定の調査は原則として市町村職員が行うが、都道府県が指定した指定市町村事務受託法人にかぎり、認定調査を委託できる。更新認定の調査は、地域包括支援センターなどに委託が可能である。

3　○　記述のとおり、更新認定の調査は、指定居宅介護支援事業者に委託できる。

4　○　指定市町村事務受託法人は、新規認定、更新認定、区分変更認定のいずれの場合も市町村の委託を受けて認定調査を実施できる。

5　×　被保険者が遠隔地に住んでいる場合は、他市町村に調査を嘱託することができる。

解答のコツ&ポイント

⇨ 速習 介 L9

テーマ【要介護認定の認定調査】

新規認定・更新認定における調査の委託ができるものについて理解していれば、正答できます。

◎新規認定での委託⇨指定市町村事務受託法人のみ

◎更新認定での委託⇨指定市町村事務受託法人、地域包括支援センター、指定居宅介護支援事業者、地域密着型介護老人福祉施設、介護保険施設、介護支援専門員

第22回◇問題23

要介護認定について正しいものはどれか。**2つ**選べ。

1　更新認定の申請ができるのは、原則として、有効期間満了日の30日前からである。

2　新規認定の効力は、申請日にさかのぼって生ずる。

3　介護認定審査会は、申請者が利用できる介護サービスの種類を指定することができる。

4　要介護認定の処分の決定が遅れる場合の処理見込期間の通知は、申請日から60日以内に行わなければならない。

5　市町村が特に必要と認める場合には、新規認定の有効期間を３月間から12月間までの範囲内で定めることができる。

解説

正答　2、5

1　×　更新認定の申請は、有効期間満了日の60日前から満了日までの間に行うことができる。

2　○　記述のとおり。このため、申請日から利用したサービスは、保険給付の対象となる。

3　×　市町村が、介護認定審査会からの意見に基づき、被保険者が利用できるサービスの種類を指定することができる。

4　×　市町村は、要介護認定の処分の決定を原則として申請日から30日以内に行うが、調査に日時を要するなど特別の理由がある場合は、申請日から30日以内に被保険者にその理由と申請処理に要する見込期間を通知する。

5　○　新規認定の有効期間は原則６か月であるが、介護認定審査会の意見に基づき、市町村が必要と認める場合は、３～12か月の範囲で短縮・延長が認められる。

解答のコツ&ポイント

⇨ 速習 介 L10

テーマ【要介護認定】

新規認定の効力、認定の有効期間の短縮・延長など、過去に繰り返し問われた頻出事項を理解しているかが鍵となります。

◎新規認定・区分変更認定の有効期間⇨原則６か月で、３～12か月の範囲で短縮・延長が可能

◎更新認定の有効期間⇨原則12か月で、３～48か月※の範囲で短縮・延長が可能

※2021年度から、要介護度に変更がない場合は最長48か月に延長された

第22回◇問題24

Aさん（78歳、男性）は、２年前に妻を病気で亡くし、一人暮らしをしていた。その後、Aさんは脳卒中で入院し、右半身に麻痺がある状態で退院するに当たり、要介護２の認定を受けた。本人の意向では、自宅で暮らし、訪問介護は利用したいが、通所のサービスは利用したくないとのことだった。その理由は、知り合いに今の姿を見られたくないことに加えて、妻を亡くした悲しみから同年代の夫婦を見るとつらくなるということだった。その時点における介護支援専門員の対応として、より適切なものはどれか。**２つ**選べ。

1　訪問介護サービス以外のサービスは利用しないことに決める。
2　自宅ではなく、居住系サービスを利用するよう説得する。
3　在宅生活を続けるうえでの機能回復の重要性を説明し、訪問リハビリテーションの利用を勧める。
4　福祉用具や住宅改修を利用し、住環境を改善することを勧める。
5　近隣住民から高齢者サロンに誘ってもらう。

解説

正答 3、4

1　×　サービスの内容は、アセスメントなど一連の居宅介護支援の段階を経て決定される。Aさんの話を聞いただけで、「サービスを利用しないことに決める」のは適切ではない。

2　×　Aさんが今後どのように暮らしていきたいか、Aさんの**望む生活**に向けた支援が重要である。Aさんの意向は「自宅で暮らす」ことであり、居住系サービスを利用するよう「説得する」ことは適切ではない。

3　○　Aさんが自立した日常生活を営むことができるように支援するうえで、リハビリテーションは必要なサービスと考えられ、Aさんに勧めるのは適切である。

4　○　住環境を改善することで、本人ができる動作が増え、行動範囲も拡大する。自立支援を念頭においた援助として、適切である。

5　×　Aさんは、妻を亡くした悲しみから「同年代の夫婦を見るとつらくなる」と訴えており、高齢者サロンに誘われても落ち込んでしまうことが考えられ、不適切である。

解答のコツ＆ポイント

⇨ 速習 介 L3、26　保 L3

テーマ【右半身に麻痺があり喪失体験のある利用者への支援】
選択肢５は判断に迷うかもしれませんが、「その時点における」対応を考えると、時期尚早といえるでしょう。
◎居宅サービス計画の方向性⇨利用者の望む生活に向けた支援、利用者の自立や価値観、生活の質の向上を考慮する

第22回◇問題25

Ｂさん（75歳、女性）は、夫と二人で暮らしている。Ｂさんは、高血圧及び糖尿病のため、近所の診療所に定期的に通院している。最近、Ｂさんは、認知症により、昼夜逆転の生活になり、夜中に外に出て自宅に戻れなくなることもある。夫としては、介護の負担が増しているが、できる限り在宅生活を継続したいと思っている。要介護認定の結果、要介護２の認定を受けた。介護支援専門員の当面の対応として、より適切なものはどれか。**３つ**選べ。

1　外に出て戻れなくなったときの対応のため、地域包括支援センターに協力を依頼し、民生委員や近隣の商店との連携を図る。
2　夜中に外に出ていく背景や理由についてアセスメントを行う。
3　主治医を認知症の専門医に変更することを勧める。
4　介護老人福祉施設への入所を提案する。
5　夫の休息とＢさんの生活リズムを整えるため、認知症対応型通所介護の利用を提案する。

解説

正答　1、2、5

1　○　地域包括支援センターでは、地域のネットワーク構築や認知症総合支援などを行っているため、地域包括支援センターとの連携は適切である。

2　○　徘徊（はいかい）には、本人なりの目的や理由があることが多い。背景や理由についてアセスメントを行い、要因を取り除くことで状況が改善することが考えられる。

3　×　認知症の専門医の判断は必要としても、Ｂさんは、高血圧と糖尿病があり、近所の診療所に定期的に通院し、今後も継続的な治療は不可欠であるため主治医を変えるのは不適切である。

4　×　Ｂさんの夫は、できるかぎり在宅生活を継続したいと思っている。今の時点で、本人や家族が望まない施設入所を提案することは不適切である。

5　○　Ｂさんの夫の介護負担を軽減することは、優先的な課題と考えられ、昼夜逆転の生活への対応としても認知症対応型通所介護の利用提案は適切である。

解答のコツ＆ポイント

⇨ 速習　介 L3、26　保 L17

テーマ【高血圧・糖尿病・BPSDのある利用者への支援】
設問では、地域包括支援センターなど連携先の確保、介護負担の軽減などの支援のほか、BPSDへの理解もポイントになっています。

◎BPSD（認知症の行動・心理症状）⇨中核症状にいくつかの要因が重なって二次的に現れることの多い症状

●保健医療サービス分野●

関連問題… 25-26 24-38

第22回◇問題26

呼吸について適切なものはどれか。**2つ**選べ。

1　高齢者は、一般に、若年者と比べ、１回換気量は低下する。

2　頻呼吸は、発熱や心不全でもみられる。

3　心不全による呼吸困難は、起座位又は半座位で増強し、臥位で軽減する。

4　下顎呼吸は、慢性気管支炎や肺気腫などの慢性閉塞性肺疾患（COPD）の患者でよくみられる。

5　チェーンストークス呼吸では、小さい呼吸から徐々に大きい呼吸となり、その後徐々に小さい呼吸となって、一時的な呼吸停止を伴う呼吸状態を繰り返す。

解説

正答　2、5

1　×　高齢者の場合、正常な呼吸数は１分間に15～20回で、１回換気量（吸入または呼出される空気量）は、一般に、若年者と変わらない。ただし、肺活量（息を最大限吸い込んだあとに肺から吐き出せる空気量）は低下傾向で、残気量（最大限に空気を吐き出したあとに肺に残る空気量）は増加する。

2　○　呼吸数が１分間に25回以上で１回の換気量が少ない場合を頻呼吸という。頻呼吸は、発熱、心不全、呼吸器疾患などでみられる。p.349

3　×　左心不全の主要徴候として現れる起座呼吸は、呼吸困難が臥位で増強し、起座位または半座位で軽減する呼吸状態である。

4　×　顎（あご）であえぐような下顎（かがく）呼吸は呼吸停止の徴候であり、これが始まると１～２時間後に亡くなることが多い。p.349

5　○　記述のとおり。チェーンストークス呼吸は、脳血管障害、心不全など重症の疾患時にみられる。p.349

解答のコツ&ポイント

⇨ 速習 保 L9、26

テーマ【呼吸】

呼吸状態の悪化の原因には、呼吸器疾患や心不全、脳血管障害などがあります。主な呼吸状態と原因疾患をおさえましょう。

◎心不全による呼吸困難⇨臥位で増強、起座位・半座位で軽減

◎下顎呼吸⇨臨死期

◎チェーンストークス呼吸⇨脳血管障害、心不全など

関連問題…23-31 22-29

第22回◇問題27

食事について適切なものはどれか。**2つ選べ。**

1　摂食・嚥下プロセスの先行期（認知期）は、食べ物を咀嚼する段階である。
2　摂食・嚥下プロセスの咽頭期の障害では、胃からの逆流がみられる。
3　食事の介護のアセスメントには、福祉用具専門相談員が関わることもある。
4　食事の介護のアセスメントには、利用者が調理を行っているかどうかの確認は含まれない。
5　食事の介護のアセスメントでは、利用者の普段の活動性や睡眠状況も確認する。

解説

正答　3、5

1　×　摂食・嚥下プロセスの先行期（認知期）は、食べ物を取り込む前の過程で、触覚や嗅覚、視覚などで食べ物を**確認**、**判断**し、唾液を分泌する段階である。食べ物をそしゃくする段階は、**準備期**である。

2　×　咽頭（いんとう）期は、食塊がのどから食道へ送られる（嚥下）。この段階の障害では、咽頭に**食塊が残りやすくなる**。胃からの逆流がみられるのは、次の段階の**食道**期である。

3　○　食事の介護では、個々の状態に応じた食形態の選択、摂食時の姿勢の調整、食事環境の調整などを行う必要があり、アセスメントにおいても非常に多くの要素を含んでいる。そのため、アセスメントには、医師や看護師、歯科医師、歯科衛生士、理学療法士、作業療法士、言語聴覚士、管理栄養士、薬剤師に加え、**福祉用具専門相談員**がかかわることもある。

4　×　「調理」とは、献立の立案から後片づけまでをいう。食事の介護のアセスメントでは、調理のどの部分まで行うことができるのか、という点も**確認する**。

5　○　記述のとおり。食事の介護のアセスメントでは、食事の回数・量、食事バランス、食欲の有無、服薬状況、水分摂取量などとともに、普段の**活動性**や**睡眠状況**も確認する。

解答のコツ&ポイント

⇨ 速習 保 L12

テーマ【食事の介護の留意点】

摂食・嚥下プロセスは、先行期（認知期）→準備期→口腔期→咽頭期→食道期と進みます。この流れと各期における障害の例を理解しておけば、選択肢1と2は×であると判断できます。

◎先行期（認知期）⇨食べ物を確認、判断し、唾液を分泌する段階

◎咽頭期⇨食塊が食道へ送られる段階

関連問題…24-30

第22回◇問題28

睡眠について正しいものはどれか。**3つ**選べ。

1　床に就いてもなかなか眠れないことを、熟眠障害という。
2　眠りが浅く、すっきりと目覚められないことを、早朝覚醒という。
3　かゆみによって睡眠障害が生じることがある。
4　薬の副作用によって、夜間に興奮又は覚醒し、不眠になることがある。
5　起床時の覚醒水準を高めるケアを行うことで、規則的な排便リズムへの効果が期待できる。

解説

正答　3、4、5

1　×　床に就いてもなかなか眠れないことを、**入眠困難**という。

2　×　眠りが浅く、すっきりと目覚められないことを、**熟眠障害**という。

3　○　睡眠障害の要因には、身体的要因、心理的要因、物理的要因、薬学的要因のほか、疾病がある。このうち、身体的要因には、痛み、**かゆみ**、咳、呼吸困難、頻尿（ひんにょう）などの身体に生じる苦痛や不快、症状がある。

4　○　記述のとおり。睡眠障害には、睡眠薬の多用など薬物の**副作用**によるものがある。

5　○　記述のとおり。起床時に失われた水分を補給し、1日の規則的な**排便**リズムにつなげられるよう支援する。

解答のコツ&ポイント

⇨ 速習 保 L14

テーマ【睡眠】
不眠の種類である入眠困難、中途覚醒、熟眠障害などについて、確実に理解しておきましょう。選択肢3、4、5は、常識的に○と判断できます。
◎入眠困難⇨床に就いてもなかなか眠れない
◎熟眠障害⇨眠りが浅く、すっきりと目覚められない

+1 プラスワン

睡眠障害には、不眠のほか、睡眠時の呼吸障害を引き起こす睡眠時無呼吸症候群や、安眠を妨げるレストレスレッグス症候群などがあり、医師による専門的な診断と治療が必要となる。

関連問題…23-31 23-33 22-27

第22回◇問題29

口腔機能や口腔ケアについて正しいものはどれか。**3つ**選べ。

1　摂食・嚥下は、中枢神経と末梢神経により制御されている。
2　嚥下反射により、食物が気道に入らないよう気管の入り口が閉鎖される。
3　すべての歯を喪失しても、咀嚼能力は低下しない。
4　脱落した粘膜上皮細胞も、口臭の原因となる。
5　口腔内を清掃する際は、義歯は外さない。

解説　　正答　1、2、4

1　○　食物や唾液は口腔から咽頭、食道を通り、胃へと送り込まれるが、この一連の流れを「摂食・嚥下」という。摂食・嚥下は、中枢神経と末梢神経によって、一連の動きがコントロールされている。

2　○　食物が咽頭に送られると、嚥下反射により喉頭蓋が下に倒れて気管の入り口が閉じ、食物が食道に入る。この動きがうまくいかず、食物や唾液などが気道に入ることを誤嚥という。

3　×　そしゃく機能を維持するには、しっかりと上下の歯の噛み合わせができることが重要である。う歯や歯周病などにより歯を喪失することは、そしゃく能力や嚥下機能が低下し、窒息の要因にもなる。

4　○　食物残渣や脱落した粘膜上皮細胞などが、口腔内で嫌気性細菌（酸素が少ない環境を好む細菌）に分解され、その際に発生する硫化水素やメチルメルカプタンが口臭の原因となる。

5　×　口腔内を清掃する際、取りはずせる義歯ははずす。義歯は、夜間は取りはずし、研磨剤の入っていない義歯専用の歯磨き剤を使って、歯ブラシにより流水でていねいに磨いたうえで、きれいな水に浸しておく。

解答のコツ&ポイント

⇨ 速習 保 L12

テーマ【口腔機能と口腔ケア】
選択肢3は容易に×とわかります。さらに、口腔内の清掃では義歯をはずす点を理解しておけば、正答を導き出すことができます。

◎そしゃく機能の維持⇨上下の歯の噛み合わせができることが重要
◎義歯⇨口腔内の清掃時は必ずはずし、歯ブラシで洗浄する
　⇨夜間は清掃したのち、水につけておく

第22回◇問題30

認知症について正しいものはどれか。**3つ**選べ。

1 抗精神病薬が過量だと、意欲や自発性などの低下（アパシー）をきたす場合がある。
2 若年性認知症支援コーディネーターは、すべての市町村に配置されている。
3 認知症の評価として、長谷川式認知症スケールが用いられている。
4 認知症の評価として、Mini-Mental State Examination（MMSE）が用いられている。
5 レビー小体型認知症では、幻視はみられない。

解説

正答 1、3、4

1 ○ 記述のとおり。アルツハイマー型認知症の治療薬であるメマンチンや抗精神病薬が過量であると、アパシーになる場合がある。

2 × 2016（平成28）年度から、都道府県ごとに若年性認知症の人やその家族からの相談に対応する窓口が設置され、若年性認知症支援コーディネーターが配置されている。

3 ○ 長谷川式認知症スケール（HDS-R）は、高齢者のおおよその認知症の有無とその程度を質問式で評価する。10分ほどで検査可能であり、最高得点は30点、20点以下では認知症を疑う。

4 ○ 質問式で評価するMini-Mental State Examination（MMSE）は、認知症の簡易検査法として諸外国で広く利用されている。長谷川式認知症スケールと同様に、検査時間は約10分と短い。最高得点は30点で、23点以下では認知症を疑う。

5 × レビー小体型認知症では、現実的で詳細な内容の幻視、レム睡眠行動障害、症状の変動（覚醒レベルの変動）、パーキンソン症状、うつ、嗅覚障害などの特徴的な症状が現れる。

解答のコツ&ポイント

⇨ 速習 保 L17

テーマ【認知症の症状と評価】
選択肢３、４は、認知機能を評価するテストの種類とその内容をおさえておけば、○であるとわかります。認知症の種類と症状の特徴についてもまとめておきましょう。

◎長谷川式認知症スケール⇨認知症の有無とその程度を判定。最高得点は30点、20点以下では認知症を疑う
◎Mini-Mental State Examination ⇨諸外国で利用される簡易検査法。最高得点は30点で、23点以下では認知症を疑う
◎レビー小体型認知症⇨現実的で詳細な内容の幻視など

用語

レム睡眠行動障害とは、睡眠中（レム睡眠時）に、夢の内容のとおりに声を出したり行動したりしてしまうこと。

関連問題…26-26 23-28

第22回◇問題31

次の記述のうち適切なものはどれか。**3つ**選べ。

1 フレイルとは、健康な状態と介護を要する状態の中間的な状態である。
2 高次脳機能障害の主な症状には、失行や失認が含まれる。
3 心筋梗塞は、冠動脈が破裂して起こる疾患である。
4 糖尿病は、肝臓で作られるインスリンの不足によるものである。
5 高齢者に多い骨折部位には、大腿骨頸部や胸腰椎が含まれる。

解説

正答 1、2、5

1 ○ フレイル（虚弱）は健康と病気の中間的な段階で、①体重減少（6か月に2kg以上減少）、②歩行速度の低下、③筋力（握力）低下、④疲労感、⑤身体活動の減少のうち3項目以上あてはまればフレイルとみなされる。

2 ○ 高次脳機能障害では、脳の病変により、失語、**失行**、**失認**、半側空間無視、注意障害、記憶障害などの症状が現れる。

3 × 心筋梗塞は、心臓の冠動脈が動脈硬化などにより**閉塞**し、心筋の一部が壊死して心臓のポンプ機能が低下する疾患である。

4 × 糖尿病は、**膵臓**でつくられるインスリンの作用が不足することにより、血糖値が慢性的に高くなる疾患である。

5 ○ 高齢者に多い骨折部位は、**大腿骨頸部**、**胸腰椎**、橈骨遠位端（手首のあたり）、肋骨で、特に、大腿骨頸部骨折は寝たきりにつながりやすい。

解答のコツ&ポイント

⇨ 速習 保 L1、2、4、7、16

テーマ【高齢者に多い症状や疾患】

選択肢1、2、4は、フレイルの意味、高次脳機能障害の症状、糖尿病の原因に関する基礎的な内容で、解答は容易です。高齢者に多い骨折部位はよく出題されるので、確認してください。

◎高次脳機能障害の症状⇨失語、失行、失認、半側空間無視、注意障害、記憶障害など
◎心筋梗塞の原因⇨冠動脈の閉塞による心筋の一部の壊死
◎糖尿病の原因⇨膵臓でつくられるインスリンの作用の不足

第22回◇問題32

次の記述のうち、より適切なものはどれか。**3つ**選べ。

1　自治体によっては、救急車を呼ぶべきかどうかの相談に対応する窓口がある。

2　介護保険施設の介護職員であれば、研修を受けなくても、喀痰吸引を行える。

3　高齢者によくみられる疾患には、日常の生活機能に障害を引き起こすものが多くある。

4　高齢者は、加齢により生体機能が低下しているため、薬剤の副作用が出やすい。

5　一次救命処置とは、医師の指示のもとに救急隊員が行う応急処置のことである。

解説

正答　1、3、4

1　○　記述のとおり。自治体によっては、**一般救急相談センター**などの、救急車を呼ぶべきかどうかの相談に対応する窓口がある。

2　×　喀痰（かくたん）吸引は医行為であり、原則として医師や看護師のみが実施可能だったが、2012（平成24）年4月から、**研修を受けた**介護職員等も一定の条件の下で行えるようになった。

3　○　老化には個人差があるが、75歳頃を境に徐々に自立度が低下し、脳や神経の疾患、衰弱、骨や関節の疾患など長期の慢性疾患と老年症候群を併せもつことが多くなる。老年症候群は、日常の**生活機能**を低下させ、QOL を低下させる症状・病態である。

4　○　記述のとおり。高齢者の場合、加齢に伴う生体機能の低下や、複数薬剤の服用などにより、薬剤の**副作用**が出やすい。

5　×　一次救命処置とは、心肺機能停止傷病者に対し、救急医療システム（119番）への通報を行うとともに、胸骨圧迫や AED の使用などにより心肺蘇生を図る試みで、救急隊員にかぎらず**誰**でも行える応急処置である。

解答のコツ＆ポイント

⇨ 速習 保 L1、22、24

テーマ【急変時の対応など】

選択肢2は、「研修を受けなくても」という記述から、×と判断できます。一次救命処置の内容について理解を深めてください。

◎喀痰吸引⇨研修を受けた介護職員等が、一定の条件の下で行える

◎一次救命処置⇨胸骨圧迫や AED の使用などにより自発的な血液循環および呼吸を回復させる試みで、誰でも行える応急処置

関連問題…26-38 23-27

第22回◇問題33

高齢者の急変時の対応について適切なものはどれか。**3つ**選べ。

1　心肺蘇生時の胸骨圧迫は、仰臥位で行う。

2　出血量が多い場合は、傷口を清潔なタオルなどで圧迫し、出血部位を心臓の位置より低くする。

3　両手足に力が入らず、頸椎損傷が疑われる場合には、極力身体を動かさないようにする。

4　服の下をやけどしたときは、服を脱がせて流水で冷やす。

5　食物で窒息したときは、腹部突き上げ法（ハイムリック法）を行うこともある。

解説

正答　1、3、5

1　○　心肺蘇生の手順として、胸と腹部の動きを確認し、正常な呼吸をしているか否かの判断に迷う場合、胸骨圧迫（胸の真ん中を圧迫する、いわゆる心臓マッサージ）を開始する。胸骨圧迫は、**仰臥位**にして行う。

2　×　出血量が多い場合は、傷口を清潔なタオルなどで圧迫し、出血部位を心臓の位置より**高く**することで出血量を減らすようにする。

3　○　両手足に力が入らない、しびれる、首の後ろに触れると痛みを訴えるなどの場合は、**頸椎損傷**が疑われる。動かすと悪化するため、極力身体を動かさないようにする。

4　×　服の下をやけどしている場合は、皮膚が服に貼りついていることがあるため、**脱がさないで**、服の上から流水をあてて冷やす。

5　○　誤嚥（ごえん）による窒息では、窒息サイン（喉（のど）に手をあてるなど）やチアノーゼなどが出現する。**腹部突き上げ法（ハイムリック法）**、背部叩打（こうだ）法により異物除去をする。

解答のコツ&ポイント

⇨ 速習 保 L24

テーマ【高齢者の急変時の対応】

急変時の対応について、確実な理解が必要です。選択肢2は「心臓の位置より低く」という記述から×と判断でき、選択肢3、4も正誤の判断は容易です。

◎出血量が多い⇨傷口を清潔なタオルなどで圧迫し、出血部位を心臓の位置より高くする

◎服の下をやけど⇨脱がさずに服の上から流水をあてて冷やす

◎食物で窒息⇨腹部突き上げ法（ハイムリック法）、背部叩打法により異物除去

第22回◇問題34

在宅医療管理について、より適切なものはどれか。**3つ**選べ。

1　腹膜透析は、血液透析に比べて食事内容の制限が多い。

2　人工的に造設した便や尿の排泄口のことを、ストーマという。

3　在宅経管栄養法で栄養剤を注入する際の体位は、座位又は半座位が望ましい。

4　在宅酸素療法の利用者が呼吸苦を訴えた場合は、ただちに酸素流量を増やす。

5　在宅中心静脈栄養法を実施している利用者が入浴する場合は、特別な配慮が必要である。

解説

正答　2、3、5

1　×　血液透析では、水分や塩分、カリウム（野菜や果物、海藻類）、リン（乳製品、インスタント食品、レバー）のとり過ぎに注意が必要となる。腹膜透析は、血液透析に比べて食事内容や水分の制限が**ゆるい**。

2　○　ストーマは、消化管や尿路の障害によって、肛門や膀胱による通常の排泄（はいせつ）ができなくなった場合に、人工的につくった便や尿の**排泄口**である。**消化管**ストーマと**尿路**ストーマ（ウロストミー）がある。

3　○　在宅経管栄養法では、注入した栄養剤が逆流し、誤嚥性肺炎を起こすおそれがある。これを予防するため、注入時の体位は、**座位**または**半座位**が望ましい。

4　×　在宅酸素療法の実施中に、利用者が呼吸苦を訴えても、CO_2ナルコーシスを生じる危険性があるため、医師の指示もなく、ただちに酸素流量を**増やしてはならない**。

5　○　記述のとおり。在宅中心静脈栄養法を実施していても入浴は可能だが、**特別な配慮**が必要であるため、具体的な方法を医師に確認する。

解答のコツ&ポイント

⇨ 速習 保 L22

テーマ【在宅医療管理の留意点】

選択肢４は、「ただちに酸素流量を増やす」を手がかりに正誤を判断します。在宅での医療管理はよく出題されるので、留意点を確認しておくことが重要です。

◎血液透析における食事制限⇨水分や塩分、カリウム、リンのとり過ぎに注意が必要

◎在宅経管栄養法⇨栄養剤注入時は、座位または半座位

◎在宅酸素療法⇨医師の指示なく、酸素流量を増やさない

関連問題… 25-27 24-32 23-35

第22回◇問題35

老年期うつ病について、より適切なものはどれか。**3つ選べ。**

1 めまい、便秘などの自律神経症状が目立つ。
2 脳の器質的疾患は、原因とはならない。
3 家族、友人などの喪失体験も発症のきっかけとなる。
4 自殺企図の危険性は低い。
5 認知症を合併することがある。

解説

正答 1、3、5

1 ○ 老年期うつ病の一般的な症状は、抑うつ気分、思考と行動の抑制、自信の欠如、睡眠障害、表情の乏しさなどであるが、めまい、しびれ、排尿障害、便秘などの**自律神経**症状も目立つ。

2 × 脳の血流障害、脳内神経伝達物質の異常など**脳の器質的疾患**、身体疾患、配偶者などの家族や友人との死別などの喪失体験、孤独、病前の性格（完璧主義、まじめ、執着傾向など）、女性ホルモンの低下などが、老年期うつ病の発症原因になるといわれている。

3 ○ 選択肢2の解説のとおり。喪失体験では、家族や友人との**死別**のほか、定年退職などの**社会的役割**の喪失も老年期うつ病の発症原因となる。

4 × 老年期うつ病の症状が進むと、罪業（ざいごう）妄想、貧困妄想、心気妄想が現れ、自殺を図ること（**自殺企図**）もある。

5 ○ 老年期の発症では治療が長引くことが多く、一部は**認知症**に移行することがある。

解答のコツ&ポイント

⇨ 速習 保 L18

テーマ【老年期うつ病の原因と症状】
老年期うつ病の原因や症状について、基本的な知識が問われています。老年期うつ病の症状が進むと、自殺企図もある点に注意しましょう。

◎症状⇨抑うつ気分、思考と行動の抑制、自信の欠如、睡眠障害などのほか、めまい、しびれ、排尿障害、便秘などの自律神経症状も目立つ
◎老年期の発症⇨治療の長期化が多く、一部は認知症に移行

関連問題…26-27 25-28 24-27

第22回◇問題36

バイタルサインについて、より適切なものはどれか。**3つ**選べ。

1　やせているため体温計を腋窩部に密着できない場合には、腋窩部では正確に体温を測定できない。

2　脈の結滞（拍動が欠けること）は、健常高齢者でもよくみられる。

3　大動脈疾患の患者の血圧測定は、左右両方の腕で行う。

4　呼吸数は、聴診器がないと計測できない。

5　パルスオキシメータは、指先から血液を針で採取して測定する。

解説

正答　1、2、3

1　○　記述のとおり。なお、体温の測定方法には、腋窩検温法のほか、直腸検温法（最も正確な体温を測定）、耳式体温計による方法、口腔検温法がある。

2　○　脈の結滞（拍動が欠けること）やリズムの乱れといった不整脈は、心室性期外収縮などが原因の場合が多いが、健常高齢者でもみられるため、頻度が高くなければ治療の対象とはならない。p.349

3　○　記述のとおり。大動脈疾患や進行した動脈硬化がある場合は、左右の上肢で血圧に差がみられる場合があるため、血圧の測定は左右で行う。

4　×　呼吸数の測定は、聴診器を用いるほかに、胸部と腹部の動きを目視で確認する方法などもある。

5　×　パルスオキシメータは、手足の指先に光センサーをつけて、血液中にどの程度の酸素が含まれているか（動脈血酸素飽和度）を測定する。

解答のコツ&ポイント

⇨ 速習 保 L9

テーマ【バイタルサイン】

バイタルサインの測定・計測についての理解が必要な問題です。脈の結滞やリズムの乱れは、健常高齢者でもみられる点に注意が必要です。

◎大動脈疾患や進行した動脈硬化⇨左右の上肢で血圧に差がみられる場合があり、血圧の測定は左右で行う

◎パルスオキシメータ⇨手足の指先に光センサーをつけて、動脈血酸素飽和度を測定

関連問題… 26-28 25-29 24-28

第22回◇問題37

検査について、より適切なものはどれか。**2つ選べ。**

1　血清グロブリンは、栄養状態をみる指標として最も有用である。

2　脊椎の圧迫骨折で身長が低くなると、BMI（Body Mass Index）は、骨折前と比較して高くなる。

3　血中尿素窒素（BUN）は、肥満の程度を示す。

4　24時間心電図（ホルター心電図）の検査中は、臥床している必要がある。

5　C反応性たんぱく質（CRP）は、感染症で高値になることが多い。

解説

正答 2、5

1　×　血清アルブミンが、高齢者の長期にわたる栄養状態や生命予後をみるために、最も有効な指標となる。

2　○　身長は、高齢になると脊椎圧迫骨折による脊椎の変形（円背）などにより、見かけ上は低くなっていく。このため、体重（kg）÷（身長［m］×身長［m］）で算出するBMIは、骨折前より高い値となる。

3　×　血中尿素窒素（BUN）は、血清クレアチニン（Cr）とともに腎機能の指標となり、腎機能が低下すると、値が上昇する。

4　×　24時間心電図（ホルター心電図）は、小型軽量の装置を身につけ、日常生活における24時間の心電図を測定するものである。検査中は、臥床している必要はない。

5　○　C反応性たんぱく質（CRP）は、感染症などの炎症がある場合に血液中に増加し高値になる。また、がんや膠原病、心筋梗塞、組織崩壊などでも高値になる。

p.350

解答のコツ&ポイント

⇨ 速習 保 L10

テーマ【検査値】

検査値に関する基本的な内容ですが、選択肢1は引っかけ問題なので注意しましょう。検査値は毎回出題されており、値の変化が意味するものについて正確な理解が必要です。

◎血清アルブミン⇨長期の栄養状態をみる最も有効な指標

◎BMI⇨脊椎圧迫骨折で脊椎が変形すると骨折前より高くなる

◎血中尿素窒素（BUN）⇨腎機能が低下すると、値が上昇

第22回◇問題38

次の記述のうち、より適切なものはどれか。**3つ**選べ。

1　インフォームド・コンセントは、治療に関わるものなので、検査には必要とされない。

2　認知機能が低下している場合には、本人への治療方法の説明は省略する。

3　指定居宅介護支援事業者は、あらかじめ、利用者又はその家族に対し、入院する場合には、担当の介護支援専門員の氏名及び連絡先を入院先に伝えるよう求めなければならない。

4　認知症高齢者では、生活や療養の場所が変わることが心身の状況に悪影響を及ぼすおそれがある。

5　入院時情報連携加算は、指定居宅介護支援事業者が、その利用者が入院した医療機関に対し、ファックス等で情報提供した場合でも算定することができる。

解説

正答　3、4、5

1　×　医師が病歴を聴取し、診断を確定して治療を開始するまでの過程においては、患者本人が**検査**の必要性や診断について医師の説明を聞き、その説明に納得し、同意してその後の**検査**や治療を行う、**インフォームド・コンセント**が重視される。

2　×　認知機能が低下している人の意思決定を支援するため、意思決定支援を行うすべての人を対象に、厚生労働省による「認知症の人の日常生活・社会生活における意思決定支援ガイドライン」が作成されている。このガイドラインでは、①**意思形成**支援、②**意思表明**支援、③**意思実現**支援という3つの支援プロセスを踏むことの重要性が強調されている。認知機能が低下している場合でも、本人への治療方法の説明は省略できない。

3　○　指定居宅介護支援事業者は、居宅介護支援の提供の開始に際し、あらかじめ、利用者またはその家族に対し、病院・診療所に入院する場合には、その利用者を担当する介護支援専門員の**氏名**と**連絡先**を当該病院・診療所に伝えるよう求めなければならない。

4　○　記述のとおり。

5　○　**入院時情報連携**加算については、情報提供の方法による差は設けないこととされており、**ファックス**などで情報提供した場合でも同等に評価される。

解答のコツ&ポイント

⇨ 速習　介 L25
保 L17、19

テーマ【インフォームド・コンセントの留意点など】
選択肢1、2、4は容易に正誤を判断できます。あわせて、指定居宅介護支援事業の基準、介護報酬について理解を深めましょう。

◎インフォームド・コンセント⇨本人が検査の必要性や診断の説明を聞き、納得し、同意したうえで検査や治療を行う

◎入院時情報連携加算⇨ファックス等での情報提供も算定可

関連問題… 26-37 24-36 23-39

第22回◇問題39

感染症について適切なものはどれか。**2つ**選べ。

1　標準予防策（スタンダード・プリコーション）は、すべての人の体液や排泄物等に感染性があると考えて取り扱うことである。

2　インフルエンザに罹患した者が職場に復帰する場合は、治癒証明書を提出する法的な義務がある。

3　ウイルス性肝炎は、飛沫感染する。

4　ノロウイルス感染者の便や吐物には、ノロウイルスが排出される。

5　高齢者は、肺炎球菌ワクチンを毎年接種しなければならない。

解説

正答　1、4

1　○　標準予防策（スタンダード・プリコーション）は、あらゆる人の血液、体液、分泌物、排泄物、創傷のある皮膚、粘膜には感染性があると考え、すべての人に対して行われる感染予防策である。

2　×　インフルエンザに罹患した者が職場に復帰する場合、治癒証明書を提出する法的な義務はない。

3　×　B型肝炎ウイルス、C型肝炎ウイルスによるウイルス性肝炎は、主に血液を介して感染する。p.352

4　○　ノロウイルスの場合、感染者の便や嘔吐物から大量のウイルスが排出されることによる二次感染（接触感染、飛沫感染）に注意が必要である。p.352

5　×　肺炎球菌ワクチン接種による予防効果は5年間続くため、2回目以降の接種は5年以上間隔をあけることが必要となる（定期予防接種の接種機会は1回のみ）。

解答のコツ&ポイント

⇨ 速習 保 L23

テーマ【感染症】

標準予防策の意味を理解していれば、選択肢1は○と判断できます。選択肢4も基本的な内容で、○とわかります。感染症では、ノロウイルスの出題が特に多いので、感染経路や感染予防について確実に理解しましょう。

◎B型・C型肝炎ウイルス⇨主に血液を介して感染

◎肺炎球菌ワクチンの接種⇨2回目以降は、5年以上の間隔が必要

第22回◇問題40

高齢者の疾患の特徴として、より適切なものはどれか。**3つ**選べ。

1　慢性の疾患が多い。
2　加齢に伴う個人差は少ない。
3　一人で多くの疾患を併せもっている。
4　予後は社会的要因に影響されない。
5　症状は非定型的であることが多い。

解説

正答　1、3、5

1　○　高齢者の場合、**慢性**の疾患が多く、治療も長引きやすい。
2　×　高齢者の疾患には、症状の現れ方に個人差が**大きい**という特徴がある。
3　○　記述のとおりである。高齢者の場合、**合併症**を起こしやすく、一人で多くの疾患を併せもつという特徴がある。
4　×　高齢者の予後やQOLは、医療だけではなく**社会的要因**（療養環境、家庭や地域社会の対応など）により大きく**影響される**。
5　○　高齢者の疾患には、症状が**非定型的**で、症状や徴候がはっきりしないという特徴がある。

解答のコツ&ポイント

⇨ 速習 保 L2

テーマ【高齢者の疾患の特徴】
高齢者の疾患の特徴に関する基本的な問題で、正誤の判断は容易です。薬剤の副作用が出やすいことや、水・電解質の代謝異常を起こしやすいこともあわせて確認しておきましょう。
◎症状の現れ方⇨個人差が大きい
◎予後やQOLへの影響⇨医療のほか、療養環境などの社会的要因が影響
◎症状が非定型的⇨診断基準となる症状や兆候がはっきりみられない

関連問題…23-41

第22回◇問題41

アドバンス・ケア・プランニング（ACP）について、より適切なものはどれか。**2つ**選べ。

1　人生の最終段階において自らが望む医療・ケアについて、医療・ケアチーム等と話し合い、共有するための取組をいう。
2　本人が死の直前になったときにのみ話し合う。
3　話し合った内容は、文書にまとめておく。
4　本人の考えより、医療・ケアチームの方針が優先される。
5　話合いは、一度だけ行えばよい。

解説

正答　1、3

1　○　記述のとおり。近年では「**人生会議**」という愛称で呼ばれている。

2　×　アドバンス・ケア・プランニング（ACP）とは、自らが望む人生の最終段階における医療・ケアについて、本人が家族などや医療・ケアチームと繰り返し話し合い、これからの医療・ケアの目標や考え方を**明確**にし、**共有**するプロセスをいう。本人が死の直前になったときにのみ話し合うものではない。

3　○　家族など（親しい友人などを含む）や医療・ケアチームとともに話し合った内容は、文書にまとめておく。また、文書は必要となった場合にすぐに参照できるように**保存**し、必要に応じて**更新**する。

4　×　アドバンス・ケア・プランニング（ACP）は、本人の尊厳を重視し、その意思決定を支援するための取り組みである。医療・ケアチームの方針よりも**本人の考え**が優先されなければならない。

5　×　心身の状態に応じて本人の意思が変化することもあるため、話し合いは**繰り返し**行われることが重要である。

解答のコツ&ポイント

⇨ 速習 保 L26

テーマ【アドバンス・ケア・プランニング】

アドバンス・ケア・プランニング（ACP）は、ターミナルケアとも関連する重要な取り組みとして、厚生労働省が作成した「人生の最終段階における医療・ケアの決定プロセスに関するガイドライン」（2018年）でも、その重要性が強調されています。ACPの意味や目標、留意点についての理解が必要です。

◎ACP ⇨人生の最終段階における医療・ケアについて前もって話し合う取り組み

◎話し合いの内容⇨文書としてまとめ、参照できるように保存。必要に応じて更新

第22回◇問題42改

指定短期入所療養介護について適切なものはどれか。**3つ**選べ。

1　家族の疾病、冠婚葬祭、出張等の理由では、利用できない。

2　喀痰吸引や酸素療法など医療ニーズが高い要介護者も利用できる。

3　虐待等やむを得ない事情がある場合でも、利用定員を超えて受け入れることはできない。

4　サービス提供施設として、介護老人保健施設、介護医療院、療養病床を有する病院又は診療所がある。

5　療養型以外の介護老人保健施設が提供する短期入所療養介護には、在宅強化型、基本型、その他がある。

解説

正答　2、4、5

1　×　利用者の心身の状況や病状だけでなく、その家族の疾病、冠婚葬祭、出張等の理由でも**利用できる**。また、家族の身体的・精神的な負担軽減の目的でも利用できる。

2　○　病状が安定期にある要介護者が対象となるが、喀痰吸引や酸素療法など医療的な対応やリハビリテーションを要する者など、**医療ニーズ**が高い要介護者も利用できる。

3　×　**虐待**や**災害**などのやむを得ない事情がある場合にかぎり、利用定員を超えて受け入れることが**できる**。

4　○　介護老人保健施設、介護医療院、療養病床のある病院・診療所は、短期入所療養介護についての**指定**があったものとみなされる（みなし指定）。

5　○　記述のとおり。なお、短期入所療養介護を提供する介護老人保健施設における在宅強化型とは、在宅復帰率やベッド回転率などの一定基準を満たしたものをいう。

解答のコツ&ポイント

⇨ 速習 保 L31

テーマ【指定短期入所療養介護の対象など】

短期入所療養介護の対象をおさえましょう。やむを得ない事情があれば、定員を超えて受け入れ可能である点は重要です。

◎利用対象⇨医療的な対応やリハビリテーションなど医療ニーズが高い要介護者、緊急対応が必要な人など

◎サービス提供施設⇨介護老人保健施設、介護医療院、療養病床のある病院・診療所など

関連問題…26-43 24-43 23-43

第22回◇問題43

指定看護小規模多機能型居宅介護について正しいものはどれか。**3つ**選べ。

1　事業者は、看護サービスの提供の開始に際し、主治の医師の指示を文書で受ける必要はない。

2　看護小規模多機能型居宅介護計画の作成に当たっては、地域における活動への参加の機会も考慮し、利用者の多様な活動が確保できるよう努めなければならない。

3　事業者は、看護小規模多機能型居宅介護計画及び看護小規模多機能型居宅介護報告書を主治の医師に提出しなければならない。

4　訪問介護や訪問看護などの訪問サービスと通いサービスを一体的に提供するもので、宿泊サービスは含まない。

5　看護小規模多機能型居宅介護を受けている間についても、訪問リハビリテーション費、居宅療養管理指導費及び福祉用具貸与費は算定できる。

解説

正答　2、3、5

1　×　事業者は、看護サービスの提供開始時に、主治の医師の指示を文書で受ける**必要がある**。

2　○　事業所の介護支援専門員は、看護小規模多機能型居宅介護計画の作成にあたり、**地域**における活動への参加の機会が提供されることなどにより、利用者の多様な活動が確保されるものとなるように努めなければならないことが運営基準で定められている。

3　○　指定看護小規模多機能型居宅介護事業者は、主治の医師に看護小規模多機能型居宅介護**計画**および看護小規模多機能型居宅介護**報告書**を提出し、看護サービスの提供に当たって主治の医師との密接な連携を図らなければならない。

4　×　利用者が住み慣れた地域での生活を送ることができるように、療養上の管理の下で、**通い**サービスを中心として、**訪問**サービス（介護・看護）、**宿泊**サービスを柔軟に組み合わせてサービスを提供する。

5　○　記述のとおり。看護小規模多機能型居宅介護と組み合わせて利用できるサービスは、**訪問リハビリテーション**、**居宅療養管理指導**、**福祉用具貸与**である。また、福祉用具購入、住宅改修も利用できる。

解答のコツ&ポイント

⇨ 速習 保 L33

テーマ【指定看護小規模多機能型居宅介護の運営基準など】

医療系サービスの開始には主治の医師の指示書が必要であり、選択肢１は×と判断できます。サービス内容に関する選択肢４も基礎的な事項で、これらから正答が導き出されます。

◎**看護サービスの提供開始時⇨主治の医師の指示書が必要**

◎**サービスの内容⇨通いサービスを中心に、訪問サービス（介護・看護）、宿泊サービスを柔軟に組み合わせて提供**

第22回◇問題44

医師が行う居宅療養管理指導について正しいものはどれか。**3つ**選べ。

1　要介護状態の悪化の防止等に資するよう、計画的に行われなければならない。

2　交通費を受け取ることはできない。

3　区分支給限度基準額が適用される。

4　保険医療機関として指定を受けている病院は、都道府県知事の指定があったものとみなされる。

5　サービス担当者会議への参加が困難な場合には、原則として、文書により情報提供・助言を行わなければならない。

解説

正答 1、4、5

1　○　「指定居宅療養管理指導の基本取扱方針」として、利用者の要介護状態の**軽減**または**悪化の防止**に資するよう、計画的に行われなければならないことが示されている。

2　×　居宅療養管理指導の運営基準により、通常の事業の実施地域であるか否かにかかわらず、交通費（実費）を**受け取ることができる**。

3　×　居宅療養管理指導は、区分支給限度基準額が**適用されない**。介護支援専門員によるケアプランが作成されていなくても、現物給付で算定することができる。

4　○　病院・診療所、薬局が都道府県知事の指定を得て、指定居宅療養管理指導事業者としてサービスを行うが、**保険**医療機関または**保険**薬局であれば、指定があった事業者とみなされる。

5　○　原則として**サービス担当者会議**に出席し、居宅介護支援事業者に居宅サービス計画作成に必要な情報提供・助言を行うこととされているが、出席が困難な場合は、**文書**による情報提供・助言を行わなければならない。なお、2021（令和3）年度の運営基準の改正により、薬剤師が行う薬学的管理指導にも同様の規定が設けられた。

解答のコツ&ポイント

⇨速習　介 L16　保 L29

テーマ【医師が行う居宅療養管理指導】

居宅療養管理指導のうち、医師（歯科医師）が行う医学的管理指導について理解することで、正誤を判断できます。薬剤師や管理栄養士、歯科衛生士などが行うサービスも確認しておきましょう。

◎区分支給限度基準額⇨居宅療養管理指導には適用されない

◎保険医療機関・保険薬局⇨指定事業者とみなされる

関連問題… 26-45 24-45 23-45

第22回◇問題45

介護医療院について適切なものはどれか。**2つ**選べ。

1　原則として、個室である。

2　ターミナルケアの機能を有する。

3　医療法の医療提供施設には該当しない。

4　必要な医療の提供が困難な場合には、他の医師の対診を求める等適切な措置を講じなければならない。

5　Ⅱ型では、Ⅰ型に比してより重篤な身体疾患を有する患者等に対応できる体制が求められている。

解説

正答　2、4

1　×　療養室の定員については、4人以下とすることとされている。

2　○　介護医療院は、日常的に医学的管理が必要な状態である要介護度の高い高齢者の入所を想定し、**ターミナルケアや看取り**にも対応する医療機能と生活施設としての機能をあわせもつという特徴がある。

3　×　介護医療院は、介護老人保健施設と同様に、医療法上の医療提供施設に**該当する**。

4　○　介護医療院の医師は、入所者の病状からみて、必要な医療の提供が困難と認めたときは、協力病院その他適当な病院・診療所への入院のための措置を講じ、または**ほかの医師の対診**を求めるなど診療について適切な措置を講じなければならない。

5　×　療養床のうち、主として長期にわたり療養が必要である者で、重篤な身体疾患を有する者、身体合併症を有する認知症高齢者等を入所させるものは**Ⅰ型**である。Ⅱ型は、Ⅰ型以外の療養床をいう。

解答のコツ&ポイント

⇨ 速習 保 L35

テーマ【介護医療院の機能や運営基準など】

2018年度に創設された介護医療院は今後も出題が予想されるため、対象や目的、機能、医療法上の位置づけ、運営基準について十分な理解が必要です。

◎介護医療院の機能⇨ターミナルケアや看取りにも対応する医療機能と生活施設としての機能をあわせもつ

◎医療法上の位置づけ⇨医療提供施設に該当

◎療養床の種類⇨長期療養が必要で、重篤な身体疾患を有する者等を入所させるⅠ型と、それ以外の者を入所させるⅡ型

●福祉サービス分野●

関連問題…26-46 25-46 24-46

第22回◇問題46

面接場面におけるコミュニケーション技術について、より適切なものはどれか。**3つ**選べ。

1　共感とは、クライエントの考え方について、援助者がクライエントの立場に立って理解しようとすることをいう。

2　援助者は、援助者自身の過去の重要な人との関係をクライエントに投影するように努めるべきである。

3　クライエントが沈黙している場合には、援助者は、常に積極的に話しかけなければならない。

4　クローズドクエスチョンは、事実の確認を行う場合に用いる。

5　直面化とは、クライエントが目を背けていることに気づかせることをいう。

解説

正答　1、4、5

1　○　**共感**は、クライエントの世界を、クライエント自身がとらえるように理解する能力と言い換えることもできる。なお、同情は相手の痛みや不安などを客観視するようなとらえ方であり、共感とは異なるものである。

2　×　面接では、援助者自身の過去の重要な人との関係をクライエントに投影するのではなく、クライエントの独自の生活習慣や、宗教など信仰も含めた**価値観**といった**個別性**を第一に考え、クライエント個々のニーズにあった対応をしなければならない。

3　×　**傾聴**とは、相手の話す内容とその思いに積極的に耳と心を傾ける態度やありようで、「聴いている」ということをクライエントに理解してもらうことも含む。クライエントの**沈黙**を通して伝わるメッセージにも深く心を傾けることが必要である。

4　○　記述のとおり。**クローズドクエスチョン**は、「はい」「いいえ」やかぎられた数語で簡単に答えられる質問である。

5　○　**直面化**は、クライエントが自分の葛藤(かっとう)や矛盾に気づいたり、話しやすくなったりするきっかけとなり、自身の感情や体験、行動を見直していくことを促す。

解答のコツ&ポイント

⇨ 速習 福 L2

テーマ【面接場面におけるコミュニケーション技術】

各選択肢とも面接場面におけるコミュニケーション技術の基本的な内容で、正誤を判断しやすい問題です。共感と傾聴の留意点、直面化などの応用的技能について整理しておきましょう。

◎傾聴の留意点⇨クライエントの沈黙を通して伝わるメッセージにも深く心を傾ける

◎クローズドクエスチョン⇨「はい」「いいえ」やかぎられた数語で簡単に答えられる質問。一方、オープンクエスチョンは、相手が自由に答えを選択・決定できるように促す質問

関連問題…26-47 24-48 23-48

第22回◇問題47

ソーシャルワークに関する次の記述のうち、より適切なものはどれか。**2つ**選べ。

1　ラポールとは、主訴をとらえてニーズを確定することである。
2　アセスメントシートの順番に従い、すべての項目を尋ねなければならない。
3　アセスメントは、クライエント本人からの情報のみで行うものではない。
4　援助計画は、柔軟に変更できるよう、可能な限り抽象的に立てることが重要である。
5　事後評価には、スーパービジョンを受けることも含まれる。

解説

正答　3、5

1　×　ラポールとは、援助者とクライエントが**信頼関係**を構築し、安心して**感情の交流**を行うことができる状態である。

2　×　情報の収集と問題規定を行うアセスメントでは、クライエントの**主訴**（主な訴え）を受容的・非審判的な態度で傾聴し、その要求や問題解決能力を把握するよう努めることを第一に考える。

3　○　記述のとおり。アセスメントにおいて、クライエントの生活上の問題を的確に把握するためには、クライエント本人からだけでなく、**広範囲にわたる**情報の収集とその分析が必要となる。

4　×　援助計画は、アセスメントや事前評価を基礎として、有効な実行や介入についての計画を立案する過程である。目標設定では、抽象的なものではなく、可能なかぎり**具体的**に、誰もが共通に理解できる目標とすることが望ましい。

5　○　事後評価では、援助を実践する過程での援助者の能力や有用性を検証することも重要である。そのため、**スーパービジョン**や**コンサルテーション**の積極的活用が求められる。

解答のコツ&ポイント

⇨ 速習 福 L2

テーマ【ソーシャルワークにおける留意点】
アセスメントの目的や機能、方法を理解しておけば、選択肢２、３は正誤が判断できます。選択肢４は、「可能な限り抽象的に」という記述から×とわかります。
◎ラポール⇨援助者とクライエントが信頼関係を構築し、安心して感情の交流を行うことができる状態
◎アセスメント⇨クライエントの生活上の問題を的確に把握するため、広範囲にわたる情報の収集とその分析が必要

関連問題…26-49 25-49 23-49

第22回◇問題48

ソーシャルワークにおける個別援助として、より適切なものはどれか。**2つ選べ。**

1　社会福祉協議会の社会福祉士による成年後見制度の利用に関する面接
2　介護老人福祉施設の生活相談員によるカラオケ大会などのレクリエーション活動
3　地域包括支援センターの主任介護支援専門員による家族介護者との相談
4　キャラバン・メイトによる認知症サポーター養成講座
5　社会福祉協議会のボランティアコーディネーターによる災害ボランティアセンターの設置準備

解説

正答　1、3

1　○　ミクロ・レベルのソーシャルワーク（個別援助）は、相談ニーズを抱える個人や家族に対し、相談面接などを通して、生活課題を個別的に解決する方法である。
2　×　設問の内容は、参加メンバーを対象とするメゾ・レベルのソーシャルワーク（集団援助）にあたる。
3　○　選択肢1の解説のとおりである。
4　×　設問の内容は社会資源開発であり、マクロ・レベルのソーシャルワーク（地域援助）にあたる。
5　×　設問の内容は社会資源開発であり、マクロ・レベルのソーシャルワークにあたる。

解答のコツ＆ポイント

⇨ 速習 福 L1

テーマ【ミクロ・レベルのソーシャルワーク（個別援助）】
ミクロ・レベルのソーシャルワークは、個人や家族との相談面接などを通して行われることから、選択肢1、3が○と判断できます。ミクロ、メゾ、マクロそれぞれの支援方法などを整理して覚えましょう。

◎ミクロ・レベル⇨社会福祉協議会や地域包括支援センターなどの相談機関、介護保険施設や病院の相談員らによって実践される
◎メゾ・レベル⇨グループや人と身近な組織との力動を活用し、個人の成長や抱えている問題の解決をめざす
◎マクロ・レベル⇨地域社会、組織、国家、制度・政策、社会規範、地球環境などに働きかけ、それらの社会変革を通して、個人や集団に対するニーズの充足をめざす

用語

キャラバン・メイトとは、認知症サポーター養成講座で講師役を務める者のことである。

関連問題… 26-49 25-49 24-49 ／ ／ ／

第22回◇問題49

ソーシャルワークにおける地域援助として、より適切なものはどれか。**3つ**選べ。

1　地域の問題や多様な社会資源について評価するために、地域アセスメントを行う。

2　病院の専門職で構成されたメンバーで退院促進のためのチームアプローチを行う。

3　地域におけるニーズ把握では、潜在的ニーズを掘り起こすアウトリーチを行う。

4　行政機関等のフォーマルな社会資源による地域ネットワークを構築すれば、地域課題は解決する。

5　障害者が福祉サービスにアクセスしやすくなるよう自治体に働きかける。

解説

正答　1、3、5

1　○　記述のとおり。**マクロ・レベル**のソーシャルワーク（**地域援助**）の具体的な支援方法にはこのほか、地域開発、社会資源開発、社会（地域福祉）計画、ソーシャル・アクション、政策立案、行政への参加や働きかけ、調査研究などがある。

2　×　設問の内容は**個人**を対象とするもので、**ミクロ・レベル**のソーシャルワーク（**個別援助**）にあたる。

3　○　アウトリーチによる地域のニーズ把握は、**マクロ・レベル**のソーシャルワークで行われる。アウトリーチとは、クライエントが相談に来るのを待つのではなく、援助者が積極的に対象者に接近して援助を行う方法をいう。

4　×　地域課題は、行政機関等のフォーマルな社会資源による地域ネットワークの構築だけでは**解決しない**。地域課題を解決するためには、地域住民やNPO法人などの**インフォーマル**な社会資源にも働きかけることが必要である。

5　○　選択肢1の解説のとおり、自治体への働きかけは**マクロ・レベル**のソーシャルワークにあたる。

解答のコツ&ポイント

⇨ 速習 福 L1

テーマ【マクロ・レベルのソーシャルワーク（地域援助）】

マクロ・レベルのソーシャルワークの対象を理解していれば、選択肢2の「退院促進のためのチームアプローチ」は×とわかります。また、「フォーマルな社会資源による地域ネットワークを構築すれば、地域課題は解決する」という記述から、選択肢4も×と判断できます。

◎退院促進のためのチームアプローチ⇨個人を対象とするミクロ・レベルのソーシャルワーク（個別援助）

関連問題…26-50 25-50 24-50 ／ ／ ／

第22回◇問題50

介護保険における訪問介護について正しいものはどれか。**3つ**選べ。

1　自動血圧測定器により血圧を測定することは、医行為に当たらないため、訪問介護員が行うことができる。

2　利用者が大切にしている花木の水やりは、短時間であれば、生活援助として算定される。

3　ゴミの分別が分からない利用者と一緒に分別し、ゴミ出しのルールを理解してもらうよう援助することは、生活援助として算定される。

4　ボタン付け等の被服の補修は、生活援助として算定される。

5　配剤された薬をテーブルの上に出し、本人が薬を飲むのを手伝うことは、身体介護として算定される。

解説

正答 1、4、5

1 ○ 体温測定・血圧測定やパルスオキシメータ装着などのバイタルチェックに関する行為は、原則として医行為から除外されており、訪問介護員が**身体介護**として行うことができる。

2 × 日常生活の援助に該当しない草むしり、花木の水やり、ペットの世話、家具の移動、器具の修繕、模様替え、大掃除などは、生活援助として**算定できない**。

3 × 記述の内容は、自立生活支援・重度化防止のための見守り的援助であり、**身体介護**として算定される。

4 ○ 衣類の**洗濯**や**補修**は、生活援助として算定することができる。

5 ○ **服薬**介助は、身体介護として算定される。

解答のコツ&ポイント

⇨ 速習 福 L4

テーマ【訪問介護の内容と留意点】

訪問介護における身体介護と生活援助の区分に関する問題は頻出なので、しっかり理解しておきましょう。利用者を手助けしながら一緒に行う掃除などは、自立生活支援・重度化防止のための見守り的援助として身体介護となるので注意が必要です。

◎体温測定・血圧測定などのバイタルチェック⇨原則として医行為から除外され、身体介護として実施可

◎草むしり、花木の水やり、ペットの世話など⇨日常生活の援助に該当せず、生活援助の対象とならない

第22回◇問題51

介護保険における通所介護について正しいものはどれか。**2つ**選べ。

1　一定の研修を受けた介護職員が喀痰吸引を行った場合には、中重度者ケア体制加算を算定できる。

2　生活機能向上連携加算を算定するためには、外部の理学療法士等と当該事業所の機能訓練指導員等が共同してアセスメントや個別機能訓練計画の作成等を行わなければならない。

3　入浴介助を適切に行うことができる人員及び設備を有する事業所が入浴介助を行った場合には、入浴介助加算を算定できる。

4　生活相談員が要介護認定の申請に係る援助を行った場合には、生活相談員配置等加算を算定できる。

5　看護師が低栄養状態にある利用者に対して栄養ケア計画を作成した場合には、栄養改善加算を算定できる。

解説

正答　2、3

1　×　**中重度者ケア体制**加算は、要介護3以上の中重度要介護者を積極的に受け入れ、看護職員または介護職員を指定基準よりも常勤換算で2人以上確保し、提供時間帯を通じて専従の看護職員を1人以上配置している場合などに算定できる。

2　○　**生活機能向上連携**加算は、通所リハビリテーション事業所等の理学療法士・作業療法士・言語聴覚士または医師の助言に基づき、または理学療法士等が通所介護事業所を訪問し、共同してアセスメントや**個別機能訓練**計画の作成等を行う場合に算定できる。

3　○　記述のとおり。なお、利用者が**居宅**で入浴を行えるように、医師等が利用者宅を訪問して把握した浴室の環境等を踏まえ、作成された個別の入浴計画に基づき、利用者の居宅に近い環境で入浴介助を行っている場合は、加算が**上乗せ**される。

4　×　**生活相談員配置等**加算は、共生型通所介護事業所に生活相談員を配置し、かつ、地域に貢献する活動（地域交流の場の提供等）を実施している場合に算定できる。

5　×　**栄養改善**加算は、管理栄養士を1人以上配置し、**多職種**が共同して**栄養ケア**計画を作成し、必要に応じて利用者の居宅を訪問して、これに基づく栄養食事相談などの栄養管理である栄養改善サービスの実施、定期的な評価などを実施した場合に算定できる。

解答のコツ&ポイント

テーマ【通所介護の介護報酬など】

栄養改善加算の算定には、多職種が共同して栄養ケア計画を作成することが必要です。

◎生活相談員配置等加算⇨共生型通所介護事業所において、生活相談員の配置と地域貢献活動の実施を要件に算定可

⇨ 速習 福 L6

関連問題… 26-51 25-52 24-52

第22回◇問題52

介護保険における訪問入浴介護について正しいものはどれか。**3つ**選べ。

1　サービス提供は、1回の訪問につき、看護職員1名と介護職員1名で行う。

2　終末期にある者も、訪問入浴介護を利用できる。

3　同一時間帯での同一利用者に対する入浴介助については、別に訪問介護費を算定することはできない。

4　利用者に病状の急変が生じた場合には、速やかに事業所の管理者に連絡し、変更・中止の指示を受ければよい。

5　協力医療機関は、事業の通常の実施地域内にあることが望ましい。

解説

正答　2、3、5

1　×　サービス提供は、1回の訪問につき、原則的に看護職員1人と介護職員2人（うち1人はサービス提供の責任者）で担当する。なお、利用者の身体の状況から支障がない場合は、主治医の意見を確認したうえで、介護職員3人で行うことができる。

2　○　訪問入浴介護は、感染症にかかっている、医療器具をつけている、**終末期**にある、介護環境に課題があり居宅の浴室での入浴が困難である、といった人の利用にも対応する。

3　○　利用者は同一時間帯に1つの訪問サービスを利用することが原則とされている。当該訪問入浴介護従業者とは別の訪問介護員等が、同一時間帯に同一利用者に対して入浴その他の介助を行っても、別に訪問介護費を**算定できない**。

4　×　利用者に病状の急変が生じた場合などには、すみやかに**主治医**やあらかじめ定めた**協力医療機関**へ連絡するなど、必要な措置を講じなければならない。

5　○　協力医療機関については、事業の通常の**実施地域内**にあることが望ましいことや、緊急時において円滑な協力を得るため、当該協力医療機関との間であらかじめ必要な事項を取り決めておくことなどが示されている。

解答のコツ＆ポイント

テーマ【訪問入浴介護の人員・運営基準など】

選択肢4は、病状の急変に対し、「変更・中止の指示を受ければよい」という記述から×と判断できます。

◎サービス提供⇨1回の訪問につき、看護職員1人と介護職員2人で行うのが原則。支障がない場合、介護職員3人でも可

⇨ 速習 福 L5

第22回◇問題53

介護保険における短期入所生活介護について正しいものはどれか。**3つ**選べ。

1　認知症行動・心理症状緊急対応加算と若年性認知症利用者受入加算は、同時に算定できる。

2　医療連携強化加算と在宅中重度者受入加算は、同時に算定できる。

3　医師の発行する食事箋に基づいた糖尿病食等を提供する場合は、1日につき3回を限度として、療養食加算を算定できる。

4　共生型短期入所生活介護を算定している場合は、夜勤職員配置加算は算定できない。

5　利用者の状態や家族等の事情により、居宅サービス計画にない指定短期入所生活介護を緊急に行った場合は、原則として、緊急短期入所受入加算を算定できる。

解説

正答　3、4、5

1　×　認知症行動・心理症状緊急対応加算と若年性認知症利用者受入加算との**同時算定はできない**。

2　×　医療連携強化加算と在宅中重度者受入加算との**同時算定はできない**。

3　○　記述のとおり。療養食加算は、医師の発行する食事箋に基づき、疾病治療の直接の手段として療養食を提供している場合に算定できる。なお、対象となる**療養食**には、糖尿病食、腎臓病食、肝臓病食などがある。

4　○　記述のとおり。なお、**夜勤職員配置**加算は、夜勤を行う職員の数が、基準を1人（見守り機器を導入した場合は0.9人）以上上回っている場合に算定でき、所定の要件を満たしている場合は、さらに加算評価される。

5　○　短期入所生活介護における**緊急短期入所受入**加算は、原則として7日を限度に算定されるが、やむを得ない事情がある場合は14日まで算定できる。ただし、認知症行動・心理症状緊急対応加算との同時算定はできない。

解答のコツ&ポイント

⇨ 速習 福 L7

テーマ【短期入所生活介護の介護報酬】

短期入所生活介護の加算の算定要件はよく問われているので、ひととおり確認することが大切です。同時算定できない加算の組み合わせも、あわせておさえておきましょう。

◎認知症行動・心理症状緊急対応加算⇨若年性認知症利用者受入加算、緊急短期入所受入加算との同時算定は不可

◎緊急短期入所受入加算⇨原則として7日を限度に算定されるが、やむを得ない事情があれば14日まで算定可

第22回◇問題54

介護保険における住宅改修について正しいものはどれか。**3つ**選べ。

1　転居前に住宅改修費の支給を受けた場合でも、転居後の住宅について住宅改修費を受給できる。

2　リフトなど動力によって段差を解消する機器に係る工事の費用は、住宅改修費の支給対象となる。

3　扉の取替えに伴う壁や柱の改修工事の費用は、住宅改修費の支給対象となる。

4　ポータブルトイレの設置は、住宅改修費の支給対象となる。

5　要介護状態区分が3段階以上上がった場合は、改めて住宅改修費を受給できる。

解説

正答　1、3、5

1　○　住宅改修費は、住宅改修に関して設定される支給限度基準額（居住する**同一**の住宅について20万円）の範囲内で、実際の改修額の9割（または8割か7割）が償還払いで支給される。転居前に受けていても、**転居後**の住宅について受給できる。p.345

2　×　動力により段差を解消する機器（段差解消機、昇降機、リフトなど）を設置する工事は、住宅改修費の支給対象と**ならない**。

3　○　記述のとおり。なお、**引き戸などへの扉の取り替え**では、開き戸から引き戸などへの扉全体の取り替え、ドアノブの変更、扉の撤去、戸車の設置などのほか、扉位置の変更などに比べ費用が低く抑えられる場合には、引き戸などの**新設**も支給対象となる。

4　×　ポータブルトイレは、介護保険における**特定福祉用具販売**の種目となっているが、その設置は、住宅改修費の支給対象と**ならない**。

5　○　**同一住宅**であっても、最初に支給を受けた住宅改修の着工時点と比較して、介護の必要の程度が著しく（要介護状態区分を基準とした「介護の必要の程度」で**3**段階以上）高くなった場合は、1回にかぎり住宅改修費を再度受給できる。

解答のコツ&ポイント

⇨ 速習　介 L14
福 L9、10

テーマ【住宅改修費の支給対象】

住宅改修費については、受給の要件と、支給対象となる工事の種類についておさえましょう。ポータブルトイレの設置など、工事を伴わないものは対象とならないので注意が必要です。

◎転居前に受給した場合⇨転居後の住宅についても受給可

◎「介護の必要の程度」が3段階以上高くなった場合⇨同一住宅でも、1回にかぎり再度受給可

関連問題… 26-56 24-56

第22回◇問題55

介護保険における認知症対応型通所介護について正しいものはどれか。**3つ**選べ。

1　利用者の日常生活やレクリエーション、行事を通じて行う機能訓練であっても、機能訓練指導員以外の者が行うことはできない。

2　指定認知症対応型共同生活介護事業所における共用型指定認知症対応型通所介護の利用定員は、共同生活住居ごとに１日当たり３人以下である。

3　利用者、家族へのサービスの提供方法等の説明には、認知症対応型通所介護計画の目標及び内容や利用日の行事及び日課も含まれる。

4　既に居宅サービス計画が作成されている場合には、認知症対応型通所介護計画の内容について利用者の同意を得なくてもよい。

5　事業者は、運営推進会議における報告、評価、要望、助言等について記録を作成し、公表しなければならない。

解説

正答　2、3、5

1　×　認知症対応型通所介護の事業所（単独型・併設型）には、所定の資格を有する**機能訓練指導員**を配置することとされているが、利用者の日常生活やレクリエーション、行事を通じて行う機能訓練は、事業所の**生活相談員**または**介護職員**も行うことができる。

2　○　共用型の１日の利用定員は、認知症対応型共同生活介護事業所では**共同生活住居**ごとに**3**人以下、それ以外の施設（ユニット型を除く）では**施設**ごとに**3**人以下とされている。

3　○　認知症対応型通所介護従業者は、利用者またはその家族に対し、サービスの提供方法等について理解しやすいように説明を行うこととされている。サービスの提供方法等には、認知症対応型通所介護計画の**目標**や**内容**、利用日の**行事**や**日課**等も含まれる。

4　×　認知症対応型通所介護事業所の管理者は、認知症対応型通所介護計画の作成にあたり、その内容を利用者またはその家族に説明し、利用者の同意を**得なければならない**。

5　○　認知症対応型通所介護事業者は、サービスの提供に当たって、**運営推進会議**（以下、会議）を設置し、おおむね６か月に１回以上、会議に対し活動状況を報告し、評価を受けるとともに、会議から必要な要望、助言等を聴く機会を設けなければならない。また、これら報告、評価、要望、助言等の**記録**を作成し、**公表**しなければならない。

解答のコツ&ポイント

テーマ【認知症対応型通所介護の人員・運営基準】

選択肢４は、「利用者の同意を得なくてもよい」という記述から、×と判断できます。

◎日常生活やレクリエーション、行事を通じて行う機能訓練⇨生活相談員または介護職員も実施可

⇨ 速習 福 L13

第22回◇問題56

介護保険における夜間対応型訪問介護について正しいものはどれか。**3つ**選べ。

1　事業者は、利用者へ配布するケアコール端末に係る設置料、リース料、保守料の費用を利用者から徴収することができる。

2　利用者から合鍵を預かる場合は、従業者であれば容易に持ち出すことができるような管理を行う必要がある。

3　随時訪問サービスは、利用者の処遇に支障がないときは、他の指定訪問介護事業所の訪問介護員等に行わせることができる。

4　夜間対応型訪問介護計画の作成後に居宅サービス計画が作成された場合は、夜間対応型訪問介護計画を必要に応じて変更する。

5　看護師及び介護福祉士は、面接相談員になることができる。

解説

正答　3、4、5

1　×　通報のためのケアコール端末の設置料、リース料、保守料などの費用を利用者から徴収することは**できない**。

2　×　利用者から合鍵を預かる場合は、従業者であっても容易に持ち出すことができないようその管理を**厳重**にし、必要な事項を記載した文書を交付することとされている。

3　○　記述のとおり。なお、2021（令和３）年度の運営基準の改正により、市町村長が地域の実情を勘案し適切と認める範囲内において、ほかの訪問介護事業所、定期巡回・随時対応型訪問介護看護事業所に、随時訪問および定期巡回、オペレーションセンターの各サービスを**一部委託**することが可能になった。

4　○　夜間対応型訪問介護計画は、すでに居宅サービス計画が作成されている場合は、当該居宅サービス計画の内容に沿って作成しなければならない。また、夜間対応型訪問介護計画の作成後に居宅サービス計画が作成された場合は、夜間対応型訪問介護計画を必要に応じて**変更する**こととされている。

5　○　面接相談員については、**オペレーター**と同様の資格（看護師、介護福祉士、医師等）またはこれらと同等の知識経験を有する者を配置するよう努めることとされている。

解答のコツ&ポイント

⇨ 速習 福 L11

テーマ【夜間対応型訪問介護の人員・設備基準】

夜間対応型訪問介護の運営基準では、ケアコール端末の設置料などの費用の徴収は認められていません。選択肢２は、「容易に持ち出すことができる」という記述から、×と判断できます。

◎面接相談員⇨オペレーターと同様の資格（看護師、介護福祉士、医師等）またはこれらと同等の知識経験を有する者

関連問題… 26-57 25-57 24-57

第22回◇問題57

指定介護老人福祉施設について正しいものはどれか。**3つ**選べ。

1　虐待等のやむを得ない事由があれば、要介護１又は２の者を入所させることができる。

2　感染症や食中毒の予防又はまん延防止のため、その対策を検討する委員会をおおむね三月に１回以上開催しなければならない。

3　入所者に対する施設サービス計画等の記録は、その完結の日から一年間保存すれば、廃棄することができる。

4　公共性の高い施設であるため、広告は禁じられている。

5　健康状態によって入浴が困難な入所者には、清拭を１週間に２回以上行わなければならない。

解説

正答　1、2、5

1　○　2015（平成27）年度から、原則として**要介護３**以上の要介護者が介護老人福祉施設の入所対象となった。ただし、要介護１・２でも、虐待等のやむを得ない事情がある場合は、特例的に入所が認められる。

2　○　運営基準は、感染症および食中毒の予防およびまん延の防止のための対策を検討する委員会（**感染対策委員会**）をおおむね３か月に１回以上開催し、その結果を従業者に周知徹底することとしている。

3　×　入所者に対するサービス提供に関する記録は、サービス提供完結の日から**２**年間保存しなければならない。

4　×　施設の**広告は禁じられていない**が、その内容が虚偽または誇大なものであってはならないとされている。

5　○　運営基準は、指定介護老人福祉施設に対し、**１**週間に**２**回以上、適切な方法により入所者を入浴させ、または清拭（せいしき）しなければならないとしている。

解答のコツ&ポイント

⇨ 速習 福 L17

テーマ【指定介護老人福祉施設の入所対象や運営基準】

指定介護老人福祉施設の運営基準などについての問題です。よく出題される事項なので、人員・設備・運営基準をひととおりおさえておくことが大切です。

◎入所対象⇨原則要介護３以上で、虐待等やむを得ない事情があれば、要介護１・２でも特例的に入所可

◎感染対策委員会⇨おおむね３か月に１回以上開催

第22回◇問題58

生活困窮者自立支援制度について正しいものはどれか。**3つ**選べ。

1　生活困窮者自立支援法は、生活困窮者対策及び生活保護制度の見直しの一体的な検討を経て国会に提出され、成立した。
2　生活困窮者自立支援法の対象者は、稼働年齢層に限定されている。
3　生活困窮者自立相談支援事業は、必須事業である。
4　生活困窮者就労準備支援事業は、任意事業である。
5　生活困窮者住居確保給付金の支給は、任意事業である。

解説

正答　1、3、4

1　○　2013（平成25）年に成立した生活困窮者自立支援法は、長引く経済不況を背景に、生活保護受給者の急増などを踏まえ、生活保護に至る前の自立支援策の強化を図ること、また生活保護から脱却した人が再び生活保護に頼ることのないようにすることを目的とする。

2　×　生活困窮者自立支援法の対象者は、就労の状況、心身の状況、地域社会との関係性その他の事情により、現に経済的に困窮し、最低限度の生活を維持することができなくなるおそれのある「生活困窮者」である。

3　○　生活困窮者自立支援制度における必須事業には、自立相談支援事業、住居確保給付金がある。

4　○　生活困窮者自立支援制度における任意事業には、実施を努力義務とする就労準備支援事業と家計改善支援事業のほか、一時生活支援事業、子どもの学習・生活支援事業などがある。

5　×　選択肢3の解説のとおり、住居確保給付金の支給は、必須事業である。

解答のコツ&ポイント

⇨ 速習 福 L21

テーマ【生活困窮者自立支援制度の対象と事業など】

生活困窮者自立支援制度は、生活保護に至る前の自立支援が目的である点をおさえ、対象者を理解してください。また、必須・任意に大別される事業の内容も確認しておきましょう。

◎必須事業⇨自立相談支援事業と住居確保給付金
◎任意事業⇨実施努力義務の就労準備支援事業と家計改善支援事業、および一時生活支援事業、子どもの学習・生活支援事業など

関連問題… 26-60 25-58 24-58

／ ／ ／

第22回◇問題59

生活保護制度について正しいものはどれか。**3つ**選べ。

1　保護は、世帯を単位として、その要否と程度が決められる。

2　介護扶助には、介護予防に関する給付も含まれる。

3　介護扶助における居宅介護は、必要があれば、居宅介護支援計画に基づかないものも認められる。

4　65歳以上の被保護者の介護保険料は、介護扶助として給付される。

5　生業扶助は、原則として、金銭給付である。

解説

正答　1、2、5

1　○　記述のとおり。生活保護は、原則として保護の申請により手続きが行われ、**世帯**を単位として支給の要否や程度が決定される。

2　○　介護扶助の範囲には、**介護予防**に関する給付も含まれ、介護予防支援計画に基づいて行われる。p.355

3　×　介護扶助における居宅介護は、**居宅介護支援計画**に基づき行うものにかぎるとされている。

4　×　65歳以上の被保護者の介護保険料は、年金があれば年金から**特別徴収**され、それ以外は、**生活**扶助の介護保険料加算で対応される。

5　○　生活保護では8種類の扶助が実施され、そのうち、**医療**扶助と**介護**扶助は原則として**現物**給付、それ以外は原則として**金銭**給付である。p.355

解答のコツ&ポイント

⇨ 速習 福 L20

テーマ【生活保護制度】

生活保護制度の基本原理、8種類の扶助の給付方法と内容をしっかりおさえましょう。特に、介護扶助と介護保険制度との関係がよく出題されており、確実な理解が必要です。

◎保護の要否と程度⇨世帯を単位として決定

◎65歳以上の被保護者の介護保険料⇨生活扶助として給付

◎給付の方法⇨医療扶助と介護扶助のみ現物給付（原則）

関連問題…26-58 25-59 24-60

第22回◇問題60

成年後見制度について正しいものはどれか。**3つ**選べ。

1　成年後見制度の利用の促進に関する法律では、国民が成年後見制度を利用する義務を定めている。

2　成年後見制度の利用の促進に関する法律では、成年被後見人の意思決定の支援を定めている。

3　65歳以上の者につき、その福祉を図るため特に必要と認めるときは、市町村長は、後見開始の審判の請求をすることができる。

4　親族が成年後見人に選任される割合は、年々増加している。

5　任意後見契約は、公正証書によってしなければならない。

解説

正答　2、3、5

1　×　成年後見制度の利用の促進に関する法律は、国民に対し、制度への関心と理解を深め、基本理念にのっとり、国・地方公共団体による成年後見制度の利用の促進に関する施策に協力するよう努めることとしている。しかし、この制度の利用を**国民の義務とはしていない**。

2　○　成年後見制度の利用の促進に関する法律は、成年被後見人等の**意思決定の支援**が適切に行われることや、成年被後見人等の**自発的意思**が尊重されるべきことなどを成年後見制度の理念として示している。

3　○　**市町村長**は、65歳以上の者、知的障害者、精神障害者について、その福祉を図るため特に必要と認めるときは、後見開始等の審判の請求をすることができる。

4　×　成年後見人等と本人との関係をみると、司法書士や弁護士など**親族以外**が選任される割合が年々増加している。

5　○　任意後見契約に関する法律により、任意後見契約は、法務省令で定める様式の**公正証書**によって行わなければならない。 p.358

解答のコツ&ポイント

⇨ 速習 福 L28

テーマ【成年後見制度】

成年後見制度は、毎回出題されている重要事項です。法定後見では、後見開始等の審判の請求権者や後見等事務の内容とともに、成年後見人等選任の動向をおさえましょう。任意後見では、契約から任意後見開始までの過程を理解してください。

◎後見開始等の審判の請求権者⇨本人、配偶者、四親等内の親族、検察官、市町村長など

◎成年後見人等選任の割合⇨親族以外が年々増加、親族は減少

◎任意後見契約⇨公正証書によって行う

●介護支援専門員実務研修受講試験●

第22回（令和元年度）再試験問題

台風19号の影響で受験ができなかった人に対し、1都12県で実施された再試験の問題と正答番号を掲載しています。赤シートで解答番号を隠して、模擬問題としてご活用ください。

介護支援分野

問題1　介護保険制度について正しいものはどれか。**2つ**選べ。

1　被保険者期間により、保険給付の種類に違いがある。

2　保険者は、市町村である。

3　給付率は、被保険者個人の保険料の納付状況にかかわらず、常に一定である。

4　公費負担はない。

5　法定代理受領方式で現物給付化される保険給付がある。

正答　2、5

問題2　介護保険法第1条（目的）又は第2条（介護保険）に規定されている文言はどれか。**3つ**選べ。

1　自立した日常生活

2　国民の共同連帯

3　利用者主体

4　医療との連携

5　介護の社会化

正答　1、2、4

問題3　介護保険法に定める医療保険者又は年金保険者の責務又は事務について正しいものはどれか。**2つ**選べ。

1　医療保険者が、介護給付費・地域支援事業支援納付金を納付すること

2　医療保険者が、特定疾病の基準を定めるための助言を行うこと

3　医療保険者が、介護保険事業が健全かつ円滑に行われるよう協力すること

4　年金保険者が、第2号被保険者の保険料の特別徴収を行うこと

5　年金保険者が、介護保険事業に要する費用の一部を補助すること

正答　1、3

問題4　介護保険制度における保険事故として正しいものはどれか。**3つ**選べ。

1　40歳の人が、重いうつ病となり、家事が困難な状態になった。

2　50歳の人が、業務上の事故により、常時臥床の状態になった。

3　60歳の人が、末期のがんと診断され、食事や排泄に介護を要する状態になった。

4　65歳の人が、交通事故で両下肢麻痺となり、移動に介護を要する状態になった。

5　70歳の人が、転倒により腰椎を骨折して、入浴などに介護を要する状態になった。

正答　3、4、5

問題5　介護保険制度における住所地特例の適用があるものはどれか。**3つ**選べ。

1　養護老人ホーム

2　介護医療院

3　認知症対応型共同生活介護

4　地域密着型介護老人福祉施設

5　有料老人ホーム

正答　1、2、5

問題6　介護保険の被保険者資格について正しいものはどれか。**2つ**選べ。

1　65歳の誕生日に第1号被保険者となる。

2　医療保険に加入している生活保護受給者は、第2号被保険者とはならない。

3　海外に長期滞在しており、日本に住民票がない日本国籍を持つ70歳の者は、第1号被保険者とはならない。

4　医療保険に加入していない70歳の者は、第1号被保険者となる。

5　刑事施設に拘禁されている者は、被保険者とはならない。

正答　3、4

問題7　介護保険法において現物給付化されている保険給付として正しいものはどれか。**2つ**選べ。

1　居宅介護福祉用具購入費の支給

2　施設介護サービス費の支給

3　居宅介護住宅改修費の支給

4　特定入所者介護サービス費の支給

5　高額介護サービス費の支給

正答　2、4

問題8改　指定介護予防支援事業者について正しいものはどれか。**3つ**選べ。

1　運営等の基準に違反する場合の勧告に従わないときは、市町村長は、その旨を公表することができる。

2　管理者は、非常勤でもよい。

3　事業所ごとに介護支援専門員を有しなければならない。

4　介護予防サービス計画には、地域住民による自発的な活動によるサービス等の利用を位置付けるよう努めなければならない。

5　地域包括支援センターの設置者である指定介護予防支援事業者が、指定介護予防支援の一部を委託する場合には、地域包括支援センター運営協議会の議を経なければならない。

正答　1、4、5

問題9　指定介護老人福祉施設について正しいものはどれか。**3つ**選べ。

1　入所定員は、20人以上である。

2　市町村や社会福祉法人は、設置することができる。

3　施設サービス計画に基づき介護福祉施設サービスを行う。

4　都道府県の条例で定める員数の介護支援専門員を有しなければならない。

5　管理者は、原則として医師でなければならない。

正答　2、3、4

問題10　都道府県介護保険事業支援計画で定める事項として、介護保険法上明記されているものはどれか。**3つ**選べ。

1　介護サービス情報の公表に関する事項

2　地域支援事業の量の見込み

3　認知症対応型共同生活介護の必要利用定員総数の見込み

4　介護保険施設の種類ごとの必要入所定員総数の見込み

5　介護専用型特定施設入居者生活介護の必要利用定員総数の見込み

正答　1、4、5

問題11　介護保険財政について正しいものはどれか。**2つ**選べ。

1　第1号被保険者の保険料率は、年度ごとに算定する。

2　介護保険事業の事務費は、被保険者の保険料によって賄われなければならない。

3　市町村特別給付に要する費用には、第2号被保険者の保険料も充当される。

4　市町村は、給付費増大により介護保険財政に不足が見込まれる場合には、財政安定化基金から貸付を受けることができる。

5　調整交付金は、各市町村の第1号被保険者の所得の分布状況等を考慮して、交付される。

正答　4、5

問題12　介護保険の保険料について正しいものはどれか。**2つ**選べ。

1　第1号被保険者と第2号被保険者の一人当たりの平均保険料を同じ水準とする考え方がとられている。

2　第1号被保険者の保険料は、所得段階別の定額保険料となっている。

3　第1号被保険者に係る保険料率は、市町村格差が生じないよう都道府県の承認を必要とする。

4　第2号被保険者の保険料については、医療保険の種類にかかわらず、事業主負担がある。

5　生活保護の実施機関は、被保護者に代わり、その保険料を直接市町村に支払うことはできない。

正答　1、2

問題13　地域支援事業について正しいものはどれか。**3つ**選べ。

1　介護予防・生活支援サービス事業には、生活支援体制整備事業が含まれる。

2　介護予防・日常生活支援総合事業の財源には、第2号被保険者の保険料が含まれる。

3　包括的支援事業は、公益法人以外には委託できない。

4　一般介護予防事業には、地域リハビリテーション活動支援事業が含まれる。

5　一般介護予防事業には、介護予防に関するボランティア等の人材の育成が含まれる。

正答　2、4、5

問題14　介護保険法の審査請求について正しいものはどれか。**2つ**選べ。

1　介護保険審査会が指名する委員で構成する合議体で審査を行う。

2　保険給付に関する処分又は保険料その他介護保険法の規定による徴収金に関する処分は、審査請求の対象となる。

3　介護保険審査会は、都道府県知事の指揮監督の下で裁決を行う。

4　介護保険審査会の専門調査員は、介護支援専門員のうちから任命される。

5　居宅介護支援の契約解除は、審査請求の対象となる。

正答　1、2

問題15　介護サービス情報の公表制度について正しいものはどれか。**3つ**選べ。

1　国民健康保険団体連合会は、報告された内容が事実かどうかを調査しなければならない。

2　介護サービス事業者のうち、指定地域密着型サービス事業者は、介護サービス情報を市町村長に報告しなければならない。

3　都道府県知事は、介護サービス事業者が相談・苦情等の対応のために講じている措置を公表しなければならない。

4　都道府県知事は、介護サービス事業者が介護サービスの質の確保のために総合的に講じている措置を公表しなければならない。

5　都道府県知事は、介護サービス事業者が利用者の権利擁護等のために講じている措置を公表しなければならない。

正答　3、4、5

問題16　介護保険法第７条に規定する要介護者又は要支援者の定義について正しいものはどれか。**3つ**選べ。

1　要介護者のうち第１号被保険者については、要介護状態の原因を問わない。

2　要介護状態に該当するためには、常時介護を要する状態が６月前から継続している必要がある。

3　要支援状態に該当するためには、常時介護を要する状態の軽減又は悪化の防止に資する支援を要する状態が６月前から継続している必要がある。

4　要介護者のうち第２号被保険者については、要介護状態が政令で定める疾病によって生じたものに限られる。

5　要支援者のうち第２号被保険者については、要支援状態が政令で定める疾病によって生じたものに限られる。

正答　1、4、5

問題17　要介護認定の認定調査票（基本調査）について正しいものはどれか。**2つ**選べ。

1　点滴の管理は、含まれない。

2　徘徊は、含まれない。

3　買い物は、含まれる。

4　外出頻度は、含まれる。

5　身体障害者障害程度等級は、含まれる。

正答　3、4

問題18　介護認定審査会について正しいものはどれか。**3つ**選べ。

1　原則として、保険者である市町村の職員は委員となることができない。

2　委員の定数は、被保険者数に応じて都道府県が定める。

3　委員は、市町村長が任命する。

4　複数の市町村で共同設置することはできない。

5　必要に応じて、審査対象者の家族の意見を聞くことができる。

正答　1、3、5

問題19　介護保険の保険料について正しいものはどれか。**3つ**選べ。

1　保険料の先取特権は、地方税に優先する。

2　保険料を徴収する権利の消滅時効は、２年である。

3　保険料を２年以上滞納した場合には、被保険者の資格を喪失する。

4　市町村は、保険料に関して必要があると認めるときは、被保険者に文書の提出を命じることができる。

5　保険料の督促は、時効中断※の効力を生ずる。

※民法改正により、消滅時効の進行を妨げる「時効の中断」という表現が「時効の更新」に変更された（2020年４月施行）。ただし、意味内容は同じである。

正答　2、4、5

問題20　介護予防サービス計画の作成について正しいものはどれか。**3つ**選べ。

1　指定介護予防支援事業者の管理者が、自ら作成しなければならない。

2　「利用者が目標とする生活」を記載しなければならない。

3　「専門的観点からの目標と具体策」を記載しなければならない。

4　アセスメントには、「運動及び移動」の状況の把握は含まない。

5　アセスメントには、「家庭生活を含む日常生活」の状況の把握を含む。

正答　2、3、5

問題21改　施設サービス計画の課題分析について、より適切なものはどれか。**2つ**選べ。

1　課題分析標準項目には、家族等の状況に関する項目は含まれる。

2　課題分析標準項目には、認知機能や判断能力に関する項目は含まれない。

3　課題分析標準項目には、認定情報に関する項目は含まれない。

4　課題分析標準項目ごとに、各専門職が分担して行う。

5　課題分析標準項目を具備した施設独自のアセスメント表を、使用することができる。

正答　1、5

問題22　指定居宅介護支援にかかるモニタリングについて、より適切なものはどれか。**3つ**選べ。

1　居宅サービス計画の実施状況の把握（利用者についての継続的なアセスメントを含む。）

2　居宅サービス計画作成時における個別サービス計画との整合性の点検

3　目標の達成度の確認

4　利用者の解決すべき課題の変化の確認

5　サービス事業者の第三者評価の内容の確認

正答　1、3、4

問題23　指定居宅介護支援等の事業の人員及び運営に関する基準第13条の具体的取扱方針に示されている内容として正しいものはどれか。**３つ選べ。**

1　利用者が訪問看護等の医療サービスの利用を希望する場合には、利用者の同意を得て主治の医師等の意見を求めなければならない。

2　アセスメントに当たっては、利用者の居宅を訪問し、利用者及びその家族に面接して行わなければならない。

3　利用者が希望しない場合には、サービス担当者会議を開催しなくてもよい。

4　住民による自発的な活動によるサービス等の利用も居宅サービス計画上に位置付けるよう努めなければならない。

5　少なくとも３月に１回、モニタリングを行わなければならない。

正答　1、2、4

問題24　左片麻痺のあるＡさん（80歳女性、要介護２、現在介護サービスの利用なし）は、夫のＢさん（85歳）と二人で暮らしている。Ｂさんから相談を受けた民生委員が、遠方に住んでいる長女に、「Ｂさんが、最近、入浴させるのがつらくなったと言っている」と連絡した。そこで、長女は、実家の近くの居宅介護支援事業所に介護支援専門員の訪問を依頼した。この時点での介護支援専門員の対応について、より適切なものはどれか。**２つ選べ。**

1　すぐにサービスが利用できるように、訪問入浴サービス事業者を同行させる。

2　ＡさんやＢさんから、暮らし全般に関する状況を聴き取る。

3　Ｂさんに対して、自宅での介護に意欲を持てるように助言する。

4　ＡさんとＢさんの了承を得て、民生委員に、これまでの見守りや働きかけの状況を確認する。

5　長女に、家族による情緒的支援のために実家への訪問を増やすよう求める。

正答　2、4

問題25　会社員の長女と２人で暮らしているＡさん（80歳、女性）は、最近、買物に出て家に帰れなくなることがあり、アルツハイマー型認知症と診断された。要介護１の認定を受けた数日後、親子で居宅介護支援事業所を訪れ、介護支援専門員に相談した。このときの介護支援専門員の対応について、より適切なものはどれか。**２つ選べ。**

1　介護サービスを多く利用できるよう、区分変更申請を提案する。

2　長女の仕事を減らして、日中一緒に過ごす時間を増やすよう提案する。

3　Ａさん親子がこれからどのような生活を望んでいるかを聴き取る。

4　Ａさんの買物時の道順を自分と一緒にたどり、地域の社会資源を確認することを提案する。

5　地域の介護保険サービス事業所の一覧を渡して、長女から事業所に直接連絡してもらうことにする。

正答　3、4

保健医療サービスの知識等

問題26　高齢者に多い症状・疾患について正しいものはどれか。**３つ選べ。**

1　加齢黄斑変性では、進行すると視力が失われる恐れがある。

2　高齢者のめまいは、内耳の障害のほか、血圧のコントロール不良、脳腫瘍などが原因となることがある。
3　高齢者の難聴では、感音性難聴が多い。
4　心房細動では、心内で形成された血栓による脳梗塞は発症しない。
5　服用する薬剤数が多くても、副作用のリスクは増大しない。

正答　1、2、3

問題27　高齢者のてんかんについて、より適切なものはどれか。**2つ**選べ。
1　初回発作後の再発率は、低い。
2　発作の間は、誤嚥を予防するための対応をする。
3　意識障害、しびれ、発汗、けいれんなど多様な症状を呈する。
4　最も多い原因は、脳腫瘍である。
5　治療は、放射線療法により行う。

正答　2、3

問題28　認知症について適切なものはどれか。**2つ**選べ。
1　中核症状には、記憶障害、見当識障害などがある。
2　BPSD（認知症の行動・心理症状）の悪化要因として最も多いのは、家族の不適切な対応である。
3　認知症患者の精神科病院への措置入院は、精神保健指定医ではない主治の医師による診断のみでも、緊急時においては可能である。
4　若年性認知症患者が入院による精神医療を必要とする場合には、自立支援医療の対象となる。
5　認知症初期集中支援チームは、認知症が疑われる人や認知症の人及びその家族を複数の専門職が訪問し、アセスメント、家族支援などの初期の支援を包括的、集中的に行う。

正答　1、5

問題29　皮膚疾患について、より適切なものはどれか。**2つ**選べ。
1　薬疹は、長期間服用している薬剤により生じることはない。
2　寝たきりで関節拘縮のある場合には、特定の部位に圧力が集中して褥瘡が生じやすいので、体圧分散寝具を使用するのがよい。
3　皮脂欠乏症では、患部を清潔に保つことが悪化予防になることから、ナイロンタオルを使ってよく洗う。
4　白癬は家族内で感染することはまれであるため、爪切りやスリッパなどは共用しても差し支えない。
5　脂漏性湿疹では、患部を清潔に保つほか、抗真菌薬などを使用する。

正答　2、5

問題30　次の記述について適切なものはどれか。**3つ**選べ。
1　喫煙は、脂質異常症、高血圧症とともに虚血性心疾患のリスクファクターである。
2　健康日本21（第二次）では、健康寿命の延伸だけでなく、健康格差の縮小も目標に掲げている。
3　老年期うつ病では、対人関係で攻撃性が増すため、自死を図ることは稀である。

4　老年発症型のアルコール依存症では、家族歴や遺伝的要因を有することが多い。
5　老年期のアルコール依存症では、離脱症状が遷延しやすい。

正答　1、2、5

問題31　検査について、より適切なものはどれか。**3つ**選べ。
1　ヘモグロビン A1c の値は、過去1～2か月の血糖レベルを反映している。
2　大動脈疾患や進行した動脈硬化の場合は、左右の上肢で血圧に差がみられることがある。
3　ノロウイルス感染症では、下痢などの症状がなくなれば、感染力もなくなる。
4　CRP（C 反応性たんぱく質）は、感染症以外に、悪性腫瘍や膠原病でも高値になる。
5　24時間心電図（ホルター心電図）検査は、医療者による継続的な観察が必要なため、入院して実施しなければならない。

正答　1、2、4

問題32　薬剤に関する次の記述について適切なものはどれか。**3つ**選べ。
1　パーキンソン病の治療薬であるドーパミン製剤は、服用を突然中止すると、高熱、意識障害、著しい筋固縮などを呈する悪性症候群を生じる恐れがある。
2　高齢者は腎機能が低下しているため、薬の副作用が減弱することが多い。
3　胃ろうから薬剤を注入する際には、それぞれの薬剤について、錠剤を粉砕したり、微温湯で溶解させたりしてよいか、確認する必要がある。
4　口腔内で溶ける OD（Oral Disintegrant）錠は、口腔粘膜からそのまま吸収される薬剤である。
5　症状が消失すると内服を自己判断でやめてしまう場合があるため、内服状況を確認する必要がある。

正答　1、3、5

問題33　次の記述について正しいものはどれか。**2つ**選べ。
1　胃ろうがある場合には、原則として、入浴は禁止されている。
2　終末期においては、嚥下機能が低下して肺炎を起こしやすいので、口腔ケアは行わない。
3　膀胱留置カテーテル使用中は、尿路感染を予防するため、毎日膀胱洗浄を行う。
4　糖尿病の内服治療をしている者では、インスリン注射をしていなくても、低血糖の症状に留意する必要がある。
5　認知症治療薬には、錠剤以外にも経皮吸収型などがあり、経口内服が困難な高齢者でも使用が可能である。

正答　4、5

問題34　在宅医療について正しいものはどれか。**2つ**選べ。
1　インスリンの自己注射の効果は、体調不良時（シックデイ）には強く出ることもある。
2　悪性腫瘍の疼痛管理のための麻薬の投与経路には、経口、経皮、経腸、注射がある。
3　人工透析を行っている場合には、シャント側で血圧測定を行う。
4　侵襲的陽圧換気法（IPPV）による人工呼吸は、マスクを装着して行われる。
5　酸素マスクによる在宅酸素療法は、鼻カニューレによるものに比べて、食事や会話がしやすいのが特徴である。

正答　1、2

問題35 次の記述について適切なものはどれか。**3つ**選べ。

1 自己腹膜灌流法（CAPD）による人工透析は、血液透析に比べて、通院回数が少なくて済む。

2 終末期にある者には、効果が期待できないため、リハビリテーションは実施されない。

3 気管切開をしている場合でも、スピーチカニューレの使用により発声は可能である。

4 慢性閉塞性肺疾患（COPD）により呼吸機能が低下している場合でも、インフルエンザワクチンの接種は推奨される。

5 在宅酸素療法は、入院しなければ導入できない。

正答 1、3、4

問題36 高齢者の転倒について適切なものはどれか。**3つ**選べ。

1 要介護高齢者が短期間に複数回転倒した場合には、再度転倒する可能性が高いため、総合的にアセスメントを行い、対策を検討する必要がある。

2 転倒を繰り返す介護施設入所者については、向精神薬などの薬物を用いて動けないように行動を制限する。

3 転倒により頭部を強く打った場合には、数時間様子をみて、意識障害などがなければ、それ以上の経過観察は要らない。

4 高齢の女性は、骨粗鬆症が多いので、転倒により骨折を起こしやすい。

5 夜間の排尿行動や不穏状態で転倒することが多い。

正答 1、4、5

問題37 リハビリテーションについて適切なものはどれか。**3つ**選べ。

1 通所リハビリテーション計画は、主治の医師が作成しなければならない。

2 回復期リハビリテーションでは、機能回復、ADLの向上及び早期の社会復帰を目指す。

3 指定訪問リハビリテーションとは、病院、診療所、介護老人保健施設又は介護医療院から理学療法士、作業療法士又は言語聴覚士が居宅を訪問して行うリハビリテーションをいう。

4 変形性膝関節症の発症リスクは、減量をしたり、大腿四頭筋等の筋力を鍛えたりしても、低下しない。

5 左片麻痺でみられる半側空間失認に対しては、失認空間に注意を向けるリハビリテーションを行う。

正答 2、3、5

問題38 排泄について、より適切なものはどれか。**3つ**選べ。

1 腹圧性尿失禁には、骨盤底筋訓練よりも膀胱訓練が有効である。

2 便失禁は、すべて医学的治療を要する。

3 ポータブルトイレについては、理学療法士等の多職種と連携し、日常生活動作に適合したものを選択する。

4 日常生活動作の低下による機能性失禁では、排泄に関する一連の日常生活動作の問題点を見極めることが重要である。

5 排便コントロールには、排便間隔を把握し、食生活や身体活動等を含めた生活リズムを整えることが大切である。

正答 3、4、5

問題39　災害対応について適切なものはどれか。**2つ**選べ。

1　福祉避難所の対象は、高齢者や障害者など避難所生活において何らかの特別な配慮を必要とする者であり、その家族は含まない。

2　災害時においても、個人情報保護の観点から、要援護者の個人情報の提供及び共有は、行うことができない。

3　災害時の課題である生活不活発病は、活動低下により身体機能が低下した状態をいい、要介護者のみに生じる。

4　深部静脈血栓症／肺塞栓症（いわゆるエコノミークラス症候群）を予防するためには、定期的に体を動かし、十分に水分を摂るようにする。

5　人工呼吸器等電源を必要とする医療機器使用者の停電時の対応については、平時より、主治の医師等と話し合い、対応を決めておく。

正答　4、5

問題40　次の記述について、より適切なものはどれか。**3つ**選べ。

1　がんの発症頻度は、年齢とともに高くなる傾向にある。

2　臨死期には、死前喘鳴がみられることがあるが、首を横に向ける姿勢の工夫で軽減することもある。

3　臨死期には、顎だけで呼吸する下顎呼吸状態となる場合があるが、しばらくすると正常な呼吸に戻る。

4　呼吸困難や疼痛に対しては、投薬のほか、安楽な体位やマッサージなどで苦痛の緩和を図る。

5　高齢者のがんに対しては、侵襲性の高い手術療法は行うべきではない。

正答　1、2、4

問題41　訪問看護について正しいものはどれか。**3つ**選べ。

1　真皮を越える褥瘡の患者は、医療保険による訪問看護を週4回以上受けることができる。

2　介護保険による訪問看護利用者の疾患別分類では、神経系の疾患が最も多い。

3　訪問看護の内容には、リハビリテーションは含まれない。

4　指定訪問看護ステーションには、看護職員を常勤換算で2.5人以上置かなければならない。

5　利用者又は家族から電話等で看護に関する意見を求められた場合に常時連絡できる体制にあり、かつ、計画にない緊急時の訪問を必要に応じて行う体制にある場合には、緊急時訪問看護加算が算定できる。

正答　1、4、5

問題42　次の記述について、より適切なものはどれか。**3つ**選べ。

1　在宅における家族に対する看取りの支援は、医師、看護師、介護支援専門員などが行う。

2　在宅では、臨終に際して家族のみで対応することもあり得るため、家族に対する看取りの準備教育として、身体の変化、緊急時の連絡方法、死亡確認の方法などが必要になる。

3　家族に在宅で看取る意向があるならば、後方支援の病院において家族が看取ることも可能であるという説明は行うべきではない。

4　診療中の患者が、診察後24時間以内に当該診療に関連した傷病で死亡した場合には、改めて診察をすることなく死亡診断書を交付することができる。

5　死亡診断書に記載される死亡時刻は、生物学的な死亡時刻ではなく、医師が到着後に死亡を確認した時刻でなければならない。

正答　1、2、4

問題43　居宅療養管理指導について正しいものはどれか。**3つ**選べ。

1　事業者は、通常の事業の実施地域内の交通費を受け取ることができる。

2　保険医療機関の指定を受けている病院は、居宅サービス事業者の指定があったものとみなされる。

3　薬剤師が行う居宅療養管理指導に当たっては、医師又は歯科医師の指示がなくても、介護支援専門員に情報提供を行うことができる。

4　薬局の薬剤師が行う居宅療養管理指導は、医師又は歯科医師の指示を受けて作成した薬学的管理指導計画に基づき実施する。

5　管理栄養士や歯科衛生士は、行うことができない。

正答　1、2、4

問題44　介護保険施設について正しいものはどれか。**2つ**選べ。

1　施設サービスの提供により事故が発生した場合には、速やかに市町村、家族等に連絡するとともに、必要な措置を講じなければならない。

2　介護医療院に空きがあれば、要支援の者であっても、施設サービスを受けることができる。

3　介護医療院には、介護支援専門員を置かなくてよい。

4　介護老人保健施設における緊急時施設療養費は、緊急その他やむを得ない事情により行われる医療行為について算定できる。

5　介護老人保健施設では、医師が配置されているため、感染症又は食中毒の予防及びまん延防止のための委員会は開催しなくてよい。

正答　1、4

問題45　介護保険施設の施設サービス費における栄養マネジメント加算について正しいものはどれか。**3つ**選べ。

1　常勤の管理栄養士を１名以上配置しなければならない。

2　栄養スクリーニングを踏まえ、入所者ごとの解決すべき課題を把握することを、栄養アセスメントという。

3　栄養アセスメントを踏まえ、管理栄養士の管理のもと、栄養ケア計画を作成する。

4　低栄養状態のリスクが低い者については、おおむね６月ごとに栄養状態のモニタリングを行う。

5　管理栄養士は、関連職種と共同して食事摂取状況や食事に関するインシデント・アクシデントの事例等の把握を行う。

正答　なし

※2021（令和３）年度の介護報酬改定により、栄養マネジメント加算が廃止となりました。このため、問題45は選択肢１～５が解答不能となり、不成立問題となります。

福祉サービスの知識等

問題46 面接場面におけるコミュニケーションの技術について、より適切なものはどれか。**3つ**選べ。

1 波長合わせとは、相談援助者が、自らの態度、言葉遣い、質問の形式等をクライエントの反応に合わせて修正していくことである。

2 イラストや手話、ビデオ、写真、文字盤など多様な表現方法を利用することは、クライエントを混乱させるので、避けるべきである。

3 予備的共感とは、事前情報をもとに、クライエントの立場に立った共感的な姿勢を準備しておくことである。

4 クローズドクエスチョンは、相談援助者の意図を含むことによってクライエントの答えを誘導してしまうので、使用しない。

5 「励まし、明確化、要約」といった技術を活用して、クライエントと相談援助者がともにクライエントのかかえる課題を明確にしていく必要がある。

正答 1、3、5

問題47 インテーク面接について、より適切なものはどれか。**3つ**選べ。

1 1回の面接で終わらせなければならない。

2 援助機関や援助者ができること及び提供できるサービスについて具体的に説明し、その説明に対するクライエントの反応を注意深く観察する。

3 クライエントに情報を提供したり、対人関係や環境整備についての助言や提案を行ったりすることも、必要である。

4 情報収集のため、アセスメント項目の順番に従ってすべて質問する。

5 援助機関に紹介された理由をクライエント自身が理解しているかどうかを確認することが、重要である。

正答 2、3、5

問題48 ソーシャルワークの視点から、支援困難事例への対応として、より適切なものはどれか。**3つ**選べ。

1 複数の問題を抱えている支援困難事例については、各専門職がそれぞれ個別に対応することが望ましい。

2 地域から孤立しているクライエントの場合には、アウトリーチは有効な方法である。

3 アウトリーチの対象は、本人のみならず家族も含む。

4 利用者負担の大きさを理由にクライエントがサービスの利用を拒否した場合には、直ちに支援を中止する。

5 社会資源の不足により支援が困難な場合には、社会資源の開発が求められる。

正答 2、3、5

問題49 ソーシャルワークにおける地域援助技術として、より適切なものはどれか。**3つ**選べ。

1 地域包括支援センターの社会福祉士による高齢者を虐待する家族への面接

2 NPOによる地域住民とともに行う地域開発

3　特別養護老人ホームの生活相談員による入所者に対するグループ活動
4　地域包括支援センターによる地域住民のための認知症サポーター養成講座
5　震災被災者に対する支援のためのボランティアの組織化

正答　2、4、5

問題50　介護保険における短期入所生活介護について正しいものはどれか。**3つ**選べ。

1　利用者20人未満の併設型の事業所の場合、介護職員は非常勤でもよい。
2　家族の結婚式への出席や趣味活動への参加などを理由とした利用はできない。
3　介護支援専門員が緊急やむを得ないと認めた場合には、専用の居室以外の静養室も利用できる。
4　短期入所生活介護計画は、おおむね4日以上連続して利用が予定される場合に作成しなければならない。
5　緊急短期入所受入加算と認知症行動・心理症状緊急対応加算は、同時に算定できる。

正答　1、3、4

問題51　介護保険における福祉用具について正しいものはどれか。**2つ**選べ。

1　福祉用具貸与については、種目によっては、要介護状態区分に応じた制限がある。
2　福祉用具貸与事業所には、福祉用具専門相談員を1人以上置かなければならない。
3　特定福祉用具を販売する際には、福祉用具専門相談員は、利用者ごとに特定福祉用具販売計画を作成しなければならない。
4　自動排泄処理装置は、交換可能部品も含め、特定福祉用具販売の対象となる。
5　設置工事を伴うスロープは、福祉用具貸与の対象となる。

正答　1、3

問題52　介護保険における訪問介護について正しいものはどれか。**2つ**選べ。

1　利用回数が少ない利用者については、居宅サービス計画にサービスの内容が明記されていれば、訪問介護計画は作成しなくてよい。
2　管理者には、サービス担当者会議への出席等により、居宅介護支援事業者等と連携を図ることが業務として位置付けられている。
3　利用者が居宅サービス計画に位置付けられていないサービスを希望した場合には、事業者は担当の居宅介護支援事業者に連絡しなければならない。
4　サービス提供責任者が必要と認めた場合に、緊急に行った指定訪問介護については、緊急時訪問介護加算を算定できる。
5　サービスの提供により事故が発生した場合には、市町村、家族に加え、居宅介護支援事業者等への連絡を行わなければならない。

正答　3、5

問題53　介護保険における通所介護について正しいものはどれか。**2つ**選べ。

1　通所介護計画は、その内容について利用者に説明して同意を得た上で作成し、利用者に口頭で示せばよい。
2　通所介護計画は、介護支援専門員が作成しなければならない。
3　サービス提供時間が9時間以上の場合は、延長加算を算定できる。

4　若年性認知症の利用者を受け入れた場合は、認知症加算に加えて、若年性認知症利用者受入加算を算定できる。

5　利用者は、利用日ごとに異なる提供時間数のサービスを受けることができる。

正答　3、5

問題54　介護保険における訪問入浴介護について正しいものはどれか。**3つ**選べ。

1　身体の状況により全身入浴が難しい場合は、利用者の希望によって、清拭や部分浴に変更する。

2　利用者に病状の急変が生じた場合は、サービス提供後に主治の医師にその旨を報告する。

3　サービスの提供ごとに消毒した浴槽を使用する。

4　医療依存度が高い利用者も利用するため、管理者は看護師でなければならない。

5　事業者は、自らその提供するサービスの質の評価を行い、常にその改善を図らなければならない。

正答　1、3、5

問題55　介護保険における認知症対応型通所介護について正しいものはどれか。**3つ**選べ。

1　若年性認知症の者も対象とする事業所の設置市町村は、他市町村から指定の同意の申し出があった場合には、原則として、同意を行うことが求められる。

2　送迎時に実施した居宅内での介助等に要した時間は、サービス提供時間に含まれない。

3　職員、利用者及びサービスを提供する空間を明確に区別すれば、一般の通所介護と同じ事業所で同一の時間帯にサービスを行うことができる。

4　認知症対応型通所介護には、機能訓練が含まれる。

5　認知症の原因となる疾患が急性の状態にある者も、対象となる。

正答　1、3、4

問題56改　介護保険における認知症対応型共同生活介護について正しいものはどれか。**3つ**選べ。

1　利用者の処遇上必要と認められる場合であっても、居室を二人部屋にすることはできない。

2　事業者は、共同生活住居ごとに、非常災害対策などの事業運営についての重要事項に関する規程を定めておかなければならない。

3　事業者は、利用者の負担により、当該事業所の介護従業者以外の者による介護を受けさせることができる。

4　事業所の管理者は、厚生労働大臣が定める研修を修了していなければならない。

5　事業所ごとに、認知症対応型共同生活介護計画の作成を担当する計画作成担当者を置かなければならない。

正答　2、4、5

問題57　指定介護老人福祉施設について正しいものはどれか。**2つ**選べ。

1　配置される介護支援専門員は、非常勤でもよい。

2　入所者数が30人以上50人未満の場合は、常勤換算で２人以上の看護職員を配置しなければならない。

3　医務室は、医療法に規定する診療所でなければならない。

4　入所者が入院する場合には、3月間は当該ベットを空けておかなければならない。

5　利用者の負担により、当該施設の従業者以外の者による介護を受けさせることができる。

正答　2、3

問題58　障害者総合支援法について正しいものはどれか。**3つ**選べ。

1　自立支援医療費の支給は、自立支援給付の一つである。

2　市町村は、介護給付費等の支給決定を行うにあたり、障害程度区分の認定を行う。

3　対象となる障害者の範囲には、難病の患者も含まれる。

4　成年後見制度利用支援事業は、市町村の任意事業である。

5　介護給付費の支給には、行動援護が含まれる。

正答　1、3、5

問題59　生活保護制度について正しいものはどれか。**3つ**選べ。

1　医療扶助は、原則として、指定医療機関に委託して行われ、一部負担相当額は金銭給付として被保護者に支給される。

2　介護施設入所者基本生活費は、生活扶助として給付される。

3　生活保護は、原則として、個人を単位として行われる。

4　生活保護の補足性の原理により、介護扶助よりも介護保険の保険給付が優先して給付される。

5　要保護者が急迫した状況にあるときは、保護の申請がなくても、必要な保護を行うことができる。

正答　2、4、5

問題60改　後期高齢者医療制度について正しいものはどれか。**3つ**選べ。

1　後期高齢者医療給付には、高額療養費及び高額介護合算療養費の支給が含まれる。

2　一部負担の割合は、1割、2割又は3割である。

3　後期高齢者医療給付には、入院時食事療養費及び移送費の支給は含まれない。

4　生活保護を受けている者も、被保険者となる。

5　運営主体は、都道府県ごとにすべての市町村が加入する後期高齢者医療広域連合である。

正答　1、2、5

合格エッセンス　要介護認定とサービス利用の流れ

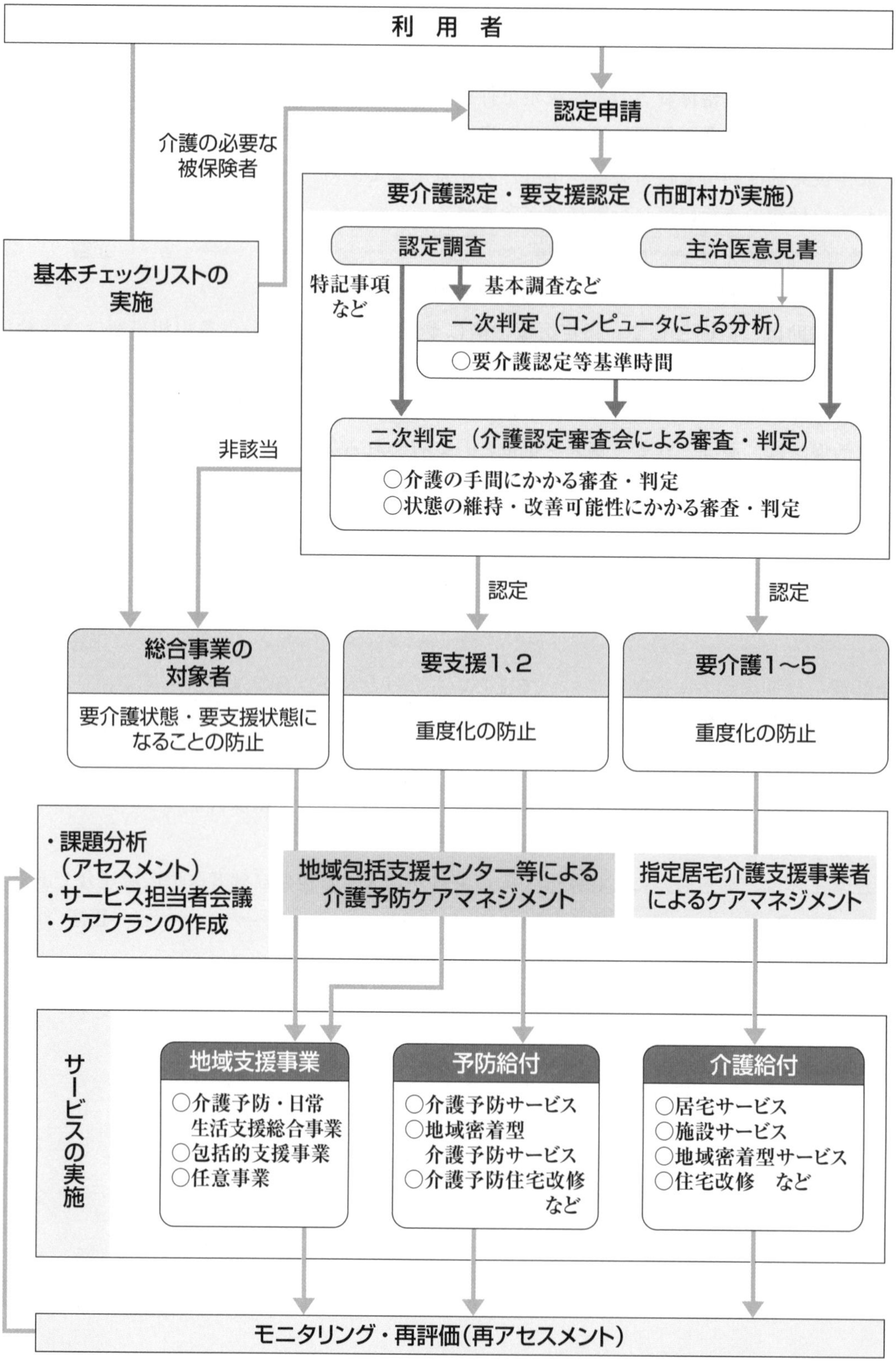
利　用　者
認定申請
介護の必要な
被保険者
基本チェックリストの
実施
要介護認定・要支援認定（市町村が実施）
認定調査
主治医意見書
特記事項
など
基本調査など
一次判定（コンピュータによる分析）
○要介護認定等基準時間
二次判定（介護認定審査会による審査・判定）
○介護の手間にかかる審査・判定
○状態の維持・改善可能性にかかる審査・判定
非該当
認定
認定
総合事業の
対象者
要介護状態・要支援状態に
なることの防止
要支援1、2
重度化の防止
要介護1～5
重度化の防止
・課題分析
（アセスメント）
・サービス担当者会議
・ケアプランの作成
地域包括支援センター等による
介護予防ケアマネジメント
指定居宅介護支援事業者
によるケアマネジメント
サービスの実施
地域支援事業
○介護予防・日常
生活支援総合事業
○包括的支援事業
○任意事業
予防給付
○介護予防サービス
○地域密着型
介護予防サービス
○介護予防住宅改修
など
介護給付
○居宅サービス
○施設サービス
○地域密着型サービス
○住宅改修　など
モニタリング・再評価（再アセスメント）

合格エッセンス　市町村、国、都道府県などの主な事務

市町村および特別区＝保険者（介護保険制度の運営主体）
○被保険者の資格管理に関する事務 ○要介護認定・要支援認定に関する事務 ○保険給付に関する事務 ○事業者・施設に関する事務（地域密着型サービス事業、地域密着型介護予防サービス事業、居宅介護支援事業、介護予防支援事業、地域包括支援センターの基準の設定、地域密着型サービス事業者、地域密着型介護予防サービス事業者、居宅介護支援事業者、介護予防支援事業者に対する指定や指導監督など） ○地域支援事業および保健福祉事業に関する事務 ○市町村介護保険事業計画の策定・変更に関する事務 ○保険料に関する事務 ○財政運営に関する事務 ○介護保険に固有の条例の制定や改正に関する事務など

重層的な支援

国
○制度の基本的な枠組みの設定（要介護認定等や事業者・施設の基準づくり、介護報酬の額や支給限度基準額の設定、第２号被保険者負担率の設定など） ○財政面の支援に関する事務（調整交付金の交付、介護給付費と地域支援事業に要する費用の定率の国庫負担、財政安定化基金への国庫負担など） ○指導・監督（事業者、施設、都道府県、市町村、国保連に対する指導監督） ○市町村、都道府県への援助など

都道府県
○市町村支援に関する事務（要介護認定の審査・判定業務の受託、介護保険審査会の設置・運営など） ○事業者・施設に関する事務（居宅サービス事業者、介護予防サービス事業者、介護保険施設の基準の設定、指定〔許可〕や指導監督など） ○介護サービス情報の公表に関する事務 ○介護支援専門員に関する事務 ○財政支援に関する事務（財政安定化基金の設置など） ○都道府県介護保険事業支援計画の策定に関する事務など

医療保険者
所属する第２号被保険者の保険料率の算定と保険料の徴収、支払基金への納入

年金保険者
第１号被保険者の保険料の特別徴収（年金天引き）と市町村への納入

合格エッセンス　被保険者の要件と資格の取得

	第1号被保険者	第2号被保険者
資格要件	市町村の区域内に住所のある65歳以上の者	市町村の区域内に住所のある40歳以上65歳未満の医療保険加入者
資格の取得（取得日）	介護保険を適用すべき事実が発生した日をもって、何ら手続きすることなく被保険者資格が強制適用される	
	市町村の区域内に住所のある医療保険未加入者が65歳になった（誕生日の前日）	市町村の区域内に住所のある医療保険加入者が40歳になった（誕生日の前日）
		市町村の区域内に住所のある40歳以上65歳未満の医療保険未加入者が医療保険に加入した
	別の市町村から移転し、市町村の区域内に住所をもった	
	適用除外に該当しなくなった	

合格エッセンス　住所地特例

対象者	介護保険制度における被保険者
住所地特例対象施設	介護保険施設、特定施設（有料老人ホーム、軽費老人ホーム、養護老人ホームで、地域密着型特定施設でないもの）、養護老人ホーム（老人福祉法上の入所措置）

（注１）住所地特例適用被保険者も、2015（平成27）年度から、施設所在地の市町村が指定した地域密着型（介護予防）サービス（入居・入所系のサービスを除く）、介護予防支援、地域支援事業を利用できることになった

（注２）2018（平成30）年度から、指定障害者支援施設などの適用除外施設の退所者が住所地特例対象施設に入所した場合は、適用除外施設入所前の住所地の市町村が保険者となることになった

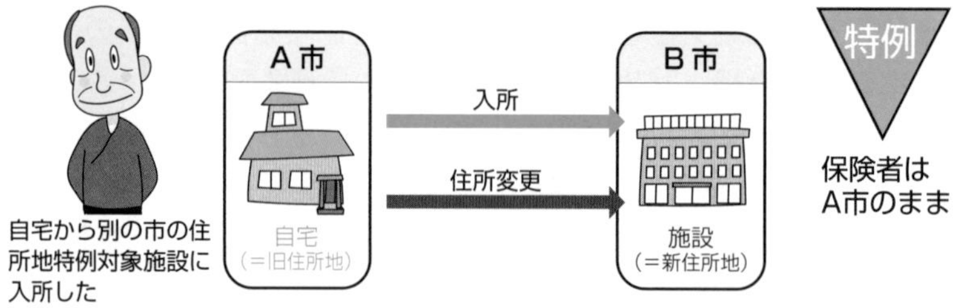

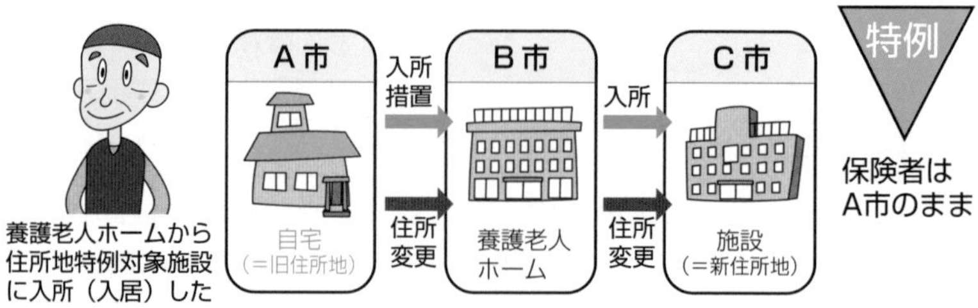

合格エッセンス 主治医意見書（一部項目を省略）

0. 基本情報（申請者の氏名・性別・住所、主治医の氏名・医療機関名・所在地など）

1. 傷病に関する意見（診断名、症状としての安定性など）

2. 特別な医療（過去14日間以内に受けた医療）

処置内容　□点滴の管理　□中心静脈栄養　□透析　□ストーマの処置　□酸素療法
　□レスピレーター　□気管切開の処置　□疼痛の看護　□経管栄養

特別な対応　□モニター測定（血圧、心拍、酸素飽和度等）　□褥瘡の処置

失禁への対応　□カテーテル（コンドームカテーテル、留置カテーテル等）

> 看護の度合いを把握

3. 心身の状態に関する意見

（1）日常生活の自立度等について
- 障害高齢者の日常生活自立度（寝たきり度）
- 認知症高齢者の日常生活自立度

（2）認知症の中核症状（認知症以外の疾患で同様の症状を認める場合を含む）
- 短期記憶
- 日常の意思決定を行うための認知能力
- 自分の意思の伝達能力

（3）認知症の行動・心理症状（BPSD）（認知症以外の疾患で同様の症状を認める場合を含む）
□幻視・幻聴　□妄想　□昼夜逆転　□暴言　□暴行　□介護への抵抗　□徘徊　□火の不始末
□不潔行為　□異食行動　□性的問題行動　□その他

（4）その他の精神・神経症状（専門医受診の有無）

（5）身体の状態
- 利き腕
- 身長
- 体重（過去６か月の体重の変化）

□四肢欠損　□麻痺　□筋力の低下　□関節の拘縮　□関節の痛み　□失調・不随意運動　□褥瘡
□その他の皮膚疾患

> 利き腕、身長、体重は介護の手間を考えるうえで必要。体重の変化は栄養状態の把握の目安となる

4. 生活機能とサービスに関する意見

（1）移動
- 屋外歩行
- 車いすの使用
- 歩行補助具・装具の使用

（2）栄養・食生活
- 食事行為
- 現在の栄養状態

⇨栄養・食生活上の留意点（　　　　　　　　　　　）

（3）現在あるかまたは今後発生の可能性の高い状態とその対処方針
□尿失禁　□転倒・骨折　□移動能力の低下　□褥瘡　□心肺機能の低下　□閉じこもり　□意欲低下
□徘徊　□低栄養　□摂食・嚥下機能低下　□脱水　□易感染性　□がん等による疼痛　□その他
⇨対処方針（　　　　　　　　　　　）

（4）サービス利用による生活機能の維持・改善の見通し

（5）医学的管理の必要性（予防給付により提供されるサービスを含む）
□訪問診療　□訪問看護　□訪問歯科診療
□訪問薬剤管理指導　□訪問リハビリテーション　□短期入所療養介護
□訪問歯科衛生指導　□訪問栄養食事指導　□通所リハビリテーション
□その他の医療系サービス　□特記すべき項目なし

> 主治医が医療サービスの必要性を判断

（6）サービス提供時における医学的観点からの留意事項
□血圧　□摂食　□嚥下　□移動　□運動　□その他
□特記すべき項目なし

（7）感染症の有無

5. 特記すべき事項（情報提供書や身体障害者申請診断書の写し等の添付も可）

赤い下線は、過去に試験で問われた項目だよ。

合格エッセンス　保険給付対象外となる費用

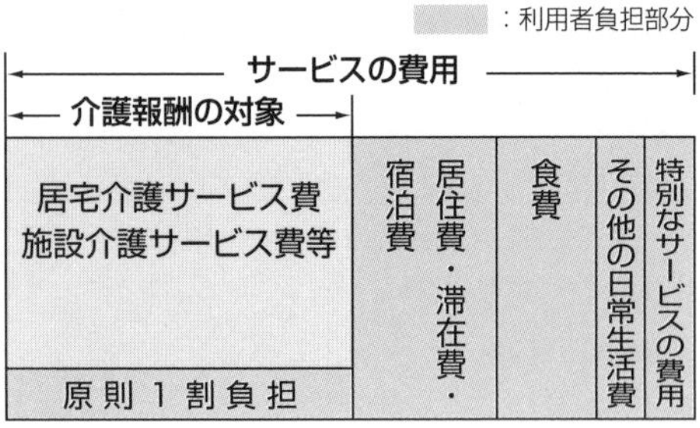
：利用者負担部分
サービスの費用
介護報酬の対象
居宅介護サービス費
施設介護サービス費等
原則１割負担
居住費・滞在費・宿泊費
食費
その他の日常生活費
特別なサービスの費用

おむつ代は、施設サービス、地域密着型介護老人福祉施設入所者生活介護、短期入所系サービスでは保険給付の対象だよ。

■利用者負担分の内訳

食費	食材料費と調理費相当
居住費・滞在費・宿泊費	個室は、室料と光熱水費相当。多床室は、原則光熱水費相当
日常生活費	理美容代、教養娯楽費、おむつ代（通所系、居住系サービス）など日常生活で必要となる費用で利用者負担が適当なもの
本人の希望による特別なサービス	遠隔地にある事業者の交通費や送迎費、特別メニューの食事など

（注）定率負担とは別に利用者負担となる費用については、あらかじめ利用者またはその家族にサービスの内容と費用について説明し、利用者の同意を得ておかなければならない

合格エッセンス　訪問看護

介護保険から給付	医療保険から給付
	要介護者以外への訪問看護
要介護者への訪問看護（ただし、右欄の①～③を除く）	要介護者への訪問看護のうち ①急性増悪時の訪問看護 ②厚生労働大臣が定める疾病等（末期悪性腫瘍や神経難病※など）の患者への訪問看護 ※多発性硬化症、重症筋無力症、スモン、筋萎縮性側索硬化症（ALS）、脊髄小脳変性症、ハンチントン病、進行性筋ジストロフィー症、パーキンソン病関連疾患（進行性核上性麻痺、大脳皮質基底核変性症およびパーキンソン病〔ホーエン・ヤールの重症度分類がステージ３以上で、かつ生活機能障害度がⅡ度またはⅢ度のもの〕）、多系統萎縮症（線条体黒質変性症、オリーブ橋小脳萎縮症およびシャイ・ドレーガー症候群をいう）、プリオン病、亜急性硬化性全脳炎、ライソゾーム病、副腎白質ジストロフィー、脊髄性筋萎縮症、球脊髄性筋萎縮症、慢性炎症性脱髄性多発神経炎、後天性免疫不全症候群、頸髄損傷、人工呼吸器装着 ③精神科訪問看護（認知症を除く）

（注）要支援者についても、上表と同様の給付規定が適用される

合格エッセンス　区分支給限度基準額

	サービスの種類（特例によるサービスも含む）	支給限度基準額の考え方
居宅サービス等区分	●訪問介護　●訪問入浴介護　●訪問看護 ●訪問リハビリテーション　●通所介護 ●通所リハビリテーション　●福祉用具貸与　●短期入所生活介護 ●短期入所療養介護　●夜間対応型訪問介護 ●定期巡回・随時対応型訪問介護看護 ●地域密着型通所介護　●認知症対応型通所介護 ●小規模多機能型居宅介護 ●短期利用の認知症対応型共同生活介護 ●短期利用の特定施設入居者生活介護、地域密着型特定施設入居者生活介護 ●看護小規模多機能型居宅介護	**要介護状態区分等ごとに、1か月の単位で定める** 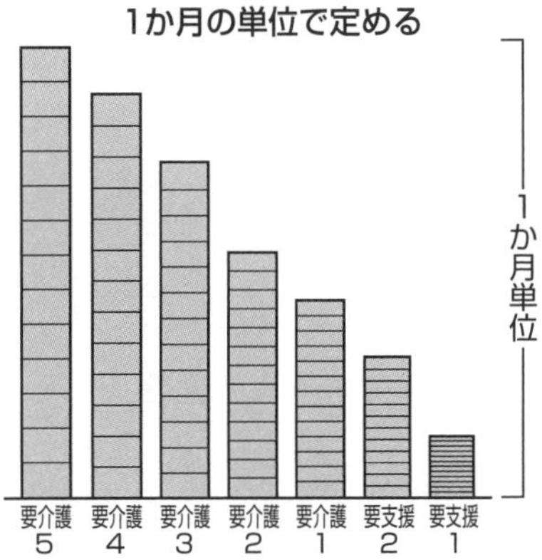 市町村はサービスの種類ごとの限度額を定められる
介護予防サービス等区分	●介護予防訪問入浴介護　●介護予防訪問看護 ●介護予防訪問リハビリテーション ●介護予防通所リハビリテーション　●介護予防福祉用具貸与 ●介護予防短期入所生活介護　●介護予防短期入所療養介護 ●介護予防認知症対応型通所介護 ●介護予防小規模多機能型居宅介護 ●短期利用の介護予防認知症対応型共同生活介護	
単独で設定	●福祉用具購入費 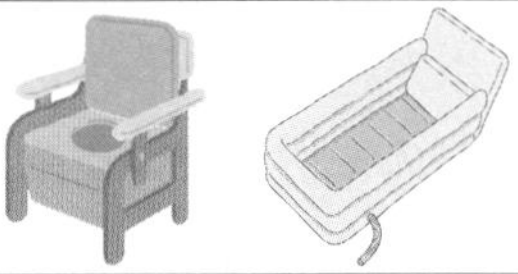	**要介護状態区分等に関係なく、12か月の単位で定める** 特別な事情がある場合を除いて原則同一年度で同一種目につき1回
	●住宅改修費 	**要介護状態区分等と期間に関係なく、定額で定める** 転居した場合、介護の必要の程度が著しく重くなった場合は再度給付を受けられる

合格エッセンス　支給限度基準額の設定されないサービス

○居宅療養管理指導
○介護予防居宅療養管理指導
○特定施設入居者生活介護（短期利用を除く）
○介護予防特定施設入居者生活介護
○地域密着型特定施設入居者生活介護（短期利用を除く）
○認知症対応型共同生活介護（短期利用を除く）
○介護予防認知症対応型共同生活介護（短期利用を除く）
○居宅介護支援
○介護予防支援
○地域密着型介護老人福祉施設入所者生活介護
○施設サービス

支給限度基準額は、介護支援専門員がケアプランで限度額を管理するうえで重要です！

試験対策では“設定されない”サービスをおさえておこう。

合格エッセンス　事業者・施設の指定の申請者

<table>
<tr><th colspan="3">事業者種別</th><th>申請者</th></tr>
<tr><td rowspan="5">都道府県知事が指定・許可するもの</td><td colspan="2">指定居宅サービス事業者</td><td rowspan="2">法人
※病院・診療所、薬局は申請不要</td></tr>
<tr><td colspan="2">指定介護予防サービス事業者</td></tr>
<tr><td rowspan="3">介護保険施設</td><td>指定介護老人福祉施設</td><td>老人福祉法上の設置認可を得た特別養護老人ホームのうち、入所定員30人以上で、都道府県の条例で定める数であるものの開設者（地方公共団体、地方独立行政法人、社会福祉法人）</td></tr>
<tr><td>介護老人保健施設</td><td rowspan="2">地方公共団体、医療法人、社会福祉法人その他厚生労働大臣が定める者（国、日本赤十字社、地方独立行政法人、健康保険組合、国民健康保険組合、共済組合など）が、介護保険法上の開設許可を受ける</td></tr>
<tr><td>介護医療院</td></tr>
<tr><td rowspan="4">市町村長が指定するもの</td><td colspan="2">指定地域密着型サービス事業者</td><td>法人
地域密着型介護老人福祉施設入所者生活介護では、老人福祉法上の設置認可を得た特別養護老人ホームのうち、入所定員29人以下で、市町村の条例で定める数であるものの開設者</td></tr>
<tr><td colspan="2">指定地域密着型介護予防サービス事業者</td><td>法人</td></tr>
<tr><td colspan="2">指定居宅介護支援事業者</td><td>法人</td></tr>
<tr><td colspan="2">指定介護予防支援事業者</td><td>地域包括支援センターの設置者（市町村または市町村の委託法人）または指定居宅介護支援事業者</td></tr>
</table>

※指定介護療養型医療施設は、2012年度から新たな指定は行われずに介護医療院などへの転換が進められ、2024年３月31日をもって経過措置が終了し、廃止される

合格エッセンス　みなし指定の事業者・施設

事業者・施設	申請不要な居宅サービス	申請不要な介護予防サービス
病院・診療所	居宅療養管理指導 訪問看護 訪問リハビリテーション 通所リハビリテーション 短期入所療養介護※	介護予防居宅療養管理指導 介護予防訪問看護 介護予防訪問リハビリテーション 介護予防通所リハビリテーション 介護予防短期入所療養介護※
薬局	居宅療養管理指導	介護予防居宅療養管理指導
介護老人保健施設 介護医療院	短期入所療養介護 通所リハビリテーション	介護予防短期入所療養介護 介護予防通所リハビリテーション

※療養病床を有する病院・診療所にかぎる

合格エッセンス 調整交付金

介護給付費と地域支援事業の総合事業にかかる国の負担のうち、５％相当額は、市町村間の財政力の格差を是正するための調整交付金として支給される。なお、調整交付金は、以下のように区別される。

■調整交付金の内訳

普通調整交付金	以下の要件に関して市町村の保険料基準額に格差がある場合 ①後期高齢者の加入割合 ②第１号被保険者の所得水準の分布状況
特別調整交付金	災害時などの保険料減免や定率負担の減免による保険料減収、介護保険の財政または介護保険事業の安定的な運営に影響を与える場合その他のやむを得ない特別の事情がある場合

合格エッセンス 負担の全体像

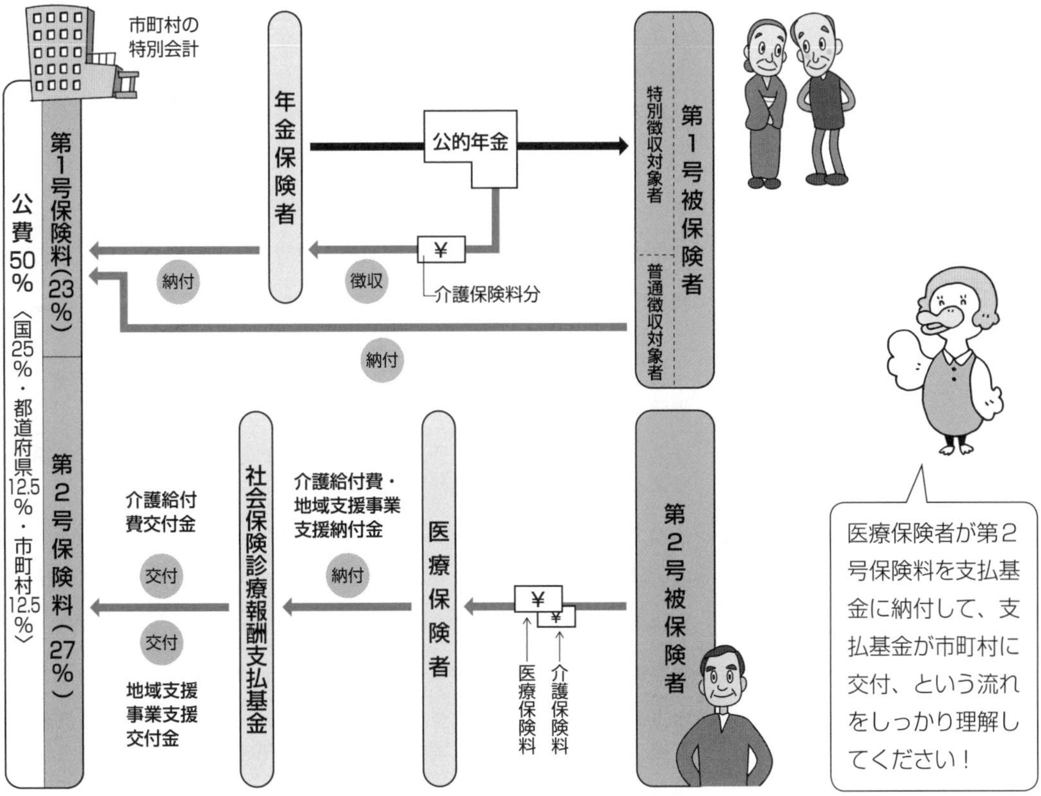

（注１）第１号保険料・第２号保険料の割合は、2021 ～ 2023年度
（注２）施設等給付費の場合の公費負担割合は、国20％、都道府県17.5％

合格エッセンス 課題分析標準項目

	標準項目名	項目の主な内容
基本情報に関する項目	基本情報（受付、利用者等基本情報）	居宅サービス計画作成についての利用者受付情報、利用者の基本情報、利用者以外の家族等の基本情報、居宅サービス計画作成の状況（初回、初回以外）
	これまでの生活と現在の状況	利用者の現在の生活状況、これまでの生活歴など
	利用者の社会保障制度の利用情報	利用者の被保険者情報、年金の受給状況、生活保護受給の有無、障害者手帳の有無、その他の社会保障制度等の利用状況
	現在利用している支援や社会資源の状況	利用者が現在利用している社会資源
	日常生活自立度（障害）	障害高齢者の日常生活自立度について、現在の認定を受けた際の判定（判定結果、確認書類、認定年月日）、介護支援専門員から見た現在の自立度
	日常生活自立度（認知症）	認知症高齢者の日常生活自立度について、現在の認定を受けた際の判定、介護支援専門員から見た現在の自立度
	主訴・意向	利用者、家族等の主訴や意向
	認定情報	利用者の認定結果（要介護状態区分、介護認定審査会の意見、区分支給限度基準額など）
	今回のアセスメントの理由	今回のアセスメントの実施に至った理由（初回、認定更新、区分変更、サービスの変更、退院・退所、入所、転居、生活状況変化、居宅介護支援事業所の変更など）
課題分析（アセスメント）に関する項目	健康状態	利用者の健康状態および心身・受診・服薬に関する状況
	ADL	ADL（寝返り、起き上がり、移乗、歩行、更衣、入浴、トイレ動作など）
	IADL	IADL（調理、掃除、洗濯、買い物、金銭管理、服薬管理など）
	認知機能や判断能力	日常の意思決定を行うための認知機能の程度、判断能力の状況など
	コミュニケーションにおける理解と表出の状況	視覚、聴覚等の能力、意思疎通、コミュニケーション機器・方法など
	生活リズム	１日および１週間の生活リズム・過ごし方、日常的な活動の程度、休息・睡眠の状況
	排泄の状況	排泄の場所・方法、尿・便意の有無、失禁の状況、後始末の状況等、排泄リズム、排泄内容（便秘や下痢の有無など）
	清潔の保持に関する状況	入浴や整容・皮膚や爪・寝具や衣類の状況
	口腔内の状況	歯の状態、義歯の状況、かみ合わせ・口腔内の状態、口腔ケアの状況
	食事摂取の状況	食事摂取の状況、摂食嚥下機能、必要な食事量、食事制限の有無
	社会とのかかわり	家族等とのかかわり、地域とのかかわり、仕事とのかかわり
	家族等の状況	本人の日常生活あるいは意思決定にかかわる家族等の状況、家族等による支援への参加状況、家族等について特に配慮すべき事項
	居住環境	日常生活を行う環境、リスクになりうる状況、自宅周辺の環境など
	その他留意すべき事項・状況	利用者に関連して、特に留意すべき状況（虐待、経済的困窮、身寄りがない、外国人、医療依存度が高い、看取りなど）

※2023年10月16日に一部改正された

合格エッセンス　バイタルサイン

意識レベル
●まず意識があるか確認

せいめい 清明	けいみん 傾眠	こんめい 昏迷	はんこんすい 半昏睡	こんすい 昏睡
正常な意識状態	刺激がないと眠ってしまう	強い刺激でかろうじて開眼	ときどき体動がみられるのみ	自発的運動なし・痛覚刺激にも反応なし

体温
●疾患の指標

○発熱があれば感染症を疑う
○低体温では、栄養失調、中枢性の疾患、甲状腺機能低下症、気管支肺炎、腎不全などを疑う

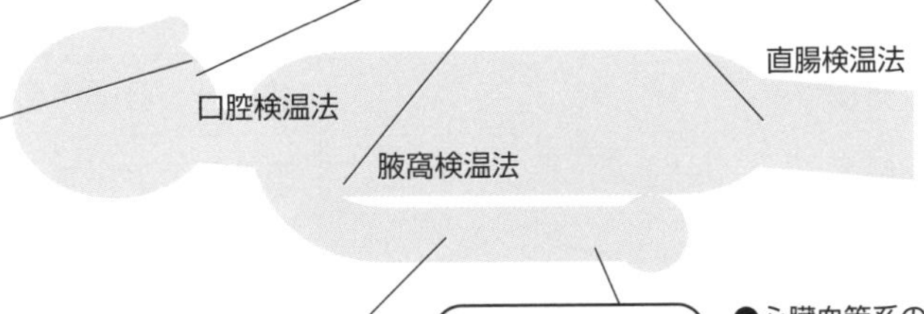

呼吸
●疾患の指標

○頻呼吸：呼吸数25回以上／分、換気量減
○徐呼吸：呼吸数９回以下／分
◆口すぼめ呼吸
慢性閉塞性肺疾患（COPD）
◆下顎呼吸
始まると１～２時間で亡くなることが多い
◆チェーンストークス呼吸
重症の疾患時（脳血管障害や心不全など）
◆クスマウル呼吸
糖尿病性ケトアシドーシス、尿毒症など
◆ビオー呼吸
髄膜炎、脳腫瘍など

脈拍
●心臓血管系の機能をみる

血圧
●バイタルサインをみるうえで重要

血圧上昇	・運動後　・入浴時や食事後 ・怒りやストレス、緊張　・気温が低い
血圧低下	・全身の体力の低下　・気温が高い ・心臓そのものが弱っている

合格エッセンス　脈拍

	脈の状態・疑われる疾病
脈拍数	○頻脈（脈拍数が多い＝１分間に100以上） ➡脱水状態、発熱、炎症、甲状腺機能亢進症、胃や腸からの出血、心疾患を疑う ○徐脈（脈拍数が少ない＝１分間に60未満） ➡心臓が弱っている。心疾患、脳血管障害、頭蓋内圧亢進、薬物作用（ジギタリスなど）、甲状腺機能低下症、低体温症などを疑う
脈拍のリズム	○整脈（規則正しいリズムの脈拍） ○不整脈（リズムが乱れている） ➡心臓拍動の異常を疑う。健康な人でもみられ、すべてが治療の対象になるわけではない ○結滞（けったい）（脈拍のひとつがリズムを乱して速くなるため、脈拍がひとつ欠損したように感じられる） ➡頻回にある場合は、心疾患を疑う

血圧低下、意識障害、心不全を伴う不整脈はすみやかな治療が必要となります。特に心房細動がある場合は、脳塞栓の原因となることがあり、要注意！

合格エッセンス　検査項目と診断できる症状・疾患など

検査項目	検査でわかる症状・疾患、異常値となる原因など
体格指数（BMI）	やせ、肥満
体重、血清アルブミン	低栄養、浮腫
身長	脊椎の圧迫骨折、円背、骨粗鬆症
肝機能（AST〔GOT〕）	肝・胆道疾患、心臓疾患、筋疾患、溶血性疾患
肝機能（ALT〔GPT〕）	特に肝・胆道疾患
肝機能（γ－GTP）	脂肪肝、アルコール性肝炎
腎機能（血清クレアチニン）	腎機能低下
腎機能（尿素窒素〔BUN〕）	腎機能低下、脱水、高たんぱく食、消化管出血、がん、高熱
血算（ヘモグロビン、ヘマトクリット）	（いずれも減少）鉄欠乏性貧血
血算（赤血球数、ヘマトクリット）	（赤血球数減少、ヘマトクリット上昇）大球性貧血、ビタミンB_{12}や葉酸の欠乏
血算（白血球数）	（上昇）細菌感染や炎症、喫煙、副腎皮質ステロイド投与、ストレス、がん、白血病 （減少）体質にもよるが、ウイルス感染、再生不良性貧血
血算（血小板数）	（上昇）炎症 （減少）薬剤の副作用、肝硬変など
空腹時血糖 血糖（75ｇ経口糖負荷試験）	耐糖能低下、糖尿病
ヘモグロビンA1c（HbA1c）	検査日から過去１～２か月の平均的な血糖状態
CRP（C反応性たんぱく）	急性の炎症、感染症、がん、膠原病、心筋梗塞、組織崩壊など
電解質（ナトリウム、カリウム、クロール）	脱水、水分過多、腎機能障害、降圧薬・利尿薬・強心薬・副腎ステロイド薬などの薬剤投与
心電図	循環器疾患、電解質異常など
X線検査 CT検査	（胸部X線）呼吸器疾患、心疾患 （腹部X線）イレウス、消化管穿孔、尿管結石 （頭部CT）脳血管障害、頭部外傷
尿検査	腎臓病、糖尿病、尿路感染症

どの検査がどのような症状や疾患の
指標となるかを整理して覚えよう。

合格エッセンス　褥瘡（じょくそう）のできやすい部位・なりやすい人

■褥瘡のできやすい部位

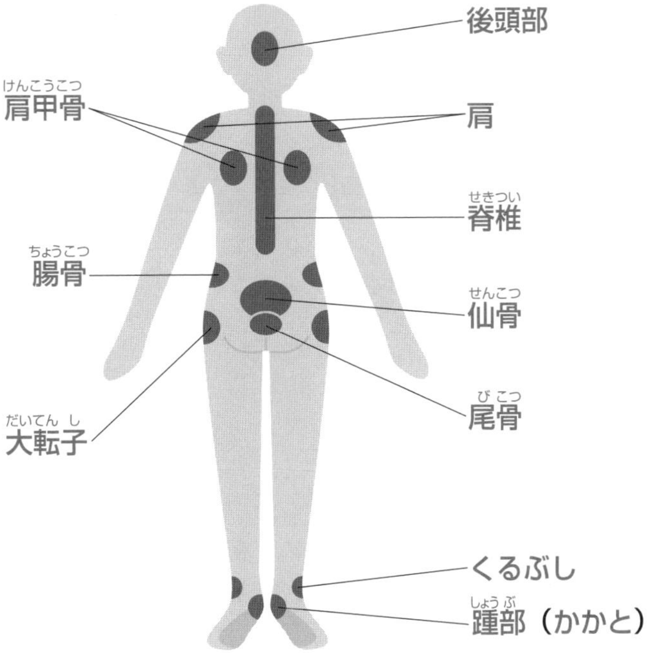

褥瘡の発生要因		予防のポイント
●局所的要因 湿潤、摩擦、ずれ、乾燥、皮膚の脆弱化 **●全身的要因** 低栄養、やせ、薬剤投与、貧血、浮腫、活動性の低下、感覚障害、意識障害、ターミナル期 **●社会的要因** 介護力不足、制度やサービスなどに関する情報不足、経済力不足	➡	**●局所対応** 圧迫の除去、清潔保持、皮膚の保護 **●全身対応** 栄養状態の改善 **●社会対応** 家族や介護者への支援、多職種連携

■褥瘡になりやすい人

○麻痺などがあり、自分で寝返りが打てない人
○腰を上げられない人、腰を動かせない人
○浮腫（ふしゅ）のある人
○尿や便の失禁のある人
○栄養状態が悪く末期状態にある人
○やせている人（骨の突出が顕著）

麻痺やしびれのために、圧迫や痛みを感じにくくなっている人は、注意が必要だね！

合格エッセンス 高齢者に多い感染症の特徴

高齢者は免疫力が低下しているため、感染症にかかりやすい。また、疾患特有の症状が明確に現れないことがあり、代わりに食欲不振、無動、失禁、意識障害、脱水、せん妄といった非典型的症状がしばしばみられる。

■感染症の特徴

病名	特徴、症状	処置、治療
呼吸器感染症（肺炎、慢性閉塞性肺疾患、肺結核など）	咳（せき）、痰（たん）、呼吸困難、チアノーゼ、発熱、頻脈、食欲不振、せん妄など	○痰を出し、咳の苦痛を取り除く ○呼吸困難に対する処理 ○口腔ケアやワクチン接種（肺炎球菌ワクチン、インフルエンザワクチン）
尿路感染症	○高齢者に最も多い ○頻尿、排尿時痛、発熱、尿閉	血液検査や尿検査を行い、原因菌にあった抗生物質で治療する
疥癬（かいせん）	○ヒゼンダニの数がきわめて多いノルウェー疥癬は感染力が非常に強く、集団感染を引き起こす ○激しいかゆみ、発疹など	○普通の疥癬では個室管理は不要だが、ノルウェー疥癬は一定期間の個室管理が必要 ○ケア時は予防衣や手袋の着用が必要。落屑（らくせつ）にも直接触らない
MRSA 感染症	抗生物質に強い耐性をもつMRSAにより起こる。高齢者や体力の弱まった人では難治性となりやすい	○介護施設に保菌者がいる場合は、ほかの入所者に感染しないよう標準予防策を遵守 ○バンコマイシン、ST 合剤、ミノサイクリン、ホスホマイシンなど複数薬剤を併用。鼻腔内保菌者にはムピロシン軟膏（なんこう）を使用
肝炎ウイルス	○ A 型…水や食品を摂取して感染 ○ B 型…血液や体液を介して感染 ○ C 型…主に血液を介して感染 ※ B 型・C 型肝炎では直接血液に触れなければ感染の心配はない	○医療従事者による注射針事故による感染などに注意 ○ A 型は自然治癒率が高い ○ B 型・C 型は慢性化しやすく、肝臓がん、肝細胞がんの原因となる
ノロウイルス感染症	○主に手指や食品を介して経口感染し、集団感染を引き起こす。患者の嘔吐（おうと）物処理時に飛沫感染することもある ○嘔吐、腹痛、下痢など	○患者の便や嘔吐物には大量のウイルスが排出される ○便や嘔吐物の処理には、使い捨てのガウン、マスク、手袋を着用 ○処理後に次亜塩素酸ナトリウムで消毒を徹底する

合格エッセンス 相談面接における実践原則

■バイステックの７原則

個別化	同じようなケースで分類するのではなく、クライエントの独自の生活習慣や、宗教など信仰も含めた価値観といった個別性を第一に考え、クライエント個々のニーズにあった対応をする
意図的な感情表出への配慮	「感情」もその人の語る事実であり、面接において客観的な事実や経過などをたずねるだけではなく、クライエントが自分の感情や要求、不満などを含め、自分を自由に表現できる機会を意図的に与える必要がある
非審判的な態度	相談援助者はクライエントの考え方や行動などを、自分の価値観や社会通念によって、一方的に評価したり意見を表明したりしてはならない
受容と共感	その人のあるがままの姿を受け入れ認める（受容）。クライエントの表面的な言動に惑わされず、相手の人格を尊重し、感情的な面も含めて温かく受け入れながら、言動の背後にある事情を理解する。また、理解や共感を自分の言葉や態度で伝える
統制された情緒的関与	情緒的に対応する一方で、クライエントの感情に巻き込まれず、自分の感情を意識的にコントロールし、クライエントの欲求に対し、常に冷静に対応する
自己決定の支援	クライエント本人やその家族の意思を尊重し、クライエントが誤りのない自己決定ができるよう、環境や条件を整え、その決定を支援する
秘密の保持	相談援助者には秘密保持の義務があり、クライエントに関する情報は、面接でのやりとりやほかの専門家との会議などで得られた情報、相談援助者自身が観察して感じたことがら、本人や家族の表情なども含めて、クライエントの許可なく外部に漏らしてはならない。夫婦や親子であっても独立した個人であり、それぞれの間で安易に情報を流通させない。秘密の保持は相談援助者が所属機関から退職したあとでも守られる

どれも介護支援専門員が業務を行ううえで大切な原則です。

しっかり確認しておこう！

合格エッセンス 訪問介護の内容

■身体介護と生活援助

身体介護*1	生活援助*2
〔ADLに対応する援助〕 ○食事、排泄、入浴の介助 ○身体の清拭（せいしき）・洗髪・整容　○更衣の介助 ○移乗・移動介助　○就寝・起床介助 ○服薬介助 ○体位変換 ○通院・外出の介助 ○自立生活支援・重度化防止のための見守り的援助 ○嚥下（えんげ）困難者のための流動食、糖尿食など特段の専門的配慮をもって行う調理	〔IADLに対応する援助〕 ○一般的な調理・配下膳 ○衣類の洗濯・補修 ○掃除、ごみ出し、片づけ ○買い物 ○薬の受け取り ○ベッドメイク

＊1　身体介護に関連して若干の生活援助を行う場合が含まれる

＊2　生活援助に伴い、若干の動作介護を行う場合が含まれる

■身体介護における医行為等

医行為（医療行為）は、原則として介護職員が行うことはできないが、2012（平成24）年4月から、一定の研修を受けた介護福祉士および介護職員等は、一定の条件下で、痰の吸引や経管栄養の行為を身体介護として実施できることになった。

また、厚生労働省が示す、下記の医行為ではないと考えられる行為については、身体介護として行うことが可能である。

○爪切り　○口腔内のケア　○体温測定・血圧測定　○耳掃除（耳垢塞栓の除去を除く）
○パルスオキシメーター装着　○軽微な切り傷、すり傷、やけどなどの処置
○市販の使い捨ての浣腸器による浣腸　○自己導尿の補助（カテーテル準備、体位の保持）
○ストマ装具のパウチにたまった排泄物の処理
○一定の条件下での医薬品の使用介助（軟膏塗布〔褥瘡処置を除く〕、湿布の貼付、点眼薬の点眼、一包化された内用薬の内服、座薬挿入、鼻腔粘膜への薬剤噴霧の介助）
○注射器の手渡しなどインスリン投与の準備・片づけ　○とろみ食を含む食事の介助
○注入・停止行為を除く経管栄養の準備・片づけ　○義歯の着脱および洗浄　など

■生活援助に該当しない行為

○直接本人の援助に該当しない行為

利用者以外の人に対する洗濯、調理、買い物、布団干し、主に利用者が使用する居室等以外の掃除、来客の応接、自家用車の洗車・掃除など

○日常生活の援助に該当しない行為

草むしり、花木の水やり、ペットの世話、家具の移動、植木の剪定などの園芸、器具の修繕、模様替え、大掃除、窓のガラス磨き、床のワックスがけ、室内外家屋の修理、ペンキ塗り、正月料理など特別な手間をかけて行う調理

合格エッセンス 生活保護の種類と概要

生活扶助	生活扶助のなかで最も基本的な扶助で、主に飲食物費、被服費、光熱水費、家具什器費など日常生活の需要を満たすための給付。原則として金銭給付
教育扶助	義務教育の就学に必要な費用。学用品費、通学用品費など。小・中学校別に定めた基準額に従い、原則として金銭給付（通常は生活扶助と併給）
住宅扶助	「住居の確保」および「補修その他住宅の維持のために必要なもの」が対象。原則として金銭給付（通常は生活扶助と併給）
医療扶助	疾病や負傷による入院または通院により治療を必要とする場合に、医療保護施設または生活保護の「指定医療機関」に委託して行う給付。原則として現物給付
介護扶助	介護保険の要介護者・要支援者に対する居宅介護、福祉用具、住宅改修、施設介護、介護予防、介護予防福祉用具、介護予防住宅改修、移送が対象。原則として現物給付
出産扶助	分娩の介助、分娩前後の処置などの助産、分娩に伴って必要となる一定額の範囲内のガーゼなど衛生材料費などが対象。原則として金銭給付
生業扶助	生業費、技能修得費、就労のために必要なもの、高校就学に必要な費用が対象。原則として金銭給付
葬祭扶助	死体の運搬や火葬、埋葬、納骨そのほか葬祭のために必要なものの範囲にかかる金銭を基準額の範囲内で給付する

合格エッセンス 後期高齢者医療制度の概要

運営主体	都道府県ごとにすべての市町村が加入して設立した後期高齢者医療広域連合（広域連合）
被保険者	広域連合の区域内に住所を有する者で、次のいずれかに該当する者 ①75歳以上の者 ②65歳以上75歳未満であって、広域連合の障害認定を受けた者 ※ただし、生活保護世帯に属する者などは除外される
保険料	各広域連合が条例で定める
加入の手続き	75歳になったとき、75歳以上の者が転入してきたときは、本人または世帯主が14日以内に市町村経由で広域連合に資格取得の届出を行い、「被保険者証」の交付を受ける（住所地特例あり） 65歳以上75歳未満の人が寝たきりなどの状態になった場合は、年金手帳、身体障害者手帳などを添えて市町村経由で届出を行い、認定を受ける
保険給付	○療養の給付　○入院時食事療養費　○入院時生活療養費　○保険外併用療養費 ○療養費　○訪問看護療養費　○特別療養費　○移送費　○高額療養費 ○高額介護合算療養費　○条例で定める給付
被保険者の一部負担	原則として１割。一定以上所得のある者（現役並み所得者以外）は２割、現役並み所得者は３割

合格エッセンス 高齢者住まい法の概要

「高齢者の居住の安定確保に関する法律」（高齢者住まい法）は、高齢者向けの賃貸住宅等の登録制度を設け、良好な居住環境を備えた高齢者向けの賃貸住宅の供給を促進するための措置を講じることで、高齢者の居住の安定確保を図ることを目的としている。

この法律が規定する主な内容は次のとおりである。

○高齢者住まい法の基本方針と計画作成など

国土交通大臣と厚生労働大臣は、基本方針を定め、都道府県および市町村は、基本方針に基づき、高齢者居住安定確保計画を定めることができる。

○サービス付き高齢者向け住宅の主な登録基準など

高齢者住まい法に基づき、2011（平成23）年にサービス付き高齢者向け住宅が制度化された。サービス付き高齢者向け住宅として、都道府県（指定都市・中核市）に登録された事業者は、建設・改修費に対して一定の補助を受けられるほか、税制上の優遇措置や住宅金融支援機構から融資を受けることができる。

■登録基準

入居対象	○単身高齢者または高齢者とその同居者 ○高齢者とは、60歳以上、または要介護・要支援認定を受けている40歳以上60歳未満の者
設備	○各居室の床面積は原則25㎡以上、構造・設備が一定の基準を満たすこと ○バリアフリー構造であること
サービス	○少なくとも状況把握（安否確認）サービス、生活相談サービスを提供すること
契約内容	○書面による契約 ○前払金の保全措置が講じられていること ○権利金その他の金銭を受領しない（敷金、家賃、前払金を除く）など

○指導監督

サービス付き高齢者向け住宅を登録した都道府県知事（指定都市の長、中核市の長）は、必要に応じ、登録事業者またはサービスの委託を受けた者に対して、必要な報告を求めたり、登録住宅などへの立入検査、改善指示を行うことができる。また、その指示に違反した事業者等に対し、登録を取り消すことができる。

サービス付き高齢者向け住宅は、有料老人ホームに該当すれば、介護保険法上の「特定施設」に位置づけられます。

合格エッセンス　障害者総合支援法によるサービス

市町村

自立支援給付

介護給付

- ○居宅介護（ホームヘルプ）
- ○重度訪問介護
- ○同行援護
- ○行動援護
- ○重度障害者等包括支援
- ○短期入所（ショートステイ）
- ○療養介護
- ○生活介護
- ○障害者支援施設での夜間ケアなど（施設入所支援）

訓練等給付

- ○自立訓練（機能訓練・生活訓練）
- ○就労移行支援
- ○就労継続支援
- ○就労定着支援
- ○自立生活援助
- ○共同生活援助
- ○就労選択支援※

※施行は公布（2022年12月）後３年以内の政令で定める日

自立支援医療

- ○更生医療
- ○育成医療
- ○精神通院医療※

※実施主体は都道府県等

補装具

地域相談支援

計画相談支援

↓

障害者・児

↑

地域生活支援事業

○理解促進研修・啓発　○自発的活動支援　○相談支援
○成年後見制度利用支援　○成年後見制度法人後見支援　○意思疎通支援
○日常生活用具給付等　○手話奉仕員養成研修　○移動支援
○地域活動支援センター機能強化　など

↑ 支援

広域支援、人材育成など

都道府県

2022年12月に、障害者等の地域生活や就労の支援の強化などを目的に改正法が成立、公布されました。
①共同生活援助の内容に、一人暮らし等を希望する人への支援や退居後の一人暮らし等の定着のための相談などの支援を追加、②基幹相談支援センターや地域生活支援拠点等の整備を市町村の努力義務に（地域生活支援事業）、③就労選択支援の創設など
※①、②は2024年４月施行、③は公布後３年以内の政令で定める日

合格エッセンス　成年後見制度

成年後見制度とは、認知症高齢者、知的障害者、精神障害者などで判断能力が不十分な人を、後見人などが保護し、権利を守っていく制度で、法定後見制度と任意後見制度がある。

法定後見制度は、四親等内の親族などの申し立てに基づいて、家庭裁判所が後見人などを職権で選任する。

■法定後見制度の３つの分類とそれぞれの権限

分類	対象者	後見事務の内容
後見類型	判断能力を常に欠いた状態の人	成年後見人は、預貯金の管理や重要な財産の売買、介護契約など、本人の財産に関する法律行為について包括的な代理権と、日常生活に関する行為以外についての取消権をもつ。ただし、本人の居住用の不動産を処分する場合には、家庭裁判所の許可が必要。同意権はない
保佐類型	判断能力が著しく不十分な人	保佐人は、財産を処分するなど、本人が行おうとしている重要な一定の行為について同意権と取消権をもつ。また、本人の同意のもと、保佐人など申立人の請求により、申し立ての範囲内において、家庭裁判所の審判を経て代理権が与えられる
補助類型	判断能力が不十分な人（軽度の認知症の人など）	補助人は、本人の同意のもと、申立人の請求により、申し立ての範囲内において、家庭裁判所の審判を経て同意権・取消権と代理権が与えられる。同意権の範囲は保佐人よりも限定されている

■任意後見制度の流れ

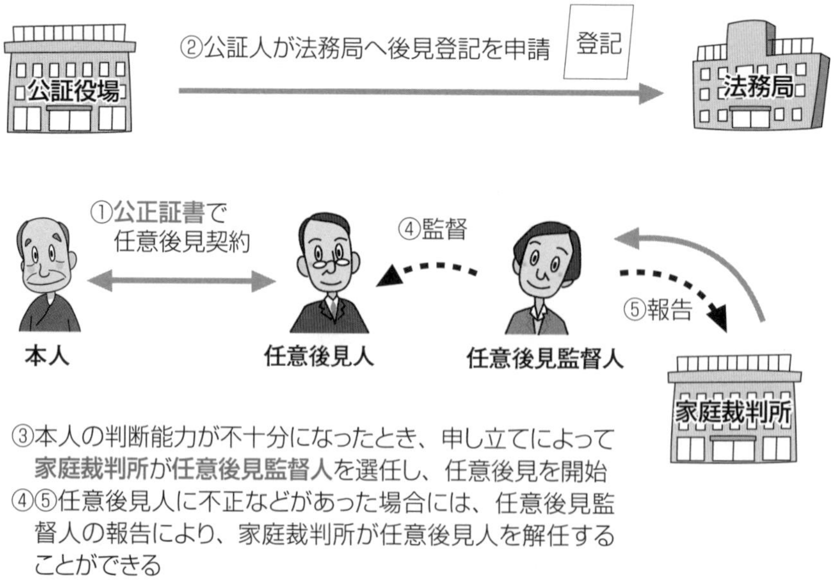
②公証人が法務局へ後見登記を申請
登記
公証役場
法務局
①公正証書で
任意後見契約
④監督
⑤報告
本人
任意後見人
任意後見監督人
家庭裁判所
③本人の判断能力が不十分になったとき、申し立てによって
家庭裁判所が任意後見監督人を選任し、任意後見を開始
④⑤任意後見人に不正などがあった場合には、任意後見監督人の報告により、家庭裁判所が任意後見人を解任することができる

難関試験突破を強力サポート!

2024年版ケアマネジャー試験対策書籍

速習レッスン
B5判　2023年12月18日発刊

過去問完全解説
B5判　2024年1月12日発刊

2024徹底予想模試
B5判　2024年1月19日発刊

書いて覚える! ワークノート
B5判　2024年2月上旬発刊予定

これだけ!一問一答
四六判　2024年1月19日発刊

これだけ!要点まとめ
四六判　2024年2月中旬発刊予定

はじめてレッスン
A5判　2023年10月20日発刊

ユーキャン資格本アプリ

U-CAN 資格本

スマホアプリでいつでもどこでも!
好評の一問一答集がいつでもどこでも学習できるスマホアプリです!人気資格を続々追加中!

App Store/Google Playでリリース中!
詳しくはこちら(PC・モバイル共通)
http://www.gakushu-app.jp/shikaku/

◆ケアマネジャー 一問一答 2024年版　2024年1月追加予定
『ユーキャンのケアマネジャーこれだけ!一問一答』のアプリ版です。
復習帳、小テストなどアプリならではの便利な機能が盛りだくさん。

2023年10月末現在。書名・発刊月・カバーデザイン等変更になる可能性がございます。

●**法改正・正誤等の情報につきましては、下記「ユーキャンの本」ウェブサイト内「追補（法改正・正誤）」をご覧ください。**
https://www.u-can.co.jp/book/information

●**本書の内容についてお気づきの点は**
・「ユーキャンの本」ウェブサイト内「よくあるご質問」をご参照ください。
https://www.u-can.co.jp/book/faq
・郵送・FAXでのお問い合わせをご希望の方は、書名・発行年月日・お客様のお名前・ご住所・FAX番号をお書き添えの上、下記までご連絡ください。
【郵送】〒169-8682 東京都新宿北郵便局 郵便私書箱第2005号
ユーキャン学び出版 ケアマネジャー資格書籍編集部
【FAX】03-3350-7883
◎より詳しい解説や解答方法についてのお問い合わせ、他社の書籍の記載内容等に関しては回答いたしかねます。

●**お電話でのお問い合わせ・質問指導は行っておりません。**

本文キャラクターデザイン　なかのまいこ

2024年版　ユーキャンの ケアマネジャー　過去問完全解説

2006年4月20日　初　版　第1刷発行
2024年1月12日　第19版　第1刷発行

編　者　ユーキャンケアマネジャー試験研究会
発行者　品川泰一
発行所　株式会社 ユーキャン 学び出版
〒151-0053
東京都渋谷区代々木1-11-1
Tel 03-3378-1400
編　集　株式会社 東京コア
発売元　株式会社 自由国民社
〒171-0033
東京都豊島区高田3-10-11
Tel 03-6233-0781（営業部）

印刷・製本　望月印刷株式会社

※落丁・乱丁その他不良の品がありましたらお取り替えいたします。お買い求めの書店か自由国民社営業部（Tel 03-6233-0781）へお申し出ください。

　ISBN978-4-426-61543-7